BLACK ATHENA

黑色雅典娜

古典文明的亚非之根

（全三卷）

3

语言学证据（下）

[英] 马丁 · 贝尔纳 —— 著
冯金朋　赵欢 —— 译

MARTIN BERNAL

VOLUME III

THE LINGUISTIC EVIDENCE
(II)

THE AFROASIATIC ROOTS OF CLASSICAL CIVILIZATION

南京大学出版社

图书在版编目（CIP）数据

黑色雅典娜：古典文明的亚非之根：全三卷 / (英) 马丁・贝尔纳 (Martin Bernal) 著；郝田虎等译
. -- 南京：南京大学出版社, 2020.7
书名原文: Black Athena: Afroasiatic Roots of Classical Civilization
ISBN 978-7-305-23267-1

Ⅰ. ①黑… Ⅱ. ①马… ②郝… Ⅲ. ①西方文化—文化史—研究 Ⅳ. ①K103

中国版本图书馆CIP数据核字(2020)第079719号

出版发行 南京大学出版社
社　　址 南京市汉口路22号　　邮　编 210093
出 版 人 金鑫荣

书　　名 黑色雅典娜：古典文明的亚非之根（全三卷）
著　　者 [英] 马丁・贝尔纳
译　　者 郝田虎 程　英 李静滢 冯金朋 赵　欢
策 划 人 严搏非
责任编辑 陈蕴敏
特约编辑 张少军 张嘉宁 孔繁尘

印　　刷 山东临沂新华印刷物流集团有限责任公司
开　　本 787mm × 1092mm 16开　　印张 135　　字数 2032千字
版　　次 2020年7月第1版　2020年7月第1次印刷
ISBN 978-7-305-23267-1
定　　价 398.00元

网　　址 http://www.njupco.com
官方微博 http://weibo.com/njupco
官方微信 njupress
销售热线（025）83594756

目录

导语

希腊语对埃及语定冠词前缀的借用

埃及语词汇 PR（"房子、神庙、宫殿"）

"原因前缀" (R)dit

希腊语对字首为 Di(T)–的埃及语动词的借用

结语

Ḥt nṯr (nt) Nt 雅典娜

结语

缩略语

希伯来语对照表

第十五章　一些被希腊语借用的埃及语和闪米特语词群

前几章主要探讨的是语音体系方面的内容，试图在埃及语、闪米特语和希腊语词汇或词根之间找出系统的语音对应。在本章及其后三章中，我的注意力集中在了词义探讨上面。如第十四章所述，先前的学者们对由闪米特语传入希腊语中的各种借用词进行了充分的探讨，虽然他们大体上将自己的调查限制在了具体名词上面。[1] 带有埃及语词源的希腊语词汇远非一个小小的列表能够容下。除了东欧学者 P. V. 耶恩斯泰特和康斯坦丁·达尼埃尔的著作之外，其他关于来自埃及语的语言借用的提法普遍局限在非常明显的外来词汇上。[2] 因此，在探讨其他语义范畴内的动词词群之前，检验一些关于民间生活，如农业、烹饪和医药等实践上的术语和程序的很可能是或可能是借用语的词汇将是有益的。其他领域，诸如音乐、纺织和冶金也同样包括在内，但此处的目的在于通过提供可靠的实例而非全部实例来进行证明。 340

在本章每一节里，埃及语词汇将按照第九章开篇处所编排的埃及学“字母表”顺序进行探讨，即 ȝ、ỉ、ʿ、w、b、p、f、m、n、r、h、ḥ、ḫ、ẖ、s、š、q、

1　这些探讨及其例外情况，参阅本书第七章注释 20—24。

2　参见第七章注释 40—41。D. W. 汤普森出色的工作也包括许多希腊语中鱼类和鸟类名称的埃及语和闪米特语词源分析。参见 Thompson（1947; 1966）。

k、g、t、ṯ、d、ḏ。这一顺序也适用于此后三章。

自然和农业

341 本节提出的词源分为七个种类：湿地、芦苇和草地，树木和果实，耕种，谷物，牲畜，鸟禽，以及最后的器具和器皿。

湿地、芦苇和草地

尼罗河三角洲面积广阔而又富饶，希腊则相对缺乏湿地。考虑到此，便不惊奇于有如此之多关于水草方面的希腊语词汇可能来自埃及语。来自埃及语词根 ꜣḫ（“新的生长”）且其中 /ꜣ/ 发清音的希腊语借用词将在本章 λάχεια 和 λάχνη 词条下进行探讨。在此处，我关注的是后来的词形。ꜣḫr 仅在世俗体中得到证明，并且科普特语词汇 ahre（“湿地、芦苇”）被普遍认为是希伯来语 ˀahu<*ˀaḫu（“芦苇、灯芯草”）的词源。它可以在希腊语词汇 ἄχυρα (H)（“稻草、谷壳、糠”）和 ἄχωρ (4)（“皮肤疾病、皮屑”）中找到。由于 /r/>/n/ 的转换，ἀχνη (H)（“糠、粉末”）和 ἀχαΐνης (4)（“前角上带有鹿茸的小鹿”）属于同一义丛。’χάλιον 是一种与“草芙蓉、药草”相关的植物名称。弗里斯克和尚特莱纳都未能为这些词汇中的任何一个提供词源。

ỉꜣqt（“蔬菜”）出现在希腊语中为 ἄρακος (4)（“野豌豆”），指一种豆科植物。尚特莱纳描述该词词源为未知，虽然他认为它有可能来自小亚细亚的语言。

埃及语 ỉdb（“沿着河岸的土地”）为 ἔδαφος (H)（“底部、基地、土地、土壤”）提供了一个极为可信的词源。尚特赖纳认为，该词的词形结构是“单数”，并且尝试着将它与 hédos（“座位”）联系在一起。他也未能解释被他视为后缀的词形 -aphos。

希腊语 ἄρον (4) 是一个表示许多物种的植物名称。普林尼提及埃及语 arum，并且埃梅丁格在此基础上接受一个来自晚期埃及语 ʿrw（“芦苇”）的词源。[3] 皮尔斯对此予以否认，理由是 áron 完全不像一根芦苇。在这样做时，他

3 Pliny 19: 5.30 .96 and Hemmerdinger（1970, 54）.

忽略了该词语的模糊性以及它所指的物种数量。[4]

英语词汇“green”和“growing”之间的词源联系表明，在许多语言中“绿色”作为过程和作为名词修饰语或形容词的频度相当。当然，在古埃及语中的情况也是如此。在第九章，我论证了阿芙洛狄忒和 Prwɜḏyt 之间的关系。[5] 词 342
根 wɜḏ 与一朵荷花和一条蛇即 (M14) 连写时，指的是“绿色、使变绿、蓬勃发展”。希腊语 ἄρδω (5) 指的是一条河流或人工“灌溉一片土地”。尚特莱纳提出了一个字首 F-，但给出没有词源。

尚特莱纳对 ἰός (4)（其形容词形式为 ἰώδης）的第四个解释是“铜绿、青铜的变绿、锈”。尚特莱纳认为它和 iós（“毒药”）有关联。他发现了一个印欧语词根，在拉丁语中得到证明，即 virus。然而，iós ioṓdēs（“使变绿”）语义上更接近于埃及语 wɜḏ。

尽管语音难题超出了我通常的容忍限度，但 wḥɜt、世俗体 whi、科普特语 uahe（“大锅、绿洲”），普遍被认为是希腊语 ὄασις (5)（“绿洲”）的词源。

很可能，但未被证实，词形 *pɜšɜ（“沼泽、场、草地”）为希腊语 πίσεα (H)（“水草地”）提供了一个很好的词源。弗里斯克描述该词时称其“没有确定词源”，并且尚特莱纳称它的词源“模糊不清”。词形 *pɜ sɜ 也将会解释地名 Πίσα，Πίσα 表示两个沼泽地区，它们的城市在伯罗奔尼撒半岛西北部的伊利斯和托斯卡纳。

Mnḥ（“芦苇、纸草”），为希腊语 μνάσιον（尼罗河的一种植物）提供了一个可信的词源。尚特莱纳没有给出任何语源。

Mr（“运河”）与 mr（“通过……奠酒”）和神话传说中泉水莫莉亚（Mélia）联系在一起，在第十章中被提及。[6] 双边音（bilateral）(U6) mr（“锄头”）出现在埃及统一之初著名的蝎子王权标头（mace head）上，表示切断一条运河的象征。Mr 是亚非语词根 *mar（“锄头”）的一部分，该词根可见于闪米特语、东豪萨语和高地东库希特语，它与另外一个词根 *mar（“挖掘”）有关联。[7] Mr（“运河”）为 ἀμάρα（“运河”）提供了一个很好的词源。弗里斯克和尚特

4　Pierce（1971, 101）.

5　第九章，注释 143—159。

6　第十章，注释 76—77。

7　Orel and Stolbova（1995, 377 §§1738-9）.

莱纳为此词提出了两个词源。第一个与它相关的是动词 εξ-ἀμάω (H)（“开通一个水渠”），并且可能相关的是 ἄμη（“铁铲、水斗”）。除了将它与 amára 联系在一起，弗里斯克和尚特莱纳都没有为 ámē 提出一个词源。在语义层面上，来自 mr 的词源演变将会解释 ámē 为何会具有明显不协调的词义组。在新王国时代沙杜夫（shadouf）即支杆和水桶杠杆组合被发明之前，埃及人进行灌溉和提水依靠的是人工提的水桶。[8] 一个人提着一只篮筐或水桶可见于著名的蝎子王权标头。

343 Mr（“水渠、池塘”）带有一个字首增添元音 aleph 的可能性，首先因这样的发音可见于一个明显是乍得语同源词的词汇而增加，但更有力的证据是科普特语词形 eme (S) 和 ame、ámē (B)。[9] 毋庸惊奇，在如此之多的情况下，波海利方言或北部方言、科普特语词形更接近于该希腊语词汇。科普特语学家尤金（Eugene Dévaud）认为科普特语 ame 源于 mr。[10] 不过，切尔尼和维奇赫尔都认为它来自希腊语 ámē，而没有考虑到该词缺乏词源。

在这一点上，我们应该转向弗里斯克和尚特莱纳为 amára 提出的第二个词源 。他们认为它与赫梯语 amiyar（“运河”）相关联，并把它看作一个表示“东方技术”的术语。这种解释是非常合理的，但安纳托利亚中部总体地形使得那里的灌溉不及它在埃及和美索不达米亚的重要性突出。这些赫梯语和希腊语词汇可能来自阿卡德语 marru（“锄头”），该词带有引申义“水渠、运河”。更有可能的是，它们来自埃及语词形 *amar（“水渠”）和构筑它需要的工具。

关于希腊语语音 /ph/ 替代埃及语语音 /m/ 的原则已在第八章中探讨，另一个来自“人工湖”词义上的埃及语 mr 的可能借用词是 φρέᾱρ（“水井、蓄水池”）。弗里斯克和尚特莱纳将 phréār 和重构印欧语词根 *bhre-ew- 联系在一起，该词根可见于日耳曼语 *brunn（“泉水、小溪”）以及苏格兰语。然而，他们都指出，phréār 具有独特性，它指的是静止的水，而非流动的水。

*r-ỉmn（“牧场、湿地”）是 λειμών（“草地”）和 λιμνή（“湖泊”）的词源，已在前文探讨。[11]

8 Butzer（1976, 46）.

9 关于这一乍得语同源词，参见 Orel and Stolbova（1995, 384 §1774）。

10 Dévaud（1923, 87）.

11 本书第九章，注释 178。

中期埃及语 rd 和 rwd/ḏ、科普特语 rōt (SBA)、rot 或 lōt (F)，指的是“努力、做强、植物、成长、蓬勃发展、繁荣、一棵树的芽苗、健康的骨骼和四肢”。所有这些词都与音符 rwd 或 rwḏ (T12) 连写，表示“弓弦、脐带”。在希腊语中，存在着一个词群 ῥαδινός (H)、ῥοδανός 和 ῥοδαλός（“柔软、纤细、活泼”）。该词群用来表示“背带、植被，然后是人的身体”。ῥοδάνη 是“用于纺织的细线”。尚特莱纳没有对后缀 -inos 和 -anos 提出疑问，而是对该词根中的元音交替感到迷惑不解。（对我而言，这似乎是一个很好的暗示，即该词是一个借用词。）他甚至比弗里斯克还要强烈地感到，先前所有构建词源的尝试都不令人满意。

希腊语词汇 ῥάδαμνος (3) 和 ὀρόδαμνος (4)（“树木的细枝条、新芽”）也可以追溯到 rd 和 rwd/ḏ。不过，它来自 Rdmt（“植物、柏属植物、牧草”）。尚特莱纳认为它们和拉丁语词汇 radix（“根”）存在着关联。然而，他和弗里斯 344
克承认，这些词汇的含义明显被混淆。

在第十四章中，我提到了玛斯–阿诺特和莱维为希腊语 λωτός 提出的闪米特语词源，它被布瓦索（Boissacq）和保利·维瓦索（Pauly Wissowa）接受。[12] 康斯坦丁·达尼埃尔对这一观点提出了强有力的挑战，他的论证是该希腊语词汇来自科普特语 rōt 或 lōt。[13] 他引用希罗多德的说法：“他们采集睡莲（krínea，见上文），将它们称为 lōtós。”[14] 艾伦·埃劳德接受 lōtós 来自一个闪米特语词源的观点，他宣称，在这个问题上，以及在其他许多问题上，希罗多德犯了“希腊作家们通常犯……那种错误”。他没有提到刚才那些埃及语或科普特语词汇。[15] 达尼埃尔的第二个证据来自六个世纪之后。阿忒那俄斯（Athenaios）生活在 3 世纪尼罗河畔的瑙克拉提斯（Naucratis），他在《智者们的盛宴》（*Banquet of the Sophists*）中指出，“埃及人称它为莲花”[16]。科普特语词汇 rōt 或 lōt 仅仅指“植物”，但是该词明确和用于表示 rd (M32) 的义符中的莲花有关联，加德纳称这个义符为“莲花的标准根茎”。因此，在这种情况下，以及在其他许多情况下，我不认为，现代的良知论（Besserwisserei）能够轻易地用

12　本书第十四章，注释 32。

13　Daniel（1962, 16-8）.

14　Herodotos 2: 92.

15　Lloyd（1976, 371）.

16　Athenaios 3: 73.

于抛弃古代作家的证据。

总之，如上一章所述，我相信希腊语词汇 lōtós 来自一个埃及语和闪米特语合并的词源。

Χώρα：khōra（“空间、与城镇相对应的农村”）可能来自埃及语 šꜣ 并最终来自 * ẖr 的词源，已在第八章中探讨。[17]

加德纳将符号 𓆼 (M12) ẖꜣ 描述为“叶子、莲花的叶柄和主茎”。其复数形式为 ẖꜣw，指的是“植物、花或莲花”。它为 χλόη (5)（“新的绿色植物”）提供了一个可能的词源。佩尔皮尤提出了一个印欧语词根 *ghel。不过，他承认，没有其他例词有一个零音。

在 khlóē 的一些明显的同源词中，值得注意的是 χλωρός (H)（“植物的绿色或浅黄色”），它有一个次级流音。这些同源词可以通过与另外一个埃及语词汇 ḥrrt（“花”，其世俗体拼写为 ḥrry）的混合加以解释。[18] 这个词有许多亚非语同源词，其中包括柏柏尔语 alili、库希特语 ilili（“花”），还有一个赫梯语词汇 alil。亚非语词汇 hrēre 和科普特语词汇 hlēli (F) 也能够被解释为 λείριον (4) 和拉丁语 lilium（“百合花、水仙”）的词源。W. H. 沃雷尔（W. H. Worrell）和 B. 埃梅丁格认为这些拉丁语和希腊语词汇分别来自科普特语词汇。[19] 理查德·霍尔顿·皮尔斯对此提出否定，原因是埃梅丁格引用的词形 ἀληλώ “不是 ḥrrt 的一个无可争议的转写，并且与 λείριον 的关系不明”。皮尔斯继续写道：“此
345 外，ḥrrt 从始至终都是一个表示花的一般词汇，而非表示任何具体植物的特定词汇。”[20] 这一观点，相当于否定了日耳曼语表示“动物”的一般词汇 Tier 与英语表示“鹿”的特定词汇 deer 之间的联系！弗里斯克和尚特莱纳谨慎地认为 leírion 来自东地中海语言。伊米莉亚·马森（Emilia Masson）承认，它可能是一个闪米特语词汇。[21]

Ḫꜣw nw sšn（“莲花”）可能是 κρίνον (5)（“百合花”）的词源。晚期词汇 καλαμό-κρινον（“与百合花类似的芦苇”）表明它可能是莲花。弗里斯克和尚

17 本书第八章，注释 51—53。

18 关于词根，参见 Orel and Stolbova（1995, 384 §1774）。

19 W. H. Worrell（1934, 67）以及 Hemmerdinger（1968, 240）。维奇赫尔根据 lilium 和 leírion 之间的关联，令人费解地否定了这种可能性。他认为埃及语词汇是 sšn（关于这一论证参见第十六章注释 111）。

20 Pierce（1971, 105）.

21 Masson（1967, 58-60）.

特莱纳未提供词源，只是推测 krínon 是一个借用词。

H/Ḫ3t“湿地”明显属于同一种词群。它为 χῖλός（“草料、牧场”）提供了一个很好的词源。不管是弗里斯克还是佩尔皮尤，都未能为该词提出一个词源。从语音上来看，这个词语与我提出的观点非常接近，即 χῖλιοι“千”源于埃及语词汇 Ḫ3“千”。[22]

H/Ḫ3t（“湿地”）很可能为 χόρτος (H) 提供一个词源。在荷马史诗中，它指的是“庭院、地平线边缘、草地”。在这个词义上，它似乎属于一个印欧语词根，它可见于拉丁语 hortus、条顿语 gards 等。不过，在赫西俄德和后来作家的作品里，它用于表示“草地、长着植物的空地”，尤其指“草料、干草、牧草”。因此，这些印欧语词根和埃及语词根共同给出了这个词汇的广泛词义。

Sm(w)（“植物”），其科普特语词形为 sim；经常与 𓇏 (M20) 连写，表示“并排生长的芦苇”。拼写 smyt 也表示“植物”，其科普特语词形为 sme；与义符 𓆰 (M2) 连写，表示“植物，经常是芦苇”。Smyt 不带这个义符，指的是“边缘、席子”。[23] 弗里斯克和尚特莱纳愉快地探讨了 σάμαξ (5)（“芦苇、芦苇席”）中的常见后缀 -ak。不过，他们未能对这一词根进行解释。

19 世纪 80 年代，阿尔弗雷德·维德曼（Alfred Wiedemann）提出，希腊语 σάρι (4)（“埃及水生植物”）源于晚期埃及语 sʿr（“灌木丛、类似纸草的植物”）。[24] 如今，学界已普遍接受 sʿr 是来自闪米特语 šʿr（“大麦地、长着矮灌木丛或灌木丛的田地”）的借用词。[25] 泰奥弗拉斯托斯明确提出，这一名称来自闪米特语而非黎凡特语。[26] 闪米特语 śin 咝音的不确定性可以解释波黑利方言 sari，科普特语词典编纂学者沃尔特·克拉姆（Walter Crum）认为它和希腊语词汇 sári 有关联。尚特莱纳将 sári 归于 σίσαρον（“伞形科植物？”）目下，但不接受有关这两个词的任何词源。

---

22 关于这一词源分析的争论，参见第二卷，第 484 页；Jasanoff and Nussbaum（1996, 199-200）；以及 Bernal（2001, 145-6）。

23 这两个词形都可能同乍得语和库希特语词汇 samf（“草篮”）相关，Orel and Stolbova（1995, 462 §2191）。

24 Wiedemann（1883, 37）.

25 参见 Hoch（1994, 255 §358）。

26 Theophrastos *Historia Plantarum* 4: 8.5.

346 从词典编纂学者对待同一个埃及语词根的两个词义 sšn（“莲花”）和 sšnw（“绳索、帆索”）的不同态度，可以看出意识形态禁锢的迹象。一般而言，σοῦσον “百合花” 被视为一个 “来自东方的” 借用词，从埃及语传入迦南语，再经它传入希腊语。但是，尚特莱纳将 σοῦσον（“船的绳索”）描述为 “无词源”。[27]

双字母象形文字符号 šn (V7) 是 “向下挂着绳圈”。如第十三章中所述，它出现在词汇 šnw（“网、圈地、环线、周线”）里。它进而为希腊语词汇 σχοῖνος 提供了一个可能的词源 kono（“芦苇、脐带、土地的测量”）。[28] 尚特莱纳只是称它为 “一个没有词源的名称”。对 šnw 连同 šnʿ（“乳房”）的晚期借用，为拉丁语动词 sinuo 或名词 sinus（“布料上的凹形褶皱、乳房”）提供了一个词源。埃尔努和梅耶将这些词概括为 “无词源”。

表示 “芦苇” 的一个常见的晚期埃及语词汇是 qmꜣ，其世俗体拼写为 qm 和 qmꜣ，科普特语词形为 kam；已经证明，进行换位后，它变成了 qꜣm。[29] 后者为希腊语词汇 κάλαμος (6)［“芦苇、稻草”（和后来的 “笔”）］提供了一个可能的词源。[30] 尚特莱纳认为在拉丁语 culmus、古高地日耳曼语 halam 等中存在着一个表示 “稻草” 的词根。不过，他指出，希腊语发音 kala- 的意思是 “孤立的”。很难确定哪个词源更有可能，但是考虑到更接近的词义——芦苇而非稻草——以及带有 /a/ 的发音，显然埃及语词源更可取。

达尼埃尔似乎合理地论证，埃及语 qm、科普特语 kam 为 κάμαξ (H)（“支柱、柱、茎干”）提供了一个清楚的词源。他论证因为该词在荷马史诗中被证实，所以这一词源要早于第七章中提到的已被接受的闪米特语词源 kánna（“芦苇”）。[31] 达尼埃尔指出了希腊语中一个与之对应的词汇 kamax。

赫拉克勒斯的第三项苦役是砍掉九头蛇妖许德拉（Hydra）的头，每当它的头被砍掉之时，就会长出其他许多的头。在其他的一些苦役里，也涉及

27 参见本书第十六章，注释 111。

28 参见本书第十三章，注释 9。

29 Erman-Grapow, 5: 11.

30 表示 “芦苇” 和 “笔” 的新希伯来语和阿拉伯语词汇似乎源自希腊语，尽管该词根与埃及语明显具有同样字首 √qlm，而非 *krm，但是它可能源于希腊语。

31 Daniel（1962, 22）. Chap. 7, n. 20, above.

湿地或水利工程。[32] 这一事实使得维吉尔作品的注释者塞尔维乌斯（Servius）的神话即历史的解释变得有些可信，他声称，许德拉（水）代表着一个三角洲，只要水道被堵上，就会有一个或多个新的水道冲破障碍。[33] 神话故事所揭示的这一模式和对它的诠释解释了一组看似野蛮又不相关的词汇：Dn 的意思是“砍掉、砍头”。Dnỉ 是一个与灌溉有关的词群。它的基本词义被义符  (V11)（“阻挡或筑坝拦截水流”）所指明。它涉及开渠。Dnỉt，其科普特语词形是 tēne，指的是“堤坝、沟渠、运河”。与不同适当的义符连写，表示 dnỉt（“碗、篮筐”），即用于将水运到更高处的工具，它们在第十八王朝吊杆 347
被引入之前使用。[34] 不带表示堰塞的义符时，dnỉ 指的是“分配、分发”，据推测，这一分配最初是关于水流的分配。[35] 在这种词义上，它与闪米特语词根 √dʾn（“判断、判决”）是同源词，要么是通过语言遗传形成的，要么是通过语言借用形成的。

Dnyt 是“土地登记簿”，它或者 Dnỉt/tēne 为 δήνεα (H)（“计划、设计”）提供了一个很好的词源。尚特莱纳将该词的前两个词源都加以抛弃。

该埃及语词群中的另外一个词汇是 dnỉt（“节日”）。据推测，它与分配有关联。θοίνη (H) 是“紧随献祭之后的节日”。尽管斯特拉对最初的 *θωι-νᾱ 进行重构，但是它也仍然明显来自 dnỉt。并且，不存在一个可以向它挑战的印欧语词源。

灌木丛、树木和果实

与表示湿地植物的名称相比，表示树木及其果实的埃及语名称，只有较少的数量被借用到了希腊语中。不过，其数量仍然是可观的。在这种情况下，这些词汇一般用于表示那些埃及比希腊栽培更早并且更为广泛的果实，如枣和无花果。然而，有趣的是，其中的大量词汇都有极其广泛的引申义。

尚特莱纳、埃尔努和梅耶都承认希腊语 ἰξός（“用于粘鸟的槲寄生或胶水”）

32　九头蛇妖许德拉（Lernean Hydra）、奥格阿斯的牛圈（Augean Stables）、斯廷法罗斯湖的怪鸟（Stymphalian Birds）、赶回革律翁的牛（Cattle of Geryon）。关于赫拉克勒斯利用水建立的功业，另见第二卷，第 116—119 页。

33　Servius, Commentary on *Aeneid* 6: 287.

34　参见本章注释 8。

35　Lauriano（1995, 44, pl. 23; 48, pl. 29）.

和拉丁语 viscum（“槲寄生或胶水”）之间的类似性。然而，他们无法确定它们之间存在着怎样的关联关系。最简单的解释是它们都是来自第三种语言的借用语。从埃及语 ìš（“口水”）来看，这一解释似乎是可以的。

埃及语 bʒq 表示“辣木或红柳树”及其油汁，显然是希腊语 μυρίκη (H)（“红柳树”）的词源。尚特莱纳明智地拒绝了莱维提出的闪米特语词源 √mrr 或“myrrh”（没药），但没有提出其他词源。

晚期埃及语 bʿỉ，其科普特语词形为 baei (S) bai (B)，表示“被去掉叶子的棕榈枝条”。尚特莱纳认为 βαΐς (3)（“棕榈叶”）源于这个词。

Bny/Bnrt（日期、水果、甜）。埃及学专家和语言学家长期困惑于以 bn 为字首的混淆不清的词汇。除了（1）bni/bny（“枣”）之外，还有（2）bwn（“两股叉点”）、（3）bnbn［“高点、直立起来”以及“金字塔顶角锥（金字塔顶部
348 的顶尖）]”、（4）bnt（“竖琴”，其科普特语词形为 boine）、（5）bnt（“水果或蜜饯”）、（6）bnw（“凤凰”）以及（7）bnwt（“分泌物、伤口或血液”）。

没有人怀疑 bnt、boine（“竖琴”）是希腊语 φοῖνιξ (4)（“一种鲁特琴”）的词源。其科普特语词形是 boine (s) 和 ouoine (B)。如果没有受到希腊语的影响，这些词形显示存在着一个更早的词形 *b^{w}áənət。

现在，我们回到 bni/bny/bnrt，这个词汇的辅音结构存在着争论。词典编纂学者雷蒙德·福克纳（Raymond Faulkner）假设，这个更早的词形是 bnrt，后来演变成 bnit 和 bny（“枣、水果”）。表示枣的闪米特语词汇是基于 bnr 构成的，形成了对这一假设的支持。不过，更为晚近的学者中，大多数认为 bnrt 是对 bni 的修正。[36] 奥廖尔和斯托尔博娃没有为该词提出亚非语词源，塔卡克斯论证，原始柏柏尔语词形 *b-y-n “枣子”不是一个遗传同源词，而是一个来自埃及语的借用词。[37] 许多柏柏尔语词汇都包含有一个 /y/ 音。只有表示“无花果”的同源关契斯语（Guanche）词汇 te-haune-nen 有一个字首音 /w/。因此，很难找到来自亚非语终端关于圆唇音 /b^{w}/ 的证据。不过，它与词形和重构词形 *boine 吻合，该词可见于希腊语词汇 φοῖνιξ (3)（“枣树”）。

36 关于这一问题和后来学者的相关文献，参见 Takács（2001, 200-1）。

37 Takács（2001, 201）.

在这一点上，我们应该注意到新鲜枣子的颜色是深红色的。因此，[38] 对尚特莱纳的词典进行续编的塔亚尔达（Taillardat）认为，-ix 是 phoînix 的后缀，它是基于一个可见于 φοινός (H)（“血红色”）的词根构成的。他认为 phoinós 本身源于印欧语词根 *bhen（“殴打致死”），尽管如此，令人相当困惑的是，他断然否认这个词与 φόνος (H) 有任何关联。无论如何，bnwt（“分泌物、伤口、血”）是一个更直接的备选埃及语词源。[39]

希罗多德明确地声称：“这个神鸟的（埃及）名称是 φοῖνιξ (5)‘凤凰’，它明显来自埃及语名称 Bnw。”[40] 这个词义上的 phoînix 可能出现在了 B 类线形文字中，词形为 ponike。20 世纪早期的埃及学专家库尔特・泽特（Kurt Sethe）和施皮格尔伯格利用晚期埃及语中不常见的词形 bynꜣ 及其与 boine（“竖琴”）的类似性，也合理地重构了这个神鸟的词形，即 *boine。[41] 这一如此明显的结论必然会遭到质疑者的挑战。[42] 在某种程度上，浴火重生的凤凰与起源于东非盐湖的火烈鸟有关；如它们的中世纪拉丁语名称——来自“火焰”——所表明的那样，它们具有桃红色和猩红色的颜色。

没有哪个关于 bn 的词源能够直接解释词汇 φοῖνιξ (2)（“腓尼基人”）。唯一 349
可能的关联也很烦琐，它尝试性地将 bny（深红色的“枣子”）与“紫色染料”联系在一起，因为腓尼基人因紫色染料而著名。关于这一种族名称存在着另外两条线索。第一条是埃及语词汇 Fnẖw，一个叙利亚族群的名称，它看起来明显与 phoinik- 类似。虽然它们被视为同一词，但是可能的是这个埃及语名称取自该族群本身或者也许是他们讲闪米特语的相邻族群。然而，该地名在希伯来语中为 Knʿn（即 Kənaʿan），它在《阿玛尔纳文书》(*Amarna Texts*) 中被转写为 Kinaẖẖi 或 Kinaẖnái，Kinaẖẖhu 的词义也是“紫色”。阿斯特认为，这个词来自 Kinaẖẖi 的土地。[43] 因此，认为 phoenix（“红色、紫色”）和 Phoînix（“腓尼基人”）是有关联的常见假设可能来自一个闪米特语直译词。常见的前提是，phoînix（“红

38　有学者认为该词的词义“红色”不可能源自埃及语，因为，按照他的看法，bnw 意为“灰色”，参见 Meeks（1990, 46）。

39　关于这一术语的复杂性，参见 Dienes and Westendorf（1961, 248-50）。

40　Herodotos 2: 73.

41　这些学者包括 Sethe（1908）、Spiegelberg（1909, 142）、Lloyd（1976, 317）、Billigmeier（1977, 1-4）和 Fournet（1989, 74）。至少在晚近的时间里，Bnw 也成为金星的名字。

42　Kákosy（1982, col. 1030）.

43　Astour（1965）.

色、紫色）”和“腓尼基”相连的 Phoînix 可能来自闪米特直译词。另一方面，希腊语中的族群名称 phoînix 来自颜色名称 phoînix 的传统看法将是恰当的，如果后者来自 phoînix（“枣子”）。[44] 这似乎比最后一种可能更有可能：Kinaḫna 原本是 *K^{w}inaḫna，并且像名称 G^{w}ebla 一样，在被借用到希腊语之后，唇软腭音才衰弱。这样一来，它就变成了 *pənaḫḫi 和迈锡尼语 ponikia。对两个假设词形的需要使这一解释变得过于烦琐。

回到这一探讨的基础：考虑到 boine（“竖琴”）和 boine（“凤凰”）之间的类似性，毋庸置疑，bni 是 phoînix（“枣子”）的词源。

Mзmз（“用作坚果和纤维的埃及棕榈”）几乎可以确定是 μέρμῑς (H)（“线、绳”）的词源。有趣的是，尚特莱纳将它视为一个“破裂的重叠”，但他的结论是该词词源“不明”。

从语义上来看，nqʿwt（“凹口西克莫无花果”）（“notched sycamore figs”）为克里特语 νικύλεον (2)（“无花果的种类”）提供了提供了一个极佳的对应词，尚特莱纳对此写道，它“可能是爱琴海语言”。这一匹配足够可信，以至克服了词尾 -l 的语音难题。

詹姆斯·霍奇认为重构的埃及语词形 *alhammān 是一个来自闪米特语 √rmn（“果实”，尤其指“石榴”）的借用词，并且认为阿卡德语 armannu 最有可能是该词的词源。[45] 带着冠词 pз 的 *pз ʿnrmn 或其科普特语词形 *p (h)erman 为 προύμνη (4)（“李子树”）提供了一个很好的词源。尚特莱纳认为它可能是是一个来自小亚细亚语言的借用词。

šn bnrt（“海枣树的毛”）及其科普特语词形 senbeni/sbbeni 与 σεβένιον
350 sebénion (2)（“海枣树的纤维”）之间明显的词源关系，已被 19 世纪早期的雅布隆斯基和 19 世纪 80 年代的维德曼发现。[46] 弗里斯克没有收录 sebénion，并且尚特莱纳未曾提及它的词源。

Ḫзnnt（“海枣树的种类”）和晚期埃及语 ḫзnn（“谷粒”）为希腊语 κάρυον

44 此处仍未对 Fnḫw 做出解释。

45 另一个阿卡德语变体 nurmû，是赫梯语 nurmû 和胡里安语 nuranti 的词源，参见 Hoch（1994, 24-5 §12）。

46 Jablonsky（1804, 272）and Wiedmann（1883, 37）.

(5)（“坚果”）提供了一个很好的词源。弗里斯克和尚特莱纳都未曾发现该词的任何词源。后一词源没有引起波科尔尼的重视，他试图将该希腊词的词源追溯到 *qar（“坚硬的”）。

在 Σέσελι 和 σίλι（“埃及的典型树木”）这个问题上，尚特莱纳论证，该植物是埃及的，但是该词语则是“外来的”。不过，他没有将两个词放在一起探讨。尽管 srd 和 ssrd（“植树”）之间的语义存在着距离，但它们很般配。

Σταφυλή/ (H)（“葡萄串”）来自一个商贩的货摊，“选择、挑选、优秀的”从源头上看来自埃及语 stp（“选定、选择、挑选、上等的、优秀的”）。这一动词由一个使役词素 s——做——和 tp（“头”或“最好的”）构成。[47] 这个传入希腊语中的借用词的语音问题是，科普特语词形 sōtp (S) 和 sotp (B) 中的元音位于第一个和第二个辅音之间。词尾 -ylḗ 也令人莫名其妙。尽管如此，认为存在着一个词形的观点，因希腊语中存在着大量类似结构的词形并且语义与“选择、最好的”相关联，而变得可信。所有这些词都缺乏印欧语词源。

Staphulḗ 本身不仅仅指葡萄串。荷马用该词表示“水平、标准”，这一用法使得以上提出的词源变得更可能。[48] 此外，尚特莱纳也承认，将 staphylḗ 视为一个借用词是“最容易的”处理办法。他认为 A’σταφίς (ὀσταφίς) 和变体词形 ’σταφίς（“葡萄干”）与 staphylḗ 相关。这些变体词形本身表明它们是借用词。Στέφο (H) 指的是“花环、荣誉、冠冕”，它的扩大词形是 στέφανος, στέμμα (H)［（神圣的）“花环”］是关联词。尚特莱纳认为这些词汇之间的语义联系像一个“环行线路”，但他没有对它做出解释。将这一词义视为次要词义是合理的。

最后是 στῖφος (6)［“一群（被挑选出来的？）人，经常指的是军人，紧靠在一起”］和 στιφρός (5)（“牢固而又强壮”）。尚特莱纳将它们与波罗的–斯拉夫语词根 stieb（“船桅、支柱、棍棒”）联系在一起。考虑到其他词群未被解释，似乎选择一个亚非语词源更为合理。

Qwqw（“埃及棕榈坚果”）有两个希腊语派生词。第一个是 κοῦκι (1CE)（“埃及棕榈坚果”），它被所有的权威专家认可，甚至弗里斯克和尚特莱纳都承

47　该词似乎源自诺斯特拉语词根 *t’p，可见于日耳曼语“top”（顶部）和“tip”（尖端）。博姆哈德坚称，诺斯特拉语和原始亚非语中的重读辅音 /t’/ 在埃及语中演化为 /d/，参见 Bomhard（1994, 97）。不过，塔卡克斯举出原始亚非语（PAA）中的 /t’/ 在埃及语中演化为 /t/ 的例子。参见 Takács（1999, 231-4）。

48　Iliad 2: 765.

认它可能是一个来自埃及语的借用词。[49]第二个可能的派生词是 κόκκος (5)（“谷
351 粒、谷物、石榴籽”），弗里斯克认为它是一个“来自地中海语言的借用词”，
尚特莱纳认为它词源待考。

词汇 kзm(w)（“葡萄园、葡萄采摘、葡萄酒商人”）和 kзny（“葡萄酒商人”）已在第八章中进行了充分讨论。[50] 关于埃及的葡萄种植和酿酒，参见让·阿尼（Jean Hani）的概述。[51]

希罗多德明确叙述，表示蓖麻油的埃及语名称是 kiki。[52] 尽管这种植物油的准确含义必定存在着辩难，但是认为埃及语词汇 kзkз 指的就是这种植物油的观点已被普遍接受。[53] 这些学者中没有任何人将该词和 κηκίς（“渗液”）与它的动词 κηκίω (H)（“渗”）联系在一起。该词形用于表示树脂、血液、牺牲的油脂等等。不过，将这些词形追溯到黏稠的、油腻的蓖麻油那里似乎是恰当的。弗里斯克和尚特莱纳都未能为它们找到一个令人满意的词源。

埃及语 dзbw［“无花果、叶子（总称）”］和晚期埃及语 ḏbзw（“叶子”）共同为 θρίον (4)（“无花果叶子”）提供了一个可能的词源。词中 -b- 或词尾 -b 的弱化，已在第九章探讨。[54] 尚特莱纳质疑波科尔尼为 thríon 提出的印欧语词源。弗里斯克认为它是“地中海语言”。在第十章中，我提出了 terébinthos 来自 *dзb nṯr（“圣无花果”）的词源解释。[55] 由于流音换位，ḏbзw（“叶子”）也为 τύβαρις（“一种多利亚凉拌菜”）提供了一个词源。此处唯一的问题是，由于辅音 /з/ 的存在，这个借用词必然是一个早期借用词，然而几乎所有来自埃及语的多利亚语借用词显然都是在公元前 1 千纪形成的。

埃及词汇 dqrw 指的是“果实”，奥廖尔和斯托尔博娃没有为该词找到任何亚非语词根。不过，作为一个同源词或借用词，它明显与闪米特语 √dql 有

49 关于这些“权威专家”，参见 Wiedmann（1883, 26）和 Hemmerdinger（1968, 244）。皮尔斯甚至也承认了它，参见 Pierce（1971, 104）。

50 第八章，注释 35—36。

51 Hani（1976, 314-18）.

52 Herodotos, 2: 94.

53 Wiedmann（1883, 26）, Muss-Arnolt（1892, 112），以及 Hemmerdinger（1968, 242）。他们指出闪米特语词形 qiq and qiqåyon。这一问题的相关考查，另见 Alan Lloyd（1976, 2: 380）。关于这些复杂问题，参见 Lloyd and Fournet（1989, 61）。

54 第九章，注释 52。如今，列斯科收录了 ḏbзw，参见 Lesko, 2nd ed。

55 第十章，注释 24。

关联。大卫·科恩认为它含有“劣等枣”的词义，将它与表示劣等的埃塞俄
比亚语词形联系在一起。不过，许多学者将阿拉伯语词汇 daqal 解释为“上等
枣”。[56] 无论如何，它与枣子的联系是没有人质疑的。在 19 世纪，拉加德和莱
维基于阿拉姆语词汇 diqlå 和后《圣经》segholate 词形 deqel，提出了一个重构
词形 *daql。他们将 *daql 视为希腊语词汇 δάκτυλος (4)（“枣子的种类”）的一
个特殊词义的词源。[57] 玛斯–阿诺特对这个解释提出质疑，但没有提出一个替换
词源。[58] 弗里斯克和尚特莱纳认同这个闪米特语词源，但是他们相信这一词形
受到了 dáktylos 的影响，它的通常词义是“手指”。弗里斯克指出：“这一通俗
变化语是根据海枣树枝叶与伸展开的手指之间的相似性构建的。”我认为这一
相似性与一串串海枣本身更接近。弗里斯克和尚特莱纳没有给 dáktylos（“手 352
指”）提供任何词源。他们不接受波科尔尼将它和哥特语 tekan（“接触”）或古
冰岛语 taka（“拿”）联系在一起的尝试。[59] 在这种情况下，似乎可以合情合理
地问 dáktyloi（“枣子”）是否是 dáktyloi（“手指”）的词源，后者缺少一个词
源，而前者存在着一个可能的词源。果实词群和手指词群之间存在联系的可能
性可以在英语中香蕉“串”（“hand”）里看到。此外，表面上荒谬的“俚语”
词源的确存在。例如，σαρκοφάγος 不存在一个比“吃生肉者”更可能的起源。
晚期拉丁语 testa（“瓦片”）取代 caput（“头”），并且 equus（“马”）被俚语
caballus 取代。如索尔·莱文所证明的那样，该词源于迦南语 gåmål（“骆驼”）。[60]
埃尔努和梅耶认为，拉丁语 camēlus 来自希腊语 κάμηλος。即便如此，他们仍
然引用罗马语法学家瓦罗的观点，认为该词是从叙利亚传到拉丁姆（Latium）
的。[61] Caballus 中的 /a/ 使它更有可能是直接从迦南语方言（或许是布匿语）而
非从 kámēlos 演化而来的。总之，*daql- dáktyloi（“枣子”）很可能是 dáktyloi
（“手指”）的词源。

尚特莱纳用第三部分内容专门探讨达克提洛伊人（Dáktyloi）。这些人，有时候是巨人，有时候是小矮人，他们因力量巨大和精通锻造而著名。尚特莱纳

56　参见 Wehr（1976, 238）。

57　Lagarde（1866, 2: 356）; Lewy（1895, 20）.

58　Muss-Arnolt（1892, 107）.

59　Pokorny（1959, 1085-6）.

60　Levin（1971a, 28, 119, 686）.

61　Varro, 5 and 10.

认为这些 Dáktylo 与该词的词义没有任何关系。不过，显著的是，他们的确与 Ἴδα 有关联，Ἴδα 是两个高耸的山脉所共有的名称，一个在克里特，另一个在特洛亚德。弗里斯克和尚特莱纳都认为它是一个“没有词源的前希腊语词汇”。正如阿斯特证明的那样，它的词源可能是闪米特语 √yd，即阿卡德语中的 idu、希伯来语中的 yåd 和阿拉姆语中的 yədå。它的基本词义是“手”，但在迦南语中也能指“纪念碑、勃起的阴茎、力量”，它完全有可能是一个山脉名称的词源。考虑到克里特岛存在着许多的闪米特语地理名称，可以断定 √yd 为 Ida（伊达山）提供了一个可能的词源。[62] 自然而然，来自“手”的词语演变因附属的 Dáktyloi（“手指”）出现在两座伊达山周围而变得非常可信。

耕　种

尽管希腊农业能够追溯到公元前 6000 年，可能与尼罗河流域的农业同样古老，但是希腊语关于农作物和耕地的许多词汇可能来自埃及语，并不令人惊奇。
353 本文此处列举的许多例子事实上与尼罗河三角洲丰产的野生农业和驯化农业有关联。这个语义场中存在着数量众多的借用语的原因明显有：首先，至少从铁器时代晚期起埃及便被视为东地中海世界的“粮仓”；其次，这一节中的许多词汇具有宗教意义，因此属于埃及宗教在希腊文化形成中所扮演角色的背景词汇。

埃及语词根 √ꜣẖ 有许多词义，几乎所有的词形都是原级词汇。[63] 根据不同的词形，它可以指“泛滥期、纸草、灌木丛、耕地”。这一双重词义与 λάχεια 符合，该词用于描述在《奥德赛》中发现的一座无人居住而又多树的、灌溉良好的、潜在富庶的岛屿的词汇。[64] 此外，ꜣẖ 还为希腊语中关于“种植蔬菜”的词群 λαχαίνω (H) 提供一个合理的词源，否则它将无法解释。在第二十一章中，我对希腊语中来自相关的埃及语词根 wꜣg 和 wꜣḏ（“生长、膨胀、节日”）的衍生词进行了一般的讨论。在这个问题上，我只乐意探讨一个例子，即词汇 ὀργάς (5)（“灌溉良好的土地，经常被视为神圣的”）。Orgás 是埃琉西斯神谕中心附近的一块狭长的土地，埃琉西斯与埃及有着密切联系。[65] 此外，Orgás 还

62　Astour（1967a, 140-4）.

63　由于最后一个词义，ꜣḥt 出现一些混淆，它也指“牧场、耕地”。该词根的晚期派生词在本章的先前内容里已经探讨，参见本章注释 3。

64　*Odyssey* 9: 116-36. 尚特莱纳错误地记为 9：166。

65　对此，参见 Foucart（1914）以及 Bernal（2001, 387-9）。

作为拉里亚平原（Rharian Plain）之名使用，这片土地以肥沃而著名，被视为得墨忒耳耕种的第一块土地。[66] 随着珀耳塞福涅被迫下入冥府，大地也会随之出现不毛和丰收的交替。[67] 词汇 Rharian 明显有一个埃及语词源，因为词中有一个 ʒḫ ʒḫ，它是对 ʒḫ（“长得绿油油”）的双写。

ʒḫ ʒḫ 也为 λάχνη (H)（“新的生长”）提供了一个合理的词源。这个词通常被翻译为“毛发、羊毛”，也用来描述“新长出的叶子”。尚特莱纳支持本维尼斯特构想一个假定词根 *wli̥k-sn-ā，将 lákhnē 和表示“毛皮”或“毛发”的斯拉夫语和伊朗语词汇 varəsa 和 vlasú 联系在一起。波科尔尼构想了一个词根 *u̯el（“羊毛、毛发”），它有两个衍生分支：一个是带有词尾咽喉音的词汇，lákhnē 属于这一支；另外一个带有词尾齿音，wald 日耳曼语属于这一支。根据波科尔尼的观点，λάσιος (H)（“有毛的、毛茸茸的、多叶的”）符合这一种类。[68] 由于最初的 Ϝ “w” 在任何带有词干 lakh- 或 las- 的希腊语词汇中不见踪迹，所以更为简单的做法是假定两个来自古埃及语的借用语。第一个应该是在该符号是一个小舌音 /ḫ/ 时出现，第二个应该是在该符号与 /š/ 合并时出现。这一构想中存在的问题是，/ʒ/ 一般被假定在 /ḫ/ 与 /š/ 合并之前数个世纪便已经失去了它的辅音值。如果这个假设是正确的话，那么两个词群之间的语言类似必定是 354
巧合的结果，lás- 词群不可能由埃及语演变而来。因此，这个词群仍然没有被解释。无论如何，ʒḫ 仍然是 lakh 的被否定最少的词源。

1953 年，P. V. 耶恩斯泰特（P. V. Jernstedt）提出，希腊语 ἐρυσῖβη（“铜绿、植物里的锈菌”）来自科普特语 ersēbe（“植物里的锈菌”）。[69] 切尔尼和维奇赫尔在他们的词典中述及了这一提议。尚特莱纳认为它与印欧语词根 *rudhso（“红色”）有关联，尽管他困惑于罕见后缀 -be。[70]

埃及语 rnpwt（“草本植物、蔬菜”），它的世俗体词形为 rpy，科普特语词形为 (e)rpō，为 ῥάφανος (3)（ῥάφυς、ῥάπυς）提供了一个具有说服力的词源。该词是表示“卷心菜、小萝卜”的阿提卡方言词汇。弗里斯克和尚特莱纳论证，其他印欧语中的类似词汇可能源于希腊语。因此，rháphanos 不会来自一个印

66　关于这篇平原的相关文献，参见 Frazer（1898, 2: 514-5）。

67　Homeric *Hymn to Demeter*, 450-8.

68　Pokorny（1959, 1138）.

69　Jernstedt（1953, 100-2）.

70　关于 *r(e)udh 的探讨及它的可能的苏美尔语词源，参见本书第四章，注释 66。

欧语词根。

šspt（“黄瓜”），在晚期埃及语中也写作 sšpt，为希腊语词汇 σισυμβριον (4)（“水田芥”）提供了一个可能的词源，尚特莱纳没有给出该词的词源。

中期埃及语 qꜣbt 表示“（男人或女人）的乳房”。在晚期埃及语中，它指的是“乳房”或更准确地指“乳头”。希腊语 κύαμος (H) 的词义是“豆子”，κύαμος Αἰγύπτιος 指的是“粉红色的睡莲”。根据普鲁塔克的记载，它也指“青春期时变大的乳头”。[71] 豆子和乳头之间的类似性很可能是毕达哥拉斯学派禁食豆子的一个原因。事实上，亚里士多德对这一禁忌解释道：“因为它们像男性生殖器。”[72] 尚特莱纳倾向于接受传统观点，认为 kúamos 是一个借用词，尽管他也考虑了弗里斯克的观点，弗里斯克认为它来自动词 κυέω（“怀孕、膨胀”）。尚特赖纳的观点混合了印欧语词源和埃及语词源。

原始亚非语明显有一个词根 *q^wad，可见于南库希特语和乍得语，意为“葫芦”。[73] 由此发展出了表示“罐”的乍得语和埃及语词汇，在埃及语中为 qd。在埃及语中，该词根向着两个方向演变。一方面，动词“制陶罐”（在科普特语中为 kōt）引申为“形成、建造、创造”并进而引申为“创造物、大自然”。另一方面，用陶轮制作陶罐、围绕着罐子转圈以及后来的旋转投射，是 qd、qdi : : kto、kato、kōt e (S) 和 kōt i (B)，并且逐渐指“到处走动、环绕、圆周”。后一种词义在传入希腊语的借用词中得到了反映。Κώδων (5) 指的是“喇叭的吹口”以及“用于表示检阅巡视”的喇叭。尚特莱纳将该词和 κώδυια (4)（“尼罗河
355 流域的果实、睡莲”）以及（“埃及豆子”）和 κώδεια (H)（“大葱、洋葱或罂粟球茎”）联系在一起。大葱作为轮子的形象也出现在其他表示“大葱”的词汇里：ἄγλις (4) 和 γέλγις (4)。弗里斯克和尚特莱纳也未能为这些词汇找到一个词源。它们似乎来自西闪米特语 gilgål，即 galgal，指的是“轮子、圆、球”。

谷　物

考虑到埃及粮食对爱琴海世界的重要性，毋庸惊奇于在这个语义场发现许多具有可能的埃及语词源的希腊语词汇。

71　Plutarch, *Pericles*, 27.

72　Aristotle *Peri tōn Pythagoreōn*, quoted in Diogenes Laertius, 8: 34.

73　参见 Takács（1999, 215）。该词没有被奥廖尔和斯托尔博娃收录。

ἀθήρ（“小麦的尖穗”）、ἀθάρη（“小麦粉熬成的汤”）来自 nṯr，它们没有印欧语词源，这些问题已在第十章中探讨。[74] Α’θάρη 也将在本章中稍后提及。

i͗mɜ（“和蔼和仁慈”）似乎是希腊语 ἀμαλός (H)（“脆弱的、虚弱的”）的同义词。作为“很乐意的、（来自女神的）仁慈的”的 imɜ 和哈索尔的一个求显灵词[*]imɜyt，也为希腊语 ἱμαλιά（“谷物丰收”）即得墨忒耳的一个描述词提供了一个词源。弗里斯克和尚特莱纳都未对得墨忒耳这个描述词做出词源解释。”Αμαρία 和 ’Αμάριος 是阿卡亚人用于祈求雅典娜和宙斯显灵的词语，它们有多种词形，如 ῾ομάριον，这表明它们是借用词。不过，尚特莱纳认同了那些武断地将 Αμαρία 和 ’Αμάριος 与 ’αμαρτης (H) 和 ῾αμαρτέω（“参加、使在一起”）联系在一起的学者的观点，他们根据 ῾αμα + ̓αραρίσκω 来构建这一观点，该组合被认为是 ̓αρθμός（“连接、联合、友谊”）的词源。相较于 ῾αμαρτης 和 ῾αμαρτέω 起源于埃及语 smɜ（“统一”）、smɜt（“联合”）和 smɜyt（“协会、同盟”）的词源分析而言，这一难以置信的关联显然更不太可能。如果在 /ɜ/ 仍有辅音值并且希腊语词首尚未发生 s>h 转变之前发生了语言借用的话，后一种词源分析将合乎事实。[75]

在第一卷中的一个注释里，我分析了希腊语词汇 ἐτεόκριθος（“真正的大麦”）有可能部分是对埃及语短语 i͗t m i͗t（“真正的大麦”）的借用，部分是对它的转写。[76] 希腊语 κρῑθή（“大麦”）、χῐδρον（“新收获的谷物”）和 κάχρυς（“被烧烤的大麦”）来自埃及语 šrt（“某种谷物”）、šrit（“大麦”）的词源分析，已在第八章中提及。[77]

埃及语词汇 ʿwɜy 和不同的义符连写时，有两个不同但又相关的词义：“收获”和“抢夺、劫掠”。希腊语中存在着大量的派生词。尚特莱纳解释 οὖλος 356
(H) 的第三个词条是“毁坏者”，它是阿瑞斯（Ares）的一个描述词。不知为何，他认为该词和 ὄλλῡμι (H)（“失去、毁坏、消亡”）有关。并且，他认为该词是基于词根 *ol 构成的，但是又认为它和希腊语以外的词语没有联系。尽管关于双 /l/ 存在着疑难，但是这两个词汇完全可以解释为来自 ʿwɜy 的两个独立

74　本书第十章，注释 12。

*　求显灵词，原文为 epiclesis，表示神灵身份特征的描述语。——译者注

75　复合词 smɜ tɜ 中 smɜ 的晚期借用语是 sēma 和 sōma 的词源，参见本书第五章，注释 124—125。

76　参见第一卷，第 453 页，注释 16。

77　本书第八章，注释 50。

的借用词。它们之间的联系因尚特莱纳解释 οὖλος 的第四个词条而变得更为紧密：两个词汇都表示“捆”和一首纪念丰饶女神得墨忒耳的圣诗。尚特莱纳将它和 ἰουλός (H)（“头等羽绒、柳絮、一捆谷物”）与 ἰουλώ 或 Οὐλώ 即谷物女神得墨忒耳联系在一起。关于毁灭和收获的成双词的类似词汇可见于 ʿwꜣy 和 oulos，这就在事实上肯定了希腊语词群来自埃及语词群。弗里斯克和博伊萨克试图将 oulos 和 ioulos 与 οὖλος（“羊毛”）联系在一起，尚特莱纳接受了他们的做法。来自这一词根的腐蚀，可能影响到了“头等羽绒”或“柳絮”的词义，但几乎没有对“捆”造成影响。

尚特莱纳为 ἀκτή (H) 列出了两个词条。第一个是险峻的山坡。他认为它源于一个词义广泛的原始印欧语假设词根 ἀκ 的一个特殊词义。解释 aktē 的第二个词条是该词用于习惯用语 Δημήτερος ἀκτήν 中，与得墨忒耳崇拜联系在一起，被认为指的是谷物或大麦的“面粉”。不过，在赫西俄德的《田功农时》（*Works and Days*）中，它与得墨忒耳联系在一起，表示扬场（winnowing）和打谷场。[78] 对于尚特莱纳而言，aktē 的这一词义的起源未知。如果考虑到埃及语词汇 ẖtyw，这个词的两个词义变得可以调和了。ẖtyw 的基本词义是“平台”。与义符  (O40) 连写时，它表示“阶梯状的山坡”，如西奈（Sinai）和黎巴嫩的山坡。此外，它还指“打谷场”。

尽管这些希腊语词汇有许多不同的词义，但是 στάχυς (4) 的含义甚至更多：“谷穗、植物、一种植物的芽苗、星星、缠在腹部的绷带”。菲克、弗里斯克和尚特莱纳将它和印欧语词根 *stengh（“锋利的、螯刺”）联系在一起。这个词根无法解释所有词义，而埃及语词源 šdwḫ/ḫw 却能做到。该词的基本词义是“保存（尸体）不腐”。它应用于霍伊阿克（Khoiak）月 * 奥西里斯象征葬礼的仪式上。在第十八王朝，它指的是“一种埃及习俗，即为奥西里斯做一个从装满谷物的亚麻袋子里出来的木乃伊像。如果浇上水，谷物通过袋子的孔眼发芽以至被理解为这个神在生长。”[79]

σίτος sito（“小麦”），要么由埃及语 swt 演变而来，要么由闪米特语 zid

78　*Iliad* 11: 631; 13: 322 and 21: 76. *Works and Days* 597-9.

*　霍伊阿克月，古代埃及历法中的一个月份名称，大致相当于公历的 12 月。——译者注

79　Rundle-Clark（1959, 118）.

（“小麦”）演变而来，要么由两者演变而来。这一问题已在第二卷探讨。[80]

牲　畜

古希腊的大部分家畜都有印欧语名称。不过，有许多补充的名称却不能通 357
过印欧语加以解释。这些“额外”的词汇中，大部分可能解释为来自埃及语或闪米特语。

尽管没有被奥廖尔和斯托尔博娃作为亚非语词根收录，但是围绕着埃及语三字母结构 ỉbꜣ 的确存在着一个有趣的义丛。

双字母埃及语 ỉb 即义符 𓃙 (E8*)，属于表示“小孩子”的词根，它可见于贝沙语和西乍得语。[81]“活泼的”这一词义明显存在于扩写词汇 ỉbꜣ（“舞蹈”）和与名义后缀 -w 连写的词汇 ỉbꜣw“巴巴里绵羊”（ barbary sheep ）里。与一个医学义符连写，ỉbꜣ 被认为是“鸦片酊”（ laudanum ）。[82]

作为山羊，ỉbꜣw 显然反映在希腊语 ἀιπόλος (H)（“山羊”）[83] 和 ἔπερος (6)（“公羊”）里。尚特莱纳将第一个词解释为 αἴξ，即 αἰγός（“山羊”）丢掉了词尾 -g 和一个稍微令人费解的后缀，éperos 被解释为 ἐπι+εἶρος（“运送羊毛的人”）。

ỉbꜣ（“舞蹈”）也显然是 ἠπίαλος (6)（“颤抖、发烧”）的词源。尽管带着些许怀疑，尚特莱纳还是认为 ἤπιος（“甜蜜的、温和的”）可以追溯到该词。因此，也就出现了“温和的发热”！ ỉbꜣ 也为后缀 -μβος 提供了一个词源。该后缀可见于 ἴαμβος（“诗文、讽刺”）和 ’Ιάμβη（那个使得墨忒耳发笑的人）。尚特莱纳认为它可能是一个借用词。ἴθυμβος、δῑθύραμβος 和 θρίαμβος——所有这些歌曲和舞蹈都在狄奥尼索斯崇拜仪式上表演。尚特莱纳认为它们都与 íambos 有关，但他未给 íambos 提供任何词源。

另外，ỉbꜣ 或 ỉbr 以及与义符 𓆰 (M2) 连写的晚期埃及语 ybr（“植物、不知名的药物”），出现在希腊语词汇 αἶρα (4) 中，表示“有毒且醉人的禾木草本植物”“毒麦”，它能够使人疯狂地跳舞。拉丁语 ēbrius 意为“喝醉的”，埃尔努和梅耶未能为它找到一个令人满意的词源，它似乎可以追溯到 ybr。拉丁语

80　参见第二卷，第 483 页。

81　奥廖尔和斯托尔博娃对此没有论证，但塔卡克斯进行了论证，参见 Tak（1999, 82）。

82　这是传统观点，但冯・丹尼斯和格拉波不认同此观点，参见 Dienes and Grapow（1959, 1: 25）。

83　由于表示“山羊”缩写形式为 a3(ai)，所以这一词形可能在迈锡尼语中出现，参见 Ventris and Chadwick（1973, 536）。

俗语 ebriaca 和法语 ivraie 保存了“麦角症”或“毒麦”等原始词义。Ivraie 也为英语 ivy（“常春藤”）提供了一个可能的词源，常春藤被认为具有同样的功效。来自20世纪40年代一首流行歌曲中的一段歌词：“并且小羊羔们吃常春藤，小孩子也要吃常春藤，你不吃吗？”带我们绕了一大圈。[84]

埃及语 ỉdr 是一个一般集合名词：一“群”牲口或大象、鹅“群”。尽管 ʾaleph 和 ʿayin 甚或 ġayin 之间存在着差异，但是这个词很可能与希伯来语 ʿēder 和阿拉姆语 ʿadrå（“畜群、牧群”）有关联。[85] 希腊语 ἀθρόος (H)（“人群、
358 拥挤的、集会”）不存在一个可能的印欧语词源。有学者认为它属于一个词汇家族，这个词汇家族唯一的另一个成员是梵语词汇 sadhry-añc-（“统一的”），弗里斯克和尚特莱纳对此表示怀疑。[86] 不管是闪米特语词源还是埃及语词源，都不更可取。尽管闪米特语词源在语音上更为接近，但是，埃及语短语 ky ỉdr（“另外一个畜群”）被中王国时期的（虚构的或真实的）“派系”人物西努赫（Sinohe）使用，指自身是一个身处叙利亚的埃及人，希腊语 ἀλλόθροος（“说另一种语言的”）与它之间存在着一个直译词，这暗示了它与埃及语词源之间的某种联系。[87]

和英语中的情况一样，希腊语中也有许多表示猪的词汇。ὑς 和 σῦς 可能——如尚特莱纳所暗示的那样——是从一个保留词首 s- 的印欧语词汇借用而来的。尽管古代埃及人嫌弃猪，但是其他很多类似的希腊语词汇很可能来自埃及语。

Rri（“猪”），科普特语写作 rir，以及其变体 raare 和 raire，它为亚历山大文献中的词汇（the Alexandrian term）ἔρραος (2)（“公猪、公羊”）提供了一个词源。根据古代词典编纂学者赫西基奥斯的观点，Ἔρρος 是宙斯的一个描述词。

在第八章中，我讨论了埃及语发音 /š/（最初是 /ḫ/）和希腊语发音 /kh/ 之间的诸多类似。鉴于这些类似和 /з/ 与 /r/l/ 之间的类似，埃及语 šз（“猪”）很有可能是希腊语 χοῖρος (H) 的词源。[88] 根据弗里斯克的观点，该词不存在一个“不招人反驳的”词源。他提到了两个相互排斥的假设词源。一个是词根

84　我很感谢埃尔斯佩思·麦克杜格尔（Elspeth McDougal）在 1994 年向我解释这一叠句（refrain）。

85　七十士本《圣经》将其翻译为 γαδερ。

86　尚特莱纳利用发送气音的阿提卡方言词形来使印欧语词源的观点变得更可信。从埃及语这方面看，该词形可能来自表示骑兵间的“间隔距”的 idr 和 htr 的混淆。

87　*Sinuhe* B119', Gardiner（1947, 2: 261）.

88　Chap. 8, n. 54, above.

*ghor-yo（“毛发短硬的或多毛的兽类”）。另一个是亚美尼亚语 ger（“肥胖”）。由于对字首的怀疑，尚特莱纳认为第一个词源更可取。波科尔尼提出了词根 *ĝhers，他和弗里斯克都没有将这些词汇和古斯堪的纳维亚语 gríss（“幼猪”）联系在一起。[89] 不过，尚特莱纳未能给 σίαλος sia$_2$ ro（“肥猪”）找到一个词源，该词很有可能是一个来自 šꜣ 的晚期借用词。如果是这样的话，这将再一次证明希腊语 s>h 的转变早于埃及语 /ꜣ/ 失掉它的辅音值。

在第八章中，我讨论了希腊语 ethnos 来自埃及语 ṯnỉ/w（“统计、清点人群和畜群的数目”）的词源分析。[90] 它为 εὐθενεω (5)（“欣欣向荣的畜群”）主体成分提供了一个很好的词源。在稍微犹豫之后，尚特莱纳重构了一个原始印欧语词根 *dhe，他认为该词根存在于拉丁语 fēnus（“资本利息”）中，因为最初之时财富是用牲口来衡量的。埃尔努和梅耶没有提到这种可能性。

至于 sꜣ（“牲口的绳索套”）、σειρά（“绳、套索、线”），尚特莱纳怀疑所有假设的印欧语词源。

鸟　禽

与鸟禽相关的词形的例证相对较少，但它们的确存在，证明这个语义场中 359
出现的埃及语词汇是那些来自印欧语的希腊语词汇的补充。

首先是 *ʿqw（“鸬鹚”），它为 καύαξ (H)（“海鸟”）提供了一个非常可信的词源。-ax 是表示动物和鸟禽的标准后缀，例如可见于 ἱέραξ（“鹰”）。

在第九章中，我讨论了希腊语 αὐχήν（“人类或动物的脖子”）和 αὐχενίζω（“砍掉牺牲的脖子”）是来自 wšn（“扭断家禽的脖子”）的借用词。在同一章中，我还讨论了 *pꜣ sꜣb（“有斑点的、多彩的鸟羽”）是 ψάρ (H)（“椋鸟、有斑点的”）的词源。[91]

*pVr（“跳跃、飞翔”）是一个常见的亚非语词根。[92] 奥廖尔和斯托尔博娃也提出了一个词根 *paʿur［“鸽子”（dove）］，他们在西乍得语和中乍得语找到了例证。并且，他们也将埃及语 pʿrt 包括在内。[93] 尽管 pʿrt 最早是在晚期埃及

89　Pokorny（1959, 445）.

90　第八章，注释 65。

91　第九章，注释 51—53。

92　Orel and Stolbova（1995, 419 §1952）and Takács（2001, 379-84）.

93　Orel and Stolbova（1995, 413 §1923）.

语中得到证实的，但是这些乍得语同源词证明它的出现必定早于这个年代。它的科普特语词形是 pēre (S) 和 pēri (B)。据此，维奇赫尔重构了一个词形 *peзʿet 或 *perʿet（“鹌鹑、鸽子”）。这些词为希腊语 πέλεια (H)［“鸽子”（pigeon）］提供了一个可能的词源。尚特莱纳认为这个词来自鸟的颜色 πελιός、πελιδνός 和 πολιός。[94] 这些词汇代表的实际颜色是什么，尚不确定。它们似乎包含有“灰色”“米白色”和“蓝色”。如尚特莱纳所暗示的那样，这些词汇极适合用于鸽子或鹌鹑。除了认为这三种表示颜色的词汇相关外，他没有给它们提供任何词源。总之，这些表示颜色的词语更有可能源于这些鸟，而非表示这些鸟的词汇来自这些颜色；并且 péleia 和 παλεύω (5)［“作为一个诱捕（鸟）的圈套使用”］一样，来自埃及语 pʿrt。

科普特语词汇 papoi（“小鸟、小鸡、母鸡”）在世俗体中有一个前身拼写 ppy（“幼鸟”）。这个词汇为希腊语 φάψ-παβός (5)（“鸽子”）提供了一个词源。字首的不确定暗示它是一个借用词。尚特莱纳认为 pháps-pabós 是 φάσσᾳ φάττα 的一个变体，词义大致相同，只是在发音上相距太远。如我在第五章讨论的那样，交替拼写 -ss-/-tt- 经常是闪米特语字母 tsadeh 的一个标记。[95] 既然这样，那么就存在着一个后圣经（post-biblical）希伯来语词汇 patshån “雀科鸟类”，它来自《圣经》词语 √ptsh（“爆发”），即突然的射击或歌唱。因此，pháps/pabós 和 phássáphássa 来自两个不同的亚非语言的不同的词根。

360 Mзʿ (H1)（“针尾鸭”）为 μελεαγρίς (4)（“非洲珍珠鸡”）中的第一部分提供了一个可能的词源。弗里斯克和尚特莱纳都猜想它是一个借用词。

Hзw 是一个种类未确定的野禽。希腊语 οὐρία (2) 指的是一种鸭子。尚特莱纳描述这个词的词源为“模糊不清”。

埃及的土地神 Gb(b) 和 gb（“鹅”）是同一个词汇。在希腊化时代，Gbb 被翻译进希腊语为 Kῆβ。因此，Gbb 为 κέπφος (4)（“笨鸟”），也许是海燕，提供了一个很好的词源。尚特莱纳对该词的辅音重复（gemination）感兴趣，却没有为该词提供一个词源。

中期和晚期埃及语词汇 gmt（“黑色的朱鹭”）词义发生转变后成为世俗体

94 所有词汇都包含 /i/ 就如同波海利方言 pēri。

95 第五章，注释 85—87。

中的 kymy 和科普特语 çaime（“母鸡”）。切尔尼、维奇赫尔和里德尔以及斯科特都接受，它是希腊语 καίμιον (4CE)（“鸡”）的词源。[96] 弗里斯克和尚特莱纳未给该词列出一个词条。

Ṯrp“可食用的鸟”为 θραυπίς (4)（“小鸟”）提供了很好的词源。尚特莱纳并未给出任何词源。

器具和器皿

这一节中大量的词语例证暗示，埃及农业新技术引入希腊，或这一地区的埃及语词汇增添到了既有的本土词汇里或者将它们完全取代。

奥廖尔和斯托尔博娃假设了一个亚非语词根 *wurVm（“屋顶”）。他们根据西乍得语词形 *wurVm（“覆盖物、茅草屋顶”）和埃及语 wrmwt（“凉棚、屋顶盖法”）构建的这一词根。[97] 该词的义符是一个坡度陡峭的高尖屋顶，它没有被加德纳收录。维奇赫尔认为科普特语 ualme 或 uolme（“用于出租的物品”）来自 wlm。一些重要的希腊语借用词明显来自它。不过，在讨论这些词汇之前，我们必须分析两个农业术语。第一个是 ὠλέν(η)(3)（“用于捆绑或覆盖砖块的席子或遮盖物”）。[请勿将该词与 ὠλέν(η)（“肘”）混淆在一起，后者有明显的印欧语词源。] 第二个词汇是 ὄλινοι，一个表示“一束大麦”的塞浦路斯方言词汇。

在第八章中，我考查并给出了一些可能的词源例证，在演变过程中，埃及语 /m/ 在希腊语中被转写为 /ph/。[98] 希腊语 ὄροφος (H) 指的是“屋顶、由芦苇制成的”，ὀροφή (H) 指的是“屋顶”。这些词汇都与动词 ἐρέφω (5)（“盖顶”）有关联。此处存在着一个与 wrm 具有相同词义的词汇和较早被证明的名词的发音。 361

现在，我们来分析内容更广泛的词汇：多利亚方言 οὐρανός、ὠρανός 以及莱斯博斯方言 ὄρανος 指的是天穹，它被视为由铜、铁或水晶制成。天空的人格化是神王 Οὐρανός（乌拉诺斯），该词便源于此。亚里士多德将 ouranós 用作“拱顶”来描述口腔里的软腭，或者“帐篷”或“亭阁”。弗里斯克和尚特莱纳基于牢靠的语音原因，否定了将 ouranós 和梵语词汇 Varuna（伐楼那）联系在

96 Schmidt（1922, 104）.

97 Orel and Stolbova（1995, 531 §2550）. 是他们而非加德纳记录了表示 wrmwt 的像凉棚一样的义符。

98 第八章，注释 70—90。

一起，伐楼那是早期印度神话中的天空之神。如果语言借用中的语音限制不及语言遗传关系中的严格，那么 wrmwt 将会提供一个更有可能的词源。[99]

Ὄλυμπος (H) 和 Οὔλυμπος 是希腊若干山脉的名称，最著名的是色萨利的那座山，它被认为是诸神的家园。尚特莱纳认为，作为一个词源，它只可能是一个表示“山脉”的皮拉斯基语词汇。当然，这是有可能的；不过，如马丁·尼尔松所发现的那样，它与 Ouranós 存在着类似性，奥林匹斯山经常是成对的，这为它更有可能来自 wrmwt 提供了一个理由。[100] 在《伊利亚特》的一段文字中，两者被做了对比：乌拉诺斯山处于宙斯的统治领域；奥林匹斯山是中立领域的一部分。[101] 不过，在其他地方，两座山作为类似物出现。例如，在《伊利亚特》第 1 卷中，雅典娜“从天上”（οὐρανόθεν）来拜访阿喀琉斯，又在 25 行之后返回奥林匹斯（οὐλυμπόνδε）。仍是在这一卷稍后部分，忒提斯进入 μέγαν οὔλυμπόν οὔλυμπόν，这指的是同一个地方。[102] 在《奥德赛》第 15 卷，在同一段中，宙斯从这两个山顶发出霹雳。[103] 同样的并排出现的现象也发生在一些咒语中。最后，索福克勒斯的悲剧《俄狄浦斯王》（*Oedipus Tyrannus*）中提到 Ὄλυμπος ἀπείρων（“无边无际的奥林匹斯山”）。大部分翻译者都忽略了这一行，因为它提及了奥林匹斯山，尤其是因为它还包含有其他难题。不过，意大利学者塞尔瓦多·加西莫多（Salvatore Quasimodo）将 Olympos 翻译成 cielo（“天堂”），这样就增加了 ólympos 和 ouranós 之间的模糊语义。[104]

根据加德纳的观点，埃及语 sꜣ 与义符 𓍝 (V17) 连写时，表示“用纸草搭建的圆筒状的牧人躲避所”；与义符 𓍜 (V16) 连写时，无疑表示“绳索套”。它的词义是“防护物、护身符”。假设的词汇 *pꜣ sꜣ 为 B 类线形文字中的 ψάλιον 和 ψαλόν pasaro 提供了一个可能的词源。这些词的词义不确定，但它们包含有“边石、马的锁链、马具和开口的 U 型环状物”。由此，该词汇引申为“拱门”
362 和“拱顶和排水沟”。第一个义符似乎在希腊语中被翻译为 ψαλίς (2CE)。佩尔皮尤将这个象形文字符号描述为“剪刀，由一个单叶片弯曲成 U 型”。弗里斯

99 梵语词汇 Varuṇa（伐楼那）的名称可能来自 wrmwt。

100 Nilsson（1972, 229）.

101 *Iliad* 15: 192-5.

102 *Iliad* 1: 195, 221, 497.

103 参见 *Odyssey* 20: 103, 113。

104 Sophokles, *Oedipus Tyrannus*, 1088. 另见 Quasimodo（1983, 168）。

克和佩尔皮尤都没有为该词群找到一个确信的词源。

希腊语 πίθος（“大酒罐”）起源于 *pꜣ tḫ（“啤酒壶”），已在第九章探讨。[105]

1967 年，康斯坦丁・达尼埃尔提出，μᾰ́νης (3)（“一种杯子”）来自埃及语 mn 即 mni（“罐子、啤酒的量器”），它后来的拼写为 mnt。[106] 另外有一个可能的借用词是 ἀμνίον (H)（“盛牺牲血液的瓶子”）。尚特莱纳拒绝任何与 ἀμνός（5）（“羊羔”）的联系，并且他没有为 amníon 提供任何词源。为了避免字首出现两个辅音，就在字首前边增添元音，这一问题已在第五章中探讨。[107] 另外一个来自 mn- 的借用语是 μώϊον (2)（“盒子、罐子”）。这个词中的 omega，表明这个词发生借用的时间要晚于 μᾰ́νης，而不是早于埃及语 ā>ō 的转变。[108]

μέλη（“一种杯子”）源于 mr，已在第十章探讨。[109]

Mr（“牛奶罐”），它的科普特语词形为 maris，为希腊语 μάρις (4) 提供了一个极佳的词源，μάρις (4) 是能够装六 κοτύλαι 的液体量器。

一个可能但是假定的词形 *r-qn(i)（“席子、篮筐”）为 λίκνον (H)（“簸箕、摇篮”）提供了一个词源。波科尔尼基于 νεῖκλον 和 νίκλον 的换位，将它和立陶宛语 niekóju（“扬簸”）联系在一起，尚特莱纳接受了他的观点。这两个词或者其中的一个为 líknon 提供了可能的词源。弗里斯克和尚特莱纳将 líknon 归入 λικμάω (H)（“扬簸、摧毁”）目下。在中期埃及语中，词汇 qmꜣw 暂时被解释为“扬谷者 / 器”，该词带有一个人称后缀 -w。这一解释是基于上下文和埃及语常见词汇 qmꜣ “芦苇”，以及像席子、篮筐等由芦苇制成的器物。这个问题已在本章讨论过。[110] 因此，假设一个科普特语词形 *iri qmꜣ *rə-kam（“扬簸”），将它视为 likmáo- 的词源，这种做法将是合情合理的。

νέμω（“游牧生活、田园生活、分配或分派牧场”）起源于埃及语 nmi（“旅行”）和 nmiw（“贝督因人、牧民”），已在第十二章谈论过。[111]

105　第九章，注释 99。
106　Daniel（1967, 386）.
107　第五章，注释 96—118。
108　第五章，注释 119—127。
109　第十章，注释 75—77。
110　参见本章注释 29。
111　第十二章，注释 16—19。

埃及语复数词形 ḫʿw 有广泛的词义，它指“武器”“葬礼器具”“船舶器具”“器具”，等等。它们都可以归于装备名下。在晚期埃及语中，该词形被证实具有“篮筐、水桶”的词义。按惯例翻译为 /š/ 和 /ḫ/ 的语音转变符号已在
363 第八章中叙述过。[112] 几乎可以肯定，在几个阶段，希腊语族群还会听到它发 /sk/ 的音。希腊语 σκεῦος (5) 和 ḫʿw 一样，具有广泛的词义。尚特莱纳概括道：“容器、器皿；尤其是在复数形式 σκεύη 里，它指房屋里的所有容器、文化、航海、箱子、装备、物体。”

Ḫbbt（“某种罐子”）为 σκύφος (H)（农夫用以盛放牛奶的“罐子、水壶”）提供了一个恰当的词源。尚特莱纳没有提供任何词源。

中期和晚期埃及语 ḫnr 的词义与克制观念有关，指“监狱、后宫”，也指“缰绳、约束”。在科普特语中，该词的核心词意转变为后宫和婚姻，发音也转变为 šeleet (SA) 和 šelet (B)。根据维奇赫尔的观点，该词在科普特语中的发音不能确定，因为关于该词存在着不同方言之间的内部借用。在弗里斯克看来，希腊语 χαλῑνός (H)（“缰绳、锚”）与梵语 khalina-（“小块”）有关。不过，尚特莱纳指出，伟大的古印度语词典编纂学者曼弗雷德·迈尔霍费尔（Manfred Mayrhofer）认为该印度语词汇是来自该希腊语的借用词。所以，尚特莱纳认为，khali@nós 可能是一个借用词，但它的词源“不能确定”。但是，埃及语词汇 ḫnr 为它提供了词源。

Sꜣw（“墙”），即𓐠(Aa18)，在晚期埃及语中为 sꜣwy 或 sꜣwt（“财产”）；希腊语 σιρός (5)（“筒仓、谷仓”）。尚特莱纳解释为“无词源”。Sirós 的另一个词源可能来自闪米特语，可见于阿卡德语，为 saru，即 3600 的循环。它在转写进希腊语之后为 σάρος 或 σαρός。这一词语的迦南语词形可能是 σωρός (H)（“小麦堆、堆”）[σωρεύω（“堆积”）和 σωρεῖα（“等差级数”）] 的词源。尚特莱纳没有为这些词汇中的任何一个提供一个词源。

Κάβος（“小麦的量器”）普遍被认为是对希伯来语 qab（“容量”）的一个转写。不过，弗里斯克和尚特莱纳指出，词汇 κάβαισος（“贪食者”）的古老解释——自 4 世纪以来被证实——为 κάβος 和 αἶσα，这表明前者更为古老。因此，kábos 可能来自迦南语词形或埃及语 qby（其科普特语词形为 kabi 或 kēbi），

112 第八章，注释 47。

qby 的词义是“罐子、量器”。[113]

从语义学的角度来看，qrḥt（“尖嘴陶瓷容器或篮筐”）为希腊语 κρωσσός (5)（“水罐、骨灰瓮”）提供了一个可能的词源。由于 /ss/ 和反例的存在，弗里斯克和尚特莱纳都倾向于拒绝将它和爱尔兰语 croccan 和盎格鲁-撒克逊语 crocca 视为同源词。他们倾向于认为它来自地中海语言。/ḥ/ 可以解释该希腊语词汇中的长元音，并且词尾 /-t/ 经常被翻译为希腊语中的咝音 /-is/。不过，krōssos 源于 qrḥt 的词源分析只能表述为合理或可能。

κάλαθος 来自 Qrḥt 或 krḥt 这一更为可信的词源分析将在第十八章中探讨。 364

亚非语词根 *q^{w}ad 和埃及语 qd（“制作、创造、用陶轮制作陶罐、圆周”）已在上文探讨。[114] 西闪米特语 kad（“水壶、罐子”）在乌加里特语、腓尼基语和希伯来语中得到证实。由于 kad 一般被认为词源未知，那么就有可能存在着一个埃及语词源，尽管在两种语言中 /q/ 和 /k/ 之间存在着差异。[115] 弗里斯克认为希腊语 κάδος 来自“地中海语言”，然而，尚特莱纳遵循了伊米莉亚・马森的观点，认为该词是一个来自闪米特语的借用词。[116] 它有可能来自闪米特语，但也有可能直接来自埃及语。如果同意 kádos 有一个闪米特语词源的话，那么尚特莱纳将 κηθίς（“花瓶”）及其衍生词 κηθάριον（“用于投票表决的瓮”）描述为“没有词源”将是一件奇怪的事情。他遵循文特里斯和查德威克的观点，认为 *kåthis 的早期词形是迈锡尼语中的 kati。kati 也有可能几乎同样被视为 kádos 的拼写原型。不管怎样，玛利亚-路易萨・迈尔认为，kēthis 可能来自闪米特语。[117]

义符𓍱 (V19) 通常被相信代表“牲口的绳索套”，但是它也作为其他词义使用：出现在 tmɜ（“席子”）、ẖɜr（“麻袋”）以及其他表示编织物和藤条制品的器物名称里。尤其是，它出现在晚期埃及语 gɜsr（“装牛奶的量器”）中。这个词语为 κρησέρα (4)（“筛子或滤网”）提供了一个可能的词源。它们在语音上吻合，优于尚特莱纳尝试性地将它和拉丁语 cribrum 或爱尔兰语 criathur（“筛子”）联系在一起。

113　维奇赫尔有不同观点，它坚持认为 kabi 是称量啤酒的专用量具。

114　参见本章注释 73。

115　参见 Klein（1987）。

116　Masson（1967, 42-4）.

117　Mayer（1960b, 316）.

希腊语 τινάσσω（τινάξαι、τινάγμος）（“抖动、扬簸”）源于埃及语 *dỉt nqr（“进行筛滤”），已在第九章中探讨。[118]

早期词形 ṯ3b（“容器、碗”）——晚期埃及语 ṯbw 和科普特语 jop——为 τρύβλιον (5)（“碗、盆”）提供了一个很好的词源。弗里斯克和尚特莱纳都同意它“没有词源”。不过，存在着另外一个极大的可能，即 *tɜb 是 τράμπις (3)（“野蛮人的船”）的词源。这些词典编纂学者认为它是一个借用词。

本节探讨的一些埃及语词汇仍然在希腊语中作为实践词汇和具体词汇被使用和起作用：例如，máris（“液体量器”）和 khalinós（“缰绳、锚”）。另外一些词汇，诸如埃及语 wrmt（“凉棚、帐篷的顶篷”）则在希腊语中由实践词汇提升为抽象词汇和超验词汇，诸如 ouranós 和 Olympos。将两种变化合并来看，会发现埃及文化对希腊社会的许多不同侧面产生了深刻影响。

烹　饪

365 彰显埃及影响的词汇尤其集中在烹饪和饮食等文化领域内。

在古王国时期，符号 ⬭ (w6) 用于表示“一种特殊的容器”。它作为义符使用在词汇 wḥ3t（“大锅”）里。[119] 在中王国时期和新王国时期，⬭ (w8) 和 ⬠ (w7) 取代了 ⬭，两个符号都指的是“容器”，作为音符 / 义符 ɜb 使用。希腊语指的是 λέβης (H)（“大锅、盆”）。弗里斯克想要将它和 lopós（“贝壳、果皮 / 壳”）联系在一起，但又承认它可能是一个外来词。[120] 尚特莱纳直率地称其“没有词源”。

弗里斯克和尚特莱纳认为 λαφύσσω (H)（“贪婪地吞咽”）起源于印欧语词根 *lap' 或 *lab（“舔、舔舐”）。对贪婪的执着，暗示该词受到了中期埃及语 ɜfʿ 和晚期埃及语 ʿfy 的影响或腐蚀。这两个词汇都指的是“贪婪、暴饮暴食”。维奇赫尔重构了一个词形 *ɜåfiʿ 或 *ʿaf[y]。前者在语音上与 laphýssō 极为类似，并且在语义上也与之匹配。

埃及语 ỉ3m 指的是“捆绑献祭”，ỉ3m n 指的是“献祭给”。希腊语 ἔρανος (H) 是“一种每个人都带着一份食物参加的宗教宴会”。尚特莱纳认为该词词源“不

118　第九章，注释 192。

119　它也用来表示“绿洲”，它的惯用法在本章注释 6—7 中提到过。

120　Lopós 属于邻近 lépō 的闪米特语词群，已在第十三章探讨，参见本书第十三章，注释 22。

明”，但暗示它与 ἑορτή (H)（“节日”）和 ἑορτικός（“在节日上提供的祭品”）有关。弗里斯克和尚特莱纳未能给这两个词形找到一个明确的词源。事实上，ḥȝw ẖt（“特殊的祭品”）或 ḥȝw-ḥr ẖt（“丰富的祭品”）提供了可能的词源。

i‘ w（“早饭”）和 ἤια (H)（“旅行的饮食”）在语义上极为类似，并且这一词源分析也不存在着语音障碍。尚特莱纳尝试着暗示它与 eimi（“走”）之间的联系。

注释者们明确声明，ἔρπις (3) 是一个表示“酒”的埃及语词汇。现代的词典编纂学者们为它找到了埃及语词源 irp（“酒”）。不过，它们不能解释这个希腊语词汇中的送气音。希腊语中这种矫枉过正（hypercorrection）的另外一个例子可见于 ἱερεύς（“祭司”），该词来自与宗教有关的词群，这个词群围绕着双字母 iȝ- 组合构成。[121]

另外一个希腊语词汇 ἕλπος (6)（“皮囊”）很可能来自 irp。女诗人萨福用该词表示盛酒的容器，后来的作家们则将它作为装油的瓶子使用。尚特莱纳将后者作为基本词义，将它与印欧语词根 *selp 联系在一起，该词根可见于英语“salve”（油膏）。他没有关注送气音的缺失。

在第二卷中，我探讨了῎Ατλας和᾿Ατλάντις来自埃及语 itrw（“河流、海”）。[122] 366
两个鱼类名称 ἔτελι˝ (4) 和 ἰθουλίς (2) 似乎来自同一词源，汤普森和尚特莱纳都未能给这两个名称找到词源。

埃及语 w‘b（“纯洁的”）已在第九章探讨 *pȝ w‘b/ 福波斯时提到过。[123] 它的两个引申词是带有表示肉的义符的中期埃及语 w‘bt（“肉类祭品”）和带有表示房屋的符号的晚期埃及语 w‘ bt（“厨房”）。词典编纂学者在 ὀπτός (H)（“在烤肉扦上烤肉”）上遇到了极大难题。尚特莱纳倾向于接受本维尼斯特的观点，认为它应该与 πέσσω (H)（“烹饪、成熟”）有关。这一观点需要一个带有后缀 -to 的假设词形 *(ə$_2$)p-k^w，optós 的情况便是如此。将 w‘bt 视为词源，似乎是更简单的办法。一个后来的借用词，可见于 οἶβος (2CE)，一个表示“牛脖子后部”屠宰术语，它在第九章中被提到过。

Péssō、ἕψω (5)（“烹饪、煮”）和 ὄψον (H)（“小菜或调味酱汁”）可能

121　参见第十八章，注释 33—36。

122　第二卷，第 298—304 页。

123　第九章，注释 21—25。

源于 psỉ 和 psw。该词在科普特语中的拼写为 pise（“烹饪”），置于名词前为 pes(t)-，置于后缀前为 past。尚特莱纳宣称，hépsō 和 ópson 词源“不明”。

πόρκος（“树枝或藤条编织的捕鱼网”）来自 *pɜʿrq（“篮筐”），已在第九章探讨。[124] 在晚期埃及语中，ʿrq 也表示“武器罩 / 套”。它为 ὅλλιξ (2)（“木制的饮酒杯”）和 ἄρακιν (3)（“盘子”）提供了一个合理的词源。

在晚期埃及语中，ʿkk 表示“被烤过的大块食物”；它可能在世俗体中演变为 kʿkʿ（“某种糕饼”），在科普特语中演变为词义相同的 ča(a)če。无论如何，至少最后两个词形与世俗体动词 kk 和科普特语 čōč（“烤、烘烤”）有关联。[125] 切尔尼遵循阿尔弗雷德·维德曼的观点，承认 kʿkʿ 是希腊语 κάκεις 即 κακεις（“面包的一种”）。[126] 弗里斯克和尚特莱纳都未收录这一词条。

ʿḏn（“坩埚、冶炼炉”）为 ἔτνος（“黏稠的汤、浓汤”）提供了一个可靠的词源。弗里斯克和尚特莱纳都没有为该词提供任何解释。

wɜỉ（“烧烤？谷物”）为 οὐλαι (H)（“放在祭品前头的大麦粒”）提供了可能的词源。弗里斯克和尚特莱纳都同意这个词汇是一个古老的词汇，并且假定了一个字首 Ϝ /w/，但没有进一步探讨。

“绿洲”源于 wḥɜt 已在上文提到。[127] 不过，它的基本词义是“大锅、罐子”。
367 在这个词义上，它可能是 ἠθέω (4)（“过滤”）的一个词源。尚特莱纳考虑去除作为后缀的 -θω，忽略送气音的缺乏，进而将它和斯拉夫语和日耳曼语中字首为 s- 且词义为“筛漏”的词汇联系在一起。埃及语词源在语义上更差，在语义上也好不了多少。不过，二世纪的幽默作家阿忒那俄斯出生在埃及的瑙克拉提斯，他宣称 ἠθάνιον (3) collander（“一同登陆的人”）衍生为埃及语中一个表示家庭的词语。[128] 玛斯–阿诺特尝试着提出，该词词源是埃及语“heti”。[129] 当然，该元音未知，并且送气音也存在着小的问题；即便如此，不管是 *ḥtỉ（“碗”）还是 wḥɜt 都不能简单地被接受或被否定。不管怎样，考虑到这个印欧语词源

124 第九章，注释 20。

125 维奇赫尔认同印欧语系专家的观点，即：日耳曼语 *kōka 或 *kaka（“蛋糕”）是孤立语，并且早期埃及语或亚非语缺乏 kk 的同源词，这就使得 *kk 不太可能是一个诺斯特拉语词根。

126 Wiedemann（1883, 22）.

127 参见本章注释 5—6。

128 Athenaios, 11: 470.

129 Muss-Arnolt（1892, 91, n. 10. 我仅能发现该词汇的复数词形 ḥtw。

有些牵强附会，几乎可以确定 ethéō 和 ethánion 来自埃及语。

据推测，Bɜkbɜk（“一种糕饼”）与 pɜq（“美味的糕饼或扁平的糕饼”）有关。βάραξ (2) 是一种糕饼，尚特莱纳认为它“可能是一个外来词”。它在阿提卡方言中的变体为 βήραξ，在锡拉方言中的变体为 πάραξ，这说明它更有可能是一个古老的借用词。

Bɜḏ（“罐子”）与 βλαδύς（“长颈瓶”）对应得极好。尚特莱纳令人迷惑地将它归到 ἀμαλδύνω（“抹掉”）的词条之下，并将它和印欧语词根 *mol（“柔软的、柔弱的”）联系在一起。

晚期埃及语 br——科普特语 bōre、现代埃及语 fori、阿拉伯语 buri（“胭脂鱼”）——为 βωρεύς（一种“埃及人保存的胭脂鱼”）提供了一个确定的词源。汤普森和尚特莱纳都没有对这一词源分析提出质疑。[130]

词汇 βῆσσα 的一个词义是表示一个底部大、顶部细的杯子。尚特莱纳认为，它只是词汇 bēssa（“长满树木的山谷或峡谷”）的比喻用法。康斯坦丁·达尼埃尔对阿忒那俄斯的一段文字进行解释，宣称这个名称来自贝斯神的形象。[131] 尚特莱纳未能给 βῆσσα (H) 的这一基本词义找到一个可以接受的词源。不过，闪米特语 √bṣṣ 是一个很好的词源，它可见于希伯来语 biṣṣåh（“沼泽”）。

πῶμα（“盛放面包的容器”）、πυραμίς（“糕饼”）以及 βασυνίας（“提洛岛上用于献祭的一种糕饼”）的埃及语词源都已在第九章探讨。[132]

带有流音 /ɜ/ 的 bḏɜ［“（平底的？）大罐子”］与 πατάνη、西西里方言 βατάνη、拉丁语 patera 或 patella（“大的烹饪锅”）极为吻合。尚特莱纳将这一词群视为“地中海语言”。

Pɜq 也可能是 πλίκιον (2CE)（“一种糕饼”）的词源，尚特莱纳未给该词提供任何词源。

Pɜt（“用于献祭的糕饼或面包”）为 παλάθη（“干果、压进模子”）提供了 368
一个很好的词源。尚特莱纳放弃了莱维为该词提出的闪米特语词源，倾向于承认 paláthe 与古高地日耳曼语 flado 是同源词，我们的“flan”（坯子）便是来自 flado。如果这些词汇之间有联系，那么 flado 也同样有可能是一个借用词。另

130 Thompson（1947, 37）.

131 Daniel（1967, 381-2）; Athenaios, 11: 784.

132 第九章，注释 19、26、56。

外一个可能来自 pꜣt 的晚期借用语是 φθοῖς［“用于献祭（献祭给诸神）的干酪饼”］。尚特莱纳倾向于认为它是一个借用词。

词典编纂学者赫西基奥斯认为令人费解的词汇 φῆρος 是“古代献给诸神的食物”。过去的学者将它和拉丁语 far（“献祭中使用的小麦面粉”）进行对比。它们在语义上极为接近。不过，尚特莱纳认为它们之间的语音演变“极不确定”。一种可能的解决办法是两者都源于 pꜣt 以及它的复数词形 pꜣwt（“祭品、糕饼、被烤过的大块食物”）。

在第七章中，我倾向于接受拉丁语 panis（“面包”）来自埃及语 psn（“一条面包”）的词源分析。[133] 但是，我没有提到在阿普利亚使用的西部希腊语和梅塞皮亚语 πανός（“面包”）。另外一个来自 psn 的借用语是 παξαμᾶς（“饼干”）。尚特莱纳遵循传统的观点，认为 paxamâs 来自一个生平不详的面包师的名字。相较于埃及语词源而言，这一分析存在的可能性更小。

Mhỉ（“牛奶罐”）、mhỉ t（“奶牛”）为 ἄμης（“牛奶糕饼”）提供了一个词源。尚特莱纳没有提供词源。

Mgꜣr（“烘烤或烧烤”）、μαγειρεύω (4)（“烹调肉”），Mgꜣr 最先在晚期埃及语中得到了验证。由于它出现的时间比较晚，并且还存在着交替词 mꜣqw/mqꜣw，詹姆斯・霍奇认为，它可能是一个来自闪米特语 √qly（“烘烤或烧烤”）的埃及语借用词。[134] 不管他的观点是否正确，都没有理由质疑莱德福德的观点；莱德福德认为，考虑到烤肉的准确含义，mgꜣr 应该与 mageireúō 有关。[135] 希腊语词汇中的，表明最有可能的词源演变顺序是闪米特语 > 埃及语 > 希腊语。拉丁语 magirus（“烹饪”）源于希腊语 mágeiros。尚特莱纳的结论是“没有确定的词源”。

Nḏꜣ（“用于盛放烤过的大块食物和枣子的量器”）可能是 ὀνθυλεύω (4)（“在烹饪时塞满或填满”）的词源。尚特莱纳写道，“这些厨房术语是没有词源的”。

关于 ἀθάρη（“面粉烘培盘”）来自 nṯr 的词源分析，参见第十章。[136] ἄρτος (H) 来自埃及语词源 rtḥ（“烘焙”），已在第二卷中探讨。[137]

---

133 第七章，注释 111。

134 Hoch（1994, 170-1）.

135 Cited by Hoch（1994, 171, n. 210）.

136 第十章，注释 12—13。

137 第二卷，第 483—484 页。

Hqr（“饥饿”）为 αἶκλον (6)（“多利亚人的晚餐”）提供了一个很好的词源。对于这个词汇的词源，尚特莱纳只是单纯地宣称“未知”。

另外一个与食物有关的词源可以在动物界找到类似词汇。希腊语 ἀλώπηξ 369
(6) 或 ἀλωπός（“狐狸”）显然有一个可靠的印欧语词源，它与拉脱维亚语 lapsa 和梵语 lopāśa（“豺”）是同源词。不过，这些词汇也有可能是来自希腊语的，它们的词源可能最终追溯到埃及语 s3b（“豺”）。变体拼写 alōpēx、alōpos 以及字首增添元音 alpha 表明，该词是传入希腊语的借用词。关于这一假设的进一步论证是豺在波罗的海地区极为罕见，并且亚里士多德明确指出，alōpēx 是埃及狐狸。[138] 除此之外，alōpēx 还在医药学上使用，被描述为“腰（生殖器）上的肌肉”。这一用法可以被表示为 S3b 的义符  (F27) 来加以解释。

 (E17) 和  这两个义符显然用于表示“豺”和“鬣狗”。[139] 虽然 s3b 的现代标准解释为“豺”，但是它的许多同音同形异义词（homonym）表示为“有斑点的”或“多色的”，这表明它也广泛地用于表示有条纹的或有斑点的鬣狗。

在这个词义上，s3b 为希腊语 σίλβη (5CE)（“由大麦、芝麻以及罂粟籽做成的饼”）提供了一个可能的词源。尚特莱纳抛弃了这个观点，认为它在某种程度上和赫梯语 šiluḫa（“某种糕饼”）有关，并且只是把它视为一个借用词。psar［“（多彩的）椋鸟”］源于 p3 s3b 的词源分析已在第九章探讨。[140] 该词在某种程度上和赫梯语 šiluḫa 有关联，但是尚特莱纳抛弃了这种观点，并且只是简单地表述它是一个借用词。

S3b 和 *sb3（“鬣狗”）的音位转换，可以解释吃人的、穴居的荒郊野外怪物 Σύβαρις（锡巴里斯）。锡巴里斯（Sybaris）被认为与另一个食人怪兽 Λάμιᾰ 等同。该词来自亚非语词根 *labiˀ，希伯来语 låbiˀ（“狮子、野猫”）或埃及语 3by（“豹”）都来自亚非语词根 *labiˀ（“狮子、野猫、鬣狗”）。[141] 因此，许多希腊神话就能解释为起源于非洲凶猛的大型动物。

甚至撒哈拉岩画也表明了对培育双色牲畜的特别青睐。[142] 埃及人和克里特人乐于用它们来献祭。S3b 也是一个用于表示社会最上层和高级官员的词汇。

138 Aristotle, *Historia Animalium*, 606a 24.

139 参见 Lesko（1984, 2: 153）。

140 第九章，注释 52—53。

141 Orel and Stolbova（1995, 355 §1636）.

142 第三章，注释 46。

当然，锡巴里斯还是一个城市的名称，它位于南意大利的鲁卡尼亚（Lucania），以奢华闻名。奢华和多样性始终是非常紧密的。ποικίλος（“色彩缤纷的”）也可以被视为 sybaris 的同源词。因此，更有可能是锡巴里斯这个城市名称源于它的奢华 *sbȝ，而非后者源于前者。

尚特莱纳认为，χαβίτια (3)（“储存蜂蜜的容器？”）是一个“词源模糊的借用词”。奥斯瓦尔德·切梅林伊认为它源于阿拉姆语 ḫwt < *hawita（“水壶”）。[143] 这个词本身可能是来自埃及语 šwbty（“罐子”）的借用词。在埃及语中发现的这一证明表明，khabítia 可能直接源于埃及语；但是这种可能性很大
370 程度上（如果不是全部的话）被它在时间上要求 ⇒ 发作 /ḫ/ 的音消除。不过，σέβις (σεβίτιον)(5CE)（“盒子”）很可能是一个来自 šwbty 的晚期借用语。

šns（“糕饼或面包”）为希腊语 ἀχαίνη（?）[“为泰斯摩福里亚节（Thesmorphoria）烘焙的大面包”] 提供了优质的词源。尚特莱纳只是简单地称它“没有词源”。

斯特拉博写道，κάκεις 或 κακεῖς 是一种埃及面包。[144] 在中期埃及语中的 ʿqw（“面包”）可能会与词形 qȝqȝ（“吃”）混淆，后者只是在晚期埃及语中才得到证明。

Qfn 作为一个动词，指的是“烘焙”，它同时也是一个名词，指的是“面包”。καπνος (H) 指的是“烟、带有烘焙的烟味、温暖”。尚特莱纳认为它和立陶宛语 kvepi（“呼吸”）等是同源词。几乎可以肯定，它与 κάμινος (5)（“火炉、烤炉”）、καμῑνί̄της（“在烤炉里烘烤的面包”）和 καμινεύς（“烘焙工人”，埃及语中存在着一个词形 qfnw “面包师”）有关联。尚特莱纳认为这些希腊语词汇可能是借用词。

晚期埃及语 krst，在世俗体中写作 klst，指的是“用斯佩耳特小麦（spelt）制成的面包”。所有学者认为，该词是 κυλλῆστις (5)（“用斯佩耳特小麦制成的面包”）的词源。[145]

T-ḥḏ（“白面包”），世俗体中写作 ḥt，科普特语中写作 hat，为 θιώτης (2CE)（“一种面包”）提供了一个很好的词源。尚特莱纳没有做出任何词源假设。

143 Szemerényi（1981, 115）.

144 Strabo, 17, 2, 5.

145 Wiedemann（1883, 27）和 Hemmerdinger（1968, 241），转引自 Chantraine。

*T-ʿqw(n)（“面包、为……准备的大块面包”）为 θιαγόνες (2CE)（“为诸神准备的一种面包”）提供了一个可能的词源。尚特莱纳没有提供任何词源。

晚期埃及语 tɜḥ（“腌制、浸泡在水中”）显然传入希腊语变成了 ταριχεύω (5)（“腌制鱼、放置在盐里”）。希罗多德和其他作家用该词来表示“木乃伊化”[146]。尚特莱纳没有对这个词汇进行解释，但是否定了它和 ταρχύω (H)（“当作英雄埋葬”）之间的任何关联。尚特莱纳还拒绝了它和 tarikheuō 之间的任何关联，因为它们在语音上不匹配，并且在词义上 tarkhuō 从未用作表示防腐处理。他倾向于认为它来自小亚细亚语言和赫梯语词根 tarḫ（“征服者”）。如果都是来自第三种语言，tarikheuō 和 tarkhuō 之间细微的语音差别将会完全消失。至于语义，所有英雄中最大的葬礼是帕特罗克洛斯（Patroklos）的葬礼，仪式以往帕特罗克洛斯鼻孔里灌注蜂蜜为起始。[147] 埃及法老与希腊英雄之间的类似已在第二卷中探讨，他们之间的类似也减少了 tarkhuō 和木乃伊化之间的联系障碍。[148]

Drp（“呈献祭品、提供饭食”）和 drpw（“祭品、饭食”）显然是 δόρπον (H)（“下午餐、宴会”）和 δόλπαι (6CE)（“小糕饼”）的词源。由于流音换位，它
们也能够解释 δεῖπνον (H)（“主食、宴会”）。尚特莱纳没有为这些词汇中的任 371
何一个提供词源。

Ḏsrt［“烈性浓稠的（红色的？）麦芽酒”］为 ζωρός (H)（“酒的醇厚”）提供了一个极佳的词源。尚特莱纳拒绝先前学者将 zōros 和梵语 jaru（“困难的”）联系在一起的尝试，认为它的词源“未知”。虽然语音上存在着疑难，ḏsrt 还是能够成为 ζῦθος 的词源，泰奥弗拉斯托斯和其他作家主张，ḏsrt 是表示“啤酒”的埃及语词汇。尚特莱纳没有为该词找到任何埃及语词源，但是切梅林伊提出，zythos 和索格狄亚那语（Sogdian）zwtk 都来自一个未知的斯基泰语词源。[149]

对烹饪词汇的总结

这个小节中的大部分希腊语词汇与宗教献祭有关，但是其他的词汇则是世

146　Herodotos, 2: 86

147　参见第十一章，注释 52。

148　第二卷，第 115—116 页。另见 references in Griffith（1993）。

149　Szemerényi（1971, 669）.

俗的，尽管它们可能源于宗教词汇。需要记住的是牺牲和祭品为希腊人的日常饮食提供了重要的组成部分。埃及语和希腊宗教之间的深远联系是整个黑色雅典娜图书计划的中心主题，但这一小节内容进一步揭示了埃及影响在希腊时尚和奢华产生中的重要角色。

医　药

埃及医学具有遐迩闻名的“国际”声望。希腊医学从中进行了大量吸收，这已得到广泛承认。[150] 因此，人们将会猜想到专门的但又经常是令人费解的埃及术语影响到了希腊医学词汇。

ỉȝṯ 指的是“脓包或伤口的出现”。[151] ’Ερέθω (H) 是“兴奋、煽动、伤口”。尚特莱纳认为词尾 -θω 是一个后缀，并认为词根存在于 ὄρνυμι（“兴奋、激起”）之中。该埃及语词源在语音和语义上与这两个希腊语词汇都更为接近。

我们知道从希腊–罗马时代起，ỉwn 便具有“支柱”的词义，并且也存在着 wnw、auein、ou(e)in（“水道？”）以及 αἰών (H)［“脊髓、生命力、生命”（后来，又指“漫长的时间”）］等词汇。[152] 尚特莱纳认为该词与梵语 āyu-（“生命力”）āyuṣ 以及拉丁语词汇 aevus（“持久”）是同源词。很明显，这些词汇存在着一个印欧语词根，但是 ỉwn 也似乎牵涉其中。奥尼安斯认为“脊髓”是 aiōn 的
372 基本词义，然而，尚特莱纳认为它是一个次要词义。奥尼安斯的观点可能是正确的，这种可能性又进一步增加，因为事实上脊髓在埃及解剖学中被视为由大脑流入阴茎的生命力。[153] 表示这种生命力的术语不是 ỉwn，而是 ỉmȝḫ，后者也指“亡灵们的天福之国”。[154] 不过，作为支柱，ỉwn 明显具有生理意义，如在 ỉwn n fnd（“鼻骨”）中；也明显具有性交意义，如在 ỉwn mwtf（“母亲的支柱”）中，它这一短语是荷鲁斯的描述词。该词和 *pȝ ỉwn-Παιήων、Apollo（阿波罗）将在第十九章中探讨。

ỉwḥ m 指的是“散洒，（使）变得潮湿”，它在医学词汇中指的是“用一种

150　关于这一看法的概述及文献，参见 Bernal（2001, 263-6）。

151　Von Deines and Westendorf（1961, 20-1）.

152　关于原始词义“脊柱”，参见 Onians（1951, 204-6）。

153　参见第十章，注释 97。

154　ỉmȝḫ 是 ἴμβηρις（“鳗”）的一个可能词源，尚特莱纳对此未作解释。

药物弄湿”。在希腊语中，αἰονάω (5) 表示“冲洗、（使）变得潮湿”，它是一个医学术语，尚特莱纳没有给出词源。

名词 ỉnw（“生产、贡物”）与动词 ỉnỉ 相关，它在科普特语中写作 eine (S) 和 ini (B)，（“带来、去取来、带走”）。在最后一个词义上，它为 αἴνυμαι (H)（“取得、获取，尤其是取得、获得食物”）提供了一个很好的词源。尚特莱纳假设一个印欧语词根 *ai-（“赠送”），可见于吐火罗语 B. ai 中和赫梯语带有一个鼻音中缀的 p-ai 中。虽然我在第十二章中没有绝对排除希腊语 nemo（“分配”）和日耳曼语 nehman（“取得”）之间的取与给的联系存在的可能性，但是如此的转换不太有可能出现。[155] 考虑到 ai 的简单和存在着一个可信的埃及语词源竞争，这种情况的确不太可能出现。

ỉnỉ 的一个次要词义是“到达、实现”，在复合词中指的是“到达顶点”，可见于 ἄνῡμι 或 ἀνύω (H)（“完成、到尽头”）。尚特莱纳将这两个词汇追溯到假设的词源 *sn̥-nu 那里，他在梵语中找到了 sanóti（“赢”），在赫梯语中找到了 šanḫ-zi（“他寻找”）。它们之间的语义联系不是很紧密，并且这位词典编纂学者没有在这些希腊语词汇中发现送气音的任何线索。

作为医学术语，ỉnỉ 可能指的是“清除有害物”。希腊语中的医学词汇 ἰνάω（5），指的是“排泄、清空”。尚特莱纳试图将它和梵语 iṣ-nă-ti（“使运动、用刀切开”）联系起来。他承认，该希腊语词汇中的长元音 ī，不存在要求它与 iṣ-nă-ti 联系在一起的迹象。

尚特莱纳正确地指出，περίνεος (4)（“会阴”）指的是“排泄组织的周围区域”。

ʿɜʿ 是一个表示“胃中毒物”的医学词汇。[156] ’Εξεράω (5) 指的是“呕吐、排空肠子”。尚特莱纳本人基于一位注释者对阿里斯托芬《马蜂》（Aristophanes' *The Wasps*）第 993 行的评注，将 exeraō 解释为“进入土里 / 洞里”ἔρα。它们之间明显存在着意联，但是埃及语词源 ʿɜʿ 明显更为准确。

ʿntyw（“树脂、没药”）是 ἀέντιον 的词源，词典编纂学者赫西基奥斯将 373
ἀέντιον 定义为“表示没药的埃及语”。尚特莱纳乐意接受 μύρρᾰ 本身来自西闪米特语基本词汇 murru。

155　参见第十二章，注释 16—19。

156　Von Deines and Westendorf（1961, 129-33）.

在第八章中，我讨论了 ʿsꜣ（“许多、大量的、丰富的、富足的”）和 ὄχλος（5）之间的关联以及引申词义“脓包或身体发育”。[157] 在第五章中，我提到 ʿqꜣ（“诚实的”）是复合词 ʿqꜣ ib（“准确、精确”）的组成部分，它出现在了具有相同词义的希腊语词汇 akribēs 里。[158] 在医学术语中，ʿqꜣ 指的是“使正常、（使）愈合”。[159]Ἄκος (H) 是“治疗”，ἀκέομαι 是“照料、治愈”。尚特莱纳勇敢地尝试，但是未能成功地找到它与假设的印欧语词根 *ak（“尖锐的”）之间的关联。[160] 因此，akos 可能是一个来自 ʿqꜣ 的借用词，并且是在 /ꜣ/ 失去了它的辅音值之后发生借用的。

尚特莱纳对 φάρμακον (H) 进行描述，它“在希腊语中是一个孤立词汇，以至人们会认为它是一个外来的借用词”。为了避免它的孤立，他试图将 phar- 与 φέρω［“生（孩子）或结（果实）”］联系在一起，并且认为 -akos 是一个表示植物的后缀。尽管如此，他还是总结道：“根据我们当前的知识水平，是无法解决 φάρμακον 的词源问题的。”如果它不存在印欧语词源的话，人们就应该认为它是一个来自其他语种的借用语，它的词源明显应该从埃及语开始。

Pharmakon（“植物或草药”）与埃及语的联系至少可以追溯到荷马那里，“生长谷物的大地（埃及），生长出各种草药（pharmaka）……那里的人民各个都是医师，他们的医术在人类当中最高明。”[161] 后缀 -akos 可以被 ʿqꜣ（“康复、治疗”）解释。词首 phar- 可能来自 pẖr(t) pahre (S)（“治疗方法、治疗”）或世俗体 pẖr 或科普特语 phaẖer(B)（“对……施魔法”）。-m- 可能来自介词 m（“和／用”）。尽管所有的要素都罗列得出来，但是我还是没有找到将它们组合在一起的方法，因此，这一词源只能归为“合理的”词源。

在埃及语中有两个类似词 wbꜣ 和 wḏʿ。Wbꜣ（“钻、打开、勘探”）将 (U26)（“钻、珠子上的钻孔”）作为它一个义符使用。Wḏʿ 与义符 (Aa21) 连写时，指的是“切掉、切开”，加德纳认为它指的是“木匠”。在希腊语中，围绕着 ὀβελός/ὀδελός (H)（“铁沫”）存在着一个词群。Obeloi 或 oboloi（奥勃尔）作

157 第八章，注释 66。

158 第五章，注释 109。

159 Von Deines and Westendorf（1961, 156）.

160 该词根已经被剥夺了例证 akmē，参见第五章，注释 108。

161 *Odyssey*, 4: 227-32.

为钱币使用。六个奥勃尔放在一起组成了一把或 δραχμή（德拉克玛）。[162] 尚特莱纳未能解释字首增添元音或其他与词源相关的问题，他的论证，obelos/odelos 中的交替发音 /b/-/d/ 表明，最初存在着一个唇软腭音。因此，更有可能的推测 374
是，这一交替发音的产生是因为 wbɜ 和 wḏʽ 这两个埃及语的混同。从语音上看，wbɜ 和 obelos 之间非常类似。从语义上看，Wḏʽ（“被伤口唇状边缘分开的”）和 ὀβελαῖος（“颅骨的矢状缝”）特别相像。极有可能是“筒形锯”，用于去除局部颅骨。埃及人也在实践上用钻打孔。

奥廖尔和斯托尔博娃提出了两个表示“肺”的亚非语词根 *fuf 和 *f[ü]ʽ。[163] 他们认为埃及语 wfɜ、wfì 或 wpɜ 中含有第二个词根。[164] 它们的科普特语词形是 ouof、ouōf (S) 或 ouob (B)。加德纳构想了一个更早的词根 *wãfɜew。[165] 尚特莱纳认为 αὐαψή（“肺病”）被 ἅπτω（“接触”和“照亮”）腐蚀。他没有提供任何词源。总的来说，我认为埃及语词源不是那么不可能。晚期埃及语 bkì（“果实或香脂树”）是来自闪米特语 √bk˃ 即希伯来语 båkå˃ 的借用词。希腊语 βήξ (5) 词义为“咳嗽、用于治疗咳嗽的植物”。尚特莱纳认为它是一个拟声词，但更有可能的是，它显然是一个来自闪米特语或埃及语的借用语。

埃及语 pds 的词义是“药片、球或丸”。在希腊语中，πεσσός 指的是“用于游戏的鹅卵石”，作为医药词语使用时指的是“子宫帽”，它的阿提卡语拼写为 πεττός。希腊语中的这一对交替词的出现，可能是因为埃及语咝音的不确定。尚特莱纳将它描述为一个“下位层或外来词汇”，并且同意弗里斯克的做法，否定了其他印欧语词源分析的尝试。

埃及语 mt（“剥去衣服”）在希腊语中有两个词形。第一个是 μίτος (H)（“细线、饰带、带子”）。尚特莱纳拒绝了弗里斯克所引用的所有的词源分析，并且将 mitos 描述为一个“没有词源的术语”。至于 μοτός (5)（“绷带、软麻布”），尚特莱纳只是简单地写道词源“待考”。

奥廖尔和斯托尔博娃论证，亚非语词根 *mut（“人类”）来自 *mawut（“死

162　参见 Coldstream（1977, 147-8）。词汇 drakhmē 中第三个辅音的性质很不确定：-ss-/-tt- 和 g/kh。不过，它显然是一个软腭音。尽管语义完美匹配，但这也极大弱化了源自埃及语 ḏɜt（“手、少量的”）的词源分析。

163　Orel and Stolbova（1995, 187 §826; 190 §841）.

164　关于 wfɜ，参见 Von Deines and Westendorf（1961, 183）。

165　Gardiner（1947, 2: 249）.

亡”），其含义是所有的人都是必死的。[166] 正如维奇赫尔提出的那样，埃及语 mtwt 或（如我在第九章论证的那样）*mwtt 可能来自它们。[167] 这个词汇有两个差异明显的词义：精液和毒药。与之对应的是医学术语 ʿȝʿ（“射精、毒药”）。[168] 维奇赫尔试探着提出这两个词汇“作为分泌物，一种来自人类，另一种来自蛇和蝎”而联系在一起。[169] Μίτος 出现在俄耳甫斯教文书中，意为“种子”，这就进一步证明俄耳甫斯教（Orphism）受到了埃及的影响。

R-ḏr（“全部、所有”）和 r-ḏrf（“到尽头 / 终点”）是 Λάθυρος 的词源，
375 后者是托勒密八世的一个姓，还是一个医学词汇，表示“清洗”。这些问题已在第九章和第十章中探讨。[170]

Rpw（“腐烂”）为 ῥύπος (4)（皮肤、单子等上面的“污垢”）提供了一个极佳的词源。尚特莱纳未提供任何词源。

在埃及语中，ḫȝyt 显然是表示“疾病”的一般词汇。希腊语 χῖράς (6 CE) 有更为具体的词义“脚上的龟裂”。尽管语义差距远，但是由于缺乏一个可能的替代词源，这一词源分析有可能是正确的。尚特莱纳拒绝将它和日耳曼语词形 gûr（“秃鹫”）联系起来的尝试。

ḫm 的基本词义是“不去了解、忽略”，但是它还具有延伸词义“无意识的、麻痹的”。希腊语中的罕见词汇 ἰκμαμενος，指的是“受伤的”。除了对它的基本词根是 ἰκμ-、ἰγμ- 或 ἰχμ-（任何一个都适合 ḫm）进行了辨析之外，尚特莱纳没有对它的词源有任何提及。

1953 年，耶恩斯泰特提出 στῆθος（“乳房、感情器官”）来自 *st ḥȝty（“心脏的位置、感情”）。[171] 尚特莱纳认为该词词源“不清”。他提到了梵语 stána（“女人的乳房”），但没有对词尾 -θος 进行解释。

基于科普特语词形 saein (S) 和 sēini (B)，维奇赫尔认为 swnw（“医师”）的最初发音可能是 *synw。这一推测的可信度因希腊语中的借用词表明它们来自 *sawono 而被削弱。Σωννύω (H) 指的是“救活、活着、保持”，但作为围绕

166 Orel and Stolbova（1995, 391 §1806）.

167 Vycichl（1983, 107）；本书第九章，注释 110—115。

168 Von Deines and Westendorf（1961, 129）.

169 Vycichl（1983, 125）.

170 第九章，注释 179；第十章，注释 157—158。

171 Jernstedt（1953, 69-73）.

σῳζω 和 σῶς（最初拼写为 σάος (H)）的词群的一部分，它指的是“救、安全、健康状况良好”。尚特莱纳合理地重构了 σαϜ。他进而将它和基于词根 *tav（“强壮”）构成的梵语词汇联系在一起，并且重构了一个圆唇音词形 *t^{w} ú。这个假设词形使得 swnw 词源的问题变得无关紧要。

根据奥廖尔和斯托尔博娃的观点，亚非语词根 √ḥVsaw 词义为“喝（酒）”。维奇赫尔认为该词和具有相同词义的埃及语 swr 有关联。[172] 作为医学词汇，swr 也作为“泻药、呕吐物”使用。[173] Σῡ́ρω (5) 意为（“拖拉出、黏液痕迹、清扫、泻药、催吐药”）。尚特莱纳怀疑它与古高地日耳曼语 swerben（“擦净”）的任何关联。

Sbsy 指“导致流出”，或者作为医学词汇指“使呕吐、实现治愈”。[174] 希腊语词汇 σβέννῡμι (H) 带有词根 √sbes（“扑灭”），用于描述暴风雨、怒火、狂怒等等。尚特莱纳找到一个印欧语词根 *g^{w}es（“扑灭、耗尽的、消失”），可见于波罗的海语和梵语。但是，他将它和 sbennūmi 联系在一起存在着诸多困难。

smꜣ（“杀、摧毁、疾病”）与表示刀子的义符(T30) 连写，为 σμῑ́λη (2CE) 376
（“刀子、凿子、外科手术刀”）提供了一个极佳的词源。尚特莱纳遵循波科尔尼的观点，将 smīlē 与可见于日耳曼语的印欧语词根 *smi-tu 联系在一起。它最初指的是“木匠”，后来表示“铁匠”。从语音和语义上来看，埃及语词源 smꜣ 更为准确。

Sẖn（“小牛或小羊的胰脏、胰腺、腰部的肾脏”）为医学术语 σαχνός (2CE)（“嫩肉”）提供了一个很好的词源。[175] 尚特莱纳认为它与 σώχω 或 ψώχω（“揉搓”）有关联。

Sqʿ（“引起呕吐”）与 σικχός (4)（“令人作呕的食物”）非常匹配。尚特莱纳称其为一个没有词源的“表达”词汇。

šnw 在医学文献中指“毛发”，šnỉ 指“睫毛”。[176] 它们能够解释 ἐπισκύνιον（H）（“眉毛”）的主干部分。尚特莱纳将 σκύν- 视为词干。由于 n/r 的交替，他尝试着将它和古高地日耳曼语 skur（“避难所”）联系在一起。

---

172 Orel and Stolbova（1995, 286 §1300）. Vycichl（1983, 183）.

173 Von Deines and Westendorf（1962, 729）.

174 同上书，第 736 页。

175 关于 sẖn，参见 Gardiner（1947, 2: 254）。

176 Von Deines and Westendorf（1962, 858）.

Ψύδραξ (3) 指的是“鼻子上的脓包”。它来自 šdšd 或 *pɜ šdšd（“台面上的凸出处”）。极为类似的语义弥补了语音上的疏远。传统观点认为 psydrax 来自 pseud-，原因是后者有带来污点的意思。[177] 19 世纪的语言学家倾向于将 psydrax 和原始印欧语词根 *bhes（“呼吸”）、日耳曼语 blasen（“泡”）或英语 blister（“水泡”）联系在一起。它与后者在语义上的类似是合理的，尽管不及它与埃及语词源之间的类似。但是，它们之间的语音联系很难探明。

奥廖尔和斯托尔博娃提出了一个亚非语词根 *ḳirVb（“乳房、腹部”）。闪米特语词汇 qirb 和埃及语词汇 qɜb 都指的是“肠”。 (F46) 既作为一个义符使用，又作为一个在许多词汇中使用的三字母结构使用，和其他另外的义符连写时表示“折叠、对折、卷曲的、蛇、水道的弯曲”。（其科普特语词形为 kōb，定性词形为 kēb）。κόλπος (H) 指的是“乳房、子宫的窦、外衣的折叠、海湾或湾”。尚特莱纳认为，它来自一个可见于古斯堪的纳维亚语的词根 hualf（“拱顶”）。Καλ(λ)αβίς 是一种柔软的斯巴达舞的名称，由 καλλιβάντες 表演。古代词典编纂学赫西基奥斯为 kallibantes 给出了另一个词义“一种用于修建眉毛的（双刃的）剪刀”。尚特莱纳没有为任何词形做出解释。

拉丁语中有一个明显但间接来自 qɜb 的词素存在于 colubra 或 coluber（“蛇”）之中，它们经由葡萄牙语传入英语为“cobra”（眼镜蛇）。埃尔努和梅
377 耶声称，colubra“没有一个明确的词根”。埃里克 · 帕特里奇（Eric Partridge）写道，它“可能来自埃及语”。Qɜb 和 κόλον 之间的语音对应是有限的。不过，它们在语义上是完全对应的，都指的是“肠”。

Qɜb 最初的发音可能是带有一个唇软腭音的 *q^wlb，这一可能性因一事实而增加：大量带有词根 √delph 的词语具有类似词义，表明 *q^wlb 是在唇软腭音衰弱之前传入希腊语的。这一问题将在第十九章中探讨。

Qrf 似乎曾经指的是“包”。作为动词，它的明确词义是“缔约、带到一起”。在医学术语中，qrft 指的是“子宫收缩”，qrfw 指的是“面部皱纹”。在希腊语中，γράπις (5) 指的是“有皱纹的”。尚特莱纳将它和画一条线意义上的 γράφω（“写”）联系在一起。如果不存在埃及语词源的话，尚特莱纳的分析还是有可能正确的。Qrf(w)（“有褶皱的包或肚子”）词义上的也为 γρόμφις(5)（“老母猪”）

177 关于 pseud- 的起源，参见第十四章注释 15。

提供了一个词源。尚特莱纳将该词与 γρύ 即 γρύζω（“打呼噜、责骂、大声谈话”）联系在一起。两个词源在这里完全有可能被混淆。

在很久以前，qrnt（“包皮、未受割礼的阴茎”）已被公认为来自闪米特语 ǵrl（“包皮、未受割礼的阴茎”）。[178] 在这里，我们遇到了一个相当敏感的问题：这个词汇是否也可以指女性“割礼”或生殖器切除？Κρημνός(H) 的词义是“悬崖、峭壁、河岸”和“阴唇”。尚特莱纳将它和围绕着 κρεμάννῡμι（“悬挂、挂下来”）构成的、带有不同词形的词群联系在一起，例如 κρεμάστρα（“下垂的尾状物花朵”）。尚特莱纳放弃了 kremannumi 的更早期的印欧语词源。

Κρήνη(H) 的词义是“喷泉、泉水”。尚特莱纳将其和 κρουνός(H)（“泉水”）联系在一起，后者经常用作比喻“血液、熔岩、话语等”。他写道，这两个词汇都“可能”来自原始印欧语词根 *krosno-，并且与日耳曼语 *hrazno［“流动、（在地平线）流动的水”］有关联。且不谈这些词汇中缺乏一个来自希腊语中缀 -s-，它们和与 krēmnos、krēnē 和 krounos 相关的泉水或阴道的意义相差甚远。尚特莱纳是将 Κολαινίς 作为阿耳特弥斯的一个描述词提及的，该词的含义是这位荒野女神“未受割礼”吗？[179] 最后是 κρήϊον，它是一个表示“喜饼”（“bride cake”）的爱奥尼亚语词汇。

Ṯȝì（“人、小公牛”），和一个比(D53) 更明显表示性交的义符连写时，为 θρώσκω(H)（“喷涌出、使怀孕”）提供了一个合理的词源。尚特莱纳仅找到了一个可能的印欧语同源词，即爱尔兰语 dar（“喷涌出”）。由于存在着其他两个词汇：θορός(5)（“精液”）和 θολός(5)（“被污染的水”），它的埃及语词源 ṯȝì 稍微更可取。关于精液与毒药的关联，见上文对 mtwt/mwtt 的讨论。[180] 378

奥廖尔和斯托尔博娃提出了三个不同但又相关的亚非语词根：*dVhar（“狩猎”）、*daḥar 以及 *dr（“驱赶走”）。[181] 埃及语词汇 dr 有广泛的词义：“征服、摧毁、移走、（用在医学上）排出”。希腊词汇 δηλέομαι(H)（“伤害、损害、毁掉”）来自 dr 的词源分析将在下一章探讨。[182] 在这里，我们关注的是词义“移走”和“排出”。尚特莱纳将 τίλλω(H)（“拔出、拔拽、虐待”）描述为一个“没

178　Hoch（1994，302 §436）.

179　Pausanias 1: 31.5.

180　本章注释 167。

181　Orel and Stolbova（1995, 173 §760; 144-5 §626 and 152 §660）.

182　参见第十六章注释 33。

有词源的孤立词汇”。随后，他又进一步推测“它或许来自 πτίλον（‘羽毛’）”。我完全赞同 tillō 受到了该词的影响。接下来的词汇是 τῖλος(5)（“腹泻、排出的汁液”）。尚特莱纳写道：“没有一个印欧语词汇与 tilos 极为类似”。他随后提供了大量差异甚大的类似词汇，如盎格鲁–撒克逊语词汇 thĭnan（“是湿的”）。

结　语

本章所述及的借用词大部分是名词，并且它们几乎全部是具体名词。如我在本章开篇所述，玛斯–阿诺特、莱维、莱文、布朗和其他人在研究希腊语中关于自然界、烹饪和医药方面的来自闪米特语的词汇上取得了卓越成就，我无意于狗尾续貂。整体而言，它们的语义范畴类似于来自埃及语的语义范畴。不过，存在着一些不同。如人们所预想的那样，与湿地及其产物相关的埃及语词汇多于闪米特语词汇；但是，在矿石及其加工技艺方面，借用到希腊语中的闪米特语词汇多于埃及语词汇。考虑到古埃及医药的声誉，毋庸惊奇，传入希腊语中与医药相关的埃及语词汇多于闪米特语词汇。数量惊人的埃及语烹饪借用词汇至少可解释为它们与来自埃及的宗教仪式相关，埃及宗教仪式往往比黎凡特宗教仪式奢侈。除此之外，许多烹饪术语事实上只出现在阿忒那俄斯所写的《哲人燕谈录》（*Δειπνοσοφισταί*）里，阿忒那俄斯来自尼罗河三角洲的瑙克拉提斯。

如导言中所言，这个语义场的选择是主观的和不完整的。第十六章、第十七章将介绍一些新的并且更重要的例词，并证明在其他章中列举的词源能够在词义上分组归类。这样一来，单个词汇就变得更有可能。当然，所有这些词
379 汇都要受制于一个附加条件，即对语义场的界定很少见，即便有，也会有许多例词超越了它们的主观边界。

尽管这一章里的大部分借用词都是表示物质器物的和与这些器物相关工艺的，但是有些例词具有更为广泛的宗教和抽象含义。例如，我们会惊奇地发现，词语 ōlenē（“用于捆绑或覆盖砖块的席子或遮盖物”）通过它的埃及语词源 wrmwt（“凉棚、屋顶盖法”）与乌拉诺斯和奥林匹斯产生关联。与之类似，埃及语 ʒḫ(t)（“泛滥期、新的生长”）被升华为 lakhainō（“栽培蔬菜”），并且双写后，即 ʒḫʒḫ，指的是埃琉西斯附近神圣的拉里亚平原。更多的如此大规模来自埃及语和闪米特语的词源群组将会在接下来的两章里列举出来。

第十六章　语义群：战争、狩猎和船舶

19 世纪，海因里希·莱维将抽象名词和词义广泛的名词、形容词和动词 380
从他的希腊语中的闪米特语借用词列表中删去。在第七章中，我讨论了马森对这一做法的肯定。[1] 为了弥补这一因自我克制导致的不足，我将在接下来的两章里，专门在先前学者排除的语义场里详细地探讨来自埃及语和闪米特语的借用语。这些语义场包括武器、战争、狩猎、船舶、社会、法律、政治以及哲学和宗教。在本章中，我集中探讨前三个领域。

在每一节中，我将对两种源语言分开探讨，并且，如导语所述，每一种语言词汇按照两个学科的惯例进行排序。埃及语词汇将按照前几章列出的埃及学字母表顺序即从 /ʒ/ 到齿音和词尾音 /ḏ/ 的顺序排列。对于闪米特语词汇，我只是按照希伯来语（迦南语）字母表顺序排列，ḫ 排在 ḥ 后面。

武器、战争和狩猎

导　语

武器、战争和狩猎，是具有潜在的重大历史影响的领域。例如在法语中，

1　Masson（1986a, 201）.

381 罗曼语在基本词汇中处于压倒性的多数，但是在极少数具有日耳曼语词源的词汇中，我们可以找到 canif（“小刀”）、flèche（“弓箭”）、galant（“好战者”）、hache（“斧头”）、hâte（“匆忙、暴力”）、harpon（“锚定”）、heaume（“头盔”）、héraut（“传令官”）、maréchal（“司马官”）、meutrir（“谋杀”）以及 guerre（“战争”）本身。这些词汇证实了法兰克人的好战本性，他们统治的族群后来成为法兰西人。

但是，英语中的大部分军事词汇——corporal（下士）、sergeant（中士）、lieutenant（少尉）、captain（上尉）、major（少校）、colonel（上校）、general（将军）等——来自法语，但不是诺曼征服的结果，而是后来法国军队系统化编制威望的影响。因此，尽管军事术语的引入可能是征服的结果，但不必然是如此。

既然如此，大量表示武器、战争和狩猎的埃及语和闪米特语词汇就可能是希克索斯人带来的，他们被认为在希腊的部分地区定居过或统治过。这些词汇也可能是希腊雇佣军在青铜时代晚期的埃及服役时掌握的，或者来自希腊人和埃及人或迦南人的军事碰撞，或者可能是希腊人对社会军事组织主动进行改造——或至少是改名——导致的结果。最明显的例词来自斯巴达，它们将在第二十一章中探讨。不管这些词汇在这些语义场中的传播路线赋予了它们何等的社会政治重要性，它都给予了它们特殊意义。

埃及词汇

ꜣbw，其世俗体词形为 ꜣb、ỉꜣb、ꜣỉbe、wꜣỉbe，和火 𓊮(Q7) 连写时表示“烙铁”，和用于奴隶或牲口的刀 𓌫(T30) 连写时表示“使……伤残”。它为 λώβη(H)（“暴行、暴力和不知羞耻或遭人唾弃”）提供了一个可能的词源。尚特莱纳接受它与波罗的词汇有关的传统观点，这些词汇带有一个假设的唇软腭音和词首 s-，诸如立陶宛语 slogà（“鞭打”）等。它们之间的语义类似是可能的，语音类似却是有些牵强的。尚特莱纳合理地将 λώβηξ（“秃鹫”）和 lōbē 联系在一起。

ꜣbḫ（“燃烧”）一词有“激情、热情”的引申义，并为围绕着 λάβρος(H)（“粗暴的、鲁莽的”）构成的词群提供了可能的词源，但是除了类似词拉丁语 rabes 之外，弗里克斯和尚特莱纳都没有对此做出与印欧语相关的解释。

382 ỉwꜣ（“长着长角的牛”），ἄορ(H)，aor 通常被译为“剑”，它可读作单音节、双音节甚至三音节词汇。不过，其含义可以延伸为多种类型的武器甚至是装备。角和武器之间的概念性联系是相当密切的。以法语词 défenses（“长牙”）为例，尚特莱纳试图将 aor 与 ἀείρω（“悬挂”）联系起来，因为剑可以用皮带悬挂起来。他们的说法难以令人信服。Aor 可能并不仅仅意指剑，或许它还保留了“角”的原始意义。它很晚（3 世纪）才被用于形容犀牛的角，但是 Χρυσάορος（“goldenaor”）一词用于形容阿波罗、得墨忒耳和阿尔特弥斯时通常被译为“金剑”。[2] 赫西俄德明确提出“goldenaor”是指握在手中的一把“剑”。[3] 较晚时期出现了对这种解释的反驳，因为没有图像证据可以表明诸神或诸女神是配有剑的。他们青睐于更为古老的弓、棒或是矛。但是从另一方面看，许多希腊神灵都被描述为带有角。作为一个翻译词，“金角的”一词就有了更多的含义。其他关于牛的词汇包括最为著名的 βo-ῶπις（“牛眼睛的”或“牛脸的”），这些词被于描绘赫拉和其他女神的美貌。埃及女神哈索尔的美貌就被描绘为一头母牛。在这些情况中，尽管语义有些差距，但考虑到语音的完美匹配，i̓wз 为 aor 提供了合理的词源。

ὄλλυμι 和 οὖλος（“破坏、毁灭”）源于 ʿwзi̓（“收获、掠夺、抢劫”）的词语演变，已在第九章中探讨过。[4]

尚特莱纳坚持希腊语 ὠθέω(H)（“用力推、投掷、反击、造成伤害”）是 *ἔθω 的动作重复词形，这一词形是基于 ἔθων 构建起来的。而且后者在《伊利亚特》中出现了两次，被用于解释“战斗英勇”或“遵循他的习惯”。尚特莱纳认为这些都是源于词根 *wedh（“摇动、碰撞”），而且可以在梵语 vádhar［“因陀罗（Indra）的武器”］或 vadar（“喷射武器”）中发现这一词根。[5] 但是，他承认在 ōtheō 中寻找不到字首音 w- 的任何迹象。似乎，视 ōtheō 源于 wdˆ（“投掷、射箭、犯罪”）更易于理解。

埃及语的动词 wḏз（“出发、前进”）与 wḏyt（“征伐、出游”）有一定的联系。第六章中提到人称后缀 -w/eus，带有这个后缀，wḏз 给最为卓越的流浪

2　弗里斯克提到其他可能性：“悬挂物、悬挂的剑”是基于该词汇源于 ἀείρω“升起、悬挂”的假设形成的。

3　*Theogony*, 283.

4　第十五章，注释 77—78。

5　这是达斯·维达（Darth Vader）的起源？（达斯·维达是系列电影《星球大战》中的一个虚构的反派人物。——译者注）

英雄 'Οδυσσεύς 的名字提供了极佳的词源。[6] 弗里克斯错误地认为这一名字源于安纳托利亚语词源。尚特莱纳对此则无任何解释。

在耶恩斯泰特看来，重构词 *pꜣʿḥꜣwt(y) 是 φῶς、φωτός（“战士”）的词源，见第九章。[7]

383 Pꜣqyt（“龟壳、颅骨”）为 πήληξ(H)（“头盔、蛇的休眠”）提供了极好的词源。尚特莱纳说后者“没有词源，或许是一个借用词”。

晚期埃及语的动词 *prṯ（“分开、撕裂”）似乎是一个来自闪米特语的借用词。但是，大量闪米特语三字母结构都是基于诺斯特拉语词根 √pr（“分开、打开、分娩”），詹姆斯・霍奇提出了两种可能的起源，其中一种是阿卡德语 palāšu（“挖掘、穿透一面墙”），它在米士那希伯来语中的意思是“凿孔”。基于语音原因，霍奇并不十分乐意视之为阿卡德语 parāšu（“分开”）的衍生词。他更乐意将其视为词根 √prṯ 的借用语，该词根可见于《塔木德经》中的阿拉姆语词汇 pərat（“划分、压碎”）或叙利亚语词汇“分开、刺穿”。[8] 无论是从精确的三字母词根还是源语言上来看，闪米特语或埃及语 *prṯ 都为希腊语词汇 πέρθω(H)（“破坏、洗劫、对城镇的原始掠夺”）提供了一个合适的来源。弗里克斯和尚特莱纳都对此表示赞同，尽管这一词汇是印欧语类型，但是其词源是“未知的”。古代的词典编纂者认为英雄人物 Περσεύς 的名字源于 perthō，尚特莱纳并不确定，但认为它有可能是前希腊语。

重叠词 ptpt 的意思是“踏平道路、践踏、蹂躏敌人”和“重击”。Πατέω(H) 的意思是“步行、践踏、压碎”。弗里克斯认为此词以及名词 πάτος “踩出小路”源于某一词根，这一词根可见于 πόντος（“小路”）。尽管这一词源是颇为合理的，但是含有暴力的埃及语含义和希腊语含义更为接近。

尚特莱纳坚持认为 μῶλος(H)（“战争、混乱”）来自痛苦和努力的某种含义。他以此种方式将 μῶλος(H) 和 μξλις(5)molis（“痛苦、努力”）联系起来。因此，他把古高地日耳曼语 muodi（“疲倦的”）和俄语 máju（“筋疲力尽”）联系起来。从语音和语义两方面来看，将 mōlos 视为源于埃及语 mry（“斗牛”）或 mrw（“公牛”）似乎是更为简便的。在第二卷中，我将会谈到艾伦・埃劳德在

6 第六章，注释 8—12。

7 第九章，注释 20。

8 Hoch（1994, 120-1 §153）.

埃及语“斗牛（术）”“牛和牛打斗”方面做出的成果。[9] 尚特莱纳认为 μόλις(5) 的词源是“不确定的”。Mr（“疾病、痛苦”）或 mrt（“疼痛”）可能是这个词汇的词源。

Nrỉ 的意思是“害怕”，或者作为及物动词，指的是“吓倒”; nrt 的意思是“秃鹫”，其科普特语词形是 nure (S) 和 nuri (B)。后者为 ἔναρα (H)“从被打败的敌人那里获得的武器”提供了良好的语义基础。尚特莱纳试探性地将 enara 和梵语 sanóti（“胜利”）、sánitar（“胜利者”）联系起来。他甚至承认希腊词汇在词义上的差异，并缺少希腊语词汇中应该有的送气音。

尚特莱纳坚持认为 νῖκη（“胜利”）的词源是“未知的”。他否认波科尔尼 384
试图将其与 νεῖκος（“争吵”）联系起来的做法，因为这种做法“无论是从词形还是从词义上来看都是没有说服力的”。埃及语 nḫt（“强壮的、胜利的”）、nḫtt 或 nḫtw（“胜利”）看上去似乎是更为可信的。希腊人在将法老的名字 Nḫt nb f 译为希腊语 <u>Νεκ</u>τανεβο 之时，可能增加了一个前元音。

Nḫt 的特殊引申词形是 nḫt ỉ（“巨大的”）——尽管维奇赫尔预先考虑它为一种波海利方言 *našθε，其科普特语词形为 nešte。该词为 κολοσσός 一个描述词 ναξος 提供了一个极好的词源。有趣的是，Νάξος（纳克索斯）指的是基克拉泽斯群岛中面积最大的和海拔最高的岛屿。

埃及语 mn(n)wt（“要塞”）有可能源于 mn（“坚固的、已确立的”）一词。它为 ἀμῡνω (H)（“防御”）提供了一个可能的词源。尽管这一动词及其衍生词的所有词形都不缺少字母 /n/，但是尚特莱纳仅将其视为基础词根 ἀμυ- 的后缀。他也未能解释自己的这种假设。

在第九章中，我讨论了 *PзRqw（“敌人”）是佩勒吉人这一名字的词源。[10] 就这个词本身来讲，Rqw 在科普特语中的是重叠词 (B) luklak（“敌人、对手”），它为 λευκός (5)（“暴力、愤怒”）提供了一个极好的词源。尚特莱纳对先前的任何一种印欧语词源分析都感到不满意。

Hзỉ 一词有多种类别不同的词义，包括“下降、向下冲向、处理、就职”。Ὄρνυμαὶ (H) 的意思是“向前冲、激发、分娩”。在这个词形里，不像在 amȳnō

9 参见第二卷，第 174 页。

10 第九章，注释 49。

一词里那样，尚特莱纳将 -n- 视为词根的一部分。尚特莱纳的观点是自相矛盾的，因为 ὄρνυμαὶ 一词中许多动词时态和其他衍生词都缺少了一个 -n-。尚特莱纳在为此找寻非希腊语的同源词时遇到了困难，并且同意波科尔尼的做法，简单地将词根 *er 作为其词源。

Sft Ξίφος（“剑”）。在他们对我的著作的评论当中，雅萨诺夫和努斯鲍姆承认，作为文化核心词汇，xíphos 没有已知的印欧语词源，而且“它并非不可能是从其他语种里借入希腊语中的”[11]。他们也同意 Sft Ξίφος 这一词汇是源于埃及语 sft 的观点，源于科普特语 sēfe（“剑”）是旧有的观点，尽管他们并没有提及一些现代学者仍然坚持这种观点。[12] 显然，他们否认这一貌似合理的词源被否定的学理基础是由埃及学专家 R. H. 皮尔斯铺垫的。皮尔斯否定这一埃及语词源的首要原因是，科普特语词形表明中期埃及语的元音是重读长元音，而 xíphos 中的是短元音。

385 安东尼奥·洛普列诺已经说明了构建中期埃及语元音发音的不充分性，这个问题在第八章中已经讨论过。[13]“前科普特语”重构词形 sft 中的元音长度没有给这一词源提出严重的反对理由。[14]

无疑，尚特莱纳在否定这一埃及语词源的观点时，并未参考皮尔斯有关元音长度的看法。相较而言，尚特莱纳的否定是更为严谨的，并且为雅萨诺夫和努斯鲍姆所接受。尚特莱纳的观点是 xíphos 的迈锡尼语词形可见于 qisipee 的双数词形，因此，它不可能来自 sft。正如我在第二卷中所指出的那样，过于严格地阐释这一批评是有问题的，因为词形中的唇软腭音表明，*k^ws 被认为消亡后形成了 *psíphos。[15] 切梅林伊试图通过将其阐释为“因后跟唇音引起的 /k^w/ 中的唇音词素导致的后迈锡尼语的异化”，为这种异常现象声辩。他甚至承认其就此给出的类似词语是难以确定的。[16] Qisipee 中的词首 qi 可能只是一个押韵的

11 Jasanoff and Nussbaum（1996, 199）.

12 Hemmerdinger（1968, 239）.

13 第八章，注释 20。

14 我曾经在第二卷，第 370—372 页中探讨过 xī́phos 的词源分析。关于希腊语 sēpia（“墨鱼”）的词源，参见第二卷，第 370 页。

15 第二卷，第 369、605 页。

16 Szemerényi（1966, 36）. 切梅林伊认为它与 kapnós（“烟、烹饪气味”）相类似，这个观点甚至比他认为它有一个可能的埃及语词源 qfn（“烘培”）的观点更不可靠。

轻软腭音和咝音，它的直接词源中含有一个摩擦音。

根据《词语与事物》一书的原则，需要注意的是相当多的考古学证据（包括曼弗雷德·比特克在泰尔代巴即希克索斯王朝都城阿瓦利斯中发现的文物）现在已经表明在埃及的第二中间期开始就有了双刃青铜武器。[17] 与此同时，在迈锡尼竖井墓中发现的双刃剑清晰地描绘了当时埃及社会的景象。[18]

因此，xíphos 和 sft 之间存在着极好的语义匹配；学界内大都认同 xiphos 是一个借用词；考古证据也表明剑是从东南地区传到爱琴海世界的。[19] 鉴于上述这些原因，我并不是唯一一个认为 B 类线形文字的词形带来的语音上的困难太难确定，以至无法否定 xíphos 源自 sft 这一完全有可能的词源演变的学者。贝特朗·埃梅丁格也同样对它没有留意。[20]

源于 smꜣ“去消灭、摧毁疾病”的派生词 σμῖλη（“匕首、凿子、外科医生的手术刀”）在第十五章中已经介绍过。[21]

维奇赫尔倾向于相信科普特语 soone、sone (S) 和 soni (B)（“强盗”）源于“游手好闲者”词义上的 snỉ（其科普特语词形为 sine，意为“通过、越过”）。Sine 为 σῖνομαι (H)（“伤害、抢劫、破坏”）提供了极佳的词源。西尼斯（Sinis）是忒修斯在科林斯地峡遇到的著名的“折弯松树的大力士”。[22] 就像以 si- 作为词首的单词一样，“模糊不清”被尚特莱纳用于形容 sinomai 词源。

Sḏrt（“夜营、露营”）是希腊词汇 στρατός（“军营”）的词源，它的许多 386
派生词在第十二章中已经讨论过。[23]

Qn，其科普特语词形为的 kēn，意思是“完成、达到、完美、结束”。它为 καινός (5)（“新事物”）提供了极佳的词源。尚特莱纳将其与 νέος 区别开来，νέος 的意思可能是“年轻人”。另一方面，他将 kainos 与梵语的复数所有格词形 kanīnnām（“年轻女孩儿们的”）联系起来。“结束”词义上的 kēn，也是 καίνω (5)（“杀死”）一词有说服力的词源，尚特莱纳并没有对后者此做出一个

17 Bietak（1979, 241-4）.
18 Hampe and Simon（1981, 116, pll. 172-7）.
19 参见第二卷，第 367—369 页。
20 Hemmerdinger（1968, 239）.
21 第十五章，注释 174。
22 Apollodoros, 3, 16, 2.
23 第十二章，注释 26。

前后一致的阐释。

Qnỉ 作为形容词的意思是“勇敢的、强壮的”，作为动词的意思是“征服”。Qn 作为名词的意思是“勇敢的人”或军人的称号。Qnn 的意思是“至高无上的权力”，qn(t) 的意思是“胜利、权力”。根据古代作家的观点，Ἀκόνιτον（“有毒植物”）是从 κόνις（“一尘不染或竞技场上的沙子”）一词中得名的，并且它因此获得了所向披靡的意思。现代学者将此视为通俗变化语而不予理会。我认为，从“没有解药”这一意义进行分析，便可以把这一词源分析变得可以理解了。Qn 为 καίνυμαι (H)（“超过、克服”）和 καίνω (5)（“杀死”）提供了合理的词源。尚特莱纳对这些词没有进行任何解释。

Konis（“沙子”）和 qn（“胜利”）之间的混淆在 βουκονιστήριον (2CE)（牛和牛打斗的“斗牛场”）一词中有所体现。尚特莱纳并不确定这一词汇是否存在过。

诺斯特拉语词根 *kr 可见于阿尔泰语和乌拉尔语 *kara（“黑色”）以及印欧语 *crowos（“乌鸦”）中。奥廖尔和斯托尔博娃在埃及语和西乍得语的基础上重构了词根 *qar（“云”）。[24] 它的埃及语词形是 qri 或 qrr，世俗体词形是 qlʿl，科普特语词形是 kloole（“云、风暴云”）。它很可能是 κελαινός（kerano，“黑色的、昏暗的”）一词的词源，kerano 形容血液、夜晚或暴风雨的狂烈。尚特莱纳发现了后缀为 -νός 的相似词形，但是他承认词根 κελαι- 是无法解释清楚的。他也漏掉了 κιλλός 一词的词源，该词是表述“灰色”的多利亚语词汇。Κηλάς (4) 的意思是“预示着将要来临的只有风没有雨的云”。最后，这也是我为什么把这些词源放在本节中探讨的原因，qrỉ（“暴风雨、雷电”）和 κῆλα (H)（“由阿波罗和宙斯投射出的武器”）极为类似。尚特莱纳试探性地将梵语 sìara（“芦苇、箭”）和中期爱尔兰语 cail（“长矛”）联系起来，尽管他承认它们各自都有一个短元音。

埃及语 kȝt（“阴道、女阴”）有时与义符 (D3)［“编成辫子的（非洲人的）头发”］连写，这为希腊语 κο(υ)λέον (H)（“护套、羊毛、毛皮”）提供了一个
387 似乎可能的或合理的词源。Κολεός 在现代希腊语中的意思是“护套”或“阴道”。弗里斯克和尚特莱纳将这些词汇视为“地中海语言”。

24 Orel and Stolbova（1995, 337 §1550）.

Kry šri 后来表示的是“两种士兵中的一种”。世俗体词形 gl- šr 的科普特语（L）词形是 čalašire。希罗多德用 καλασίρις 一词来表示军人等级的成员。[25]

晚期埃及语词汇 gзwt 和 (V32)（“藤条制品”）连写时，表示“捆”；当和 (M3)（“木材”）连写时，表示“盒子、箱子”。这些词形为 γωρῦτός(H)（“储存弓和箭的容器”）提供了一个强大的词源。尚特莱纳认为它应该是一个斯基泰语，但是，除了伊朗语 gou（“公牛”）之外，他和他所追随的学者本维尼斯特都在解释这一词汇的后半部分上遇到了困难。他们所能找到的词形只有古波斯语 rūda 和奥塞特语（Ossetic）rūd（“肠子”）！

通过“体育”一词，我们试图将 γυμνός (H) 同力量和耐力联系起来。事实上，该词的最初含义是“裸体的、没穿衣服的、没有携带武器的”。为防止在运动中私藏武器，赤身裸体是十分必要的。与 gymnos 本义明显接近的词汇是日语 karate（“徒手”）。尚特莱纳对 gymnos 一词的词源解释是：“该词汇是在不同的印欧语分支中以不同词形出现的古老词汇，这既是语言异化的结果，也是语言禁忌的结果。”他发现了一个包含不同词汇的集合，其中的大部分词汇以 n- 为字首或者它们的词根都可见于“裸体的”（naked）。他得出结论，字首 g- 是无法解释的。

埃及语 gnn 意思是“虚弱的、纤弱的”。语音相似被认为比其他任何一个与之竞争的印欧语词源都更可信，语义相似也不会更差。许多墓画显示，埃及人练习摔跤以及其他形式的徒手搏斗。[26]

尚特莱纳认为，赫西基奥斯定义为“单纯的青年”和“青年人”的 ἠγανές 和 ἠγάνεος 的这两个词汇来自不同的来源。他认为前者源于 γάνυμαι（“欣喜”），后者源于一个强调前缀（intensive prefix）ἀγα- 和 νέος（“年轻的”）的人为合成词汇。将它们放在一起视为均起源于 gnn 看起来是更为简便的。

从埃及语 ṯsw（“统帅、贫民的保护者”）中得到的忒修斯之名的派生词在第五章中已经讲述过了。[27]

义符 (T30) 在金属制成的刀具中有所体现。但是它被用作 ds，既表示燧石，也表示匕首。义符 (T30) 也被用于形容 dm（“锋利的、刺穿”）和 dmt

25　Herodotos 2: 164。关于这一问题的讨论，参见 Lloyd（1976, 2: 187）。

26　Decker（1984）.

27　第五章，注释 126。

（“匕首”）。这种用法源于亚非语词根，可以在中乍得语中找到。[28] 在第八章中，我提到了赫西俄德的描述，在他的《神谱》中，克洛诺斯对乌拉诺斯的阉割表
388 明他是用了一把带有细石器的镰刀来完成的。[29] 在前面的几行里，赫西俄德进行了更为明确的描述：“她（盖亚）使用一小块灰色燧石（πολιοῦ αδάμαντος），打造了一把极好的镰刀。”[30]

尚特莱纳将 αδάμας（“未驯服的”）视为 δάμνημι（“驯化的”）一词的反义词，后者属于印欧语广泛使用的词根。然而，一般来说，adamas 的意思是“非常锋利、坚实的物质”，由此而衍生出了英语的“diamond”（钻石）一词。这符合了来自 dm 的词源分析比来自 a- damnēmi 的词源分析更胜一筹的说法。考虑到埃及人对字首增添元音的偏好，字首字母 alpha 没有提供较大的异议。

另外一个可能从 dm 中衍生来的词汇是 δρῑμύς (H)（“锋利的、急剧尖刻的”）。[31] 尚特莱纳没有收录与此相关的任何词源。

亚非语词根 *dar（“驱赶”）在闪米特语和埃及语中都得到了证实。[32] 埃及语 dr 有广泛的词义：“征服、驱逐、破坏、抛弃”。雷蒙德・福克纳赋予了 dr 第二种词义“躺在地板上、覆盖”。有趣的是，维奇赫尔引用了同一意义的词语 dri͗，与 (E21) 连写，意思是混乱和毁灭之神赛特的神兽，但是它也存在建造的意思。[33] 这一引用暗含着第二种词义源于“平坦的”，这是从完全摧毁的意义上来说的平坦。无论如何，dr 为 δηλέομαι(H)（“创伤、损害、破坏”）提供了一个可能的词源。尚特莱纳称后者“没有词源”。

D̠3t 或 d̠rt 有广泛的词义：“手、象鼻、手柄、战车的轴（？）”。科普特语 tōre (S) tōri (B) 和 tōli (F) 扩充了这一语义场，将“袖子、匕首、锄头、桨”涵盖进来。因此，d̠rt 从其“匕首、船首斜桅”两个词义上为 δόλων 提供了合理的词源。第三种词义是“飞臂”（flying jib），与船首斜桅有关，这或许是受到了另一个埃及语词汇 d̠3w［“席子（？）”］的影响。尚特莱纳指出，尽管 dolōn 作为一个词语只出现于 2 世纪，但是它一定更为古老。因为作为人名，Δολων

28 Orel and Stolbova（1995, 148 §644）.

29 第八章，注释 35—36。

30 *Theogony* 161, trans. Evelyn-White（1914, 91）.

31 关于 C/Cr 的交替和卡兰德法则的探讨及其相关文献，参见本书第八章，注释 66。

32 Orel and Stolbova（1995, 152 §660）.

33 Vicychl（1983, 221）.

被证明存在于更早的时期。他并未提及任何印欧语词源。

Ḏʒyw（“对手”）和 ḏʒyt（“坏事”）似乎源于“越过、做坏事”这一词义上的 ḏʒỉ（“过河”）。它们为 δήιος (H) δᾱ́ιος (5) 一词提供了一个很好的词源，δήιος (H) δᾱ́ιος (5) 是一个描绘敌人的形容词，其词义是“敌对的、破坏性的、野蛮行径”。Daios 一词也有“燃烧”的词义。19 世纪的学者 W. 舒尔茨认为这两种词根都应包含在内。[34] 很显然，这些词汇受到了 δαίω (H)（“燃烧”）一词的影响，尽管尚特莱纳对此表示不确定。敌意和燃烧在概念上很易混淆。Daiō 的一个可能的词源，存在于埃及语 ḏʒf、科普特语 jouf (SB) 或定性词形 jou (B)（“燃烧”）之中。尚特莱纳反对将其与梵语“燃烧”一词联系在一起的传统做法。

另外一个与 ḏʒỉ 相关的词群是围绕 ḏʒỉs（“辩论、争论、内战”）组成的。 389
这些词为 δῆρις (H)（“战争”）一词提供了一个可能的词源，至少是与“家庭内部的竞争”有关的。[35] 将这一希腊语词汇追溯到 ḏʒỉs，存在着难题，这在荷马史诗中有所体现，即它只以宾格形式 δῆριν 出现。尚特莱纳认为 dēris 一词源于一个印欧语词根，它可见于梵语 -dari-（“分离……之人”）。尽管如此，埃及语词源 ḏʒỉs 由于它的语义类似，便不应该被抛弃。

因为有名词后缀 -w，ḏʒỉsw 的词义是“辩论者”。这很可能就是 Θερσίτης（忒耳西忒斯）字首词素的起源，他向围攻特洛伊的酋长们提出挑战，被奥德修斯残酷地镇压了下去。[36] 考虑到这种背景，这一词源无疑要比罗伯特·格雷夫斯（Robert Graves）提出的“勇气之子”的说法更为合适。

埃及语 ḏʒmw 的意思是“年轻人、军队”。它为 τόλμη (6)（“勇敢的、大胆的”）一词提供了合理的词源。尚特莱纳就前人对这一词汇的结构分析做了论述。他和他的前辈们都没有发现任何印欧语的同源词。

闪米特语词汇

闪米特语中有大量的拟声词，它们都是基于带有“大声喊叫、号叫”这一基本词义的词根 √>lh 和 √hll 构成的，或者在欧洲语言中写作 alleluia。希伯来语 >ålåh 有“诅咒、哀号”的意思。阿卡德语 alâlu 和阿拉伯语 hal 的意思是“高

34 Schulze（1892, 86.1）.

35 *Odyssey* 24: 515.

36 *Iliad* 2: 212-44.

兴地呐喊”，但后者也可能指“惊恐地叫喊”。希腊语 ἀλαλά (6) 的意思是“大声地喊叫”，有时是指“作战时的呐喊”，有时也指因极度的痛苦而哭叫。简·哈里森（Jane Harrison）提出这种喊叫是“远非流利连贯的讲话”[37]。尚特莱纳认为，不仅 alala 和它的一个派生词 ἀλάλυγξ（“呜咽、哭泣”）有可能是这样，并且 ὀλολύζω (H) 和 ἐλελεῦ (5) 也有可能是这样。$V^1l\ V^1lV^1$ 这一形式毫无疑问是广泛分布的，尚特莱纳还在梵语发现了 alala 一词的相似词。尽管如此，它并不是普遍存在的，并且不能排除它有可能是从闪米特语中借入希腊语的。

闪米特语名称 Aramu（阿卡德语拼写）和 ˃Ărām（希伯来语拼写）有可能是埃及语 ʿɜm（“亚洲的”）一词的词源。[38] 它指的是一片土地，这片土地上的大部分地带就是现在的伊拉克和叙利亚北部地区的沙漠，该地区的居民是 ˃Ărамî（阿拉姆人）。希腊语 ἐρῆμος (H) 的意思是“人迹罕至的，关于人类和地方的，沙漠”。尚特莱纳对其词源的评论是“完全不清楚”。

尚特莱纳将 ἐνοπή (H) 的词义解释为“战士们的呐喊”，后来为“战斗”，尚特莱纳认为该词起源于 *ἐν-Ϝοπ-ή，而后者又源于一个与 ἔπος（“词语”）相
390 关的词根 *wek^w。似乎，将它的词源追溯到闪米特语 √˃np（“变得愤怒”）、阿拉伯语 ˃anifa 以及希伯来语不定式词形 ˃ĕnop 更为简单。

奥斯瓦尔德·切梅林伊曾提出希腊语 ἀπήνη (H)（“四轮马车”）来自一个西闪米特语词汇，这一词汇可见于乌加里特语词汇 ˃apnm（“两轮马车”）。[39] 这似乎十分有可能。他也将来自同一的词根的另一派生词视为 λαμπήνη (5)（“带篷的马车或战车”）的词源。这一词语演变需要假定这样一个词形 *m˃apn，它带有一个常见的前缀 m-，并且从 *mappen˃*nappen˃*nampen 一直演变到 *lampen。[40] 尽管这一演变过程复杂难懂，但仍然是有可能的。尚特莱纳虽然认识到了 apēnē 和 lampēnē 之间的相似性，但是却不能对其中任何一个词汇做出解释。

√˃pn 的基本词义是“轮子、转动”，它为 πήνη (H)（“线轴、线管”）提供

37　哈里森的这一论证被阿斯特引用，参见 Harrison（1921, 413）以及 Astour（1967a, 193）。

38　当然，在闪米特语 >aleph 和闪米特语 ʿayin 之间存在不同。但是，在它们之间也存在交换。进而言之，投掷棒状物 ⟩(T14) 只在这些词汇中使用并且没有词首 ʿayin 也是可能的。

39　Szemerényi（1974a, 147-56）.

40　同上书，第 150 页。

了一个很好的词源。尚特莱纳否定了前人将之与印欧语词根联系起来的做法。他将其与 πηνήκη (H)（“一种假发”）联系起来。假发和纺纱之间的关联在许多文化中都是常见的：托比·贝尔奇爵士（Sir Toby Belch）形容其好友安德鲁·埃格切克（Sir Andrew Aguecheek）的头发时，这样讲道：“它下垂的样子像是纺纱杆上的亚麻。”[41]

亚非语词根 *˃arVḫ 指的是“一种牛”。[42] 乌加里特语 ˃arḫ 和阿卡德语 arḫu 的词义是“野牛、小母牛”。这与阿卡德语 ˃arâḫu（“迅速、加速”）和 ereḫu（“前进”）相关联。迦南语动词 ˃rḥ 的希伯来语词根是 ˃åraḥ（“漫步、旅行”），其未完成时形式是 ye˃ĕroḥ。[43] 这一词群中的一个西闪米特语词汇似乎是希腊语 ἔρχομαι (H)（“来、走、前进”）最明显的来源。[44] 这一动词是很奇怪的，因为它只有一个现在时词干替代了印欧语 εἶμι。这一事实表明它是一个借用词。尚特莱纳探讨了 erkhomai 一词的一些印欧语词源，但表示它“没有确定的词源”。

另一个可能来自词根 √˃rḫ 的借用词是极富构词能力的词干 αρχ-、Ἄρχω (H)（“冲锋在前、首先、开始”）。从 ἀρχ 一词中延伸出了“酋长、将领”的词义，ἀρχ αῖος 一词则开始有“古老的、最初的”的意思。这些丰富的语义拓展似乎是在希腊语内部进行的。然而，ἀρχ- 一词的最初词源似乎指的是非洲小母牛。尚特莱纳本人虽然敢于公开指责博伊萨克和施维茨的观点是“毫无价值的臆断”。但是他并未提出任何明确的分析。

泛闪米特语词根 √˃rk 可见于阿卡德语 arâku、乌加里特语的 ˃ark 或 ˃urk、南阿拉伯语的 ˃rk 和希伯来语的 ˃årak 或 ˃årêk。它的意思是“长的”，而且几乎总被用于形容时间：“持续得，比……活得更，坚持得长久”。[45] 希腊语 ἀρκέω 的基本词义是“保护和满足”。但是，至少是在悲剧作家那里，arkeō 一词也被 391
用于表示“持久的、不朽的”。这一词汇还有更早的词义么？尚特莱纳将 arkeō 与拉丁语 arx（“卫城”）和 arceō（“容纳、保持”）联系起来。埃尔努和梅耶认为 arx 也极有可能是个借用词。即使如此，他们依旧接受波科尔尼的做法，将 arceō 视为一个印欧语支系词汇，例如亚美尼亚语 argel（“预防”）。尚特莱

41 *Twelfth Night*, Act I, Scene 3.

42 Orel and Stolbova（1995, 16 §57）.

43 参见 Astour（1967a, 84）。

44 另见第二卷，第 139—140 页。

45 它可能与埃及语 iɜkw（“老年”）相关。

纳对此持怀疑态度。因此，来自闪米特语 -ʾrk 这种词源分析仍然存在着合理的可能性。

在阿拉伯语中，词根 √ʾrṯ 可见于 ʾrṯ（“引起纷争”）、ʾirṯ（“灰烬”）和 ʾaratta（“点火、挑起战事”）。提格勒的厄立特里亚语词汇 ʾarta 的意思是“激动的”。还有许多其他词形，例如，带有 /š/ 的 ʾaraša（“点火、挑起纷争”）、ʾarš（“赔偿、抚恤金”）。这些词有可能是从迦南语借用而来的，/ṯ/ 转换为 /š/。[46] 这一类的迦南语词形为 ἔρις (H)（“争吵、对抗、激烈的斗争”）提供了极佳的词源。弗里斯克认为先前学者的词源分析“疑点重重”。尚特莱纳则直接称其“没有词源”。

奥廖尔和斯托尔博娃提出了一个亚非语词根 *bel（“武器”），但是他们并未将闪米特语词形考虑其中。[47] 1967 年玛利亚–路易莎 · 迈尔断言希腊语 βέλος (H)（“投射物、抛射物”）源于新亚述语（Neo-Assyrian）和巴比伦语词形 belu（“武器”）。[48] 另一方面，尚特莱纳将 belos 归入 βάλλω（“抛、放置”）的词条之下。阿卡狄亚语词形 δέλλω 的存在引导他提出了一个带有一个唇软腭音的原始词形 *gʷelə。他将此与阿维斯陀语 ni-grā-ire（“他们被打败”）和吐火罗语 klā-（“降落”）联系起来。他的这些做法并未给人留下深刻的印象。但是，belos 与 ballō 和 belu 相当匹配。整个希腊语词群不大可能源于它。因此，这些词汇之间的类似要么可能是偶然的巧合，要么可能是两个词源融合的结果。

βάρις（“地产、设防的大房子”）一词来自具有相同词义的埃及语 pr，这一词源分析在第九章中已经讨论过。[49] 在格泽纽斯（Gesenius）编纂的词典中，晚期希伯来语词汇 birȧh（“城堡、宫殿”）和阿卡德语 bîrtu（“堡垒”）被认为是来自印欧语，即伊朗语 bâru 和梵语 bura 或 bari。埃伦博根（Ellenbogen）否认这种观点。[50] 尽管如玛斯–阿诺特所指出的那样，Βύρσα 作为迦太基要塞所在地之名而为人所熟知，但是它也指雅典境内的一个地方。[51] 在传说中，狄多（Dido）用牛皮 byrsa 来宣告获得了更多的领土，byrsa 显然是一个通俗变化语，可以被解释为一个外来语词汇，几乎可以确定来自迦南语。尽管对词尾 -sa 进

46 这样的借入可能较晚，因为阿拉伯语 /š/ 通常源于原始闪米特语 s2、迦南语 /ś/。

47 Orel and Stolbova（1995, 65 §259）.

48 Mayer（1967, 287）.

49 第九章，注释 134。

50 Ellenbogen（1962, 49）.

51 Muss-Arnolt（1892, 64, n. 7）.

行解释并不容易，但是这似乎与 biråh 或 bîrtu 有一定的联系。

亚非语中有一个词根 *gabar（“雄性 / 男性”）。[52] 希伯来语 segolate[*] 词汇 geber 392
来自一个常见的闪米特语 *gabr。其词义得到延伸，用于表示“强壮的、有力的”。阿卡德语 gabru 的意思是“对手”。在阿拉伯语中，jabbār 的意思是“巨人、巨像、万能的”。希伯来语动词 gåbar 的意思是“变得强壮或有力量”，名词 gibôr 的意思是“一个强壮英勇的男人”。尽管斯巴达方言中的大部分专有词汇源于埃及语而非闪米特语，但是不论词根 √gbr 是如何发音的，它都能为拉科尼亚词汇 καββαλιλός（“战士”）提供合理的词源。尚特莱纳猜想该词根起源于假定的 *καταβαλικος（“能够使摔倒在地”）。这个词源分析有可能但又不太可能是真的。

词根 √gdl（“伟大的”），可见于阿拉伯语、阿拉姆语和希伯来语。带上名词前缀 m- 后，它变成了 migdål，意为“塔”。希腊语 μάγδωλος (3) 的意思是“哨塔”。尚特莱纳和其他词典编纂学者都同意它源于来源闪米特语的观点。

奥斯瓦尔德・切梅林伊指出，希伯来语 gəlōm（“包裹全身的衣服”）为希腊语 χλαμύς (6)（“外套，尤指军装”）提供了一个极好的词源。[53] 尚特莱纳将这一词源分析形容为“经不起推敲的”假设，并且他承认 khlamys 及其类似词汇“词源未知”。

迦南语 zåram 的意思是“洪水泛滥”，zerem< *zarm 的意思是“拍打房屋墙壁的山区暴雨”。阿卡德语 zaråmu 的意思是“淹没”。这一闪米特语词源解释了 ἐπιζαρέω(5)（“攻击、猛扑向”）一词的主要组成部分。尚特莱纳拒绝先前试图为此词找寻印欧语词源的做法，只是简单称它的词源“未知”。

众所周知的阿拉伯语 ḥajj 一词的意思是“一次神圣的旅行、朝圣之旅”，塞巴语 ḥgg 是一个动词，意思是“去朝圣”。塞巴语 ḥg 的意思是“朝圣之旅”。希伯来语 ḥag 的意思是“节日、朝圣者的盛会”。阿拉伯语的词根 ḥjj 还有另一层含义：“去击败、克服、说服或成为称职的权威”。这一含义或许可以解释一个希伯来语的词形 ḥåggå ˃，这一词形可见于《以赛亚书》中，此书中写道：“作为 ḥåggå ˃，犹大之地要到临埃及。”[**]《钦定本〈圣经〉》（*The Authorized Version*）

52　Orel and Stolbova（1995, 194 §860）.

*　segolate 为 segholate 的变体，关于该词含义，参见第十四章注释。——译者注

53　Szemerényi（1974a, 148）.

**　Isaiah, 19: 17。中文《圣经》（和合本）将其翻译为：“犹大地必使埃及惊恐，向谁提起犹大地，谁就惧怕。”（《以赛亚书》19 章 17 节）——译者注

将其解释为“令人震惊的”，《英文〈圣经〉新译本》（*New English Bible*）将其解释为“恐怖”。它怎么可能成为一个“领导者”？ ἡγεμών 一词的希腊语 ἡγέομαι (H) 的意思是“冲锋在前、指导、领导”。埃尔努和梅耶将 hēgeomai 与词根 *sāg 或 *səg 联系起来，后者可见于拉丁语 sagio（“预知未来”）、赫梯语 šakiya（“呈现征兆”）和爱尔兰语 saigim（“去寻找、搜索”）。这些词语显然构成了一个印欧语的语言支系，但 hēgeomai 包含其中吗？候选的印欧语和闪米特语词源在语义上都不太可信，但后者的确有可能。

393 αἷμα (H)（“牺牲、精神、勇气”）源于迦南语 ḥayyîm［“生活（并且带有血液的含义）”］的词源分析，已在第十四章中探讨。[54]

在阿拉伯语中，hamā 或 hamy 的意思是“去保护、守护”。在阿卡德语中，emu 的意思是“去包围、守护”。乌加里特语中的 ḥmy 和 ḥmt 以及腓尼基语中 ḥmyt 复数形式，都表示“屏障”。希伯来语 ḥômåh 的意思是“保护壁垒”。希腊语 αἱμασιά (H) 的意思是“围绕、砌石、砖墙”。尚特莱纳写道：“如果这一类中的某个词汇有一个确定的印欧语词源，这将是不可思议的。”

尽管通常情况下，闪米特语或埃及语 /h/ 被希腊语转写为 /h/，但是它也可能被转写为 /kh/。因此，看到名词 χῶμα (5)（“沙丘、台阶、堤坝”）和动词 χώννῡμι (5)（“堆起、修梯田”）时，就毋庸惊奇了。尚特莱纳并没有提及它有一个前后一致的词源分析。[55]

词根 √ḫnh 的意思是“去弯腰、露营”，乌加里特语中的地名 Mḫnm 和希伯来语 Maḥănayîm 的意思是“两个营地”。在第一卷及其他地方，我探讨了名称 Μυκῆναι 源于这一词根。[56]

卡尔·布鲁格曼论证，当送气符位于字首时——如在 ὀιστός (H)（“箭”）中——oi- 就不再是一个双元音，而变为前缀 o-（他并未对此做出解释）。因此，他将梵语 iṣyati（“使运动”）和希腊语 ῑός（“箭”）联系起来。[57] 因为希腊语阿提卡方言中的重读音是 οἰστός，所以卡尔·布鲁格曼的判断可能并不那么可靠。与布鲁格曼不同的是，正如在前几章中论证的那样，我更倾向于将希腊语中

54 第十四章，注释 16—19。

55 此处，我否定了我在第二卷中提出的观点，即闪米特语 ḥômåh 源于希腊语 khōma。

56 第一卷第 51 页以及 Bernal（2001, 72, 153）。

57 Brugmann（1911-2, 231）.

的 -oi- 视为一个标识，表示该词是源于含有圆唇辅音 C^{w} 的词源的借用语。[58] 在这种情况下，阿拉伯语 ḥaẓwa（“小短箭”）、乌加里特语 ḥẓ 和希伯来语的 ḥêṣi 或 ḥis 极有可能是“箭”的意思，而且源于早期的 *ḥ^{W}ez̧ 或 *ḥ^{W}eṣ。这一推论得到了阿卡德语词形 uṣṣu 辅证。保罗·拉加德提出 oistos 源于 ḥis，但是莱维基于后来布鲁格曼提出的观点反对这一提议。[59] 尚特莱纳并没有质疑布鲁格曼的观点，但是他对 oistos 下结论说：“它可能是一个借用词的变体。”

这一词源问题，因 ios（“箭”）和 οἶστρος (H)（“赶牲口的刺棒、植物的刺、毒刺”）的存在而变得复杂。尚特莱纳将其与立陶宛语 aistrà（“狂暴的情感”）做比较。它们在语音和语义上的惊人相似使其很容易与 oistos 联系起来。另一个词汇就无疑要与 ἀΐσσω (H)（“射击、投射”）相关联。尚特莱纳认为该词词源“不确定的”。他反对该词与梵语 vevijyáte（“撤退”）在语音和语义上进行任何联系的做法；单就语音而言，尽管语义的相似词汇十分丰富，但与 αἰολος 394
（“充满活力的、快速的”）一词联系起来的话，就会被称为黄蜂和家蝇。总而言之，将 oistos、oistros 和 aissō 视为一个词群并认为它们源于 *ḥ^{W}eṣ，显然是合理的。

希腊语 ἅρπη 一词源于闪米特语词根 √ḥrb（“剑”），这一问题在第八章中已经讨论过。[60] 尽管奥廖尔和斯托尔博娃并未提到它是一个亚非语词根，但是埃及语和闪米特语中显然有一个共同的词根 √ḥ/ẖrb，该词根表示一个重要的收割工具——镰刀。这一工具的原始形式是由自然物即动物的下颌骨制成，在表示埃及语 ẖ3bb 或 ẖ3bb（“弯曲”）的双写义符（the doubled determinative）(F19) 中依旧可以看到它的残留形象，这一义符显然与 ẖ3b（“镰刀”）有密切联系。[61] 在许多文化中，收割和杀戮敌人有显著的联系，从参孙（Samson）“给我一个驴子的下颌骨，我可以杀死一千个人”的骄傲到克伦威尔“上帝让他们成了我们剑下的残茬”的夸耀，都有所体现。[62] 因此，毋庸惊奇于闪米特语词根 √ḥrb（“剑”）和希伯来语动词 ḥårab（“去攻击、击倒”）可见于阿拉伯语词汇

58　参见第五章，注释 157—158。

59　Lagarde（1866, 2: 356）and Lewy（1895, 179）. Lewy（1928, 29-30）在重新探讨这个词汇的时候，它更加不确定了。

60　第八章，注释 7—10。

61　关于用人工颌骨做镰刀的情况，参见本书第二章，注释 46。

62　Judges, 15: 16. Cromwell, Letter 5/7/1644, quoted in Carlyle（1908, 1: 151）.

ḫaraba 中。当然，我们也极有可能将 √ḫrb 误认为 √ḥrb，将动词 ḥårêb、阿拉伯语 ḫariba 和阿卡德语 ḫarâbu（“使变干、浪费、使荒废”）混淆。这两个词源合并为迦南语 √ḥrb，它显然为 ἁρπάζω (H)（“掠夺、攻击、抢夺”）一词提供可能的词源。

奥斯瓦尔德·切梅林伊在 1981 年提出，希腊语 ῥομφαία (3)（“长剑”）也源于这一词根。[63] 尚特莱纳也探讨了一些类似于 -aia 的词尾，但是他认为这个词汇也是一个借用语。

希腊语 ἅρμα (H)（“暴动”）源于闪米特语词根 √ḥrm，我已经在其他地方讨论过这一问题。[64] 此外，这一问题在第三章中也提到过，我将在第二十一章中再次论述这一问题。[65]

使役动词词形 hiphil 的词根是 √tˀwl，意思是“降低”。它的被动式词形 hophal 的意思是“被降低、被淹没”。希伯来语和阿拉姆语 √ṭlm（与阿拉伯语中的<√ẓlm 一样？）以及古兹语 √ṭlm 都带有词尾 -m，它们的意思均是“去压迫、损害”。尚特莱纳没有给出 θλάω (H)（“去谋杀、压坏”）一词的词源。源于词根 √ṭlm 的词语演变或许极有可能是真实存在的。从词法上看，词尾 -m 的消失可以被解释为它是从不定式词形 thlân 或第一人称复数词形 thlaomen 演变而来。√ṭlm 或许是 θλῖβω (H)（“去压迫、战胜”）一词直接或间接的词源。尚特莱纳将它视为 thlaō 和 φλῖβω（“去压坏、压迫”）混合的产物。实际上，这两个动词有着极为类似的发音和意义，这也就表明它们有某种关联。但是，谁对谁产生了影响较难判定。Phlibō 一词没有明显的印欧语词源，并且，经过类推，它有可能是从 thlibō 演变而来。

395 在第四章中，我已经提到了加姆克列利茨和伊万诺夫的观点，他们认为原始印欧语 *k$^{[ho]}$r(e)i（“去购买、交易、以物易物”）源于闪米特语。希腊语中一些更具体的借用语也显然源于西闪米特语。希伯来语 kåråh（“通过贸易获得，贸易”）和阿拉伯语 kariya（“去出租、雇用”）为 ἐπίκουρος (4)（“备用的雇佣兵”）和“去购买、讨价还价”词义上的 καρόω (6CE) 的词根提供了极好的词源。καρόω (4) 更为常见的词义“喝得醉醺醺的”，似乎源于 kåråh（“举办盛会”）。

---

63 Szemerényi（1981, 114）.

64 Bernal（2001, 136）.

65 第三章，注释 72，以及第二十一章，注释 53—69。

这些希腊语词汇中，没有一个有印欧语词源。

尽管没有被奥廖尔和斯托尔博娃列为亚非语词根，但是双字母组合 √mḫ（“勇敢地面对、战斗”）依旧在闪米特语和埃及语中被广泛使用。我在第八章中提到了 μόχλος（“杠杆”）源于埃及语 mḫзt（“平衡”）。[66] Mḫзt 自身源于 mḫз（“相称、相等、相似”）。迦南语 √mḥr<mḫr 与阿卡德语 maḫâru 的词义相同，意为“在……前面”。我在第一卷中认为，该词是 μέχρι (H)（“直到”）的词源。[67] 希伯来语 måḥå> 的意思是“鼓掌”。Mḫ 的其他派生词的词义更具有挑衅性：måḥåh（“去攻击、彻底摧毁”）、阿卡德语 maḫu（“压坏、压迫”）、måḫâsù（“击穿、伤害、粉碎”）。最后还有 måḥaq，意为“完全摧毁、毁灭”。

Μάχομαι (H)（“战斗、作战”）的任何印欧语词源都没有被证实。尚特莱纳怀疑其与有待证实的伊朗语 *ha-mazan（“战士”）之间的联系，这一伊朗语词汇是从 Ἀμαζών 或是由 μάχαιρα（“匕首”）重构而来的。希伯来语 məkeråh（“武器”）和 makhaira 之间的关系在第七章中已经探讨过。[68] 总而言之，没有理由怀疑 makhomai 的闪米特语词源。

词根 √mrd（“反叛者”）广泛应用于诸闪米特语中。阿拉伯语 marada 的意思是“大胆鲁莽的叛乱”，但 mard 的意思是脱离伊斯兰的一名叛教者。希伯来语 mårad 的意思是对神或国王的“反叛”，mered 的意思是“叛乱”。希腊语 ἀμέρδω (H) 的意思是“去剥夺”，值得注意的是，这种剥夺是合法的。它也没有确切的印欧语词源。因此，尽管词首增添元音 alpha 存在着疑难，但是这一闪米特语词源是明确无误的。[69]

阿拉伯语 naky 的意思是“被击败”，nika>ya 的意思是“受伤”。希伯来语 ˆnåkåh 的意思是“重击”，其被动或普通被动（niphal）完成式词形是 nikkåh。尚特莱纳认为 νεῖκος(H)（“争论、争斗”）的词源是不确定的。他对将该词与拉脱维亚语 nikns（“严重的、剧烈的”）联系起来的尝试和波科尔尼将它与 νῖκη (H)（“胜利”）联系起来的做法，表示怀疑。[70] 尽管两者在语义和语音上具有不确定性与疑难，但是在缺乏印欧语词源竞争的情况下，neikos 显然极有可

66　第八章，注释 64。

67　第一卷，第 60 页。尚特莱纳写道，mekhri（“可能”）与亚美尼亚语 merj（“接近的”）相当。

68　第七章，注释 26。

69　也可能，难以理解或令人费解的拉丁语 merda（“胡说”）源于同一词根。

70　Pokorny（1959, §764）.

能源于一个闪米特语词源。

396 闪米特语词根 √ˁzz 出现在许多语言中：阿拉伯语 ˁazza 和 ˁizza 的意思是“成为强有力的”；阿卡德语 ezezu 和 ezzu 的意思是“凶悍的、狂暴的”；乌加里特语和腓尼基语 ˁz，以及希伯来语 ˁåzaz、ˁaz、ˁoz、ˁēzuz 的意思均是“强壮的、残忍的”。这些词汇为荷马史诗中的 αἰζηός（“猎人或战士所具有的旺盛精力、强健体力和非凡勇气”）提供了极佳的词源。尚特莱纳认为这一该词词源未知。

奥廖尔和斯托尔博娃发现了一个原始亚非语词根 *pal（“切开、裂开”）。[71]“裂开、分开”词义上的 -pl- 在阿拉伯语和亚拉米语中存在着同源词。古兹语 fälägi 的意思是“沟壑、河流”，阿卡德语 palgu 的意思是“河渠”。博姆哈德重构了诺斯特拉语词根 *p〔h〕ily - *p〔h〕ey。[72]我们在第十三章中已经讨论过边擦音 /ɬ/ 及其衍生音 /s/ 或 /l/，并且闪米特语和埃及语中的证据都证明 *pał 是原始词形。[73]

阿拉伯语 falaˀ 和希伯来语 pålåh 意为“被分离开、被区分开来”。在这两种语言的类似词汇中，附加成分构成了双字母组合 *pł。希伯来语 pålah 和阿拉伯语 falaḥ 的意思都是“劈开”。我在第四章中探讨一个可见于阿卡德语 pilaqqu（“斧头”）的闪米特语词形借用到原始印欧语中时，讨论了 √plq 有这样的一个引申。[74]

此处讨论的延伸词形是 √płg。希伯来语 pålag（“劈开、分开”）在阿拉伯语和阿拉姆语中都有同源词。古兹语 fälägï 的意思是“沟壑、河流”，阿卡德语 palgu 的意思是“运河”。在第八章中，我建议埃及语 tɜš（“分界线、运河”）应被视为 thalassa（“海洋”）的词源。[75]在这里，我认同玛斯–阿诺特的观点，他认为 √plg 的一个发音法是 πέλαγος (H) 的词源，πέλαγος (H) 是作为“海洋”使用的频率第二高的希腊语词汇。尚特莱纳考虑过 pelagos 同 πλάγιος（“倾斜的”）有关联，并由此与拉丁语 plāga（“开阔的空间”）联系在一起。但是他本人与埃尔努、梅耶都对这种关联持怀疑态度。尚特莱纳提出的最好的建议就是与一个有待证实的词根 * p°lə（“房间、空间”）相联系。

71 Orel and Stolbova（1995, 416 §1938）.

72 Bomhard and Kerns（1994, 230 §35）.

73 第十八章，注释 37—41。

74 第四章，注释 100—102。

75 第八章，注释 42—45。

许多学者研究并推测希伯来语 pīlegeš 与希腊语 παλλακή 或 παλλακίς (H) 之间有着明显的关联，它们的意思都是“情妇”。[76] 哈伊姆·拉宾将其视为希伯来语中的一个印欧语舶来词。[77] 约翰·佩尔曼·布朗认为它起源于安纳托利亚语、赫梯语或卢维语。[78] 索尔·莱文论证它不可能是希腊语，并猜测它源于阿普利亚（Apulia）和阿尔巴尼亚地区的梅塞皮亚语［（Messapic）关于它的信息几无保存］，该语言属于印欧语；并且，在传入希腊语和希伯来语之前，它经历了“爱琴海语言中未知的非印欧语”的借用。[79] 该希伯来语词汇的发音无疑是毫无规律的，这有可能反映出它被借用的来龙去脉。但是， p-l-g 结构和 397
情妇的含义如同“切断”或“分离”的词义一样都非常适合被划入围绕双字母组合 √pl 组成的词群。

埃及语 pnʒ<*plg，其科普特语词形为 pōlč (S) 和 phōlč (B)，当它与义符 (T30) 和 (D40)（“强健的手臂”）连写时，意思是“分开、决定、解放、使终结和死亡”。它们都暗含“用刀切断”的词义。[80]

√płg 的另一个衍生词形（reflex）是 √psg。埃及语 psš 的意思是“划分、分配”。[81] Pšn 的意思是“分裂、分开”。在《圣经》中，påsag 的意思是“二人之间进行交换”。在后来的希伯来语中，它在被使用时表示“分裂、切断”。这一词义存在久远，可以被地名 Pisgåh 证实。Pisgåh 是一座山，其最为显著的自然特征就是有一个峡谷。希腊语 φάσγανον (M)（“剑”）几乎可以确定属于这一词群，该词的原始词义是“砍肉刀”。[82] 尚特莱纳指出后缀 -ανον 用于表示工具。他不同意 σφάζω（“割断喉咙”）是词源以及与梵语“剑”是同源词的观点。[83] 他不同意这一语言借用的假说，并提到了翁贝托·拉帕洛（Umberto Rapallo）的观点，拉帕洛认为它源于闪米特语 √psg。[84] 拉帕洛认为 √psg 源于词根 √ptg，这一词根在阿拉姆语和阿拉伯语中得到证实。该词根或许导致了迦

76　相关文献，参见 Brown（1995, 65-70）。

77　Rabin（1974）.

78　Brown（1995, 70）.

79　Levin（1995, 234-7）.

80　词根 *plg 是维奇赫尔的重构，参见 Vycichl（1983, 159）。

81　有趣的是，应考虑到一种可能性，即重叠符号 sš 和 šš 有时也代表舌侧摩擦音 /ś/，可见于闪米特语中。

82　我在第二卷，第 272—273 页中也讨论过这一词源分析。

83　σφάζω 在本书第八章，注释 56 中探讨过。

84　Rapallo（1970）.

南语 **√pšg 的出现。这个词源分析所面临的疑难不只是这一词形尚未得到证实（√pśg 也是如此），还有是 /ś/ 而非 /š/ 与 /s/ 融合在了一起。当腓尼基语中的 /ś/ 与 /š/ 相融合时，希伯来语中的 /ś/ 也与 /s/ 融合在一起。例如《圣经》中的 påśåh（“传播”）与后来的词形 påsåh 以及 påśaq（“张开”）与更后来的 påsaq（“切断、切开、劈开”）。因此，尽管 phasganon 源于词根 √psg 是十分明显的，但是词根 √psg 本身的原初词形极有可能是 *pśg 并且最终是 √płg。

Καναδόκα 是“箭上的圆形缺口”的拉科尼亚语名称。尚特莱纳认为其前半部分源于 κάννα（“芦苇”）。至于这一词汇的闪米特语词源，详见第十七章。[85]

海因里希・莱维在 1928 年提出荷马史诗中的一个罕用词 καταῖτυξ（“没有羽饰的皮革头盔”）有可能源于闪米特语词根 √qṭṭ。[86] 阿拉伯语 qaṭṭ 的意思是“切开、切断、削减、修剪”。希伯来语的 qoṭ 被认为与其有一定的联系。尚特莱纳认真地考虑了这种可能性。

希腊语词汇中有一个不易识别的词群：κοσύμβη（“牧羊人的外套”）、κοσσύμβη（“发网”）、κότθυβος（“军事装备的组成部分”）。尚特莱纳分析了前两个词汇，它们给人们的印象是流苏或带有流苏的外套。中间的辅音字母很
398 容易使人联想到源于闪米特语字母 /ṣ/[*] 的尚未确定的借用语。实际上，这一词根可见于阿拉伯语、阿拉姆语和新希伯来语（New Hebrew）的 √qṣb［“去剪掉、剪切（被剪过的羊）”］。有人发现在晚期希伯来语中有 qiṣbê hårîm 这样的词组。Qiṣbê 的意思有不同的翻译，如“山顶、山底、山谷、山脚”。[87] 考虑到词根 √qṣb 与“剪羊毛”之间的联系，“山脉边缘”似乎是一种更好的翻译。因此，*qåṣub 的被动分词词形为以上三个希腊语词汇提供了一个可能的词源。尚特莱纳认为它们“没有词源”。

闪米特语的常见词根 √r˃s（“头、首领”），在阿拉伯语中为 ra˃s，在阿卡德语中为 rêsu，在乌加里特语中为 r˃is，在希伯来语中为 ro˃š，在腓尼基语或布匿语中为 rus。希腊语 ῥησός (5) 的词义尚未确定。不过，学界内一致同意 ἀρχος 的词义是“领导者”。在这种情况下，它极有可能是一个古老的借用词，

85 第十七章，注释 74。

86 Lewy（1928, 29-30）.

* 即 tsade，第 18 个希伯来字母。——译者注

87 Jonah, 2: 7.

这一借用词源于古风时期的 ra˃s，经过了 ā > ē 的发音转换。

迦南语 √śbk 的意思是“使交织”，śəbåkå 的意思是“网格结构、网状物”。希腊语 σαμβύκη (4) 的意思是：（1）一架三角形的竖琴，这架竖琴有四根弦；（2）一个攻城机械（siege engine），可能是有一个类似的形状。考虑到词首 s- 和许多其他有闪米特语词源的乐器的希腊语名称，尚特莱纳将其视为一个“确定的”来自东方语言的借用语，但是他引用了伊米莉亚·马森的观点，马森一再反对先前的闪米特语词源分析。[88]

在第十三章中，我讨论了 συλάω 和 σκύλα（“去掠夺、剥夺、抢劫”）这些词语组成的一个词群，以及它们的闪米特语词源。[89]

小　结

意大利学者翁贝托·拉帕洛在 1970 年声明：“荷马史诗中表示‘剑’的名称有 ’φάσγανον、ξίφος、ἄορ 和 μάχαιρα，但是其中没有一个与其他印欧语言有确切的关联。”[90] 他所说明的这些提供了可靠的例证，证明 phasganon 的闪米特语词源和 xiphos 传统的埃及语词源。Aor 也可能是一个埃及语的派生词。[91] 在第七章中，我已经讨论过有关 makhaira 的难题以及它最终的埃及语词源。[92] 因此，荷马史诗中表示剑的名称不仅不是印欧语，而且如果不出意外的话，399
它极有可能是亚非语。相同的情况也适用于赫西俄德著作中的 harpē（“镰刀和弯刀”）。[93] 这个问题非常重要，因为剑是在青铜时代晚期出现的一个新型的“奇妙武器”。较早期的英雄如赫拉克勒斯使用了一种棍棒，其后的英雄们使剑的获得和使用变得重要，他们用剑击败那些没有剑的敌人，其中尤以忒修斯著名。[94] 这些传说被一幅派罗斯壁画形象地展现在世人面前，一群穿着短褶裙、穿戴着胫甲和迈锡尼头盔的士兵，挥舞着利剑，攻击那些穿着兽皮并且几乎手无寸铁的敌人。[95]

---

88 Masson（1967, 91）.

89 第十三章，注释 12。

90 Rapallo（1970, 390）.

91 参见本章，注释 2。

92 第七章，注释 26—27。

93 参见本章注释 61，以及第八章，注释 8—11。

94 例如，参见 Apollodorus 3: 15, 16。

95 Reproduced in Hampe and Simon（1981, ill. 28）.

专有名词敞篷双轮战车（chariot）是青铜时代晚期另外一种新奇武器，这个专有术语有较少明确的亚非语构成因素。Harma（“敞篷双轮战车”）有可能源于闪米特语或埃及语，相关内容我们将在第二十一章中讨论。[96] 我在第十二章中探讨了 heteros 源于埃及语 ḥtr，heteros 与坐在敞篷双轮战车中的两个人有关联。[97] 另外一个与马匹和敞篷双轮战车有关的术语的词源有点难以辨别。很有可能是一位印度–雅利安语族群的战士阶层在叙利亚北部发明了双轮马拉战车，它才在希腊语中留下了痕迹。[98]

希腊语中最重要的唯一一个军事词干是 stratos（“营地”），它有众多衍生词形，很显然，它源于埃及语 sḏrt。[99] 闪米特语对希腊语军事词汇产生了诸多重要影响，erkhomai（“行军”）和 arkhō（“领军前进”）源于词根 √>rḫ，只是其中两个例证而已。

在本章之初，我探讨了我所认为的两种能够传播军事语言的主要方式。第一种是通过征服，第二种是通过军事技术上或组织上具有优势的声望。埃及语和西闪米特语在这个语义场中对希腊语的渗透尽管的确允许第一种方式的存在，但是它们无须采用第一种方式。然而，第二种方式是必要的，并且根据我们通过文献材料和考古材料对公元前 2 千纪的历史发展的了解，我们对此不会感到惊奇；因为，相对于爱琴海而言，叙利亚和埃及在财富上、实力上和与物质文化上处于优势。

船　舶

在第二卷中，我提到了财富优势从希腊北部大的小麦种植平原向南部和东部滨海地区与岛屿的转移。这一转变发生在公元前 5 千纪或公元前 4 千纪的新石器时代。[100] 因为希腊文明与海洋密切相关，并且有赖于它。因此，我们会猜测到，这个语义场中存在着大量的地区特征明显的词汇。例如，希腊语中表示“海洋”的词汇有 θάλασσα、πέλαγος、πόντος、Ωκεανός 和 ἅλς。Thalassa 和

96　第二十一章，注释 68—69。
97　第十二章，注释 24—25。
98　相关探讨，参见第二卷，第 346—348 页。
99　第十二章，注释 26。
100　第二卷，第 13 页。

pelagos 分别源于埃及语和闪米特语中表示运河的词汇，对它们的词源演变的论证在这一卷中已经做出。[101] 对于和海洋有密切关系的族群而言，认为海洋是 400
障碍的观点有些自相矛盾，但这种观点得到了 ἰσθμός (H)（“地峡、海峡”）明显可能源于 sdmỉ（“附属物 / 连接物”）这一事实的证明。[102]

我在第二卷中提出，pontos 源于埃及语 Pwnt（“距离北方和南方遥远的土地与将它们隔离的的海洋”）。[103] 在这一卷里，我也注意到了迈克尔・阿斯托的观点，他认为俄刻阿诺斯（Okeanos）这个名称是由苏美尔语 *A ki an（“陆地和天堂的水”）构造的。[104] 唯一具有印欧语词源的同义词就是源于词根 *sal（“咸的”）的 hals。希腊语同亚美尼亚语和印度–雅利安语一样，缺少词根 *mar/mor（“海洋、水域”），这一词根可见于拉丁语、凯尔特语、日耳曼语和波罗的–斯拉夫语。总而言之，显而易见的是，希腊语中与海洋相关的词汇极为丰富，并且表示海洋最频繁应用的词汇显然有可能源于亚非语。

希腊语中与航海相关的词汇甚多，其中显然可能有亚非语词源的词汇数量也是惊人地多。我们来开始探讨一下它们的埃及语词源。

埃及语词汇

切尔尼和维奇赫尔都同意从 bnyt（“石磨的下半部分磨石”）经由 *ebnĭyet> *ewnĭyet 到科普特语 euni 这一演变顺序。他们认为希腊语 εὐνη (H) 源于该词，εὐνη (H)，既表示“床”，也指“石头、锚”，即用于停泊船只的带孔的大石头。

年轻的阿道夫・埃尔曼对希腊语中存在的埃及语借用语进行全盘否定，但承认存在着一个仅有的例外：βᾶρις (5)（“埃及使用的平底船”）源于晚期埃及语和乌加里特语 br（“近海航船、船舶”），它在科普特语中写作 baare。[105] 后来的学者从未对此提出质疑。

101　尚特莱纳提到的这些词汇中，仅承认 thalassa 是借用词。我对 thalassa 的论证，参见本书第八章，注释 41—44。在本章中，我对 pelagos 提出了自己的论证，参见本章注释 76。

102　尚特莱纳令人困惑地试图为 isthmus 找到一个印欧语词源，该词源分析包含一个 eiõmi（“走”）和古斯堪的纳维亚语 eið（“地峡”）之间的关联。

103　参见第二卷，第 252 页。

104　参见第二卷，第 301 页。

105　参见第一卷，第 263 页。

πρύμνη (H)（“船尾”）源于 *pꜣ rmn 的词源分析，已在第九章讨论。[106]

Dmỉ 的意思是“连接”和“依附”，其使役动词词形 sdmỉ 在上文谈到 isthmos 时被提及过。此外，*pꜣ sdmỉ（“依附”）为 πεῖσμα (H)（“船绳”）和 πεισμάτιον（“绳索”）提供了可能的词源。尚特莱纳自信地重构了词形 *πενθσμα，并将其与梵语 badhnāmi 和哥特语 bindan 联系起来。这种延伸由于字首唇音的不一致性而变得不太可信。

Πτακάνα (2CE) 的意思是“船上用的席子”。来自瑙克拉提斯（Naukratis）的智者波鲁克斯（Pollux）写道，它和 κάννα（“芦苇”）是同一词汇。[107] 甚至
401 伊米莉亚·马森也接受 kanna 源于迦南语 qåneh（“芦苇”）的观点。要承认 Πτακάνα (2CE) 源于 *pꜣ knh 还需要两个前提：首先 qåneh 是从闪米特语被借用到了埃及语，其次我们可以忽略希腊语中的词首 p- 和 pt- 之间的交替。这两个障碍中的任何一个看起来都非常难以克服。

在现代埃及语阿拉伯语中，rūmis 的意思是“用罐子做成的筏子”。它源于科普特语 rams 和世俗体 rms。雅罗斯拉夫·切尔尼坚决主张这一词形源于希腊语 ῥωψ 和 ῥωμσιν。其他所有学者都认为词语演变的方向相反。[108]

埃及语 ḫʿw 有广泛的词义：“武器、家具、船的装备、器具”。在晚期埃及语中，它的词义甚至包括“篮、水桶”。希腊语 σκεῦος (5) 的语义与它是非常相近的：“容器、器具”。它的复数形式 σκεῦη 指的是“各式各样的器具，即用于房屋、养殖、履行、装备和航海的器具”。埃及语 /ḫ/ 和希腊语 /sk/ 的对等性，详见第八章的相关内容。[109] 尚特莱纳否定了先前所有的观点，并简单总结为 skeuos 没有词源。

σοῦσον（“粗绳、绳索”）源于 sšnw（“粗绳、绳索”），这个问题将在最后一章中进行讨论。[110]

赛勒斯·戈登在 1955 年提出，埃及语 sqtt/w（“一种船”）是 ἄκατος（“快速的灯船”）的词源。切梅林伊在约 20 年之后得出了相同的结论。[111] 尚特莱纳

106 本书第九章，注释 38。

107 Pollux, 10: 166.

108 相关文献，参见 Vycichl（1983）以及 Szemerényi（1971, 674）。

109 本书第八章，注释 47。

110 本书第十五章，注释 27。

111 Gordon（1955, 63）; Szemerényi（1971b, 652）.

推测它有可能是一个借用词。

šdw（“众多木筏”）为 τοπεῖα (H)（“木筏”）提供了极好的词源。尚特莱纳将它与多用途的 ἔσχον（“我拿着”）联系在一起。

Ἴκρια (H)（“船头到船尾甲板上的脚手架”）和拉科尼亚方言中的 κᾶλον（“质量劣等的船”）可能都是源于 kɜi（“努比亚式的船？”）。

τοπεῖα (3)（“绳索”）源于 tpt（“绳、索”），这一问题将在第十七章中进行讨论。[112]

Τράμπις (3)（“野蛮人的船”）被认为源于埃及语 ʾʾtɜb（“容器或碗”），详见第十五章。

希腊语 Δόλων（“船首斜桅”）源于埃及语 ḏɜt/ḏrt，这一问题已在前文探讨。

闪米特语词汇

希腊语 ὀθόνη (H)（“上等的亚麻布、风帆”）长期以来都被认为源于闪米特语 ʾēṭūn（“线、纱、上等的布料”）。在晚期希伯来语中，其词义还包括“粗绳、 402
细绳”。威廉·施皮格尔伯格在 1907 年提出，ʾēṭūn 本身起源于埃及语 idmi（“红色亚麻布”）。[113] 包括伊米莉亚·马森在内的希腊词典编纂学者们都接受这一系列的词语演变顺序。[114]

希腊语中的 Biblos 或 Byblos 借用的是迦南语的城市名 *G^{w}ebl 或 *G^{w}ibl，我在第五章中对这一问题进行过讨论。[115] βύβλινος（“用纸草做成的船绳”）在《奥德赛》中出现过。[116]

奥廖尔和斯托尔博娃提出了两个亚非语词根 *gulul。一个解释为“球”，另一个解释为“容器”。[117] 后者在闪米特语中的词形可见于阿卡德语 gullu（“圆盆”）、乌加里特语 gl（“杯子”）和希伯来语 gullåh。[118] 学界普遍认同希腊语 γαυλός (5)（“容器、碗”）源自这一词形。尚特莱纳同意 γαῦλος（“一种船”）

112　本书第十七章，注释 73。关于 topeia 在仪式上的使用，另见 Mineur（1984, 264）。

113　Spiegelberg（1907, 129）.

114　E. Masson（1967, 88）.

115　本书第五章，注释 159—161。

116　*Odyssey*, 21: 391.

117　Orel and Stolbova（1995, 221 §§979-80）.

118　Masson（1967, 39-42）.

可能与 γαυλός 有联系的观点。他提到赫西基奥斯曾写道：“他们称腓尼基人的船为 γαῦλοι。”尚特莱纳继续写道：“这可能不足以使他人同意莱维的观点，莱维认为其源于一个腓尼基语或闪米特语的词源。”[119] 尚特莱纳更倾向于将 γαῦλος 与古高地日耳曼语 kiol（“容器”）、希腊语 γωλεός（“洞穴、洞、巢穴”）和 γύαλον（“杯子”）联系起来。传统学者习惯于把 gōleos 与立陶宛语 guôlis（“巢穴、窝”）联系起来。这可能为水杯和壶穴间语义上的联系提供了例证。考虑到 γαυλός 和 γαῦλος 与闪米特语之间的明确联系，认为 gōleos 和 gualon 有一个亚非语词源似乎是合理的。实际上，有两个亚非语词根存在并提供了完美的语音上的与合理的语义上的原型：*gol/g^{w}al（“圆形的、阴道”）。[120] 这与 gulul 之间的联系恰巧与词根 *qd 的埃及语衍生词相似，这一词根的意思是“圆、罐”。[121] 因此，gōleos 和 gualon 在亚非语和印欧语中都存在可能的词根。但不能确定哪个更有可能是。

乐意承认 γαυλός（“碗”）有一个闪米特语词源，却回避 γαῦλος（“小船”）也是这样；与这种情况类似的是，承认 souson（“百合花”）有埃及语词源，却否认 souson（“船的绳索”）的埃及语词源。这再一次说明，词典编纂学者们在进行研究时是受到意识形态禁锢的。

泛闪米特语词根 √kbr 有许多元音化形式，包括阿卡德语中的 kabâru（“巨大的”）以及阿拉伯语和希伯来语中有相同词义的 kabîr。众所周知源于 Kabiroi/Cabiri 的词根在先前的章节中已经探讨过了。[122] 在诸多阿拉伯语词形中，存在着 kubrā（“更大的、更老的、级别更高的”）。根据尚特莱纳的观点，希腊语 κυβερνάω (H)（“开船、驾驶敞篷双轮战车”）“没有词源，而且有学者推测
403 它是一个借用词”。许多派生词——κυβερνητήρ (H)（“舵手”）、κυβερνῆτις “伊希斯的一个别名”和 κυβερνήσια “船长们的节日”——表示“更大的、更老的、级别更高的”，拉丁语 gubernō（“驾驶、操纵”）的词义是从希腊语借用的。从 caput “头部”到 “captain”（“船长”）的发展是与此相似的一种演变顺序。考虑到语义上的匹配，既没有印欧语的竞争者，亚非语和印欧语中也都没有多

119 Cf. Lewy（1895, 151, 210）.

120 Orel and Stolbova（1995, 214 §§947-8）.

121 第十五章，注释 73。应当指出的是，那里提及的 gilgål 存在着一个明显的重叠符号 *g(o)l。

122 参见第一卷，第 483 页，注释 113；第二卷，第 629 页，注释 20。在这一卷中，参见第十九章，注释 192。

于三个辅音的单词（除非是重叠词造成的结果），我相信将 /n/ 仅视为一个后缀是无可非议的。

切梅林伊提出了一个可能真实的观点，该阿卡德语词汇的迦南语转写形式，可见于乌加里特语 eleppu（“轻型船只”），这一乌加里特词汇是 λέμβος (2)（“独木舟、小船”）的词源。[123] 尚特莱纳则认为该词“没有词源，可能由借用而来”。

我在第七章中提到了迦南语“盐”中的闪米特语词根 √mlḥ，并将之与希腊语 malakhē 和拉丁语 malua“锦葵”联系起来。[124]“一名经验丰富的老水手”这一词义的 √mlḥ，可见于阿卡德语 malāẖu 和希伯来语 mallå ẖ（“水手”）。尚特莱纳否认赫西基奥斯给出的解释，赫西基奥斯认为 μαλατῆρες 的意思是“水手”。切梅林伊支持这位古代作家的观点，反对尚特莱纳的看法，他认为这一词汇应该源于闪米特语。[125]

切梅林伊得出 σαγήνη (4)（“巨大的网”）源于一个闪米特语词形的结论，它亦可见于阿卡德语 sikinnu（“巨大的网”）。[126] 尚特莱纳否定了这一观点：“几乎可以确定，它是一个来自下位层的术语，如 ἀπήνη，等等。”切梅林伊对 apēnē 的闪米特语词根的论证在本章中的先前部分中已经给出。[127] 抛开尚特莱纳对如此确定的语音和语义上的相似词汇的怀疑态度不谈，很难理解一个来自下位层的词语是如何能够在 s>h 转换之后保留它的字首 s- 的。

词根 √sbl 可见于阿卡德语 sûbultu（“使垂下”）、阿拉伯语 sabala（“使垂下、放下”）以及乌加里特语 sblt 和希伯来语 šibōlet［（下垂的？）“河流、谷穗”］之中。当然，shiboleth/siboleth 只是一种方言。[128] 下垂的意思与 ἀσπαλιεύς (3)（“渔夫钓鱼的线”）的词义相符。该字首增添元音保护该双辅音组合。尚特莱纳认为其词源难觅踪迹，但可能是地中海语言。

尚特莱纳认为 σίφαρος (3)（“在平静海面上悬吊起来的帆”）是一个“没有词源的术语”。在这里，他只暗示该词有一个印欧语词源，因为他写道：它是“一个可能的借用词”。他继而提出了闪米特语词源，并认为这一词源是阿

123　Szemerényi（1974a, 149）.

124　本书第七章，注释 75—76。

125　Szemerényi（1977, 3）.

126　Szemerényi（1974a, 149）.

127　参见上文注释 40。

128　Judges 12: 6.

卡德语 suparruru 阁楼或罩篷的“伸展”。我没有理由对此持怀疑态度。

结 语

404 在第四章中，我们看到了大量关于原始印欧语 *naHw-（“船、容器”）的亚非语词根的观点。[129] 其中的任何一个观点都没有主张埃及语和闪米特语词汇借用到希腊语后成为基础词汇。大部分的词汇与船只的具体类型和设备尤其是船帆相关，因为大量优质的纺织品在埃及和黎凡特被用于制造粗绳及缆索。考虑到尼罗河三角洲沼泽地中大面积的芦苇和纸草，对此就毋庸惊奇了。但是，从整体上看，希腊语中与航海相关的亚非语词汇在考古学和肖像学上得到了证实：希腊人的航海是一项世界性的事业。

129 本书第四章，注释 106—107。

第十七章　语义群：社会、政治、法律和抽象词汇

导　语

本章探讨的是在现代大学里被称为社会学科的问题：社会、政治、法律和 405
抽象词汇。希腊文化在这些语义场里被普遍视为或至少被西方人普遍视为佼佼者。在这些主题的许多内容里，现代欧洲语言都借用了希腊语词汇，这表明了它们的认可。因此，特别有趣的发现是，如此多的非希腊语族群熟悉的术语最后都可以追溯到亚非语那里。

社　会

导　言

从某些方面来说，这一节可以被视为一个“什锦袋”，换言之，其中列出的词源不适合放在其他章节探讨。不过，它们涉及的领域广泛，表明希腊社会的许多侧面都直接或间接地受到了亚非语族群的影响。

埃及词汇

我所要列出的第一个埃及语词汇是 ip(ɜ)t，它是内室的名称。希腊语 406

ἀπάτη(H) 表示“哄骗、诡计、花招”，后来指“娱乐、休闲”。它们在语音上极为类似，并且在语义上也有着吸引人的有趣关联。在尚特莱纳看来，它的词源是未知的。

埃及语 ἰqr 有着广泛的语义，并且所有语义都没有比较级和最高级：“极佳的、壮丽的、富有的、优秀的、可靠的”。这个词语为 ἀγλαός (H)（“辉煌的、光荣的”）提供了一个很好的词源。尚特莱纳对此表示不确定，并且他提到了 eclat（de rire）（“爆发，尤其指突然大笑”）一个特有词义。他的做法明显不够恰当。

此外，ἰqr 还为前缀 ἀγα-（“巨大的、壮丽的”）提供了一个很好的词源。尚特莱纳对它的词源表示“不确定”。关于 aga-，最著名的是它是名字的构成部分，如最为著名的人名 Αγαμένων（阿伽门农）。这个名字中的第二部分的词源以及它与埃及语和埃塞俄比亚语的关联在第二卷中进行了探讨。[1] 并且，ἰqr（“极佳的”）也为 ἀγαιος 提供了一个解释，该词是德尔斐的拉比亚德氏族（Labyad phratry）规定献祭的羊羔的描述词。尚特莱纳写道，该词“词义和词源未知”。同样，由于流音 /i/ 被保留，Aἴγλη (H)（“光辉”）便是这样构成的。尚特莱纳也没有为这个词提供词源。

就其本身而言，ἰṯἰ 是一个词义范畴广泛的词汇：“抓住、拿/带、拿走、抢夺、超过”。它的衍生词包括 ἰṯw 和 ἰṯꜣ（“窃贼”）。其科普特语词形是 ōḏ。维奇赫尔认为它来自主动分词 *iāṯiy。在《伊利亚特》中，有两个令人费解的罕用词：αἴητον 和 ἄητον。[2] 两者的语境都与“猛烈的”或“狂暴的”词义相吻合。埃及语复合词 ἰṯ ἰn 意指“无序的或不规律的运动”。动词 ἀάω (H) 指的是“给……带来伤害、不规律地徘徊”。不规律的运动归因于女神阿忒（Ατη），她是 ἀάτη 或 ᾱ̆τη（“不可理喻的愚蠢、狂暴的轻率”）的人格化。尚特莱纳根据伊奥利亚语词形 ἀύτα 作为它的根据，提出了一个原始的 F。这一观点在某种程度上弱化了它与这些埃及语词汇之间的语音类似。不过，这位法国词典编纂学者声称，该词词源未知。由此，考虑到 atē 与 ἰṯἰ 以及 ἰṯ ἰn 之间存在着极佳的语义吻合，并且它们的语音也存在着合理的吻合，那么就显然没有理由拒绝存在着一个埃

1 第二卷，第 258—261 页。

2 Iliad 18: 410; 21: 395.

及语词源。

切尔尼重构 ʿȝbt（“献祭礼品”）为 *ʿoȝbet。[3] 作为形容词，ʿȝb 指的是“令人愉快的、舒适的”。希腊语词汇 ὄλβος(H) 是“物质幸福、幸福的、繁荣的”。 407
尚特莱纳描述它的词源为“模糊不清”。

克莱因（Klein）将希伯来语 ʿårēb（“舒适的、甜蜜的”）和《圣经》中的阿拉姆语 ʿårab（“混合的、被干涉的”）联系在一起。不过，将它视为一个来自埃及语 ʿȝb 的借用语更为合理。

Wr ỉb，字面意思为“大心脏”，指的是“傲慢、自大”。带着可接受的换位即流音从第二位转换到第三位，这个词汇为 ὕβρις (H)（“傲慢”）提供了一个极佳的词源。切梅林伊根据动词 huwap（“虐待”）提出了一个来自假设的赫梯语词形 *hu(wa)ppar（“暴行”）的借用词。[4] 尚特莱纳和我对此并不信服。

Wȝwȝ，指的是“征求意见、考虑、思考”，而 οἴομαι (H) 是“相信、考虑”。否定词 ἀνώιστος 是“不经考虑”。尚特莱纳认为，在这个长长的重构链条——*ὀϜίσ-yομαι > *ὀ(Ϝ)ίο-yομαι > *ὀ(Ϝ)-yομαι>οἴομαι——形成之初，这类词形中的 sigma 是最主要的词素。尚特莱纳承认，它的词源未知。虽然这个埃及语词源不能解释一些合成词词形中的 /s/，但除此之外，它在语义和语音上都是站得住脚的。

πράττω/πράσσω 的最初的词义是“通过”等。它与迦南语 pårạṣ（“突破、突然从子宫出来”）相适合。结尾带有一个软腭音的词根 pra-，可见于完成式词形 πέπραγα、未来式词形 πρᾱ́ξω，它另外一个词义是“完成、实践”。我相信，复杂的语音会让尚特莱纳和其他词典编纂学者感到困难，它应该和模糊的语义放在一起来分析，通过两个截然不同的亚非语动词来解释它们。其中的第一个是 påraṣ，第二个是埃及语 bȝk（“服务、工作、执行”）。

Prattō 完善了表示“做、制造 / 作”并且带有亚非语词根的希腊语词汇 draō 和 poieō 已在第九章中介绍。[5]

在希腊语代词体系中，第三人称词形的变化极为不规则。在第六章中，我

3 Černy（1943）. 维奇赫尔对此表示不赞同，并重构了一个词形 *ʿaȝāba。参见 Vycichl（1983, p. 210）。带有 /o/ 的希腊语借用词汇使切尔尼的主张变得更可信。

4 Szemerényi（1974a, 154）.

5 本书第九章，注释 186；另见本书第十四章，注释 41。

分析了 autos，它代替了间接格（oblique cases）。[6] 此外，还有“他、她、它”的宾格词形 μιν，多利亚语拼写为 νιμ。尚特赖纳形容其词源为“模糊不清”。埃及语 mn 表示“某人、某个人或物”，其科普特语词形为 man 或 nim，可能来自诺斯特拉语词根 *mən^{y}，可见于印欧语 *mann-s 和原始亚非语 *man、*mayan。[7] 在本章稍后内容，我将论证 monos（“单独的、独一无二的”）来自同一词根。

408 在第八章中，我分析了埃及语 /m/ 与希腊语 /ph/ 之间的对应性。一个例证就是，mrw（“织工、奴隶、底层阶级”）翻译为希腊语的 φαῦλος。[8] 集合名词 mrt（“织工们”）与 B 类线形文字中的 meritewo（“织工们”）极为对应。

词典编纂学者自然将 νεᾱνίας (H)（“年轻人、青春”）归到了最古老并且传播最广泛的印欧语词根 *nu 或 *newa（“新的”）的词条之下。尚特莱纳用了很长的一段文字，试图将 neanias 归入这一词群，但是它没有提出一个令人满意的解释。似乎更简单的做法是承认，它与印欧语词根不符合，是来自埃及语 nḫn（“年轻”）的借用词。

尽管埃及语的中缀 -n- 变成了希腊语的中缀 -m-，但是我找不到一个被承认的 n->m- 的词首变化。尽管如此，语义的准确性使得耶恩斯泰特提出，μοιχός（“通奸者”）来自埃及语 nkw（“通奸者”），其科普特语词形为 noeik (S) 和 nōik (B)。[9] 尚特莱纳声明，“每个人都同意，μοιχός 是 ὀμείχω（‘撒尿’）的名词施动词形”。他允许词首 o- 存在疑问，并且在语义对应上犹豫不决。他的两个论证都有问题，可以通过提出两个词源的混同加以调和。

尚特莱纳未能给 πέμπω (H)（“派遣、护送”）找到一个印欧语词源。因此，他倾向于认为它来自“皮拉斯基语”或下位层。不过，可能存在着一个埃及语词源，即 ḫpp（“派往”）。中缀 -ḫ-=-ø- 的许多例子已得到证实，但是 ḫ-=-ø- 的例子却没有得到证实。在第十章中，我论证了一个类似情况，即年轻的太阳神 Ḫprr 变成了希腊中的阿波罗。从 ḫpp 到 pempō 的演变，是极有可能存在的。

埃及语 qmɜ 有很多根本不同的词义：“扔抛、创造、产生、锤成”。这些

6 本书第六章，注释 17—21。

7 Bomhard and Kerns（1994, 664-5, §542）. Pokorny（1959, 700）and Orel and Stolbova（1995, 373 §1722）.

8 本书第八章，注释 90。

9 Jernstedt（1953, 54-5）.

词义的共同主题显然是“技艺”。不管 qmз（“扔抛”）是否指陶匠在陶轮上为陶黏土塑形，制陶都与创造有关联，这可以从对公羊神和创世陶匠神克奴姆（Khnum）和代尔巴赫里描绘的哈特舍普苏（Hatshepsut）的神秘诞生上看到。根据流音换位原则，假设一个交替词形 *qзm 是可以的。由于缺乏一个印欧语词源来竞争，这个词形为 κέραμος (H)（“陶黏土、瓦片、罐子”）（不必定是黏土）提供了一个合理的词源。

在第二卷中，我探讨了传说中的统治者达那俄斯、达那亚人与“海上民族”之间的关系，海上民族被埃及人称为 Tỉnзw/Tanaya（塔那亚人）或 Dзỉn/Dene 409
（德内人）。[10] 达那俄斯传说中的高寿，来自埃及语 tnỉ 以及更古老的词形 ṯnỉ（“老的、老朽的、变得衰弱的”）。有人提出，它来自 θνήσκω［“死”（动词）］和 θάνατος (H)［“死亡”（名词）］等词汇中的希腊语词根 θν。这个观点似乎过于牵强，即便在许多文化中人们不使用关于“死亡”的委婉语。尚特莱纳确实尝试性地提出了一个词源，他暗示这个词源与梵语围绕 dhvān- ta “昏暗的”构成的一个词群之间存在着同源关系。两个词源都有可能，但是埃及语词源在语音上同样接近的同时在语义上更为接近。

Ṯзm 意为“包裹、外衣、面纱”，其普特语词形为 jēme (S) cēme (B)。希腊语 θάλαμος (H) 将在下一章探讨。[11]

在第五章中，我倾向于认为忒修斯这个名称来自埃及语 ṯsw（“统帅”）。[12] 这个作为词源的词汇来自词根 ṯs（“捆在一起、集合军队”）。Ṯst 指的是军队或被征用的一帮工人。Θής (θητός) (H) 是一位“奴隶、雇佣工人、劳力、公民中最底层的人”。在今天的希腊语中，θητεία 指的是“兵役”。弗里斯克和尚特莱纳都未能提出一个词源，不过后者认为它“可能是一个借用词”。

Dwз wr 是“被神化的国王胡须”。在希腊语中 δαυλός (H) 是“长有浓密胡须的、与宙斯有关的”。尚特莱纳怀疑先前提出的所有词源。

闪米特语词汇

在第八章中，我讨论了 ᵓahăbåh（“爱”）、ʿågab（“肉体的爱”）和 ἀγαπάω

10　第二卷，第 418—419 页。

11　本书第十八章，注释 16。

12　本书第五章，注释 126。另见第十六章，注释 23。

（“爱”）之间的关系。[13]

Båyay、bî 是表示恳求的虚词，用在向上等人讲话的习惯用语中。βαίος (5) 意为“微小的、不重要的、卑鄙的、卑贱的”。不存在印欧语词源。

希腊语 βάρβαρος (H) 被普遍认为是一个拟声词，用来表示口吃或外国人说的让人无法理解的语言。尚特莱纳举例，称梵语 babara- 表示“口吃的人”，但是他也列出了苏美尔语 bar bar（“陌生人”）和阿卡德语 barbaru（“狼”）。不过，他否定了与这两个词之间的关系，因为他认为 βάρβαρος (H) 是一个纯粹的印欧语。但是他没有提到，几乎所有含有 /b/ 的希腊语词汇都不是来自印欧语。

不过，另外一个闪米特语词源是词根 √gwr。Gēr 指的是“旅居者、邻居、新来的人、陌生人”。词根中的 /w/ 使得我们可以假设一个更早的词形 *g^{w}er 或
410 *g^{w}ar。埃塞俄比亚语词汇 g^{w}arg^{w}ar（“听不清楚的低声嘀咕”）与不可理解的话语有关联。根据第五章中提出的论证，g^{w}arg^{w}ar 可能是在希腊语唇软腭音衰弱之前传入希腊语的，它经常被转写为 barbaros。[14] Γάργαρα（“声音嘈杂的人群”）可能是在两种语言中唇软腭音都衰弱之后传入的。

奥廖尔和斯托尔博娃重构了一个亚非语词根 *bat-/bit（“砍切”）。[15] 在闪米特语中，许多三字母结构都具有相同的一般词义。因此，词根 √btl 才被假设为“去服务”。传播广泛并且完全一样的看法是 *bat-/bit 显然是一个被动分词，如词形 batul“童贞”男孩或女孩。将这些年幼者归为“砍切”类，暗示着男性割礼，它存在于闪米特语族群已是广为人知之事；并且，也暗示着女性割礼，它可能也存在于闪米特语族群。Μίτυλος (3) 和 μύτιλος 是两个令人费解但又相互关联的希腊语词汇。在一个词义上，它们指没有角的公羊；在另一个词义上，它们指年幼儿童。拉丁语 mutilus 是从 mytilos 借用而来，指的是“被切去角的”。因此，和闪米特语的情况一样，人们能够在希腊语和拉丁语中找到含有青春和切割双重意义的词汇。语义上的一致性，远远弥补了即字首 m- 代替字首 b- 的不足，这种替换现象也存在着其他例证。

Hbr。闪米特语词根 √ḫbr 的基本词义是“去参加、（使）联合”，但它经常与巫术、偶像和邪恶联系在一起。该词根可见于乌加里特语 ḥbr 和腓尼基语 ḥbr

13　本书第八章，注释 90—92。

14　本书第五章，注释 160—167。

15　Orel and Stolbova（1995, 60 §240）.

以及希伯来语 håbēr（“同伴”）。希腊语 ἁβρός (H) 的词义是“华美的、雅致的，漂亮的”。它和阴性词 ἅβρα 因阴柔和“东方”的奢华而联系在一起。学者们早已经发现了阿拉姆语 håbēr 和这个希腊语词汇之间的联系。[16] 不过，E. 马森否定了这些观点，他的理由是：上面的这些闪米特语词汇指的不是奴仆，而是同一等级的伙伴，那个阿拉姆语阴性词形是 habertta，并且一个出现在米南德时代（the epoch of Menander）即公元前 4 世纪或公元前 3 世纪的阿拉姆语借用词将很难被解释。最后一个理由，听起来挺奇怪；因为：（1）这个借用语不一定来自阿拉姆语，更有可能来自迦南语，ḥbr 在腓尼基语和希伯来语中都存在；（2）在米南德时代，许多阿拉姆语仍然是口语；（3）这个词汇在赫西俄德的残篇中被证实，早于米南德数个世纪。[17] 看到尚特莱纳接受了这样繁琐的学术迂腐，不可不谓憾事！

另一个词汇 ἁπαλός (H)（“柔弱的、纤细的”）具有同样的词义；并且只要有轻微的改变，便会使语音变得相对吻合。尚特莱纳认为该词“无词源”。闪米特语词根 √wqh 可见于阿拉伯语 waqita（“是顺从的”）和塞巴语 wqh［“（亲 411
切地）听”］，它出现在阿卡德语里，为 âqû（“顺从的”）。据推测，迦南语词形将会是 *yåqah。已经被证实的名词词形 yiqhåh，指的是“顺从”。Ἀκούω (7) 指的是“听、理解”。尚特莱纳倾向于认为它的词源来自可见于哥特语中的词根 hausjan（“听”）。不过，他在字首增添的 a- 上面遇到了困难，但他将 akouō 和 κοέω（kowo?）（“察觉、理解、听”）联系在一起。这个词被他视为古撒克逊语 skawōn（“去观察”），和梵语 kavi（“智慧的”）是同源词。尽管 akouō 和 koeō 之间可能存在着联系，但其余的构想显然很难立脚。Akouō 来自 *yåqah 的词语演变更是不太可能。

“男孩”作为奴仆使用，是一个广泛存在的现象，它出现在不同的语言里：例如，法语中的“garçon”、汉语中的“童”（tóng）。阿拉伯语 yatim、希伯来语 yåtom、阿拉姆语 yatmåh 都指的是“孤儿、无助的孩子”。ἀτμήν (3)“奴仆、奴隶”可能为我们提供了一个与阿拉姆语 yatmåh 类似的词汇。尚特莱纳描述该词为词源“模糊不清”，并且冒险说“它是一个借用词”。他倾向于认为它来自小亚细亚。

词干 ψεῦδ（“虚假的”）来自闪米特语 √zwd（“去撒谎、夸张”），见第

16　Lewy（1895, 68）.

17　E. Masson（1969, 98）.

十四章。[18]

腓尼基艺术中，一个妇人透过花格窗向外眺望是一个表示恶兆的标准形象，象征着被幽禁。在希伯来语中，“花格窗”的复数形式是 ḥărakîm。在阿拉姆语中，人们会发现 ḥăraků（“窗户”）。希腊语中，ἕρκος (H) 指的是“房子由栅栏或砖石做成的围墙，用于狩猎的网状物，等等”，ὀρκάνη (6) 指的是“囚犯”。尚特莱纳将该词与拉丁语 sarcio（“去缝补、修理”）联系在一起。他认为它的一般词义是“纺织”。虽然希伯来语和阿拉姆语明显在闪米特语中没有深远的词根，但是它们的确为希腊语词汇提供了一个更有可能的词源，而这个词源是尚特莱纳没有提出的。

Ἑτοῖμος（“准备的、确信的”）的词源，尚特莱纳解释为“模糊不清”，这一问题已在第十四章中探讨。[19]

穆斯古姆人（Musgum）使用的中乍得语中有一个词根 *kas（“摔倒”），带有一个前缀 n- 的词形可见于闪米特语、几巴利语和阿拉伯语。另外一个可能的衍生词形带有词尾 -l，是希伯来语 kåšal（“绊脚、蹒跚、踉跄”），它在动词的使役-衍生变化词形（the hiphil-derived conjugation）中，表示“导致绊脚、带来伤害或毁灭”。希腊语中有 κασάλβιον（“妓院”）和 κασαλβάζω（“从事娼妓行当”）。词尾咝音仍未被解释清楚，但是基本词汇 kasal 符合得很好。尚特莱纳将这些词汇归入的词条 κασᾶς (3)［“粗糙的（床）罩”之下］。他接受了 E. 马森的观点，认为该词有一个闪米特语词源，可见于阿卡德语 kasū 和希伯来语 kəsūt（“覆盖物”）。[20]

412 关于希腊语 λαός（“人民”）是由西闪米特语 √l>m 演变而来讨论，参见第十三章。[21]

λέγω 和 λόγος 带有多重词义，它们的词源是西闪米特语 √lqḥ，该词根也带有多重词义，这已在第十四章中探讨过了。[22] 作为对这一探讨的补充，阿拉伯语 laqaḥa 指的是“使”一个女人“怀孕”。它为令人费解的希腊语动词

18 本书第十四章，注释 15。

19 本书第十四章，注释 10。

* 几巴利语（Jibbali），即沙黑利语（Shaḥri）或舍黑利语（Sheḥri）。——译者注

20 E. Masson（1969, 22-4）.

21 本书第十三章，注释 48—52。

22 本书第十四章，注释 32—33。

ληκάω (4) 和 λαικάζω (4)（“私通、做爱”）提供了一个词源。

λέσχη 可能来自闪米特语并且最终源于埃及语，已在第七章中探讨。[23]

Μάκελλον (1) 指的是“市场或屠宰圈”，后来的词义“烧烤、隐居”可能源于拉丁语。毋庸惊奇，词典编纂学者对该词源于闪米特语词源持开放态度，并且尚特莱纳提到了两个可能性。他怀疑莱维的观点，即它源于 miklåh［“圈占（地）”］；并且做了一个评注，提出它可能源于广泛存在的闪米特语词根 √mkr（“卖、商人”），可见于乌加里特语、腓尼基语和希伯来语。[24] 他没有提到迈尔的观点，即 makellon 源于闪米特语词根 √mkr。[25]

可见于阿卡德语 manû、阿拉伯语 manay（“分配、份额”）和希伯来语 månåh（“计算、分配”）的词根为 μηνύω (H)（“通知、指示、揭发”）提供了一个可能的词源。尚特莱纳认为该词“无词源”。

词根 √mṣ˃ 广泛存在于闪米特语中。阿卡德语 maṣeû 和乌加里特语以及古兹语 mṣ˃ 都指的是“到达、得到”。希伯来语和阿拉姆语词形 måṣå˃ 还有另外的词义“去寻找、找到”。许多以 mas- 和 mat- 开头的希腊语词汇有着类似的词义。词典编纂学者都同意，μαίομαι (6)（“去寻找、追求、到达”）是基于 μασ-yo-μαι 的一个词形构成的。尚特莱纳为 ματέω (6) 给出了他的第一个词义“去寻找、追求”。动词 μῶμαι (6) 意为“去渴望、以……为追求目标”。它的第三人称单数词形是 μῶται，祈使语气词形是 μῶσο。尚特莱纳发现了一个与 μαίομαι 有关联的词汇，但他又指出 μαίομαι 缺乏一个确切的词源。Μῶμαι 显然是迦南语 ā>ō 转换之后出现的借用词。

阿卡德语 nakâlu 指的是“狡猾的、奸诈的”，希伯来语 nåkal 指的是“狡猾的、骗人的”。一个意联词汇在主动语气（Piel）变化词形中被证实：niklêhem ašer niklû låkem（“他们用来欺骗你的诡计”）。[26] 考虑到全世界都认为奴隶是狡诈的，这个词义与希腊语 νικύρτας (6)（“天生的奴隶”）有很好的吻合。尚特莱纳仅仅将该词解释为一个来自亚洲语言的借用语。[27]

23　本书第七章，注释 28—29。

24　Lewy（1895, 111）.

25　Meyer（1962），引用自尚特莱纳。

26　Numbers 25: 18.

27　我必须承认该词源分析是我在“上庞贝”（“Up Pompeii”）从弗兰基·霍华德（Frankie Howard）那里获得的。

413 许多与哀悼相关希腊语来自闪米特语词根 √spd，这个问题已在第十三章中探讨。[28]

ἀγαπάω（“爱”）来自 √˃gb（“肉体的爱”），这个问题已在第八章中探讨。[29]

闪米特语 √s/n˃（“敌人”）是 ξένος（“陌生人、客人”）可能的词源，这个问题已在第十三章中探讨。[30]

“休息和闲暇”意义上的 σχολή 的词源来自乌加里特语 šlw 和希伯来语 šålu 或 šəlî（“休息、安闲”）中的闪米特语词根。[31]

腓尼基语 šmr、希伯来语 šåmar 指的是“看守、守卫、保护”。它们为希腊语词汇 σαβαρίχις 或 σαμαρίχη（“女人的性”）的前半部分提供了一个可能的词源。后半部分没有这么容易解释。尚特莱纳未给该词提供任何词源。

小　结

本卷书所提出的词源，无论是在重要性上还是可能性上都有很大的差异。本节列举的词汇，在两方面的差异都是最大的。关键性的重要词汇 laos（“人民”）来自闪米特语，hybris（“致命的骄傲”）来自埃及语，与它们形成对比的是 daulos（“茂密的胡须”）和 baios 即下等人讲话中的一个不重要的词形的词源。可能性上存在着差异，例如从 ḫpp 到 pempō 的演变存在可能，埃及语 ʿ3b 极有可能演变成了 olbos“令人愉快的和兴旺的”，因为两者具有相同的词义。不过，放在一起来看，它们证明了亚非语词汇在希腊社会术语形成过程中发挥的重要作用，以及埃及语和闪米特语族群对希腊早期社会本身的极大影响。

政　治

埃及语词汇

作为前“政治学”教授，我深知在社会和政治之间进行有用的区分是多么困难。我已经设法在那些影响到政策、城市或国家运行的组织和程序与那些没

28　本书第十三章，注释 53—55。

29　本书第八章，注释 92—95。

30　本书第十三章，注释 32—34。

31　关于这一起源的更多论证，参见本书第十三章，注释 10—11。

有这方面影响的组织和程序之间画一条界线。

希腊观念中的关键字是Ἐλεύθερος“自由”。ỉr(t)ẖзwt（“庆祝节日”）为它提供了一个不确定的词源，这个问题将在下一章探讨。[32]

在埃及语中，iзwt 表示“牲口群或人群”，ỉrw/y 指的是“向牲口征收的 414
税”。“它给 λᾱής/λᾰής (5)（‘集会’）提供了一个合理的词根”。（如尚特莱纳提出的那样，它有多种读法；并且，这些关联词，有些呼吸粗，另一些则不这样。）元音或双元音是多变的：ἀολλής 和 ἀέλλης。此外，如尚特莱纳指出的那样，也存在着与此相关的其他词汇：ἅλις (H)（“整体上”）和 εἴλω (H)。最后一个词汇有很多词义：“关 / 堵在（人群里）、挤压（橄榄或葡萄）、缠绕、旋转”。里德尔、斯科特和琼斯这些词典编纂学者明确拒绝这些词义有一个大体上的含义即“挤”。“缠绕”（wind）明显不合群，它可以解释为受到了来自动词 εἰλύω（“缠圈、拧搓”）的“腐蚀”；εἰλύω 像拉丁语 volvo 一样，来自一个表示“旋转”的印欧语词根。不过，其他词义都可以被归到“挤”的含义之下，并且在数牲口方面很适合有一个埃及语词源。词汇的混同暗示着语言借用的存在。有趣的是，对应于爱奥尼亚语和多利亚语 ālēs 的阿提卡语词汇是 ἀθρόος（“人群、挤在一起的”），该词源于埃及语 ỉdrỉ（“畜群 / 人群”），在第十五章中已提及此问题。

ỉrr（“作恶者”）、ỉrrt（“工作”）为荷马史诗中的词汇 εἴρερον（“奴隶制度”）提供了一个合理的词源。尚特莱纳拒绝该词与拉丁语 servus 之间的任何关联，并且也怀疑其他所有观点。

αἶσα（“分享的部分、天命”）、ἄξιος［“对等的、抗衡（力）”］和 ἴσος 以及前缀 ἰσο-（“平衡、水平、平等”）来自 ỉsw 及其科普特语词形 asou（“奖赏、补偿”），已在第十二章中讨论。[33]

ἴδιος（“头脑简单的、经验不足的普通公民”）源于埃及语 ỉd（“孩子”）的观点，已在第九章中提出。[34]

ὄχλος（“群氓、大众”）来自 ʿšз（“数量巨大的、令人讨厌的”），已在第八章中提出。[35]

32　本书第十八章，注释 53。
33　本书第十二章，注释 3—6。
34　本书第九章，注释 15—17。
35　本书第八章，注释 64。

βασιλεύς（“高级官员”和后来的“国王”）来自埃及语 pꜣ sr 或 pasiyara，已在第九章充分探讨。[36]

Rẖ 指的是“知道”，作为名词，表示“智慧”。Rẖt 指的是“学问和数字”。在晚期埃及语中，rẖ 也被证实具有“做记录”和“列表”等词义。世俗体 rẖ 和科普特语 rōš (S)、raš (B) 包含有“测量”和“证实”等词义。词干 λαχ- 可见于 Λαγχάνω（“抽签”），该词经常在希腊政治中得到使用。在神学层面，λόγχη、λάχος 和 Λάχεσις 都指的是“命运”。

κῆρυξ 在 B 类线形文字写作 karuke，词典编纂学者们认为，它源于一个可见于梵语 kārú（“诗人、歌手”）的印欧语词根。除去词义相距甚远，kārú 缺
415 少一个词尾 -k，这也是一个问题。闪米特语词根 √qrʿ（“呼叫”）符合成为该希腊语词汇词源的条件。一个更有可能的词源是被频繁证实的埃及语短语 qꜣ ẖrw（“洪亮的声音”）。有趣的是，《伊利亚特》中最先提到了两个传令官中的一个，名叫 Εὐρυβάτης，他被描述为“臂膀粗壮，皮肤黝黑，头发卷曲”。[37] 传统观点或老套观点认为，非洲人声音洪亮并且富有节律，这种情况又见于穆罕默德（Mohammed）选择黑人毕拉勒（the Black Bilāl）担任第一位宣礼员（muezzin），召唤信徒礼拜。

ἔθνος 源于 ṯnw（“数字、编号”）和 ṯnwt（“统计牲口、囚犯等”），已在第八章中讨论。[38]

在第十二章中，我讨论了 dmỉ（“市镇、村庄”）和 dmỉw（“市镇居民”）是 δήμος（其 B 类线形文字拼写为 Damo）的词源。

闪米特语词汇

在前一章中，我讨论了闪米特语词根 √ʿrẖ 和它在希腊语中的反映词形 ἀρχ- 是许多重要的政治词汇如 ἀρχός（“族长”）、ἀρχή（“政治权力”）以及 ἄρχων（“行政官员”）的词源。[39]

希腊语 κοινός (H)（“共同的、公众的、公正的”）源于迦南语 √kwn（“建

---

36 本书第九章，注释 57—81。

37 *Iliad* 1: 320；相关描述参见 Odyssey 19: 245。

38 本书第八章，注释 65—66。

39 本书第十六章，注释 44—45。

立、纠正”）的词源分析，已在第五章探讨。[40]

在《圣经》希伯来语中，人们会找到动词 pålal（“仲裁、判决”）。在晚期希伯来语中，存在着名词 pilpēl（“具有辩论技能的人”）。奥德修斯使用了 Φοίνικες πολυπαίπαλοι（“诡计多端的腓尼基人”）这样的词汇。[41] 修饰语 -paipaloi 与 pilpēl 极为吻合。由于 πέρπερος (2)（“自夸的人、故作聪明”）只是在晚近的时候得到证实，尚特莱纳认为，它可能是一个来自拉丁语 perperam（“歪斜的、相反的、坏的”）的借用词。尽管这个拉丁语词源在语音上稍好一点，但是从语义上看，闪米特语词源更合适。

我认为 βούλη（“集会、议事会”）源于迦南语 qåhål（“集会”），参见第十四章。[42]

几乎可以确定，闪米特语中的常见词根 √r˃s（“头、首领”）的发音最初为 ra˃s，就像它在今天的阿拉伯语中的发音那样。在乌加里特语中，它的发音为 réi˃s。

在希伯来语中，它的发音为 rō˃š。Ṗησός (5) 的词义存在疑问，但被推测为“首领”。在这种情况下，几乎可以确定，它的词源是 ra˃s，在早期借用的过程中经历了 ā>ē 转变，正如迦南语经历了 ā>ō 转变一样。

小 结

本节揭示了两个极为有趣的政治和历史的区别性特征。首先，表示关于 416
牲口和囚犯的官僚计算或统计的埃及语词汇——ỉrw/y（“牲口统计”）、ỉdrỉ（“牲口群 / 人群”）——传到希腊语中便变成了表示公共集会的词汇 (h)ālēs 和 athroos。唯一来自 ṯnwt（“统计牲口群或囚犯”）的 ethnos，保留了它的词源的一些官方色彩。这就强调中央集权的埃及和地方分散的希腊城邦之间的不同。这些词汇，极有可能很早就传入了迈锡尼希腊的官僚体制下复杂的宫殿社会，只是在极为晚近时才具有了与民众相关的词义。

在其他著作中，我论证了第二个有趣的特征，即希腊城邦中不太多的经济、

40 本书第五章，注释 157。

41 *Odyssey* 15: 419.

42 本收第十四章，注释 52。

社会和政治制度是从腓尼基城邦模仿来的。[43] 与闪米特形成对比的是，本节将对非常多的埃及语进行探讨。在构建古风时代和古典时代“政治”术语大厦的砖块中，只有一些词汇如 arkh- 和 koin- 等来自闪米特语，其他更多的词汇如 dēmos、okhlos、iso- 和 idios 等很有可能来自埃及并且是在公元前 6 世纪埃及大规模影响希腊之前传入希腊语的。一个可能来自闪米特语词源的重要政治术语 boulē 一定是在唇软腭音衰弱之前传入希腊语的。截止到公元前 1 千纪，它们必定被作为母语接受了。最好的解释是，希腊人并不是采用不熟悉的闪米特语名称来命名他们从黎凡特模仿来的制度的，而是经常倾向于采用既有的词汇并赋予它们新的含义。这些词汇有时是印欧语，但是更多的是在青铜时代晚期或更早时候的借用来的埃及语。这些语言借用阶段的具体例子可以在马丁·韦斯特的著作中看到，他在其中详尽地证明了希腊人和西南亚族群的誓约类型的类似性；但是，他未能解释表示“誓言”本身的词语 horkos，它有一个很好的埃及语词源。[44]

在下一章中，我们将看到埃及神圣名称在盛行于西南亚的神谱中的类似情形。

法律和秩序

导　语

本节的内容与前两节内容有所重复，因为法律位于政治和社会的交叉点上。我相信，在我在这个语义场里发现的词汇中，埃及语词汇的比例高于闪米特语，
417 这一现象可以用上一节给出的同样的理由加以解释。

埃及语词汇

Ἀλύτας (5) 表示“伊利斯的警务官员，可能是一位奥林匹亚赛会的管理者”。尚特莱纳承认，它与哥特语 walus（“警棍”）有关联，因此重构了一个词形 *Ϝαλυ-τᾶς（“持有警棍的人”）。该词有两个埃及语词源，并且这两个词语不一定相互排斥：第一个是 iꜣt（“公职，职能”）和 iꜣtyw（“担任公职者”），

43　参见 Bernal（2001, 345-70）。

44　参见 Bernal（2001, 341）。

第二个是 iззyt（“棒”）。

很显然，ỉpwty>wpwty（“信使、代理人”）与动词 wpỉ（“根据法律对竞争者进行评判”）有关联。这一双重内涵为希腊语 ἠπύτα (H)（“传令官的洪亮声音”）和 ἠπύω (H)［“大声地喊叫召集（人们）到法官席位”］提供一个很好的解释。尚特莱纳描述它们的词源为“模糊不清”。

尚特莱纳明确地区分了他所认为的词汇 ἐφέται 具有的两个独立的词义。第一个是存在于埃斯库罗斯作品中的一个罕用词，它仅仅指“族长 / 酋长”。第二个发现于碑铭材料，指的是雅典的一个审判员委员会的机构名称，该委员会专门审判情节不严重的杀人罪或过失杀人罪案件。这位词典编纂学者认为该词来自后缀 -τας 与动词 ἐφίεμι（“派出、代表”）的一个词形的合成。这是有可能的，但是存在的某种混同很可能是来自 ỉpwty 的“腐蚀”导致的。

在另一个法律领域里，ỉdryt（“惩罚”）是动词 dзỉ 和 dзr（“去克制、镇压、夺取某人的财物”）的名词形式。关于 ἀΐδηλος，存在着许多含糊性和某种分歧。人们会异口同声地说，它作为雅典娜和阿瑞斯的描述语使用时，指的是“带来毁灭的”。[45] 当它用作“火”或珀涅罗珀追求者们的描述语时，它指的是“大吃大喝的”，该词义与给予 dзr 的最后一个词义极为类似。[46] 普遍持有的观点认为 aΐdēlos 来自否定词 a-ideîn（“使消失”），这个观点极为不可信。

在第十章中探讨 ἀνάγκη（“必要”）的起源时，我论述了埃及语 ʿnḫ 的词义“界限、限制”，科普特语 anaš (SB) anaḫ (A)（“誓言、你一定要做的事”）。[47] 维奇赫尔主张 ʿnḫ 和 ʿrq（“誓言”）之间具有相似性。我发现 ḫ=q 之间的等同存在着一些疑难，但是奥廖尔和斯托尔博娃将它看作亚非语系中一个标准的交替。[48] 不论怎样，至少存在一个这样的事例，在荷马的 Ἀχαίοι（阿卡亚人）和被埃及人称为 ỉqwš 的海上民族之间有着惊人的相似。[49]

尽管如此，它像 ʿnḫ、ʿrq 一样，在希腊语中也有一个可能的衍生词形。 418
1763 年，让-雅克·巴特尔米修道士（L'Abbé Jean-Jacques Barthelemy）提

45 *Iliad* 5: 880, 897.

46 *Iliad* 2: 455, 9: 436, 11: 155; Odyssey 16: 29, 23: 303.

47 本书第十章，注释 122。

48 Orel and Stolbova（1995, 433-7）.

49 Gardiner（1961, 270）. 在第二卷，第 104—105 页，我认为女神 Onka ʿnqt 和神圣的 Alkmēnē ʿrq 二者之间具有相似性，因为它们在语音上具有类似的对应性。

出希腊语 ὅρκος (H)（“捆扎、发誓、誓言”）源自科普特语 ōʀk。[50] Ōʀk 是 ʿrq 的派生词。尚特莱纳没有提供词源分析，但切梅林伊试图从一个印欧语词根 *sworkos 推导它的词源。存在一个日耳曼语词根 *swer（“宣誓、回答”）。我未能找到以 -k 为词尾的词汇的合理解释。

Pꜣwt 意为“原始时期”。Pꜣwty 是“原始的神”或“古代家族中的一员”。在许多城市，πρύτανις (H) 是高级官员的称号及重要的有地位的人使用的词汇。尚特莱纳注意到了伊特鲁里亚语 purth、purthne（“地方行政官”），因此，认为该希腊称呼是从安纳托利亚语中借用而来。他指出有多种词形表明借用。伊特鲁里亚语是唯一的词汇经过证实的安纳托利亚语。不过，因为埃及语词汇缺少 /n/，这个词最为可能来自安纳托利亚。然而，该安纳托利亚语术语似乎最终源于 pꜣwty。

第十章中讨论了 μά（“真实地”）的埃及语词源分析，其词义作为誓言使用。[51]

埃及语 mtr 科普特语 mntre (S) methre (B)（“证据”）为希腊语 μάρτυς、μαρτυρος (4) 提供了一个极佳词源。尚特莱纳质疑弗里斯克的 *mar-tu（“证据”），但是他认为该词与梵语 smárati 同源。

在第十二章中对 νόμος（“风俗、法律”）的埃及语词源进行分析。[52]

Hp、hpw 科普特语 hap（“法律、权利、正义”），ἤπιος (H)（“和蔼仁慈的父亲、通情达理的”）。尚特莱纳描述该希腊词汇的词义“模糊不清”。[将该词与梵语 āpi（“朋友”）相联系的尝试也没有给他留下深刻印象]。

在第八章中提到了 χαλεπός-（“痛苦的、残酷的”）、κόλαφος（“猛击、狠打”）及 κόπτω（“猛击、袭击”）的词源分析，这些词汇均源于 ẖrp（“权杖、统治、控制”）。[53]

动词 snh (y) 词义为“登记、记录、召集”。Snh 的词义为“登记处”。σανίς (H) 也是“木板、书写板”，尤其指书写正式的文本。尚特莱纳没有对此给出词源分析。

上述讨论的 qꜣ ẖrw/κῆρυξ 中的 qꜣ 词义为“高”。[54] qꜣꜣ 的词义增强为“高地”，

50 参见第一卷，第 171 页。另见 Jernstedt（1953, 25, 61-2）以及 Bernal（2001, 341）。

51 本书第十章，注释 168。

52 本书第十二章，注释 16—19。

53 本书第八章，注释 4—6。

54 本章注释 37。

写成 (O40) 或 (O41)，用以表示台阶 / 梯田。κάλλιον (4) 的意思是是“一个雅典特别法庭的专属区域”。尚特莱纳没有对此给出词源分析。

Qnbt 指的是“行政官员组成的法庭、特别法庭、司法审判委员会等”。与定冠词连写，即 *Pꜣ qnbt，它极有可能是 Πνύξ 即 Πυκνός (5) 的词源，后者是雅典审判员们开会的地方。[55] 它们的词义极为吻合，并且这种吻合度又因为 (O38)（“角落”）作为 qnbt 的义符被使用而提升。加德纳提出，该词可能指那些坐在 419
一个角落里的官员。[56] 普尼克斯有一个圆形剧场的外形，背靠着一面很高的峭壁。并且，该词可能还具有一些来自 qnb（“使服从”）的含义。

Ṯn，晚期词形为 tn，是一个置后阴性指示词。它为重读词后词（enclitic）θην (H)（“实际上、真正的”）提供了可能的词源。[57] 它可能也是 δεῖνα (5)（“如此这样、常常表示犹豫”）的词源。尚特莱纳对这两个词汇未做出解释。

第九章讨论了 τίνω（“偿还债务或支付罚款”）源于 dit inw［“引起……带来（ỉnw/ 贡品）”］的词源分析。因此，它们也是 dỉt mꜣʿ/τιμή 法律层面的词义。[58]

在第十五章中，我讨论了意为一个水坝或水渠且具有引申义“拨给、分配”的 dnỉ 以及 dnyt（“土地登记簿”）。这些词汇均为 δήνεα (H)（“计划好或坏”）提供了合理的词源。[59]

闪米特语词汇

从来没有人怀疑过希腊语字母 λάμδα (4) 源于一个更早的闪米特语字母，可见于希伯来语，即字母名称 låmed。Λ 即 L 的形状来自赶牛棒。这个词根和名词前缀 m- 连写，出现在希伯来语中，即 maləmåd，指的便是赶牛棒。尚特莱纳相信，该词最早的希腊语词形不是 λάμδα，而是 λάβδα。他没有提及这一转变，而是指出较晚的 lamda 出现的理由只有一个，即对最初的闪米特语词形的矫枉过正。Labda 与 ῥάβδος (5)（“棍棒、权威标识”）极为类似。尚特莱纳

55　关于该地点更为详细的描述，参见 Frazer（1898, 2：375-8）。另见 Kourouniotes and Thompson（1932）。

56　Gardiner（1957, 497）.

57　Smyth（1956, 181D）.

58　本书第九章，注释 187—188。

59　本书第十五章，注释 32—35。

倾向于将其和波罗的–斯拉夫语词根 *√wr̥b（“枝条、芦苇”）视为关联词。还存在着一个词语，即 ἄβδης (6CE)（“鞭子”）。尚特莱纳抛弃了它是一个来自亚洲语言的借用词的观点，因为“没有证据支撑”。

小　结

带有埃及语词源的词汇远远多于带有闪米特语词源的词汇，原因在于，在
420 这个语义场中，它的情况比在上一小节关于政治词汇的情况更为极端。这一情况，再一次表明希腊人在青铜时代便已经拥有了**城邦**新时期可以利用的法律词汇集合。引人注目的是，英语中几乎所有的基本法律词汇都有法语或拉丁语词源：bar（出庭律师）、counsel（辩护律师）、court（法庭）、judge（法官）、jury（陪审团）、testimony（证词）等等。这些词汇，既反映了诺曼征服，又反映了中世纪时期法语在英格兰的高高在上的地位。如看起来可能的那样，如果处于统治地位的希克索斯人是闪米特语族群，那么如此多的具有埃及语词源的词汇出现在希腊语的这个领域内，仿佛表明不是征服，而是公元前 2 千纪新王国时期和后来公元前 7 世纪以及公元前 6 世纪埃及语的高高在上的位置导致的。

抽象词汇

抽象词汇是希腊语词汇的内核部分。一些词汇在“西方”哲学中被继续使用，给这些词汇和作为整体的希腊文化提供了一个重要推动力，使之提升到了超人的、普世的和永恒的层面。

埃及语词汇

动词 ỉỉ 表示“出现、存在”。该词可见于习语 ỉw spf（“承担过错责任的人”）和 m ỉỉ n（“结果、作为结果”）。另外，ỉyt 指“不幸”，也指“将要发生的……”。希腊语 αἴτιος (H)（“负有责任的、从源头上负责的人，指责，疾病”），最后是哲学含义“原因”。尚特莱纳认为它可能与阿维斯塔语 aēta（“过错、惩罚”）是同源词。从词义上来判断，埃及语词源稍胜一筹。

动词 ỉrỉ（“做、建造”）有众多词义，“通过算术方式解答出来”是其中之一。尚特莱纳将 ἀριθμός (H)（“计算、数字、算术”）分解为词根 ἀρι- 和后缀 -θμός。

他提出该词与古高地日耳曼语和爱尔兰语 rīm（“数字”）以及印欧语句首词 *ri 是同源词。他未能解释字首 α-。埃及语词源解决了这个问题，虽然它在语义上只是差强人意。

接下来的词汇是 ỉkm 和 ἀκμή (H)。前者是 km（“去完成、完成、结束”）的一个词形，带一个字首增添符号 ỉ-，在晚期埃及语中得到了证实。后者 ἀκμή(H) 表示“极点、适当的时刻”。尚特莱纳将该词形视为印欧语 *ak（“锋利的”）传播结果，尽管他承认 acmē 不存在类似词。该埃及语词源已在第五章探讨。[60] 421

在第十章中已经给出 ἀνάγκη（“强制、必要”）的词源为 ʿnḫ。[61]

ὀρθός (H)（“竖立的、垂直的、直线”）的合理的词源分析可见于 wɜt（“绳子”）及 wɜwɜt（“铅垂线”）。梵语 ūrdhvá（“直立的、高的”）是其另一可能词源。尚特莱纳假定了一个初始的 *ϝορθϝός，尽管只有 ϝορθός 是经过证实的。双写的 digamma 将与埃及语词源或梵语词源相符合。

数字本身是抽象的，希腊语中的大多数数字都是确信的印欧语。然而，也有一些例外。有趣的是，其中一个是希腊语中的“一”。在第三章中，我提到的写为一个单列鱼叉 (T21) 的“一”对应的埃及词汇为 wʿ，并且 wʿỉ 就是“单独”的意思。[62] 希腊语中 οἶος 的词义为“一个、单独”。尚特莱纳重构了一个后缀 -ϝος（“表明一种空间关系”）。然后，他将这一词干同阿维斯塔语 aēva 及梵语 eka（“一个”）相联系。埃及语词源分析更加直接。

在本章的前面内容里，我指出埃及语 mn、科普特语 man 或 nim 意为“某人、某一人或人”。尽管发音困难，但这是 μόνος (H)（“单独的、唯一的”）的合理词源。除了猜测，在这种情况下，也有后缀 -Fος，尚特莱纳驳回了先前的建议。

在第二卷以及其他著作中，我探讨了 ἑκατόν (H)（“100”）的埃及语词源来自 ḥqɜt（“100 度量”），及 χιλ-（“1000”）源自 ḫɜ（“1000”）。[63] 埃及语中表示“10000”的 ḥfn 为希腊语 ἄφενος（“财富、富裕、充足”）提供了词源。弗里斯克将其描述为“未被解释”。

60　本书第五章，注释 108。

61　本书第十章，注释 122。

62　本书第三章，注释 66。

63　Vol. 2, 484; Bernal（2001, 145-6）. 后者是针对雅萨诺夫和努斯鲍姆提出的，参见 Jasanoff and Nussbaum（1996, 199）。

m33 的词义为“看、瞧”。其后来的意思很可能是古拉丁语词根 *mir（“看”）的间接词源。m33 也用于个人意义上的“先知”。带有一个增添的介词 /r/，m33-r 表示“向……看、照顾、朝向”。希腊语 μέλλω (H) 词义为“注定、将要、注意”。所有这些词都与未来有关。他们也受到埃及语 m3（“新的、更新”）的影响。尚特莱纳无法解释重叠的 /l/，并放弃他自己将此与凯尔特语 mall 相联系及波科尔尼将此与希腊语 μέλω（“忧虑、担心”）联系起来的尝试。我认为波科尔尼可能是对的，并且 melō 也极有可能源自 m33。[64] 尚特莱纳将此词源分析表述为“未知的”。

422 在这一节中关于法律词汇的内容里，我阐述了对希腊语 μάρτυς 的论证，μαρτυρος 词义为“证据”，源于埃及语 mtr（“作证、证词”）。[65] 但是，该埃及语词汇也包含引申义“演示、指导、认识”。在许多语言中都存在教授和学习二者相混淆这样的共同特征。如在“I’ll learn you!”（我教你 / 我学你）中。因此，可以认为希腊语 μανθάνω (H) 的词根 μαθ-（“学习、研究、理解”）源于 mtr，这可能同 mty（“诚实的、准确的”）相混淆。尚特莱纳驳斥印欧语词根“远离常识”，实际上大多数包括 /n/，这在 manthanō 中仅仅是一个表示现在时态的中缀。他甚至舍弃了梵语 medhā（“智慧”）可能的同源词，这虽然不如源于 mtr 那么合适，但在我看来更为合理。

在第十二章中探讨了希腊语 νόος（“智慧、洞察力”）的非洲起源。[66]

在第十章中，我讨论了词干 τέλ- 的许多词汇的词源分析。τέλος（“到极限、完成、完美实现”）和 τῆλε（“远的、遥远的”）均源于埃及语 (r)- ḏr。[67]

h3w，其科普特语词形是 hē 或 he，它大体上指的是“圈起来的边界”。它适用于亲族、包括邻近地区和周边的空间以及包括人生在内的时间。[68] 希腊语 ὅρος (H)（οὖρος）（“边界，空间上和时间上的界限；音乐中和数字中的间隔；逻辑上的定义”）。尚特莱纳大多强调碑铭中不带送气音的词汇，并且论证甚至阿提卡语中的送气音都有可能来自原始发音 /w/ 的消失。他对一个观点感兴趣，即该词与奥斯坎语 uruvù（“犁沟、边界”）之间存在着某种关联。尽管如此，

64 参见 Pokorny（1959, 720）。

65 参见上文注释 51—52。

66 本书第十二章，注释 11—15。

67 本书第十章，注释 155—157。

68 参见 Kadish（1993）。

他对待该词词源的整体看法是“不太确定”。

在第十章中充分讨论了词源来自 sbз（“学问”）的 Σοφία（“智慧”）。[69]

Sẖt，其科普特语词形为 sōše，指的是“湿地、牧场、田野，与城镇相对应的农村”。[70] 它为 ἔσχατος (H)（“边界、终端、极端”）提供了一个很好的根据，ἔσχατος (H) 最初用于空间，后来由于时间和道德。尚特莱纳明确指出该词源于 ἐξ（“在外的”），但在此之外，他便不能确定。这一词源分析可以解释字首增添的 e-，它可能同样来自或更有可能来自 /s/ 和 /ẖ/ 的逐渐结合。因此，埃及语词源能够提供更多的解释。在前面的一章中，我论证埃及神话中的天堂 Sẖt ỉзrw（“芦苇地”），在阴性词尾发言 /t/ 消失的情况下——如在 sōše 中——成为 Sẖ ỉзrw，能够为《奥德赛》中梦幻般的岛屿 Σχερίη 提供一个可能的词源。[71]

在第八章中提及 τάσσω 的词根 ταχ-（“放置、按秩序放置、分配、规定”） 423
与埃及语 t(з)š（“限定、固定、分派、决定”）之间的联系。[72]

在第十二章中，我论证了诺斯特拉语重读音节 */t'/ 可能在埃及语中会变成 /t/ 或 /d/；在第十五章中，我引用了塔卡克斯的看法，他提出了一些原始亚非语 /t'/ 在埃及语中变成 /t/ 的例证。[73] 在印欧语中，/t'/ 变成了日耳曼语和亚美尼亚语中的 /t/ 以及其他语言分支中的 /d/。因此，埃及语词汇 tp（“头部”以及“尖部”和“在……之上”）与英语词汇“top”（顶端）和“tip”（尖部）有着显著的一致性，这不是一种随机现象，而是诺斯特拉语 *t'p 被普遍保存导致的结果。无论如何，它在希腊语中的衍生词将可能是 *dVp。由是，希腊语 τόπος (5) 不可能来自这样的词根或其他任何词根。Topos 的基本词义是“地方、点”，但是它还有其他许多词义。这个词义可能要么来自作为“酋长”的 tp，要么来自合成词 tp-rd（“计划、统治”）。作为“讲话主题”的 topos 与 tpw-r（“发言、说话、表达”）类似。数学中使用的 topos，有一个先例 tp-（“一个三角形的底边”）。显然，不规则变化词汇 τοπεῖον (3)（“绳索”）来自 tpt（“绳、细线”）。Tp 和 topos 之间存在着奇怪的类似义丛（semantic clusters），它们是如此的显著，以至被人忽略，尤其是在尚特莱纳大胆地提

69　本书第十章，注释 125—133。

70　Vicychl（1983, 203）.

71　本书第十章，注释 152。

72　本书第八章，注释 45。

73　本书第十二章，注释 37；第十五章，注释 45。

出后者的词源“未知”之后。

该直译词证实，当表示偏头疼的埃及语术语 gs-tp（“一半的头”）被翻译为希腊语 ἡμικράνια（“一半的头”）时，一些希腊人才认识到 tp 意为“头部”。

闪米特语词汇

伊米莉亚·马森和尚特莱纳都确信希腊语 κάννα、迈锡尼语 kaneja（“芦苇”）源自常见的闪米特语词根，该词根可见于阿卡德语 qanu、乌加里特语 qn、腓尼基语 qnʾ 和希伯来语 qåneh（“芦苇”）。[74] 尚特莱纳还认为 κάνων (H) 源于它，意为“直棍、规则”和“语法、艺术、音乐和数学的经典”。

词汇 κόσμος（“安排、建立良好的秩序、宇宙”）源自闪米特语词根 √qsm。该词汇的闪米特语词源分析在前面的第十四章中进行讨论。[75]

1981 年，奥斯瓦尔德·切梅林伊提出 ῥόμβος（“菱形”）源于闪米特语 √rbʿ（“四”），该闪米特语可见于希伯来语 råbuʿa。[76] 他明确否定了尚特莱纳提出的该词与 ῥέμβομαι (4)（“游荡、像陀螺一样转”）的惯常联系。

424 小 结

思想家适合掌握一套外语词汇用于抽象思考。从认知上来讲，外语词汇可以减少与母语相关的具体概念所造成的分心；从社会角度来看，它们有助于迷惑和困扰掌握其他语言知识的特权集团之外的群体。有时，一种神秘的古老语言便足以达到这些目的：使用世俗体语和科普特语的埃及人喜欢用中期埃及语书写，就像 20 世纪初之前的中国士大夫使用文言文一样。在此之后，中国的民族主义精英分子使用英语达到了同样的效果。在欧洲，拉丁语和希腊语也发挥着这些作用；精英们最初使用拉丁语写作，后来在他们的母语著作中穿插大量的古典警句和字词。古希腊似乎也存在着这种情况。从以上给出的例词，我们可以看出大部分希腊学术著作或理论著作，如果不是依赖于，便是使用了具有埃及语和闪米特语词源的词语。

74 E. Masson（1967, 47-8）.

75 本书第十四章，注释 53—56；第八章，注释 3。

76 Szemerényi（1981, 113）.

第十八章　宗教术语

在接下来的几章里，我将探讨宗教方面的词语。第十九章探讨的是专有名词，即诸神和其他神话人物的名称。第二十章集中探讨地理特征。第二十一章和第二十二章分别集中探讨斯巴达和雅典的诸神和礼拜仪式。本章只探讨宗教术语，并且按照如下题名进行展开：神圣的建筑物、人员、仪式、悼念、随身用品、献祭、熏香、鲜花、氛围和秘仪。在这一语义学领域内，闪米特语和埃及语的分量是大致相等的，所以它们将按照题名而非字母顺序放在一起探讨。

建筑物

在探讨建筑物之前，我们有必要探讨一下圣地的周围环境。希腊语词汇 σηκός(H) 一般指一块占用地，但也指神殿、英雄坟墓或橄榄树小树林周围的神圣圈地。尚特莱纳将传统学界对该词提出的一个假设的印欧语词源 *twak 描述为“仅仅一个假设而已”。希伯来语词汇 Sûk 和 Sôkå 指的是“荆棘篱笆和它圈起来的区域”。希伯来语中还存在着地名索科（Sôkô）和索科赫（Sôkoh）。希伯来语 /ô/ 和希腊语 /ē/ 之间的差异可以从对 sṓma 和 sḗma 的处理看出来，参

426 见第五章。[1] Άυλή (H) 指的是“周围事物、院子”。尚特莱纳发现了阿拉姆语 aw-t’（“休息场所”）和 ag-anim（“过夜”）。他没有在印欧语中找到任何一个带有 /l/ 的、可与之相比的词。迦南语 ˀûlåm 来自一个闪米特语词根，可见于阿卡德语，即 ellamu（“在……前面”）。它指的是“门廊”或“神庙前面的祭坛”。aulē 中缺少词尾 -m，可以解释为，它是通过宾格词形 aulēn 转变而来。

印欧语专家们认为 βωμός (H)（“平台或祭坛”）起源于 baínō（“走、去”）。他们认为它与 βῆμα（“讲坛”）有关联，他们称该词来自 bainō。[2] 不过，闪米特语专家早已经注意到了 bōmos 和希伯来语 båmåh（“圣所、高地”）之间的显著类似。[3] 他们提到乌加里特语 bmt，它显然指的是“背部”；也提到了阿卡德语 bamatu，它可能表示“山脊”。[4] 约翰・佩尔曼・布朗对这些假设的同源词表示怀疑，并且论证 bmt 的词义不确定，bamatu 表示的不是“山脊”而是“宽阔的平原”。[5] 因此，他接受 bomos 来自印欧语词源 baínō 的观点，并且认为 båmåh 来自它。他认为，该词是《圣经》中提到的希维特斯人（Hivites）引入的，并且他将希维特斯人等同于阿凯亚人（Akhai(w)oi），即阿卡亚人。[6]

相比之下，他的挚友索尔・莱文尝试着将 båmåh 以及 bōmos 的词源追溯到闪米特语词根 √bnh/y（“去建造”），并抨击印欧语专家的观点，即将它们视为 bēma（“讲台”）的关联词以及 baínō（“来、去”）的衍生词。[7] 总而言之，很明显两个词共有的关联性以及可能性是它们是从黎凡特传入希腊的词汇。不过，反过来看也可能是真的，或者两者都来自第三种语言。如果这个假设成立的话，那么最有可能的备选答案是埃及语；同样，它也为类似的希伯来语词汇 liškåh 和希腊语词汇 λέσχη 提供了词源，这两个词汇和其他词语一样指的是“休息地、坟墓”。[8] Bēma 和 bōmos 中 ē/ō 的交替，表明它们分别是迦南语转换之

1 本书第五章，注释 125。

2 至于 baíno 的闪米特语词源，参见第十四章，注释 3—4。

3 莱文指出了另外一个有趣的类似性：在两种情况里，该字首元音都不会像人们想象的那样被去掉；参见 Levin（1995, 163, nn. 71-2）。

4 Cuny（1910, 161）和 Albright（1957）。这个词源分析被迈尔接受，参见 Mayer（1960a, 91）。马森明确否定了它，却没有说明这样做的原因；参见 E. Masson（1967, 7）。其他学者也接受了这一词源分析，参见 Vaughan and Cohen（1976）以及 Klein（1987）。

5 参见 Brown（1995, 201）。

6 同上书，第 32、201 页。

7 Levin（1995, 161-2）. 兰斯伯格有同样的观点，参见 Rendsburg（1989, 75）。

8 本书第七章，注释 28。

前和之后从闪米特语或埃及语借用而来。一个唯一的但可能性极小的埃及语词源是 bnbn，即献给太阳神的圣石，它和世界创造之时的阿图姆（Atum）圣山联系在一起。[9] 不过，我未能给 bēma 和 bōmos 找到任何可能的词源。

Nāos（“神庙”）的闪米特语词源和 thēsauros（“圣所、金库”）的埃及语词源已在上文给出。[10] 亚非语词根 *dud（“罐子、大锅”）有希伯来语词形 dûd 和阿拉姆语词形 dûda。[11] δυτᾱ (4) 的词义不确定。里德尔和斯科特写作“神殿”，尚特莱纳认为是“小礼拜堂？”或“水井”。最后一个词义可能指的是已经在底比斯卡贝里昂（Kabeirion）证实的两个地方中的一个，并且它是来自闪米特 427
语的衍生词，因为底比斯与闪米特文化有着特别深刻的联系。[12]

在 17 世纪，塞缪尔 · 博沙尔注意到了希伯来语中 məʿårå（“洞穴”）和希腊语 μέγαρα（“神圣的坑洞”）之间的显著类似。由于通晓阿拉伯语，他显然假定希伯来语 ˃ayin 来自一个更早的词形 ǵayin。[13] 他的推断在 20 世纪被乌加里特词形 mǵrt 的发现证实。甚至 E. 马森和尚特莱纳也承认，这个闪米特语词源是可能的。[14] Megas［“（伟）大的”］有一个确定的印欧语词源。［它是 μέγαρον (H)（“高大的房子”）的词源吗］？尚特莱纳拒绝任何将它和 megas 联系在一起的尝试，但是承认它“可能是一个借用词”。此外，他不拒绝承认 megara 和 megaron 是关联词，并且是从闪米特语借用而来。

Megaron 的反义词是 θάλαμος (H)，在 B 类线形文字中写作 taramata？尚特莱纳将其定义为“房屋内部的房间，房屋女主人的房间，存放食物补给或贵重物品的配房”。它也指神庙或神殿的内室。弗里斯克和尚特莱纳都认为它类似于 thólos，即圆顶墓或其他建筑，该词本身没有印欧语词源。[15]

埃及语 ṯзm，指的是“覆盖物、斗篷、面纱”。Ṯзm 和 thálamos 的辅音结构相吻合，并且，它们之间词义类似也因 thálamos 与女眷的配房和婚房相关而变

9　Rundle Clark（1959, 37-41）.

10　本书第十四章，注释 39—40；以及第十二章，注释 43。

11　Orel and Stolbova（1995, 168 §734）.

12　关于底比斯，参见本书第二卷，第 78—153 页。关于 Kabeiroi，参见第一卷第 483 页，注释 113；第二卷第 629 页，注释 20。另见本卷第十六章，注释 123 和第十章，注释 192。

13　Bochart（1646, 1.1: 365）. 另见 Lewy（1895, 93-4）。

14　Masson（1967, 88, 117）. 另见本书第二卷，第 50 页。

15　Thólos 的一个可能的埃及语词源是“地下的房间或坟墓”词义上的 dwзt。不过，除了语义上稍微有些差距，字首 d-th 的对应也无法证实，尽管中缀的对应可以证实。

得更可信。带有求显灵词 thalamōn 的阿芙洛狄忒有时被描绘为戴着面纱。[16]

βαίτυλος (1CE)（“天空掉下了的圣石”）也同样明显有一个闪米特语词源，即希伯来语 Bêt>ēl（Bethel，“神的房子”）。尚特莱纳论证它的词源“未知”。他认为它是一个“地中海”宗教术语，在希腊语和闪米特语中都能被接受，并且认为关于“神的房子”的看法只是词语的通俗变化。

埃米莉·弗穆尔在 1979 年出版的书中写道：

> 这些青铜时代的思维模式和表现形式，作为尸体的房屋的坟墓、居住在新家园的魂魄、排着纵队在棺材或停尸架旁的哀悼、灵魂（psyche）、灵魂鸟和令人费解的 -ker-，所有这些不全部是没有受到外来影响而在希腊大陆自发发展出来的。这些影响的天然来源是埃及。在古代世界，埃及
> 428 拥有最盛大、最隆重和最复杂的丧葬传统。但是，埃及的一些观念和实物外形传播到希腊的细节，并不清楚。[17]

在这种背景下，毋庸惊奇，关于死亡的所有侧面尤其是坟墓的希腊语词汇受到了埃及语的深刻影响。πυραμίς 源于 pз mr（“金字塔”）已在第九章中探讨。[18] 在第五章中，我论证了 σῶμᾳ σώματος（“尸体”）和 σῆμα/σήματος（“坟墓”）都来自埃及语 smз tз（“与土地连为一体”）。[19] 在第二卷中，我讨论了 Labúrinthos（迷宫）源于 Ny-mзʿ t-Rʿ，即阿蒙涅姆赫特三世（Amenemhet III）的王衔名，因为第一座迷宫是为他建造的。[20]

πέλτον 的准确词义待考，但是它的一般词义是足够清楚的：“祭坛基座、坟墓底部和石棺底部”。尚特莱纳认为它是一个借用词，可能来自安纳托利亚，因为它在那里得到了证实。它最有可能来自 *pз rdw i (O40)（“楼梯、阶梯或墓室通道”）。带有同样词义和同样义符的 rwdw 或 rwdwy 为 λοίτη (5CE)（“坟墓”）和 λοιτεύειν（“埋葬”）提供了一个可能的词源。[21] 尚特莱纳认为它与古

16 Farnell（1895-1909, 2: 666）.

17 Vermeule（1979, 69）. 我曾经引用过这一段，参见 Bernal（2001, 76）。

18 本书第九章，注释 26。

19 本书第五章，注释 125。

20 第二卷，第 174—175 页。

21 需要指出的是埃及语 -w- 在希腊语中转写为 -oi-，这表明存在着一个圆唇流音。

挪威语动词 łiđa（“离开”）、leiđa（“领导，埋葬”）是同源词。两个词源都有可能，但考虑到准确性和与 pélton 的类似性，埃及语提供了一个更可能的词源。

奥廖尔和斯托尔博娃重构了亚非语词根 *kahVp（“洞、洞穴”）。考虑到公认的 k^y>ṯ 转变，他们将埃及语 ṯpḥt（“洞、洞穴”）视为该词根的换位词。这一差异更好的做法是将它解释为 *tḥpt 象形文字中的生动简写。[22] 这个词汇事实上曾经的发音为 ṯpḥt，后来变为 tpḥt。这两个词形都被借用到了希腊语中。Θάπτω (H) 指的是“埋葬、举行葬礼”，τάφος (H) 指的是“葬礼、坟墓”，并且 τάφρος (H) 指的是“沟渠”。交替送气音符合 ṯ-/t- 的不确定和 /ḥ/ 的位置的不确定。

波科尔尼找到了一个印欧语词根 *dhm̥bh，他承认，该词根只出现在希腊语和亚美尼亚语中。[23] 假设的亚美尼亚语同源词是 damban 和 dambaran（“坟墓”）。詹姆斯·克拉克森在《亚美尼亚语和希腊语之间的语言学关系》（*The Linguistic Relationship between Armenian and Greek*）中指出，这些词只出现在后古典亚美尼亚语中，并且更早的文献采用的是不同的词汇。他总结道：“这些亚美尼亚语词汇的在晚期被少量地证明使这一对比分析遭到了质疑。”[24] 因此，几无原因去假设 taphos 曾经存在着一个鼻音。

当然，τύμβος (H) 的情况就有所不同。学者们倾向于将 taphos 作为洞，将 429
tumbos 作为土丘加以区分，而不是将两者联系在一起。[25] Tumbos 在印欧语中有可信的词根，可见于拉丁语 tumulus 和中期爱尔兰语 tomm 以及其他相关词汇中，它们都含有一个表示“膨胀”的词根。

关于 taphos，犹太国王约西亚（Josiah）进行的宗教改革中包括摧毁“欣嫩子谷的托菲特（Topheth），以使没有人能够将他的儿女通过火烤献给摩洛（Molech）”。[26] Tōpet，即托菲特（Tophet，在转写到七十士本中时带有一个 ϕ），是一个希伯来语中的孤立语，它很有可能是从埃及语 tpḥt < ṯpḥt（“洞、洞穴”）

22　Orel and Stolbova（1995, 309 §1414）.

23　Pokorny（1959, 248）.

24　Clackson（1994, 120-1）.

25　关于 taphos 源于更早的皮拉斯基语印欧语下位层而 tumbos 是希腊语的观点，参见 Hester（1965, 379）。

26　II Kings 23: 10-1.（中文《圣经》和合本中的对应译文为“又污秽欣嫩子谷的陀斐特，不许人在那里使儿女经火献给摩洛”。——译者注）摩洛是一个神还是一种仪式，这是《圣经》学者们争论的一个主题。相关考查，参见 A. R. W. Green（1975, 179-87）。

借用而来。[27] 希腊语 τέφρᾱ (H)（“灰，尤其指焚烧尸体后产生的骨灰”）。同样，thaptō 包含有带有火葬和埋葬的葬礼之义。虽然牺牲被燔祭的情况可能在埃及出现过，但是它们绝对不会在迦南丧葬文化中扮演重要角色。因此，这一借用词可能来自后一种语言。尚特莱纳和词典编纂学者认为它源于一个假设词根 *dheg^{w}h，可见于梵语 dàhati、立陶宛语 degù、吐火罗语 A tsäk 等中。语音差异使 tephra 很难归入这个词群。

在这一节的讨论中，为该术语给出最详尽的描述是“突起的平台上、带有座套的宝座”。[28] 它一般带有义符 (O40)，也有一个带有义符 (Q2)（“座位”）的例子。古埃及语词典编纂的奠基学者阿道夫·埃尔曼和赫尔曼·格拉波（Hermann Grapow）证明，ṯntꜣt 是最初的词形，ṯnṯꜣt 只是后来的词形。后来的学者都采用了后一种词形。由于为了高雅，它有许多生动的转写，尤其是经常和表示鸟的符号连写，因此该词就有了许多变体拼写。[29] 在福克纳和列斯科（Lesko）列出的 11 个例词中，有 6 个是以 ṯꜣ (G47) 开头的，另外 4 个将它置于 ṯ/t n 之后。[30] 因此，列斯科列举了一个变体词形 ṯꜣtn，不过，它涉及换位，*ṯꜣnt 似乎更有可能。这将解释被简写的同义词 ṯit［“（讲）台”］。由于语义极为匹配，所以 *ṯꜣnt 为 θρόνος（“宝座”）提供了一个很好的词源，θρόνος 有时也指“讲台、平台”。[31] 尚特莱纳找到了两个迈锡尼语先例：tono 和 toronowoko（“宝座工匠”），他将前者等同于 θόρνος。他试图找到一个词源，能够将后缀 -όνος 和提出的印欧语词根 *dher（“赞成、运送”）连写。他将 thronos 和 θρᾶνος（“木板、长凳、宝座”）联系在一起，这个做法更合理。

430 在晚期埃及语中，tqs 或 tks 指的是“刺穿”，并且带有引申义“固定住、固定”，由此产生了科普特语 tōks (S) thōks (B)（“被牢固固定的物件，座位”）。在世俗体中，tks 指的是“宝座”。切尔尼认为，它与希腊语 θᾶκος、θῶκος（“椅子”）的类似，纯粹是巧合。我们可以这么确定吗？弗里斯克和尚特莱纳都为交替拼写 qáqw 做了可能的解释，但是没有对词源本身进行暗示。

---

27 mōlek 和 tōpet 中的 ō-e 发音可能只是对 bōšet（“耻辱”）的类似发音的反映。

28 Griffith（1927, 197, n. 2）.

29 参见 Hoch（1997, 50 §41，2）。

30 Chamoux（1953）; Vitali（1932）.

31 参见 *Iliad* 15: 727。

人　员

考虑到希腊祭司们与埃及的联系，就毋庸惊奇于Ἱερός（“神圣的”）和ἱερεύς（“祭司”）应该有埃及语词源。他们早在B类线形文字ijero、多利亚语ἰαρός、东北方言ἱρός和ijereu、ἰαρεύς等中得到证实。词典编纂学者自然做出假设，hiereús就是带有后缀-eus的hierós带着虔诚进行分配“的人”。[32]不过，(h)ierós有可能来自(h)iereus而非后者源于前者，并且-eus或者更确切地说是-w出现在了一个埃及语词源中。

弗里斯克和尚特莱纳将(h)ierós视为两个印欧语词根的交叉组合：第一个是*wis（“强力”），可见于梵语icxirá（“力量”），另一个词根来自“下位层”，可见于伊特鲁里亚语aesar（“神”）。因此，它们的原始词形无疑不带送气音。

在中期埃及语中，有许多词汇在语言和语义上都与(h)ierós有重合，其中包括i͗ꜣi͗（“崇拜、赞赏”）、i͗ꜣw（“崇拜”）、i͗ꜣt/晚期埃及语词形i͗ꜣwt（“官职、官员”）。[33]这些词可能受到了i͗ri͗（“做、行动、担任官职”或“庆祝节日”）的腐蚀。[34]然后还有i͗ꜣw（“老翁”）、i͗ꜣyt（“老妇人”）。i͗ꜣyt这个词形为ijereja（“女祭司”）提供了一个很好的词源。切梅林伊基于这个迈锡尼语词形，论证它不可能来自*-ew-ya，而一定来自*es-ya。由此，他更进一步坚持，**不管怎样**，-eu-原始的形式是*es-u。[35]对这一原始词形的论证需要面对-eja来自*-ew-ya的难题，但考虑到ijereja是来自i͗ꜣyt的衍生词，这个论证就令人信服了。这样就不用假设ijereja存在着一个-s-，更不用提整个后缀-eus了。

另外一个在ἀλήτωρ或λήτωρ(5)（“祭司”）的词源演变中发挥作用的是i͗ꜣt（“官职、职能、官员、公职人员”）。在上一章中，我讨论了ἀλύτᾱς，伊利斯管理治安和体育竞技的公职人员的称号。[36]

可见于乌加里特语ˤḏr和阿拉伯语ˤaḏara（“帮助、给予帮助”）的闪米特语词根在希伯来语中变成了ˤåzar，它构成了一个迦南语词形，为希腊语 431

32　关于-eus，参见本书第六章，注释8—12。

33　i͗ꜣi͗的晚期发音，也可能是令人费解的术语ἤιε的词源，该术语用于称呼福波斯·阿波罗（*Iliad* 15: 365, 10: 152）。

34　第九章提到了i͗ꜣi͗与di͗t i͗ꜣi͗/drắō的关联，参见本书第九章，注释186。

35　Szemerényi（1958, 174; 1974b, 50）.

36　本书第十七章，注释44。

ἀοσσέω (H)（“辅助、带来帮助”）提供了一个可信的词源。尚特莱纳提出，它可能与 ὄζος (H)（它的正确翻译是“同伴”）的一个词义有关联，ἄοζος（“神的奴仆”）源于该词，它们源于词根 √sṃ（“相同的”）。所有这些词汇更有可能有一个闪米特语词源。

ζακόρος 指的是“神庙的奴仆”，迈锡尼语拼写为 dakoro。在阿拉伯语、Sabaean 和乌加里特语中，√dkr 指的是“男人”。希伯来语 zakûr 或 zåkår 表示“胜任礼拜仪式和参加宴会的男人”。弗里斯克和尚特莱纳认为 zakómos 和术语 νεω-κόρος (5)（“神庙侍从”）类似。他们认为前缀 dia-（“始终 / 处处”）或 za- 是一个加强神秘色彩的虚词。晚期词形 neōkoros 是否可能来自 zakóros 的一个通俗词源？

Ἥβη (H) 指的是“青春期、青春活力、愉快”。它还有一个准确的词义即 16 岁。最著名的词形带有一个介词即 ἔφηβος（“埃菲比”），指年龄达到 18 岁的雅典男子。关于该词词源，尚特莱纳写道：“纵使这个波罗的海语（词形）差得较远……但在任何印欧语言中都没有其他词汇得到证实；所以，遵照传统观点，将它与立陶宛语 jegà 和拉脱维亚语 jega（力量）联系在一起就不是什么荒唐之举。”将其追溯到埃及语 ḥb（“节日、庆祝”），岂不更简单？科普特语 hop（“宴会、结婚庆典”），并且它反映了青春期时的一个宗教仪式。

尚特莱纳将赫拉克勒斯妻子 Ἥβη（赫柏）的名字与 hēbē 联系在一起。更合理的做法似乎是接受保罗·克雷奇默的假设，即该名字源于胡里安神忒速伯之妻赫帕特（Ḫepa）。[37]

亚非语词根 *koz 指的是“结扣、统一”。[38] 埃及语词形 √ṯs 则极有分歧。具体而言，它指的是“结扣、绳、鱼肉圈”，并且是 θύσανος (H)（“饰针、流苏”）的可能词源。尚特莱纳认为其中存在着一个“技术上的后缀”-ανος，但是没有为该词词干提供一个词源。在第八章中，我探讨了 tassō(takh-)（“排列、安排”）与 tɜš 的关联。[39] 我发现它与“集结军队、排列和安排”词义上的 ṯs 混淆。Ṯst 指的是“军队、一帮工人、被征用的劳工”，已在上一章中探讨。[40] 带有不

37 Kretschmer（1927, 76-8）. 参见第二卷，第 119—120 页。我在第一卷中，将该名称误拼为 Ḫebat。

38 Orel and Stolbova（1995, 324 §1486）.

39 参见本书第八章，注释 45 以上。

40 本书第十七章，注释 12。

同的拼写，它可能指的是“生活状态”。它为 θής-θητός (H)（“领薪水的工人”）提供了一个词源，意为“领薪水的工人”，不过有时也指“奴隶”。

正如在第五章所讨论的，t̲sw（“统帅、穷人的保护者”）被借用到希腊语中，变成了 Θησεύς（Theseus），忒修斯是雅典的“民族”英雄和阿提卡统一者。[41]

T̲s 也具有专门的宗教词义“安排仪式”。它非常有可能是“进行宗教献祭” 432
词义上的动词 θῡ́ω 的词源。弗里斯克和尚特莱纳认为它与梵语 hūma 和拉丁语 fūmus（“烟”）是同源词。他们构造了一个词根 *dhw-ī，其中 -m 是一个后缀。这两位学者主张，该动词在早期使用时指的是燔祭品，只是在后来才指所有种类的献祭、祭品甚至庆祝。由于荷马史诗中燔祭品是祭祀选择的种类，所以很难确定他们的这一论断。

我们现在来探讨一下 thȳ́ō 的另一个词义，它被普遍认为是一个截然不同的词义，我确认它和其他词义是相关的。T̲s 的一般词义是“系在一起、统一”，正如“捆绑”（bind）是被“人群”（band）“（被）困住”（bound）一样。希腊语 θίασος（“一群，或宗教共同体”）尤其与狄奥尼索斯酒神崇拜和迷狂的酒神女信徒（Thuîai、Thuiádes、Mainads 或 Bakchai）有关联。如迈克尔·阿斯特证明的那样，酒神女信徒（Bakchai）名称源于闪米特语词根 √bky（“哭泣、哀号”）。[42] 它与晚期埃及语 t̲sw（“女性哀悼者、人群中的一个？”）是类似词汇。Thuîai 和 Thuiádes 属于一个归入动词 θῡ́ω 词条之下的词群，该动词的词义是“带着愤怒，疯狂地奔跑”。尚特莱纳认为衍生词形 θῡ́νω 是出现了一个中缀 -n- 引发的结果，其他衍生词则是出现中缀 -i- 引发的结果；因此，他得出结论，存在着一个希腊语词干 θυσ-。通过这一词干，我们又回到了 t̲s 这里；而且，thȳ́ō 的两个词义极有可能通过它联系在一起。

博姆哈德和多尔戈波尔斯基都没有将 *k'at' *k'ut' 列入诺斯特拉语词根。这或许是因为它不符合规则，即在印欧语两个声门音辅音不能同时出现在一个词根中。[43] 不过，例外情况经常存在，尤其是当它们被拟声词影响时。不管怎样，都很难认为斯堪的纳维亚语 kutte、英语“cut”源于法语 couteau（“刀”）。

41　本书第五章，注释 126。

42　参见本书第十章，注释 69—70。

43　参见 Gamkrelidze and Ivanov（1995, 17）。

词根 qat/quṭ（“砍”）在亚非语中得到了很好的证实。[44] 甚至在诺斯特拉语系之外，它已经成为全球语言学家们青睐的对象。它可见于尼罗-撒哈拉语和尼日尔-刚果语 *kut 以及古代汉语 *kat 和越南语 cat。[45] 在亚非语内部，/t/ 在迦南语和阿拉姆语中变成了 /s/。因此，带有不同词尾的双字母词素 √qș 表示“砍、使分离”和作为“终端、极端”被砍开或被分离的事物。例如，闪米特语词根 √qṣb 可见于阿拉姆语 qaṣåb（“屠夫”）。它为戈尔提那（Gortina）祭师的称号 κοσυβ(άτ)ᾶς 提供了一个可能的词源。尚特莱纳认为该词“难以理解”，但是仍
433 然认为它有可能源于 κοσύμβη (3)（“带有流苏或厚毛的外套”），即可能令人厌烦的公职人员。此外，√qṣb 指的是“砍掉”，尤其指“剪羊毛”，并且它也指“极端”。因此，qaṣåb 和后来的希伯来语 qåṣab 为 kosub(át)ās 和 kosumbē 都提供了可信的词源。

礼拜对象

像 Άνακτόριον 和 Άθήρ 这样的诸多词汇的埃及语词源在前文中已经讨论过。[46] 我们将会在本章的结束部分再次提到它们，在与古希腊秘仪相关的章节中，我们也会讨论到 κάλαθος 和 κίστη。

闪米特语词根 √bll 的意思是“混合、合金”。希伯来语 bålal 的意思是“和油混合在一起”，这是一个与献祭有关的词汇，只在主动使役动词变化词形 bilēl 中被证实。Pia$_2$ra（“加热液体的平底盆”）是 φιάλη 或 φιέλη 的一个可能的词源。尚特莱纳写道，它“可能是一个借用语”。

海因里希·莱维在 1928 年提出，晚期希伯来语 golēl（“置于坟头的一块石头”）是 γύλλος (Hskh)（“在纪念阿波罗的游行中运送的四方形石块”）一词的词源。[47] 尚特莱纳对此仅写道，该词是“地中海语言”。

迈克尔·阿斯特和约翰·佩尔曼·布朗的研究已经详细地证明，θύρσος (5)（“缠绕着常春藤和葡萄藤的权杖，与酒神崇拜仪式相关”）一词

44 Orel and Stolbova（1995, 339 §1558）.

45 关于尼罗-撒哈拉语和尼日尔-刚果语，参见 Ehret（2001, 122 §268）。

46 本书第十章，注释 11、103。

47 Lewy（1928, 27-9）.

起源于一个西闪米特语词汇 tirōš，tirōš 意为“甜酒”也指“葡萄酒原浆”。这显然向我们提供了 τρύξ（“甜酒”）一词的起源。[48] 无论这是不是希腊语词汇的词源，阿斯特都认为这个晚期赫梯语源于闪米特语，是 √yrš（“践踏”）一词的 tiqṭal 形式。

切梅林伊认为希腊语 κτέρας (H)（“献给死者的礼物或祭品”）一词是源于闪米特语的词根，这一闪米特语词根可见于阿卡德语 kiteru，后者是 ina kiteru（“给予补助金”）一词的词干。[49]

表示“坟墓、墓地”埃及语中有许多同义词，Ḫr 是其中之一。这与 χηλός (H)（“保险柜、石棺”）一词有密切的联系。尚特莱纳并没有给出其明确的词源。

埃及语 swȝḥ 的意思是“持续、持久”。这为 σορός (H) 一词的双重含义“骨灰盒、石棺”和“老男人或老女人”提供了合理的解释。尚特莱纳将 soros 与立陶宛语 tveriu（“包围、攻占”）联系起来。

仪　式

Wḥm，其科普特语词形是 ouohm (SB) ouōhem (B)，基本词义是“重复”。 434
但是，它有“说明、解释、宣布、吟诵”的引申义。Wḥmyt 被认为含义是“持续号叫”。这是 ὀμφή (H)（“吟诵、诗、朗诵”）的一个有说服力的词源。基于合成词 φροίμιον 形成的 προοίμιον 更为常见。尚特莱纳论证，它最初是发送气音。这与其他学者发现的一个词源更为符合，该词源是一个词根，可见于古挪威语 seiðr（“魔法”）和梵语 sāman（“吟诵”）。尚特莱纳没有做出任何解释，以免犯错。

Wḥm 也为 ὀμφή (H)（“神圣的声音、吟诵”）一词提供了词源。尚特莱纳将其形容为一个“古老的孤立词汇”。他认为其起源于一个有待证实的词汇 *song^{w}a，这一词汇与哥特语词汇 saggws（“吟颂、音乐”）和常见的日耳曼语词汇“歌唱”有关联。尽管其在发音上有些许困难，也缺少 omphē 一词中的送气音，但是它的存在依旧是有可能的。即便如此，它还是比埃及语的词根更

48 Astour（1967a, 187-8）; Brown（1969, 168-70）;（1995, 156-8）.

49 Szemerényi（1971b, 675）.

缺乏说服力。

尽管带有一些不确定性，尚特莱纳还列举了下列 ἀρά (H)（“祈祷、发誓、诅咒”）一词的可能的印欧语同源词：日耳曼尼亚语 uranam（“拒绝”）、赫梯语 ariya-（“求神谕”）以及拉丁语 ōrō（“祈祷”）。埃及语 ỉrỉ 有“吟诵咒语、发誓、庆祝节日”的含义。该词的不同的科普特语词形在不同的方言中有不同的发声。[50] 这些不同的词形可以解释赫梯语、拉丁语和希腊语的词源。

Ἴακχος 指的是在埃琉西斯和雅典向狄奥尼索斯乞灵的仪式性呼喊。尚特莱纳试图将其与 ἠχή（“噪声”）联系起来。简・哈里森在《希腊宗教研究导论》中写道：“人们是如何赋予三次重复性呼喊……哈利路亚、哈利路亚、哈利路亚……以精确意义的？……它们远非言辞上的致敬……‘伊阿科斯’是一种仪式性的呼喊，它很容易被雅典人识别，就像我们现在应该识别哈利路亚与和撒那一样。*”[51] 迈克尔・阿斯特就这段文字发表了自己的看法，认为希伯来语 Alleluia（哈利路亚）与 Hosanna（和撒那）都有非常明确的含义。至于 Iakkhos（伊阿科斯），他写道，它的呼格形式 iakkhe 相当于动词 nky（“攻击”）的主动祈使语气形式，该词形为 yakke（“攻击、杀死”）。[52] 这一含义与纪念狄奥尼索斯的呼喊性仪式极为吻合。

Ἐλεύθερος—ereutero—“自由”。在荷马史诗中，ἐλεύθερον ἦμαρ 指的是“‘自由’的日子”，κρητῆρα ἐλεύθερον 指的是“自由使用的饮酒杯”。该词最
435 初只是指与节日和饮酒相关的一种短暂状态。在这个意义上，它类似于拉丁语 līˇbertās，这一拉丁语词汇显然源于意大利神名利伯尔（Līˇber）**，他被视为狂欢和饮酒之神狄奥尼索斯和巴库斯的对等神。当然，一些学者们也试图将 eleutheros 和 līˇber 联系起来，他们从其他意大利语中发现了可能的过渡词形（intermediate forms）loufir 和 loferta。他们也试图将其与日耳曼语和斯拉夫语

---

50 参见 Vycichl（1983, 65）中的列表。

51 Harrison（1921, 413）.

* 哈利路亚（Alleluia）与和撒那（Hosanna）都是赞美上帝的语言。伊阿科斯（Iacchos，或译“伊阿库斯”），既被视为一位独立的神，又被视为狄奥尼索斯的别名；在埃琉西斯秘仪中，他是一个重要的神，被认为是宙斯和得墨忒耳合生之子。——译者注

52 Astour（1967a, 192-3）.

** 利伯尔（Līˇber，即 Liber），意为“自由”，是意大利的丰饶神，自由女神利伯拉（Libera）的丈夫；他后来被称为“Pater Liber”，即“自由之父”，与罗马人的酒神和丰饶神巴库斯混同。——译者注

liut（“人民”）联系起来，并且与一个表示“增长、增加”的可能的印欧语词根 rudh- 联系起来，该词根可见于梵语 rudh-。[53] 尚特莱纳对以上所有的做法表示不满。一个替代性说法是，eleutheros 可能起源于 ỉr(t)ẖꜣwt，一个在晚期埃及语得到证实的词形，意为“庆祝、庆祝节日”。

如果这一词源无法确定，那么拉丁语 Lī́ber 和 lī́ber 的词源似乎就更加清楚了。埃及语 rmỉ/w（“哭泣”），其科普特语词形为 rime (S) rimi (B)，被维奇赫尔重构为 *rī́mi。其词首 r- 起源于亚非语中的 /l/，这表明，如果没有埃及语字母“l”，其发音或许就会是 *limi。[54] 这为 λείβω (H)（“一滴一滴地流下，尤其指眼泪、蜂蜜、油和酒”）和 εἴβω (H)（“流泪”）提供了一个合理的词源。当然，Leibō 是拉丁语 lī́bō（“奠酒”）的同源词。[55] 带有人称后缀 -w 的词汇 Rmw 在埃及语中指的是“哭泣者”。与之类似，Lī́ber（利伯尔）也可以被写作 Leiber（雷伯尔），它有一个人称后缀 -er。利伯尔逐渐被巴库斯（Bakchos）同化，Bakchos 的西闪米特语词形为 båkûy，意思是“悲哀”。正如阿斯特所指出的那样，“为将死的神哭泣是他们（西南亚的族群）的礼拜仪式（liturgy）中的基本内容”。《以西结书》（The Book of Ezekiel）中提到了妇女们在耶路撒冷神庙的北门为塔木兹（Tammuz）* 哭号。通过部分世俗化和男性化的形式，这一仪式延续至今，即哭墙（the Wailing Wall）。[56] 阿斯特的观点因着巴库斯和彭透斯之间存在着紧密联系得以证实，彭透斯的名字源于动词 πενθέω (H)（“正在被哀悼、哀悼死者”）。在第十章中我试探性地提出了它源于埃及语 bꜣ nṯr 一词的观点。[57]

正如诗人和学者盖尔·霍尔斯特–沃哈夫特（Gail Holst-Warhaft）所证明的那样，哀悼是人们尤其是女人们可以自由地、吵闹地、疯狂地表达自己情感的一个时期，因为当她们处于这种悲痛当中的时候，她们丧失了恐惧。[58]《圣

53 该词与具有相同词义的埃及语 rd、科普特语 rōt 的类似性令人好奇，这一巧合是一个共同的诺斯特拉语词源、语言借用或者偶然机会导致的结果？

54 参见 Takács（1999, 142）。

55 另外一个可能源于 λείβω 的借用词是 λιβρός（“牺牲的暗色血液”）。帕萨尼亚斯（9：2.5）记载了几个关于奥林匹斯山北方名叫利比克拉（Λιβέθρα）的市镇的传说。它被天上降落下来的倾盆大雨引发的洪水摧毁。

* 塔木兹，苏美尔的食物和植物神，在阿卡德、亚述和巴比伦尼亚等地区受到崇拜。——译者注

56 Astour（1967a, 174-5）.

57 本书第十章，第 67—69 页。

58 Holst-Warhaft（2000, esp. 6-9）.

经》中记录了耶弗他（Jephtah）的故事，当他为誓言所迫不得不把他的女儿作为祭品献祭时，他答应了他女儿的愿望：“与同伴在山上，好哀哭我终为处女。……此后以色列中有个规矩，每年以色列的女子去为基列人耶弗他的女儿哀哭四天。”[59] 在血腥的希腊戏剧《酒神的伴侣》（*The Bakkhai*）中，狂热的女人们漫步在山上，自由地表达与彭透斯和巴库斯有关的哀悼之情。因此，就像
436 eleutheros 一词一样，lī̆bertās 最初与许可证和哀悼期间短暂自由的可能性有关联，或与它的传统的纪念仪式和饮酒节日有关联。

埃及女人以她们情绪激动的哀悼方式而著名。[60] 表示这一方式的标准埃及词汇是 ỉɜkb，它与义符 (D3)（“头发”）连写。追溯到“撕扯头发”的词源分析被作为 ỉɜkbyt（“哀悼中的妇女”）的义符证实，它表示撕扯头发的女人。这为 ἐλεγαίνω (6)（“野蛮的、愤怒的、荒唐的”）提供了一个极好的词源。这一词源所在的时期相对较早，因为在晚期埃及语中它被写作 ikb。这为我们带来了一个小小的难题，我们不知道何时 /b/ 成为摩擦音，也不知它是何时消失不见的。Ἔλεγος 的意思是“哀悼之歌”。女性权利的削弱导致了温和的哀悼仪式，并且导致这一仪式交由男人掌控，ἐλεγεῖον（“哀歌”）以男声唱读。所有这些词汇均没有印欧语词源。

后缀 -μβος（“跳舞、歌唱”）来自埃及语 ibɜ（“极其兴奋的舞蹈”），该问题在第十五章中已经分析过。[61]

我在第十五章中讨论了 ἔρανος (H)（“一种每个人都带着一份食物参加的宗教宴会”）一词的词源，这一词汇起源于 ỉɜm（“为了献祭而捆绑”）、ỉɜm n（“献祭给”）、ἑορτή (H)（“节日”）和 ἑορτικός（“在节日上提供的祭品”），ἑορτικός 一词起源于 ḥɜw ẖt（“特殊祭品”）或 ḥɜw-ḥr ẖt（“丰富的祭品”）。[62]

奥廖尔和斯托尔博娃列出了一个词根 *seb（“流出、涌出”），这一词根可见于闪米特语和东乍得语。[63] 尽管埃及语 sbt（“奠酒罐子”）未被收录其中，但是它似乎也是这个词群的成员之一。它为 σπένδω (H)（“奠酒”）提供了一个合

---

59 Judges 11: 37-40.

60 相关生动的插图，参见 Davies and Gardiner（1936, 2: pll. 63, 72）相关描述则参见（3: 120-1, 136-8）。关于该挽歌，参见 Loraux（1986）。

61 本书第十五章，注释 81—82。

62 本书第十五章，注释 120—121。

63 Orel and Stolbova（467 §2214）.

理的词源。尚特莱纳仅在另外两种语言中发现了印欧语的同源词：赫梯语 sipand（“奠酒”）和拉丁语 spondeō（“担保”）。这三个词汇均为来自亚非语的借用词。

Στήνια (4) 的意思是在泰斯摩福里亚节前的第三天互相粗俗辱骂的女人们。尚特莱纳认为这一词汇的词源模糊难定。这种模糊情况，在考虑过《圣经》中的三个罕用词后就变得清晰了，它们分别是：śiṭnåh（“指控”）、śit)nåh（“敌意”）和 śåtan（“充当对手”）。当然，śåtån（“对手”）一词，作为借用语转写为 Σατάν，而作为一个直译词转写为 Διαβόλος。

S(ɜ)ṯ 的意思是“奠酒、倒出”；στάζω (H) 的意思是“一滴一滴地倒出”。尚特莱纳反对先前试图找到印欧语词源的做法。他将 σταλάσσω (6)（“滴下”）视为 stazō 一词的表情语词形。显然，-assō 是一个后缀，但 *stal 可能是 *stɜ 的一个换位词形吗？

献　祭

我们在前文中已经讨论过，在德尔斐的拉比亚德氏族（Labyad phratry） 437
的族规中，’Αγαιος 是一个用于牺牲的描述词，就像 Αἴγλη 一词，它的一般含义是“发光”。后者在德尔斐中也是表示一种祭品的专有名称。[64]

οὐλαί (H)（“放置在祭品顶端的大麦”）起源于埃及语 wɜỉ（“烤制的？谷物”），αὐχήν（“人或动物的脖子”）起源于 wšn（“家畜的脖子”），这些问题，我们在上文中已经探讨过。[65]

Mwy(t)，其世俗体为 mɜt、科普特语词形为 mē，意思是“小便、唾液，有时是指排泄物”，它为 μιαίνω (H)（“被流出的血液弄脏的”）和 μύσος (5)（“被弄脏的、渎圣罪”）提供了一个可能的词源。尚特莱纳对此未做任何解释。

在第十五章中，我也对一些词的派生词进行了讨论，这些词包括 μᾱ́νης（“一种杯子”）、ἀμνίον（“盛放牺牲血液的瓶子”）、μώϊον（“盒子、罐子”），它们源于 mnỉ（“罐子”）。[66]

希伯来语 mûm 或 m>ûm 的意思是“妇女或献祭动物身上的斑点或瑕疵”。

64　本书第十七章，注释 1。

65　本书第十五章，注释 127；第八章注释 69。

66　参见本书第十五章，注释 106—108。

希腊语 μῶμος (H) 的意思是“批评、瑕疵或缺点”。[67] 有一个较晚出现但明显在词形上与 mûm/momos 类似的词汇，其迦南语词形是 mûq，希腊语词形是 μῶκος (4)（“愚弄”），而且它没有印欧语词源。

尚特莱纳将 μέμφομαι (H)（“指责、责备”）与 mōmos 及其派生词明显地区别开来，因为 mōmos 一词不仅与批评相关，也与瑕疵本身相关。这种区分，对我来说过于精细。无论如何，尚特莱纳都认为 mémphoma 有印欧语词源，并且 mémphoma 一词还与哥特语 bimampian（“侮辱、难以预测的”）存在关联。索尔・莱文论证，这两个闪米特语和希腊语的词汇都一定是从第三种语言借用而来的，因为“印欧语和闪米特语的动词词根中，都没有同一个辅音发两次音的现象”[68]。这可能是正确的，但是有许多闪米特语名词具有以下结构：阿拉伯语 bab（“门”）、迦南语 gåg（“屋顶”）、dad（“乳房”）以及基础词形 layil、lailåh（“夜晚”）。因此，mûm 在闪米特语中作为一个名词，似乎是完全合理的。

希腊语 ὅσιος (H) 的意思是“被神法处罚”。Hosiōtḗr 的意思是“适合献祭的完美动物”。Hosíoi 是德尔斐的祭司，他们与这些动物有关，hosioō 的意思是“献祭、净化”。简・哈里森认为这一词汇以及与其有关的词群是俄耳甫斯秘仪和晚期希腊宗教的核心。她对这些词汇的描述是：“这个被视为神
438 灵附体的动物被称为霍西俄忒尔（Hosioter），该词义为‘被视为神圣的人’。我们猜想此名称应被用于形容祭司而不是牺牲……我们只能根据推测将霍西俄忒尔一词解释为献祭的牺牲，这个牺牲被视为是神的化身。如果这个牺牲是一头公牛……”[69]

继布鲁格曼之后，波科尔尼认为 hos- 起源于印欧语词根 *es（“成为”）。弗里斯克和尚特莱纳认为这是“没有说服力的”。基于语音和语义的原因，一个更为精确的词源是埃及语动词 ḥsỉ（“歌唱”）和 ḥs(z)ỉ（“赞美”）。[70] 库尔特・泽特和雅罗斯拉夫・切尔尼根据发音或咝音对这两个词根做出了明确的区分。[71]

67 ἀμύμων (H) 和 Amun 之间存在着搏人眼球的类似之处；前者意为“高贵的”，字面意思为“无可指责的”，这是荷马对宙斯拜访的那些埃塞俄比亚人的称呼（*Illiad*, 1: 423），后者指的是埃塞俄比亚人对阿蒙［Am(m)on］的著名崇拜。

68 Levin（1995, 170）.

69 Harrison（1903, 503）.

70 这些动词在上文谈到诗人赫西俄德的名字的时候提及过，参见本书第十一章，注释 95—96。

71 Sethe（1899, 1: 157）; Černy（1976, 296）.

考虑到歌唱和赞美之间细微的语音差别以及全球性的关联，我发现不承认这两者之间存在任何联系是异常困难的。无论如何，它们被认为存在于晚期埃及语之中。科普特语词形 hōs 的意思是“歌唱、奏乐、赞美”。这一词汇加上后缀 -i 可见于更早的词形中，为 hósios 一词提供了极佳的词源。[72]

更有意思的是埃及语 ḥsy、科普特语 hasie 或 esie（“被淹死或被赞美的人”）。后者在希腊语中的词形是 ’Εσιῆς，意思是“用于赞美死者的埃及语”。[73] 另一个神话版本记载，奥西里斯不是被塞特打倒的，而是被他淹死的。顺便提一下，这个故事版本对哈德里安（Hadrian）的情人安提诺奥斯（Antinoos）“神秘的”溺亡来说非常关键。[74] 这一故事显然比较古老，而且奥西里斯被等同于尼罗河泛滥的洪水，它在《金字塔铭文》得到验证。[75] 在托勒密时代，这种神就像阿庇斯公牛一样与其民族密切相关。[76] 因此，hasie（“被赞美的人”）几乎无疑指的是奥西里斯和德尔斐的 hosiōtḗr 以及公牛。哈里森认为“用于献祭的牺牲被认为是神的化身”，而且通常是一头公牛。普鲁塔克在其他地方提到了狄奥尼索斯的公牛形象。[77] 在德尔斐存在着希腊化了的奥西里斯崇拜的观点，不应该被随意摒弃。2 世纪的小说家赫利奥多罗斯（Heliodoros）描绘了德尔斐祭司的好奇心，他写道：“与这个国家（埃及）相关的所有事情对希腊人来说都有特殊的吸引力。”[78]

闪米特语词根 √ʿrṯ 在乌加里特语中保存了下来，其含义是“恐怖、恐吓”。在希伯来语中，它变成了 √ʿrṣ。在被埃及语借用后，它变成了 *ōriṭu。[79] 不论是这一词根本身还是它的闪米特语原形，都为 ὀρεχθέω (H)（“献祭公牛的吼叫和颤抖”）提供了一个很好的词源，/khth/ 代表了复杂的闪米特语 /ṯ/。尚特莱纳否认其与 ῥοχθέω (H)（“吼叫、哞”）一词之间的任何联系。他列举了一些“表示噪声的表情语词形”，例如 ῥόθος、ῥοῖζος 和 ῥοῖβδος，然后列举了带有相似

72　也存在着一个晚期词汇 ἄσις（“歌唱、歌曲”），参见 Liddell and Scott。

73　Liddell and Scott.

74　参见第一卷，第 127 页。关于这种通过淹没和被鳄鱼吃掉来神圣化的讨论，参见 Griffith（1909）。

75　*Pyramid Texts* 24d, 615d and 766. 参见 Griffiths（1975, 298, 317, 357）以及 Breasted（1908, 18）。关于世俗体名字 Hasje 和希腊语名字 Ασιες 的问题，参见 Spiegleberg（1901, 7）。

76　Griffiths（1975, 431-2）.

77　Plutarch, De Iside 35: 364e.

78　Heliodoros, Aithiopika 2: 27.

79　Hoch（1994, 78-9 §87）.

439 词尾的 βρόχθος 和 μόχθος。他认为这些词都没有词源。这看起来确实像是为“音义联觉”即与发音有关的语义关联提供了一个很好的例证，与此相关的内容在第一章中已经讨论过。[80] 但是，*ōriṭu 的存在，表明 orekhtheō 和 rokhtheō 是这一词群的核心。

耶恩斯泰特提出，假定的合成词 *strqḥ(t)（其科普特语词形为 rōkh 或 rekh）意为“燃烧的地点”，为 ἐσχάρᾱ (H)（“用于献祭的矮炉”）提供了一个词源。在完全无其他选择的情况下，耶恩斯泰的假说似乎是合理的。[81]

我已经对以下词汇的派生词进行过讨论：βασυνίας（“用于献祭的糕饼”）、*pȝ/snw（“用于献祭的食物”）、源于 leibō（“涌出”）和 rmỉ（“哭泣”）的 λιβρός（“牺牲的深色血液”）、源于 √spk（“滴水、流血”）的 σφάζω（“割断牺牲的喉咙用于献祭”），以及源于 dnỉt（“节日”）的 θοίνη（“献祭后的节日”）。[82]

熏香、鲜花以及香味

Ἄνθος 和其他源于 nṯr 的衍生词，以及源于 snṯr 的 ξάνθος（“芳香”），已在第十章探讨。[83] 关于 ληδανον（“鸦片酊”）和 μύρρα［“没药（树）”］的闪米特语词根，参见第十四章。[84] 关于 νέκταρ，参见第十一章。[85]

气　味

这一模糊不清的概念包括诸多可能有亚非语词源的词汇，在前几章中已经提及的有：φοῖβος、ἄνθος、ξάνθος、καθαρός 和 κῦδος。[86] 迦南语 hågåh 的意思是“去除渣滓或杂质或驱逐不洁的人”。Ἄγος (5) 的意思是“献祭仪式，打击有罪者的宗教禁令”。词典编纂学者们很自然地对一些相似词汇充满好奇，例如

80 第一章，注释 20—21。
81 Jernstedt（1953, 26-7）.
82 参见本书第九章，注释 56；第十三章，注释 56；第十五章，注释 34—35。
83 本书第十章，注释 5—20，注释 21—46。
84 本书第十四章，注释 27。
85 本书第十一章，注释 53。
86 本书第九章，注释 21—25；第十章，注释 5—53；第十四章，注释 44—47。

ἅγιος (5)（“宗教的”）、ἅζομαι (H)（“感受宗教敬畏”）、ἅγνος (H) 和 Ἄγαιος。

sȝẖ 是动词 ȝẖ（“成为神 / 灵”）的使役动词词形，作为形容词时，意为“辉煌的、壮观的”。sȝẖ 本身的含义是“赞美（神）、美化（坟墓）”。这为希腊语 σέλας (H)（“闪烁、亮光”）一词提供了可信的词源。正如尚特莱纳所指出的那样，这一词汇的像所有其他词首是 s- 的词汇一样，其词源是“含糊不明的”。他反驳了弗里斯克罗列的分析。

弗里斯克和尚特莱纳同意 σελήνη (H)（“月亮”）一词源于 selas 的观点。

这两个词汇都接近于希伯来语 håġîn 或阿拉姆语 hăgan（“合适的、值得 440
的”）。[87] 尽管尚特莱纳面临缺少 ágos 的送气音的难题，但是他仍希望把这两个词汇与拉丁语 sacer 联系起来。与 /ḥ/ 相对，迦南语 /h/ 的弱化可以解释希腊语中送气音的交替现象。相比 sace 和 sānctum 之间的关系，埃尔努和梅耶对 sacer 和 házoma 之间的关系更不感兴趣。他们把 /n/ 视为一个中缀。如果是 sānctum 是一个基础词形而不仅仅是 sanciō 的过去分词形式，那么将其视为源于 snṯr/xánthos 比认为其源于神秘的 sacer 看起来是更为合理的。埃尔努和梅耶总结了与 sanciō 有关的词条：

> 带有印欧语词源的希腊词汇和梵语 yájati（“他献祭”）之间的关联，在词形和词义上都不太成立。拉丁语 sanciō、哥特语 sakan 和希腊语 ἅζομαι 无论是从词义上还是从词形上都不具有足够精确的相似性，以证实这一说法。奇怪的是，没有一个表示神圣观念的词汇在整个印欧语系中得到证实。这个纯粹的宗教词汇在不同的印欧语里，存在着极大的差别。

就希腊语而言，它很容易被解释为从亚非语中的这一语义场借用而来。因此，提出希腊语中的 ágos、hágios、hágnos 和 házoma 有迦南语的词根似乎是合理的。

Στύξ［（Styx）斯提克斯河］这个名称的意思是死亡之河，在阿卡狄亚被用于形容寒流，源于动词 στυγέω (H)（“感到恐怖、厌恶”）和形容词 στυγνός

87　阿拉伯语和塞巴语词汇 hgn 的准确含义是对立面的“不洁的”等——“神圣”这一永恒的双刃剑，它们的存在表明，该三字母词深根于亚洲的闪米特语中；因此，此处的迦南语和阿拉姆语词形不可能是源于希腊语的借用词。

（“可恶的、讨厌的”）。Stkn 是 tkn（“接近”）的使役动词词形，它形成了一个特有词义“就任、变得昏暗、处决”。尚特莱纳提出该词汇与俄语 stýgnuti（“恢复、结冰”）有关联，与之相比，它的埃及语词源似乎是更为可信的。[88]

埃及语 šps(s) 的意思是“高尚的、辉煌的、威严的”，这一词汇经常被用于形容诸神，它为 σέβομαι (H)（“表示敬畏”或“宗教虔诚，通常是对神的宗教虔诚”）提供了一个可能的词源。[89] 承认这个埃及语词源将意味着词典编纂学者们把其视为一个派生名词 σέβας (H)（“宗教虔诚、崇拜”）。由此衍生出的是一个不定过去时词形的动词 σεβάσσατο (H)。形容词 εὐσεβής 的意思是“虔诚的、对诸神及其法律表示恭敬”，它应被视为保存了最初的词尾 -s。源于 *σεβνός（“受人尊敬的、激发人怀着敬畏的宗教虔诚的人”）的派生词 σεμνός，被用于形容诸神，尤其是得墨忒耳和复仇女神们。有趣的是，在这种尊敬中，šps 这
441 个词仅在科普特语中以阴性词形 šapši 保留了下来，这一阴性词形源于较早的词形 špst（“贵妇”）。[90] 该科普特语词形的发音强调 /á/，这表明晚期埃及语中的重音 /é/ 源于此。[91] 根据布鲁格曼提出的观点，尚特莱纳认为其基本含义是“退休”，并且因此，这一词形被视为是梵语 tyájati（“离开、放弃”）的同源词。果不其然，亚马尔·弗里斯克（Hjalmar Frisk）和睿智的梵语词典编纂学者曼弗雷德·迈尔霍费尔都有他们自己的疑惑。

带有 -a- 发声法的 šps 的另一个稍晚出现的派生词，似乎是诸神的描述语（epithet）Σαβάζιος 或 Σαβος。在弗里吉亚，宙斯·萨巴兹乌斯（Zeus Sabazios）受到广泛崇拜。在色雷斯，该求显灵词是用于描述狄奥尼索斯的。在 12 世纪早期，A. B. 库克（A. B. Cook）在弗里吉亚和色雷斯发现了利比亚人的宙斯·阿斯贝斯忒斯（Zeus Asbystes）与弗里吉亚人和色雷斯人的萨巴兹乌斯之间的相似之处。基于此事实及大量其他相关的根据，他提出存在着一个

88 参见 Bernal（2001, 339）。

89 关于该埃及语的证明，参见 Ranke（1935, 1: 326-7）以及 Junker（191 107）。

90 乌加里特的太阳神萨普斯（Sps），是一位女神，她可能受到了胡里安语的影响，她的名字由 sapsi 与闪米特语 semes（“太阳”）混合而来。阿斯特将这个乌加里特称号与阿尔哥利德的古代的山名阿拉克奈昂山（Mount Arakhneion）联系在一起，参见 Astour（1967a, 103, n. 1）；帕萨尼亚斯（2: 25, 10）认为，该山的名称是萨庇色拉同山（Sapiselaton）。尽管他将该词的第二个词素视为闪米特语 >elat（“女神”）无疑是正确的，但是整个词更有可能是一个埃及语–迦南语成对词（doublet）*saps->elat（“神圣的女神”），该词可能指的是作为“纺织技艺”的保护神雅典娜和后来的名字阿拉克奈昂“蜘蛛”。

91 Loprieno（1995, 46）.

色雷斯–弗里吉亚–利比亚语（Thrako-Phrygio-Lybian）下位层。[92] 正如我们在前文中所讨论的那样，在被希腊文化渗透之前，在埃及和北爱琴海之间这片区域存在着明显的往来。[93]

秘　仪

Wꜣg 和 ’οργ-

埃及语 wꜣg 指的是“呼喊”和“宗教节日”。[94] Wꜣg 明显通过腭音化与 wꜣḏ（“绿色、使变绿、茂盛的”）产生关联，它用来描述洪水泛滥后的尼罗河三角洲。该词在探讨 Pr wꜣḏyt（阿芙洛狄忒）时提到了它。[95]

以 ’οργ- 为字首的希腊语词群，覆盖了一个明显类似的语义场。’Οργή(H) 指的是“激情、愤怒、性情”，尤其指“女人们反复无常的情绪”。orgē 的另一个用法可见于一个罕用词，明显指的是“神圣的土地”。’Οργάω(5)（“充满活力”）用来描写肥沃的土地或成长的植物。’Οργάς 指的是“灌溉良好但整体上未被开垦的土地”。ἡ’Οργάς［“俄耳加斯”（Orgas）］指的是埃琉西斯周围一块狭长的肥沃但未被耕种的土地。这块土地是献给得墨忒耳的，又以拉里亚平原而为人知晓。该词可能源于词形 r-ꜣḥt，这个问题已在第九章探讨。[96] 传统的观点认为，orgē、orgaō 和 orgas 与梵语 ūrjā́（“事物、精力”）是同源词。尚特莱纳声称，它们与具有引申义“愤怒”的爱尔兰语 ferc 是类似词。不过，他承认，切梅林伊提出了一个论证充分的观点，来反驳该词源于 ūrjā́ 的词源分析。[97] 然而，尚特莱纳认为切梅林伊将 orgē 追溯到 ὀρέγω（“伸直臂膀、渴望”）是一种“冒
险的”做法。总而言之，印欧语专家们在这个问题上没有定论。R-ꜣḥt 这个埃 442
及语词源不仅在语音和语义上更为吻合，并且它的语义场将这个希腊语词干的语义完全涵盖。

92　A. B. Cook（1914-40, 1: 346-70, 428）.

93　本书第九章，注释 140—141；第十章，注释 50—51。

94　wꜣg 有可能与亚非语词根 *ʿog（“挖掘”）和 *ʿog（“喊叫”）有关联，这些亚非语词根由奥廖尔和斯托尔博娃重构而成，参见 Orel and Stolbova（1995, 248 §§1106-7）。

95　本书第九章，注释 143—159。

96　本书第九章，注释 174。

97　参见 Szemerényi（1964b, 219-29）。

῎Οργια (6) 指的是宗教仪式，尤其是与得墨忒耳和其他神灵有关的秘仪的宗教仪式，并且都带有极度狂欢的特征。古代的作家们公认它与 orgē 在语音和语义上都极为接近，但是弗里斯克和尚特莱纳认为它源于一个完全不同的印欧语词源 *werg（“工作”）。尽管这个词汇毫无疑问与希腊语 ὄργανον（“器具”）以及 ἔργον 和 ἔρδω（“工作”）是同源词，但是在语音和语义上都将 orgia 纳入这个词群，过于牵强附会。它只是明显与 orgē 有关联。最后，῎οργον（“一个雅典宗教共同体中的一名成员”）也应该放在阿提卡和埃琉西斯的背景里来和 orgē 一起探讨。

Orgē 和 orgia 之间的类似性以及它们和 wɜg 之间的类似性，可以从下面一段对埃及宗教节日的描绘中看出来：

> wɜg 节是泛滥期第一月的第十七天进行庆祝的，这一天禁止饮酒，以纪念该神；并且，葡萄酒明确被认为与带来沃土的尼罗河洪水有关联……奥西里斯被描绘为处在一个由葡萄树枝叶装饰并被一棵葡萄树遮挡的凉亭里。可以得出结论：葡萄酒……带上神秘意义……它是奥西里斯赐予的能起死回生的神酒。[98]

博学的农诺斯记载，斯塔菲罗斯［（Staphylos）他的名字可以翻译为“葡萄（树）”］死后，狄奥尼索斯举办了一场宴会，前者在他的儿子伯特里斯［（Botrys）“葡萄串”］的身体里复活。农诺斯认为它类似于和埃琉西斯秘仪和阿米克莱的 Ὑακίνθια（许阿铿提亚）节。[99] Hyakinthia（许阿铿提亚）源于 *Wɜg nṯr，发生语言借用时，/ɜ/ 已经失去了它的辅音值，这一问题将在第二十一章探讨。[100]

从定义上看，秘仪是神秘的；所以，如果存在着对它们的直接描写，也是非常少的。当代学者可以利用的对埃及秘仪入会仪式的详细描写，只有两个片段，它们是从罗马时代流传下来的。第一个片段出现在拉丁文小说《金驴记》（“The Golden Ass”）中，这篇小说是北非作家阿普列乌斯（Apuleius）写作完成的。小说详细地描述了英雄卢修斯（Lucius）加入伊希斯秘仪的入会仪式，它是在希腊

98 Hani（1976, 174）.

99 Dionisiaca 19: 2. 1-104

100 本书第二十一章，注释 88—109。

进行的。我认为大部分希腊秘仪体系是建立在埃及基础之上的，玛丽·莱夫科
维茨（Mary Lefkowitz）对此进行了评论，认同了“阿普列乌斯描写的仪式中存
在着埃及因素”。她继续写道：“但是，终究有一个不同的特征：卢修斯是活着入 443
会的，而朗诵经文的埃及人是死后才允许跨入秘仪的门槛的。”[101]

反对玛丽·莱夫科维茨的观点是广泛存在的，德国的埃及研究专家、记忆史学专家扬·阿斯曼（Jan Assmann）写过一篇重要的文章，题目为《古代埃及丧葬宗教中的死亡与入会仪式》。对法老文献和阿普列乌斯关于卢修斯加入伊希斯秘仪的入会仪式的描写进行考查后，阿斯曼是这样开始总结他的文章的：

> 没有人会怀疑，如阿普列乌斯所描写的那样，伊希斯秘仪的入会仪式从根本上讲，源于埃及丧葬宗教中复杂的仪式和观念。其他的入会仪式也是如此。从这一点来看，死亡和入会仪式之间的关联是毫无争议的。不过，在这一考查中列出的许多线索，让我们有理由从相反的方向探讨。让我们尝试着对构想的结果提出一个假设：丧葬仪式是以“加入冥界秘仪的入会仪式”形式举行的……因为，它们反映了与“这个”世界的崇拜仪式相对应的仪式和观念，由于很明显的原因，我们对它们一无所知。[102]

奥斯曼主张丧葬仪式是基于活人的入会仪式形成的，我的观点没有达到这种程度。不过，古代埃及的入会仪式和葬礼导向之间的关联极为密切，并且希腊的活人的入会仪式和埃及的亡灵的入会仪式之间的明显差异也会随之消失。[103]

第二个对秘仪的入会仪式进行详尽描写的记载源于一份用埃及象形文字圣书体草书写成的纸草文献，它描写是一位名叫霍尔西斯奥斯（Horsiesis）的祭司的入会仪式。这一入会仪式是在阿拜多斯、布巴斯提斯和卡尔纳克等古代宗教崇拜中心举行。[104] 阿普列乌斯描述的入会仪式和霍尔西斯奥斯参加的入会仪

101 Lefkowitz（1997a, 248）.

102 Assmann（1989, 154-5）. 阿斯曼认为秘仪的知识有多个层次，关于这个观点内容，参见 Assman（1970）。关于这些关联的进一步证据，参见 Merkelbach（1987）, Baines（1990, 14）, Delia（1992, 181-90）, 以及 Derchain（1962, 175-98）。

103 我在这个问题上的观点是非常正统的。马文·迈尔关于古代秘仪的书籍是一部权威著作，他认为《亡灵书》与埃及和希腊化入会仪式之间存在着诸多明显的关联，参见 Marvin Meyer（1987, 158）。

104 Stricker（1950; 1953）; and Guilmot（1977, 95-175）.

式，有三个明显的共同特点。首先，它们都完全基于埃及传统举行的。其次，许多类似的描写可见于《亡灵书》或它的本名《白昼现身之书》。最后，它们类似于希腊最著名的秘仪即阿提卡的埃琉西斯秘仪的许多仪式。

持怀疑观点的学者格温·格里菲斯（Gwyn Griffiths）试图调和这三个类似性。他主张，现世生命的灵魂再生是希腊人和埃琉西斯人特有的。不过，他 444 进一步写道："这种观念或许在希腊化时期的埃及得到了发展，成为一种极为古老的埃及丧葬传统的发展和映射。"[105] 他的立论基础似乎是，希腊人和晚期埃及人都独立地为活人发明了灵魂入会仪式，它们类似于死者的亡灵的旅程。希腊秘仪是由埃及秘仪发展而来的观点是一个广为流传的"埃及迷"（"Egyptomaniac"）式的幻想，它混淆了实际情况；事实上，希腊秘仪是因为某种埃及仪式的传入而变得内容丰富。

至少从表面上看，埃琉西斯的得墨忒耳崇拜中的秘仪和入会仪式类似于阿拜多斯和埃及其他的宗教崇拜中心的奥西里斯崇拜。并且，埃及的圣甲虫和伊希斯——得墨忒耳是她的希腊对应神——的一个象征符号在埃琉西斯公元前 9 世纪或公元 8 世纪的坟墓中发现。[106] 基于这些原因，尽管遭到大多数古典学者的否定，但是许多 20 世纪最优秀的专家接受了古代主流观点，认为得墨忒耳崇拜是从埃及传入埃琉西斯的，时间早于特洛伊战争，或者处在我们今天称之为青铜时代的晚期。在这些学者中，最著名的是法国古典学家保罗·富卡尔，他主导了 20 世纪早期的埃琉西斯研究，并且他的详尽研究至今仍然受到尊重，甚至受到最保守的学者的尊重。[107] 稍后的一位法国古代史学家，吉尔伯特·查尔斯-皮卡尔被普遍认为与富卡尔的观点相左。不过，甚至他也承认，在公元前 8 世纪"之前很久"，埃琉西斯秘仪在很大程度上受到了埃及的影响。[108] 1971 年，英国学者 A. A. 巴布（A. A. Barb）也发现了它们之间存在着根本的关联。[109] 坚定的孤立主义学者让·阿尼在提到伊希斯和得墨忒耳的时候承认，"似乎从

---

105 Griffiths（1975, 31）.

106 参见 Snodgrass（1971, 116-7）。

107 参见 Foucart（1914）。关于这方面的信息，我要感谢来自凯文·克林顿（Kevin Clinton）的私人通信，康奈尔，1988 年秋。克林顿主张，希腊化时期的伊希斯秘仪是仿照希腊模式建立的，参见 Clinton（1997a, 249）。保罗·富卡尔有一个儿子乔治（Georges）是埃及学家，他对古代埃及有相当的丰富的知识，而克林顿事实上对这个文明没有专业知识。

108 Picard（1927, 324）.

109 Barb（1971, 152）.

史前开始，希腊和埃及之间就存在着某种类型的‘相互理解’”。[110]

在来自阿普列乌斯和霍尔西斯奥斯的证据之外，还存在着塞梯一世（Seti the First，约公元前1109年—公元前1291年）的神秘的地下陵墓（Cenotaph），或称奥赛里昂（Oseirion）。这个建筑物有着复杂的通道，其上刻有残破的象形文字和《亡灵书》残篇；还有一个奇怪的地下岛屿，以及一个大厅，大厅墙壁上刻有描写一个神秘宗教表演的铭文。[111] 这个地点似乎有可能是用于举行入会仪式的。

此外，有一些可以追溯到公元前17世纪的篇章，它们称仍然活着的人们为 mɜʿ ḫrw（“真实的声音”），这个称号通常是称呼死后的永生者。[112] 甚至有一个人就是被这样称呼的，他声称参加了《亡灵书》中描写的一个仪式。[113] 因此，存在着支持阿斯曼观点的可靠证据，即丧葬指令与活人的入会仪式极为类似， 445
换言之，《亡灵书》有时候会被当作这些丧葬指令使用。这一证据也同样支持古代人的观点，即希腊秘仪和与之相关的入会仪式源于埃及。

现在，我们来谈一下 μυστήριον (6) 本身。印欧语词根 *mū 指的是“闭上嘴唇”或保持“沉默”。它是一个用于解释希腊语 μύ̆ω“保持沉默”的重构词。[114] 保持沉默的确是秘仪中的重要内容，但是，这个被提出的词源只能解释该词汇的第一个音节。19世纪学者雅各布·利维（Jacob Levy）和奥托·凯勒（Otto Keller）的观点或许更为正确，他们提出该词可以追溯到闪米特语词根 √str［“覆盖（物）、面纱、躲藏”］。如凯勒所暗示的那样，它的词源可能是迦南语 Hophal 分词 *mastår（“导致被隐藏”）。[115] 反对凯勒这一具体观点的论证是，如果 mustērion 源于闪米特语，那么它更有可能源于带有名词化或方位化前缀 m- 的 √str。它在希伯来语 mastêr（“隐藏、隐藏行为”）、mistōr（“隐藏地点、隐蔽处”）和 mistår（“秘密地点、隐藏地点”）等词汇中得到证实。

对希腊文化中如此核心的要素的印欧语起源提出挑战，会导致支持雅利安模式的学者们的焦虑。例如，19世纪德国闪米特语专家 H. L. 弗莱舍尔（H. L. Fleischer）恐吓性地提出：“由于词汇 μύστης 和 μυστήριον 源于 μυέω（μύω）

---

110 Hani（1976, 9）.

111 参见 Frankfort（1933）; Guilmot（1977, 100-3）。

112 Montet（1946, 298-300）, Guilmot（1977, 124-5）.

113 Varille（1954, 131-2）.

114 尚特莱纳放弃了认为它源于入会者需要闭上或半闭眼睛的观点，他的做法几乎肯定是正确的。

115 Levy（1866, 2: 55, col. 2）; Keller（1877, 356）.

和 μύζω，它们带有不容置疑的纯正的希腊语起源；所以，那些推测（有时是探寻）这些词汇源于 str 的做法，都最好停止。”[116]

在一个“雅利安主义”不太盛行的年代，我们可以考查一些闪米特语 str 的其他词形。带着 hiphil 完成时词形 histîr 或 Niphal 结构不定式词形 hisater（“被隐藏、隐瞒”）的前缀 hi-，能为阿尔戈斯的一个阿芙洛狄忒节日的名称 ὑστήρια 提供一个解释。[117] 此外，尽管有可能与印欧语词根 *udero（“腹部”）混淆，ὑστέρα（“子宫”）更有可能从语音上追溯到 histîr 或 hisater（“隐藏的”）。希伯来语名词 sêter 被专门用来指“子宫”。[118] 由于与秘仪的狂热情绪相关联，相对于假设的子宫漂动的通俗词源而言，它为 ὑστερικός（“歇斯底里”）提供了一个更好的解释。拉丁语 histerio（“演员”）被认为源于伊特鲁里亚语。不管是否如此，或者它是否直接源于腓尼基语，秘仪和戏剧之间的关联足以证明这个词群。[119]

尽管以 hi- 为字首的词汇明显源于迦南语，但是 mystērion 的词源并不是
446 如此清晰可寻。根据埃及宗教研究专家 S. 马亚西斯（S. Mayassis）的观点，该词源于埃及语词根 √stɜ。[120] 当然，它与 √str 是同源词，并且也同样需要带有一个名词化和方位化前缀 m-。不过，m- 也可以作为方位格介词独立出现。因此，m stɜ（“秘密地”）便得到证实了。[121] 使役词 sstɜ 在奥西里斯“神秘”崇拜中处于核心地位。[122]

这些希腊语中源于西闪米特语 hi-str 的借用词暗示，mystērion 也源于该语言。不过，绝大部分文献和其他证据证明希腊秘仪与埃及的联系大于其与黎凡特的联系，就此强烈地表明该词源于 mstɜ。

与埃及的联系，也可以在专有词汇中找到。一些此类词汇已在前几章探讨：Anaktórion 源于 ʿnẖ“埃琉西斯的小房间，用于存放 hierá”；hierá（“圣物”）源

116 Fischer（1881, 568, col. 2）. 穆斯–阿尔诺特怀疑这一闪米特词源，他引用了费舍尔的观点，参见 Muss-Arnolt（1892, 53）。

117 Zenodotos, quoted by Athenaios 3: 96a, quoted by Farnell（1895-1909, 2: 756）.

118 Psalms 139: 15.

119 Ἱστορία (5)（“探寻、书面信息、历史”）可能源于另外一个闪米特语动词 √str（“去写”一份档案）。它的准确词形不能确定，但是它可能来自普通被动不定式词形 hisåtêr。

120 关于埃及人对 (s)stɜ（“隐藏的、秘密的”）的核心观念的详细研究，参见 Rydstrom（1994）。

121 Erman Grapow 4: 554 对它进行了六次证明。

122 Griffiths（1982a）.

于 i͗ɜyt；athḗr“小麦穗，在埃及被视为象征奥西里斯的神圣符号”源于 nṯr。[123] 然后是páx，在入会仪式上的哭喊，源于bs（“开始/接纳入会”）。[124] Τελετή（“被秘仪接纳为成员”）源于词根 tel- 和埃及语 (r)ḏr。[125]

另外两个在埃琉西斯秘仪中处于核心地位的词汇是 κάλαθος (5) 和 κίστη (H)，它们也可能有埃及语词源。埃米尔·沙西纳（Émile Chassinat）讨论在登岱拉*托勒密神庙中举行的仪式时写道，一个来自阿拜多斯的圣物箱得到了使用。该圣物箱由 i͗nswty（“灯芯草筐”）构成，装有……一个花瓶 qrḥt，其上是神圣的、戴着王冠的奥西里斯头像。[126]

亚历山大的克莱门特写道："埃琉西斯秘仪的程式化语言如下：我已禁食，我已吸入气流；我已从柜子 kístē 里将我完成的任务放进 kálathos（'篮筐'）中，并且从篮筐里将我完成的任务放进柜子里。"[127] 关于登岱拉的奥西里斯秘仪的铭文有以下词句："这个 qrḥt（'罐子'）放在他（祭司）的手里，然后，他说：'我是荷鲁斯，拜访夫人您。我给您带来了我父亲（奥西里斯）的这些（东西）'。"[128] 普鲁塔克也提到一个节日，它也涉及类似的器物："在第 19 天晚上，他们走向海边，祭司们取出圣箱（kistē），其中放着一个金盒（κιβώτιον）。他们将携带来的一些饮用水倒进其中，在场的人们高声呼喊'奥西里斯被找到了！'"。[129]

在《金驴记》中，阿普列乌斯提到一个在秘仪游行过程中捧着一个箱子（cista）的祭司，箱子里盛放着"神秘的物件，掩藏在其中的还有令人生畏的

123　参见本书第十章，注释 104—105。

124　参见本书第十一章，注释 24。

125　参见本书第十章，注释 157—158。

*　Denderah，埃及南部的城镇，哈索尔女神的崇拜中心。——译者注

126　关于这一词条的详细讨论，参见 Chassinat（1966-8, 495-7, 587-95）。另见 Griffiths（1975, 222）和 Guilmot（1977, 115）。

127　Protrepticus, trans. Butterworth（1968, 43）.

128　Chassinat（1966-8, 774, cols. 122-3）.

129　De Iside, 39: 366D, trans. Griffiths（1970, 181）. 维奇赫尔对源于希腊语 kibōtos（"金库、盒子"）的科普特语借用词做了一个有思想的注释。他指出，这个希腊语词汇没有词源，但是它有可能由闪米特语借用而来；并且，他引用了希伯来语 tēba（"金库、盒子"）（关于该词与底比斯这个城市名称之间的关联，参见下文第十九章）。维奇赫尔指出，早期埃及语词汇 ṯb（"装鸟的笼子、格子"），根据这个词，他重构了一个词形 *kiba 或 *kuba，并且认为它与该希腊语词汇非常接近。切尔尼试图解释科普特语词汇 taibe 和 tēēbe（"棺材、神殿、柜子"）。他倾向于认为它们源于两个埃及语词根 dbɜt（"神殿、棺材"）和 dbt（"箱子、柜子"）。维奇赫尔的结论是："尽管这些关联不能被明确地证明，但是这些充分类似的词汇的用法……颇能说明它们有共同的词源。"

命运之神所赐给某个人的不可揣测的礼物”[130]。

447 kálathos 能够追溯到 qrḥt 吗？ kálathos 有一大堆令人费解的词义。它的最基本词义是“在得墨忒耳仪式上提的底部狭长的篮筐”。它也是埃琉西斯秘仪术语的一部分。[131] 同样，krḥt 作为罐子，在登岱拉托勒密神庙举行的奥西里斯秘仪仪式上使用。[132]

不过，kálathos 也可能指“柱头”；并且，表示“小”的词汇 kalathískos 指的是“一个房间或柜子的顶部”。另外一个源于 qrḥt 的借用语，似乎是 κάρταλλος (3)（“锥形小篮筐”）。该词后缀显然表示“小”。除了提到与 κυρτός（“弧形的”）之间存在着可能的关联，尚特莱纳没有给出任何别的解释。

尚特莱纳也没有为 kálathos 提供任何词源，但波科尔尼将其与 κλώθω（“旋转 / 眩晕”）联系在一起。[133] 不过，kálathoi 的重要性似乎不是源于制造它们的材料，而是源于它们的形状——狭长的底部。这就与 qrḥt 有所类似。[134] 眼镜蛇 𓆘(I13)（“作为护卫的蛇的灵魂”）的头部也是这样的形状，qrḥt 也是这样。在科普特语中，kalahē 指的是“胸部、腹部或子宫”。维奇赫尔遵循沃尔特·克拉姆的观点，主张该词由 kala<qrḥt 和 hē（“腹部或子宫”）构成。不过，索尼隆（Sauneron）认为，kalahē 是 qrḥt 即原始的母眼镜蛇的“子宫或卵”，万物都产生于此。[135] 在帝国时期，许多以色列的篮筐、盒子和柜子都与蛇形类似。格里菲斯似乎合理地给出了这些词汇的一个埃及语词源。[136] 考虑到语义类似以及科普特语语音的发展，kálathos 似乎极有可能源于 qrḥt。词尾的 -t 将发先前的 /ḥ/ 的送气音。这个语言借用将发生在词尾 -t 被取消之前或后来作为一个复古词被重新添加（这种现象在宗教词汇中极为普遍）。

在这个问题上，我们应该回到 κίστη (H) 本身。它的标准翻译是“篮筐”，不过，它有时是用树皮做成的，并且是拉丁语 cista（“盒子、柜子”）的词源。由此可知，这些词义至今仍在希腊语中使用。拉丁语 cista——它在凯尔特语和

130 Apuleius, Golden Ass, 11.275, trans. Griffiths（1975, 83）.

131 Clement of Alexandria, *Protrepticus* 2.18.

132 Denderah inscriptions, trans. Chassinat（1966-8, 774, cols. 122-4）.

133 Pokorny（1959, 611）. 尚特莱纳没有给出 klōthō 的任何词源，尽管埃及语 kꜣwt（“技艺、职业”）可能是它的一个词源。

134 关于这个义符，参见 Faulkner。

135 Vycichl（1983, 80）.

136 Griffiths（1975, 223-4）.

日耳曼语中产生了许多衍生词，包括英语中的“case”（手提箱）、“chest”（柜子）和“cist”（石柜）——一般被认为可能是从 kistē 经由伊特鲁里亚语借用到拉丁语中的。kistē 唯一可能的印欧语同源词是存有疑问的古爱尔兰语词形 ciss（“篮筐”）。[137] 该词更有可能是来自 cista 的借用词。[138] 无论如何，得到更好证明的爱尔兰语词汇必定是一个借用词。考虑到宗教背景，尚特莱纳在这个问题上没有明确态度，只是认为它可能是一个借用词。

在亚非语词汇中，箱子、大篮子或篮筐的语义可能存在着模糊性。奥廖尔 448
和斯托尔博娃假定了一个词根 *kič（“篮筐，容器”），可见于西乍得语、中库希特语和东库希特语。[139] 无论是否相关，埃及语 qrst（“埋葬”）、qrsw（“棺材”）和 qrstt（“葬礼器具”）都与 𓊭(Q6) 连写。在晚期埃及语中，存在着 qrst（“冠词箱子形状的石棺”）。在世俗体中，qst 表示“埋葬”和“（尸体的）防腐处理”。Qrsw（“棺材”）在科普特语中写为 kaise、kese (S) 和 kaisi (B)。维奇赫尔重构了从 *qirsat 到 *qiasat 的演变。

Qrst（“埋葬”）演变为 kōōs，表明最初存在着 /āā/。它的定性词形或完整词形是 kēs。[140] 因此，无论哪个词存在于青铜时代晚期的某个时候并且词尾 /-t/ 仍然发音，它将为 kistē 提供一个很好的词源 *kéist。

欧摩尔波斯家族和刻律刻斯家族

众所周知，希腊的祭司人员和祭司集团远远少于埃及。不过，在埃琉西斯存在着两个重要的祭司集团——Εὐμολπίδες［（Eumolpids）欧摩尔波斯家族］和 κῆρυκες［（kērykes）刻律刻斯家族］。前者的名称可以最终追溯到闪米特语，后者的名称可以追溯到埃及语。

没有任何古代作家们怀疑得墨忒耳崇拜和与她有关的秘仪有着海外联系。

137　这就证明了同一个词汇由于语音变化而导致了不同的衍生词形的产生。这种情况，参见本书第十章，注释 7。

138　甚至可以承认词形 ciss 或 cess，它更有可能是一个借用语。最后的元音在很早的时候就从古爱尔兰语中消失了，并且词尾 -st 变成了 -s，它进而在欧甘铭文（Ogam inscriptions）中变得不确定，并且在晚期爱尔兰语中消失了。参见 Thurneysen（1949, 110§177）。因此，重叠组合 -ss 表明，存在着一个来自拉丁语 cista 的借用语。

139　Orel and Stolbova（1995, 317 §1454）.

140　科普特语 kōōs 转写为 γóος (H)（“葬礼哀歌”），动词 γοάω（“去痛哭”）由此演化而来；尚特莱纳将此同词汇 βοάω（“喊叫”）区分，并试图将 góos 与日耳曼语词形 *kaujan（“名字、命名”）联系起来。

荷马的《得墨忒耳圣诗》描写，女神到达埃琉西斯，受到了当地显贵的欢迎，其中包括欧摩尔波斯，他是欧摩尔波斯家族的名祖（the eponymic founder）。欧摩尔波斯家族和不太重要的刻律刻斯家族在整个古代，都为埃琉西斯秘仪提供祭司。[141] 不过，普鲁塔克、帕萨尼亚斯和吕西安（Lucian）都宣称，欧摩尔波斯从色雷斯来到埃琉西斯，创立了埃琉西斯秘仪。[142] 阿波罗多罗斯主张，建立该崇拜的祭司是在埃塞俄比亚长大的。[143]

与这些人的观点相反，向狄奥多罗斯提供信息的埃及人告诉他，欧摩尔波斯家族源于埃及祭司，刻律刻斯家族源于祭司中的较低等级抬神龛者（Pastophoroi）。这些埃及人还告诉他，是厄瑞克透斯将秘仪传入到埃琉西斯的，他们认为他是公元前 1409/8 年统治阿提卡的埃及法老。[144] 派罗斯铭文的记载与这个年代相符。不过，阿波罗多罗斯认为得墨忒耳和狄奥尼索斯到达埃琉西斯的时间稍微早于潘狄翁在位时期。[145] 两个年代都处于第十八王朝的鼎盛期。尽管观点不一致，但是将得墨忒耳等同于伊希斯、将狄奥尼索斯等同于奥西里斯的问题上不存在争议，对希腊和埃及秘仪中的诸神也没有争议。

我们再回到欧摩尔波斯和欧摩尔波斯家族的话题上：尽管他们被广泛认为
449 来自色雷斯，但是他们自己认为他们来自埃及，并且保留了埃及传统。欧摩尔波斯家族的提摩透斯（Timotheus），可能是作为一个通晓埃及宗教希腊化教派的专家，被托勒密一世传召，来建立或改革赛拉匹斯（Serapis）崇拜。[146]

欧摩尔波斯和埃及之间的关联因 Μελάμπους（墨兰普斯）的埃及词源而变得更为可信。去掉前缀 eu- 再加上常见 p>mp 的鼻音异化，该词就会出现一个相同的辅音结构 mlp。这两个人都在传说中有着明显类似的职能。Melampus（墨兰普斯）被认为字面意思是“黑色的脚”，它与 μεάμβροτες（“黑人 / 尼格罗人”）有关联。认为埃及是一个魔法和医药之国的观点，在古代几

141 *Hymn to Demeter*, 151-5.

142 参见 Plutarch, “De Exilio,” 17; Pausanias 1: 38.2 and Lucian “Demonax,” 34。

143 Apollodoros, 3: 15.4.

144 Diodoros, 1: 29.4. Trans. Oldfather.

145 Apollodoros, 3: 14.7. 关于这些年代的讨论，参见 Burton（1972, 125）。与她的一般倾向相符，伯顿倾向于承认这些埃及秘仪或克里特秘仪存在着一个北方起源。

146 参见 Witt（1971, 52）。

乎是普遍流行的。因此，墨兰普斯作为一个埃及人，很可能是《奥德赛》中那位技艺精湛的预言师和识鸟兽语的英雄的传说祖先。[147] 根据斐勒库德斯和希罗多德的观点，凭借治疗疯病的能力，他获得了阿尔戈斯 5/6 的土地。[148] 考虑到其他有关埃及-叙利亚人获得东伯罗奔尼撒半岛的传说，这个观点是挺有趣的。[149] 根据希罗多德的记载，墨兰普斯从埃及把狄奥尼索斯的名字和对他的崇拜尤其是关于他的生殖崇拜游行带到了希腊。[150] 亚历山大的克莱门特对这个故事进行了扩充，墨兰普斯从埃及将得墨忒耳的节日以及她的悲伤故事带到了希腊。[151]

如果不存在鼻音异化，那么 mrp/mlp 更多地指向黎凡特而非埃及。科斯岛传说中的第一位国王 Μέροψ（墨洛普斯），他的名字的异体拼写有 Μεροπίη 和 Μερόπη，他是一位医师，足迹遍及整个希腊，尤其与阿斯克勒庇俄斯（Ασκληπιός）崇拜有关联。阿斯克勒庇俄斯的名字源于 Ḫprr，将在下一章探讨。迈克尔·阿斯特提供了详尽的证据，证明它们源于西闪米特语词根 √rp>（“治疗”）和被证实的词形 mərappe>（“医师”）。[152] 他也将这些名称与 Marapijo 联系在一起，它是一个来自克诺索斯的人名。不过，奥斯卡·兰道（Oscar Landau）将这个人名理解为墨兰普斯或墨兰匹俄斯（Melampios）。[153] 这些解释不必然是相互排斥的。然而，墨兰普斯这个名称非常有可能受到了 mélas/mélanos（“黑色的”）影响，进而受到了埃及语的影响。像墨洛普斯一样，它可能来自 mərappe>，Melámpus 是在迦南语的 ā́>ṓ 转换之前经过一个鼻音异化完成借用的，而 Mérops 则是在其后。

在麦加拉城，墨兰普斯被认为是一位早期定居者，并且定居地离狄奥尼索斯神庙很近。在附近的 Αἰγόσθενα（埃戈斯特那），帕萨尼亚斯记述，墨兰普

147 *Odyssey* 15: 225-6; 11: 291-4.

148 Pherekydes fr. 24, in C. Müller（1841-70, 1: 74f）and Herodotos 9: 35.

149 参见第一卷，第 88—103 页。

150 Herodotos 2: 49.

151 Clement, Protrepticus 2: 13.

152 Astour（1967a, 239）. 阿拉伯语 rāfā> 和古兹语 rf>（“缝在一起”）。这个词形为希腊语 ῥάπτω（“缝”）提供了一个可能的词源。迈锡尼语词形 erapamena 的发现，颠覆了先前所有试图寻找一个印欧语词源的尝试。

153 Landau（1958, 80）. 不过，在第 215 页，他遵循了查德威克的观点，将它和波斯的马拉菲俄伊部落（Maraphioi）。

450 斯被作为一位神崇拜，这个观点被碑铭材料证实。[154] Aigosthena（埃戈斯特那）的第一个音节是 aix，即 aigos（“山羊”）。没有理由怀疑 20 世纪初学者 A. B. 库克的观点，他认为，墨兰普斯是狄奥尼索斯作为山羊和医师尤其是治疗疯病的医师的形象。[155]

麦加拉位于埃琉西斯西边，相距仅有 10 英里。欧摩尔波斯能够和墨兰普斯这位崇拜狄奥尼索斯的预言家和医师联系在一起，也能和另一位医师墨洛普斯以及闪米特语 mərappe> 联系在一起吗？保罗·富卡尔认为欧摩尔波斯源于 melpō（“跳舞、唱歌”）、Molpē 和 mólpos（“歌手、音乐家”）。他进一步声称，Eumolpos（“优秀的歌手”）是 mȝʿ ẖrw（“真实的声音”）的直译词。[156] 不管这种情况是否属实，帕萨尼亚斯注意到了 móelp 和狄奥尼索斯之间的一个联系：“在其（雅典得墨忒耳神庙附近的一个柱廊）中，就像在普拉提昂（Pulytion）的房屋里一样，他们说，一些雅典的杰出人士滑稽地模仿埃琉西斯秘仪，但是在我们这个时代，它是献给狄狄奥尼索斯的神圣之物。这位狄奥尼索斯被称为‘游吟诗人墨耳普洛墨诺斯（Melpomenos）’”。[157]

尽管 móelp 有时指的是世俗的音乐和舞蹈，但是它更经常与宗教仪式和迷狂有关。由于它没有一个印欧语词源，所以它显然有可能来自 mərappe>。[158] 并且，它明显有另外一个埃及语衍生词干 μορφ- (H)，它也缺少一个可能的印欧语词源。[159] 这个词根被认为有一个基本词义“形状”。不过，这一解释包括了一些严重的异常因素。Μορφή 仅在荷马作品中出现过两次，都通常翻译为“美丽的、优美的”。不过，在这两次使用中，它带有语言魔力的含义，用作描绘感动他

154 Pausanias 1: 43.5. 参见 *Inscriptiones Graecae*, 7: 223-4。

155 Cook（1914-20, 2: 544）.

156 Foucart（1914, 149）.

157 Pausanias 1: 2.4, trans. Frazer（1898, 1: 3）. 像通常一样，亚西比德（Alcibiades）是辱骂人的恶棍。关于那个房屋和狄奥尼索斯·墨耳普洛墨诺斯的参考文献，参见 Frazer（1898, 2: 50）。

158 弗里斯克声称，“没有词源”，并且进一步列出了他不能接受的几个假设。尚特莱纳写道，从语音上看，“它似乎有一个印欧语词源”，但是只是简单地引用了几个弗里斯克提到的假设，而不做评论。两人都对切梅林伊（1954, 159-65）的尝试提出了质疑，后者试图将它与 me/loj（“音乐”）联系在一起。这个词汇也没有任何印欧语词源。它似乎可能源于埃及语词根 *mr，它可能在 mrt（“女歌手、音乐家”）（Erman and Grapow, 2: 107）中得到验证，并且确实可以在音乐女神 Mrt 的名字中找到。

159 波科尔尼将它与词根 mer“闪闪发光、闪耀”联系在一起，参见 Pokorny（1959, 753）。尚特莱纳尝试着接受它与拉丁语 fōrma 联系在一起，尽管它需要一个音位转换并且长元音 ō 存在着诸多难题。他也承认埃尔努的观点，后者认为 fōrma 可能是一个源于 morf- 的借用语，并且经由伊特鲁里亚语转变而来。总而言之，两个学者都承认它们都是借用语。

人的雄辩能力。[160]

在后来的一些作品中，它用作表示“形式”，该词经常指梦想和幻想的形状。Morphḗ似乎是奥维德的摩耳甫斯（Morpheus）的词源，摩耳甫斯是睡神之子和睡梦的传送者。[161] Morphḗ也指“手势”。衍生动词morphazō指的是“做手势”，它的名词形式morphásmos是“模仿动物的舞蹈”。因此，morph的基本词义不是“形成……形状”，这是morphóomai（“成形”）以及morphoō和metamorphoō通过歌舞的魔法方式“使成形和变形”的基本词义。

希腊人相信埃及的神和人惯于神奇的变形。在《奥德赛》中，“埃及的不死神灵普罗透斯（Proteus）”能够变成任何形状。[162] 奥西里斯，后来化名为赛拉匹斯，作为一位魔法表演者而广为人知，他可以改变自己的形体，并且能够变成医师完成相关的工作。[163] 伊希斯与神奇变化和医疗的关系更为显著。一个 451
典型的例子出现在阿普列乌斯（Apuleius）的《变形记》（*Metamorphoses*）[*] 中：英雄卢修斯（Lucius）凭借伊希斯的仪式与女神的爱和能力，由驴子恢复了人形。[164] 在150年前的《荷鲁斯斗塞特》（*Contendings of Horus and Seth*）的作品中，伊希斯变成老妇人、少女、鸟儿（尤其是风筝）和无头雕像。[165] 荷马《献给得墨忒耳的圣诗》记述了得墨忒耳的类似变形。[166] 狄奥多罗斯引用向他提供信息的埃及人的话，说伊希斯发现了许多药物，并救活了她死去的儿子荷鲁斯，使之成为不死之神。[167] 这个故事明显来自一个非常古老的传说。在刻写于2500年前的《金字塔铭文》中，伊希斯和她的姐妹奈芙蒂斯“用她们的羽翼带着治疗的药物”赶到，救活了奥西里斯。[168] 因此，伊希斯与医术和起死回生术的关联在可能影响到希腊之前便早已存在。[169]

160　*Odyssey*, 7: 170; 9: 367.

161　Ovid, *Metamorphoses*, 21: 633-74.

162　*Odyssey*, 4, 385-460.

163　Griffiths（1975, 236-7）.

*　阿普列乌斯的《变形记》，在中国最为流行的译名是《金驴记》，两者是同一部著作。贝尔纳在文中其他地方也使用了《金驴记》（*Golden Ass*）这个题名。——译者注

164　Apuleius, *Metamorphoses* 11: 13.

165　Griffiths（1960, 102, 116）.

166　*Hymn to Demeter*, 275-81.

167　Diodorus, 1: 25. 2-6, trans. Oldfather（1933）.

168　*Pyramid Text*, Utterance, 365.

169　参见 Burton（1972, 109）; Harris（1971, 112-37）。

总之，墨兰普斯、móelp、墨洛普斯和 morph- 都似乎来自西闪米特语 mrp>（“巫师、巫医”）。不过，尽管带有闪米特语词源，但是所有这些词汇（墨洛普斯可能除外）都与埃及有关联，通过某种方式和伊希斯 / 得墨忒耳以及奥西里斯 / 狄奥尼索斯联系在一起。欧摩尔波斯和墨兰普斯被认为与希腊和埃及崇拜仪式的传入和等同有着特有的关联。即便他们提出了许多宗教顾忌并且事实上在许多方面都加以遵守，欧摩尔波斯和墨兰普斯还是能够为这一关联提供具体的证据。此外，19 世纪，随着埃及宗教知识的增加，尤其是对《白昼现身之书》（也被称作《亡灵书》）各种修订本的翻译，两个宗教体系显示出了惊人的类似。[170] 所以，毋庸惊奇，欧摩尔波斯和欧摩尔波斯家族等名称应该有一个可能的亚非语词源。

埃琉西斯的另外一个较小的祭司集团是 Κήρυκες 或 Κηρὐκιδαι（刻律刻斯家族）。该名称显然与 κῆρυξ 或 κηρύκος（“传令官”）有关联，作为“宣礼员”，它们的埃及语词源 qȝ ḫrw（“声音洪亮”），已在第十七章中讨论。[171]

结　语

希腊秘仪和埃及之间的关系特别紧密。不过，本章中提出的词源分析表明，
452 希腊宗教和亚非语族群的宗教有着密切的关联。这一主张将会得到下一章对专有名词的研究的支持。和我们探讨的其他语义场的情况一样，埃及因素多于闪米特因素。由于埃及宗教在古代世界的影响深远，我预想这种比例上的失衡会更严重。证据证实了著名学者维克托·贝拉尔在 19 世纪末对阿卡狄亚的研究：尽管在青铜时代晚期埃及对希腊的影响在数量上占据优势，但是闪米特在这一时期或以前对希腊宗教的影响也是非常重要的。[172]

170　参见 Foucart（1914）; Bernal（2001, 386-9）。

171　本书第十七章，注释 37。

172　Bérard（1894）.

第十九章　诸神、神话人物和英雄的名字

导言：诸神

几乎所有神的名字都来自埃及。我从我所做的调查中获知，它们来自外国，并且极有可能来自埃及，因为自从时间初始，在埃及所有神的名字都为人知晓。[1] 453

海洋使得希腊人自然而然地转向了临近的海上民族，而不是那些居住在欧洲大陆的山地居民。较马其顿和伊利里亚而言，埃及和亚洲更令人感兴趣。从这些远古的文化中，早期的希腊人学到了许多东西：异国男神、女神的名字，诸如赫拉和雅典娜，它们已经完全本土化了……[2]

上面的两段引文证明，本章所做出的基本论断，既无标新立异，又非完全过时。此外，希罗多德和其他古代作家将埃及和希腊的诸神匹配：阿蒙神对应宙斯神、奈斯（Neith）对应雅典娜神、普塔（Ptah）对应赫淮斯托斯……。第二段引文举例说明，一些现代学者仍然接受这样的基本观点。什么是本研究的

1　Herodotos 2: 50. 参见第一卷，第 98—101 页中的讨论。

2　Griffin（1986, 4）.

创新之处呢？答曰：按照源自埃及原型的具体希腊神名进行模式描述。

454 在第五章中，我论证了希腊语中字首增添元音（the prothetic vowels）的不规则数可以被解释为大量借用亚非语导致的结果：要么来自以 ˀaleph、ʻayin、he 和 ḥet 开头的词汇，要么来自埃及语中所使用但不总是出现在书面语中的字首添音元音。[3] 在希腊语中，以 alpha 开头的神和英雄的名字所占的比例要明显高于以 alpha 开头的词汇在整个词汇表中所占的比例。在诸神的名字当中，人们可以找到例如阿波罗、阿芙洛狄忒、阿瑞斯、阿耳特弥斯和阿斯克勒庇俄斯等名字。所有这些神名——阿瑞斯除外——都有令人信服的埃及语词源，而且极不可能有印欧语词源。并且，有亚非语词源的神话名字不止这些。我相信，我能够指出赫淮斯托斯、埃努阿里乌斯（Enualios）和宙斯都有论证合理的埃及语词源。

Ḫ̮PR“变成”Ḫ̮PRR、阿波罗、阿斯克勒庇俄斯、皮同和德尔斐

第二十一章和第二十二章将分别集中探讨赫尔墨斯和雅典娜。本章以阿波罗为核心角色开始，并探讨与他相关的名字，在这些相关名称中，著名的有他的凡间化身阿斯克勒庇俄斯，以及阿波罗之城德尔斐、他的海洋哺乳动物海豚（delphis）、他的神圣植物月桂树（daphnē）和他的诞生地提洛岛。本章的其余内容将罗列已经探讨过的神名并探讨其他一些至今尚未被讨论过的神名。

“雅利安人”的神阿波罗

至少从公元前 5 世纪直到 19 世纪初，阿波罗普遍被认为是年轻的太阳神。卡尔·奥特弗里德·缪勒（Karl Ottfried Müller）对这一形象提出挑战，他的观点是阿波罗神是北部多利亚人充满青春活力的“金发”部落神。他认为最早期的希腊文献没有提及这位神与太阳有关的形象。[4] 他以及他的继承者对挑战

3 本书第五章，注释 103—107。

4 Müller（1830 1: 284-91）, trans. H. Tufnell and G. C. Lewis. 关于缪勒的更多观点，参见第一卷，第 308—316 页；以及 Blok（1996, 705-24; 1997, 173-208）和 Bernal（2001, 190-6）。

阿波罗作为太阳神的长期存在的传统观点的论证，曾经并且仍然给人留下深刻印象。在赫西俄德和荷马的作品中，阿波罗神是一位重要的神灵，但他是作为一个弓箭手、带来疾病者、一位医治者和缪斯们的首领而闻名的。在这些文献中，没有一处明确将他与赋予“太阳”神性的化身赫利俄斯（Helios）等同一起。赫利俄斯和“黎明”厄俄斯（Eos）频频出现在这些史诗中，却与阿波罗毫无关系。19 世纪中期，K. O. 缪勒的观点被 L. R. 法内尔（L. R. Farnell）所谓的“太阳神话理论的愚蠢铺张”推翻，法内尔的观点得到马克斯·缪勒的拥护。[5] 455
从此时起，伴随着各种试图调和的努力，两种解释之间的争论你来我往。[6] 然而，尽管阿波罗作为太阳神的大众观点继续存在，但是大多数学者在这个问题上通常站在了卡尔·奥特弗里德·缪勒的一边，尽管同时反对他的极端雅利安主义（extreme Aryanism）[7]

19 世纪，对于阿波罗起源于北方，人们毫无疑问。这一理论主要是构建在极北之地男男女女的古传故事（traditions）的基础上，这个族群与德尔斐和提洛两地都存在的阿波罗信仰有关联。极北（Hyperborean）通常被理解为“北风之北”。[8] 20 世纪初，G. F. 哈德森（G. F. Hudson）推翻了这种北方联系，坚定地指出希腊关于极北族群的古传故事从中国经由中亚传播而来。附带说一句，普罗科尼索斯人阿里斯特阿斯（Aristeas of Prokonessos）是一位旅行家，他声称从阿波罗那里获得了灵感，他们似乎在 6 世纪或 7 世纪到达了现在的新疆。[9] 哈德森的假设得到考古发现的证实，考古学家在埃及和德国分别发现了公元前 10 世纪和 6 世纪的中国丝绸。[10]

因此，20 世纪晚期，尽管阿波罗仍然被认为“在大部分上是希腊神”，但是学者们也接受了东方联系的观点，最多的观点倾向于认为他来自小亚细亚。[11] 的确，存在着许多可能的安纳托利亚语词形：一个吕底亚名字 Pλdans

5 Farnell（1895-1909, 4: 136）. 关于马克斯·缪勒（Max Müller），参见 Chaudhuri（1974）。

6 关于 19 世纪晚期的争论和调和，参见 Farnell（1895-1909, 4: 136, n.a; 关于 20 世纪的讨论和调和，参见 Burkert（1985, 406, n. 55）。

7 参见 Farnell（1895-1909, 4: 136）和 Burkert（1985, 149）。关于 K. O. 缪勒的“雅利安主义”，参见第一卷，308—316 页；以及 Blok（1996）和 Bernal（2001, 190-6）。

8 参见 Farnell（1895-1909, 4: 101-2）。他否认这一含义，并且认为他们只可能源于北部希腊。

9 Hudson（1931, 27-52, esp. 28-32）.

10 Lubec et al.（1993）; Biel（1985）and Good（1995, 959-68）.

11 参见弗里斯克和尚特莱纳的辞典；Fontenrose（[1959]1980, 406）; Nilsson（1967, 1: 527-59）。

Artimuk（即阿耳特弥斯）；赫梯语词形 ap-pa-li-u-na-š 可能是一个神名，并且阿普鲁那斯（Apulunas）这个名字在公元前 1 千纪的赫梯象形文字中出现过。[12] 沃尔特·伯克特否认了所有这些观点的合理性。[13] 不过，他写道："古代的提洛岛和利西亚保持着引人注目且可能久远的联系，并且阿波罗的一系列神谕也在小亚细亚沿岸地区流传……"[14] 倘若我坚持这个名字起源于埃及语的观点，我就不会对这些对等词形（parallel forms）中的任何一个或全部持否定态度。安纳托利亚文化受到埃及腓尼基文化的影响应该小于爱琴文化的影响，这是毫无理由的。

在 19 世纪，对阿波罗这个名字的解释是，多利亚语中的 Ἀπέλλων 源于多利亚语词汇 ἀπέλλαι (1)，意为"神圣的集会"。不为人注意的是，词典编纂者弗里斯克和尚特莱纳声明阿波罗的词源"尚不可考"。希腊宗教史学家迪特里斯（D. C. Dietrich）也持有同样的怀疑态度。[15] 不过，伯克特仍然支持这个假设。他论证，这些集会适用于年轻人的成人礼和共同体的全权成员（full membership of the community）。他明确指出阿波罗的描述词 ἀκερσιμενος 即"未修剪过的头发"（这个称呼适用于成人之前的男孩子），它可以在《伊利亚特》
456 中找到。[16] 这一证据的说服力被阿波罗所有严肃的词源和信奉年轻时代的阿波罗神的崇拜这些事实削弱。

弗里斯克和尚特莱纳（更加慎重）认为，Apellai 本身源于一个假设的印欧语词汇 *n̥-pel-i̯ă，即"正在向前冲"。该词的另外一个可供选择的词源是埃及语词汇 ίp，带有后置的 -r，意为"召集、使人们集合"。[17] 这便使 apellai 成为拉科尼亚方言中另外一个源自晚期埃及语的专有名词。[18] 这两种词源学分析都没有解释双字母拼写 -ll，并且，这有可能是与阿波罗或被提到的埃及语词根 Ḫprr 联系在一起的结果。

---

12 弗里斯克在参考文献中给出了所有这些词形，参见 Frisk（1955-72）。

13 Burkert（1985, 405, n. 14）.

14 同上书，第 144 页。

15 Dietrich（1974, 240, n. 276）.

16 *Iliad* 20: 39. Burkert（1985, 145）.

17 有趣的是，这一词义似乎与荷鲁斯相关，在《金字塔铭文》766 中："荷鲁斯已经使诸神为你而聚会……" 参见 Faulkner（1969, 140, Utt. 423）。

18 参见本书第二十一章，注释 132。

阿波罗在公元前 5 世纪之前是太阳神吗?

第一部分:希腊史诗中的证据

学界的共识仍然主张阿波罗崇拜中与太阳有关的形象（aspect）仅仅是在公元前 5 世纪才出现的。[19]B 类线形文字中没有出现阿波罗的名字明显使这一观点变得更加牢固。然而，如上文所述，Payawo 即 Paiēōn（派昂）的名字出现在了 B 类线形文字文献中。派昂是一位医治之神，后来与阿波罗融合。第九章已提出,Paiēōn 的词源为 *pꜣ ỉwn，它是荷鲁斯的一个别名。[20]在《伊利亚特》中，派昂能够医治伤者。[21] 埃及的医药学和作为医治之神的 Paiēōn 都享有很高的声誉，这在第七章引用《奥德赛》的一段诗文中反映出来。诗中讲道，埃及人全部是医师，“比人类智慧”并且是“派昂的种族”。[22] 这是紧密的并列，并且几乎无疑是对 šms(w)Ḥr 即“荷鲁斯的追随者们”的仿造语，其复数形式的含义为“埃及远古诸王”，单数形式的含义为“正直的人”。[23] 阿波罗和 Paiēōn 类似的相互作用与救命药物也出现在赫西俄德的一个片段中。[24] 荷鲁斯也有他的医治功能。[25]

寻找派昂崇拜融合到阿波罗崇拜中的早期踪迹，并无争议。自 19 世纪以来，饱受争议的是阿波罗最初是不是一个太阳神。我认为，从埃及的类似神灵来看，的确是这种情形。不过，在检查这一材料之前，我愿意分析一下希腊古传故事内的证据。

首先，对阿波罗 · Λύκειος 的崇拜由来已久并且传播广泛，荷马将这个描述词解释为“来自利西亚的”（利西亚位于安纳托利亚）。在《伊利亚特》中，利西亚的英雄们向阿波罗 · λυκηγενής 宣誓。[26] 该描述词的含义极为模糊。它的意 457
思可以是“生于利西亚的”；可以因为 λύκος（“狼”）而成为“狼生的”，λύκος 具有纯粹的印欧语词源；或者可以因为古老的希腊语词素 λυκ- 而成为“光生的”

19　Burkert（1985, 149）.

20　本书第九章，注释 5。

21　*Iliad* 5: 401, 899-904.

22　*Odyssey*, 4: 2: 230-2. 参见本书第四章，注释 58；以及第九章，注释 5。

23　Von Beckerath（1980）.

24　Hesiod frg. in scholiast to *Iliad* 4: 232.

25　参见 te Velde（1980）。

26　*Iliad* 4: 1: 101. 这是法内尔的解释，参见 Farnell（1895-1909, 4: 119）。

或“光引起的”，λυκ- 如果不是来自诺斯特拉语词根便是来自印度–赫梯词根。[27] 复合词 ἀμφιλύκη 意为“黎明前的光”，在该词中存在着一个 λύκη 的扩大形式。并且，其中的任何两个或全部三个都有可能是 lukēgenēs 的词源。[28]

在特洛伊被围攻之时，阿波罗是站在特洛伊一边进行战斗的。荷马无疑相信，在安纳托利亚西部，阿波罗崇拜如果不处于核心地位，也会处于重要地位。正如利西亚存在这样的崇拜，密西亚（Mysia）和特洛亚德（Troad）也同样存在。[29]

法内尔分析了阿波罗·Λύκειος 即狼神阿波罗的崇拜在利西亚地区存在的可能性，并且对它提出质疑。[30] 在另外一个地方，他发现了一些狼的雕像，它们与阿波罗·Λύκειος 相关联。但是，他未能找到任何清楚的证据，证明希腊存在着任何一种对狼的广泛崇拜。他得出结论，这些雕像是一种极端古老原始且在很大程度上被废弃的宗教实践所保留的痕迹。[31]

在希腊化时代，可供选择的第三个词源是首选，Λύκειος 被解释为来自 λύκη（“光”）。[32] 在这件事上，这些狼的形象可以被解释为民间词源学的结果，并且事实上雕刻或铸造一个狼的塑像要比制作光或者黎明的塑像更容易。由于对阿波罗·Λύκειος 的崇拜极其古远并且被荷马提到，这提供了一个暗示，阿波罗在公元前 5 世纪之前便可能与“光”，更确切地说是与“黎明”联系在了一起。[33]

另外一个基于多义词根 *λύκ 构成的词是 λυκάβας (H)。这个词在《奥德赛》中得到了两次证实，它们存在于对奥德修斯返家的许诺中：“当旧月亏隐、新月盈现之时。”[34] 不过，在晚期希腊语中，该词的意思是“年”。现代学者对它最初的——或荷马时代的——含义给出了诸多解释。学者将它与具有“狼”和利西亚含义的 *λύκ 联系在一起。[35] 但最有可能正确的是，lukabas 由 λύκ+βαινω

27 参见本书第四章，注释 37。

28 默雷参考了这种可能性，他选择了“狼生的”，参见 A. T. Murray（1924, 1: 160, n. 1）。

29 *Iliad* 4: 90-101; 1: 36-9.

30 Farnell（1895-1909, 4: 121）.

31 同上书，第 112—118 页。伯克特（1983, 87-9）认为，它是阿卡狄亚麦加罗波利斯（Megalopolis）的宙斯·吕莱厄（Zeus Lykaie）崇拜中这一习俗的残存或复兴。

32 Ibid, 114, n.a. 他强烈反对这一解释。

33 *Iliad* 4: 1: 101.

34 *Odyssey* 14: 1: 162; 19: 1: 307.

35 相关文献，参见 Frisk and Chantraine and Szemerényi（1974a, 151）。

组合而成，即“发光”或新月首次出现的黑夜。[36] 然而，不应该忘记，bainō 的含义可能是“来”，也可能是“去”，因此 lukabas 的含义可能是“黎明”。不管其准确含义如何，从其词的构成来看，它明确指的是一个时期，可能是一个周期的完成。切梅林伊认为，该词起源于闪米特语词汇，即乌加里特语中的 nqpt（“节日周期”）。[37]

维拉莫维茨-默伦多夫（Wilamowitz-Moellendorff）和吉尔伯特·默雷（Gilbert Murray）论证，奥德修斯（从特洛伊启航后）漂泊了 19 年，在太阳 458
年和太阴月相遇之时返回伊萨卡。这个测量结果被称为默冬周期，以纪念雅典的默冬，他在公元前 432 年首次测量出了这一数据。维拉莫维茨-默伦多夫和吉尔伯特·默雷主张,《奥德赛》文中的这些段落表明这一周期早在数世纪前已经为人知晓，并且他们相信，这部史诗是在这个时候创作或编辑而成的。[38] 他们的观点似乎有道理。

看来，诺曼·奥斯丁（Norman Austin）在研究奥德修斯返乡时采用了这一理论，他写道：“然而，不管 lukabas 是年还是月，它都决不会使这些情况发生变化，因为时间实际上在按照它的正常规律运行的：在这部诗歌中，‘这一年’和‘这一月’在这个时候是同义词。”[39] 奥斯丁提供了一个有力的证据证明奥德修斯是在冬季里或冬季过后到达伊萨卡的。[40] 奥德修斯回到家的关键日期是阿波罗节，注释者认为庆祝阿波罗·Νουμηνίος 的节日，Νουμηνίος 的词义是“新月的”。如果维拉莫维茨-默伦多夫、默雷和奥斯汀是正确的话，这个新月是特指的，它昭示着新年的到来。弓箭之神阿波罗的节日正适合奥德修斯进行血腥表演。然而，在奥德修斯射穿 12 把斧头或将 12 把斧头穿在一起的行为中，暗含了对年或太阳运行周期的象征主义。[41] 维拉莫维茨-默伦多夫所写论

36　尚特莱纳赞成这一解释，但是弗里斯克没有被说服，另见 Austin（1975, 281, n. 6）。

37　Szemerényi（1974a, 151）. 在第二十二章注释 242 中，我要探讨雅典东部的 Λυκαβηττός 山的名字源于埃及地名 ʒḫt iɜbt（“东部的光亮地区、太阳升起的地方”）。维拉莫维茨-默伦多夫主张“lykabas 与 Lykabēttos 是难以区分的”，参见 Wilamowitz-Moellendorff（1927, 43, n. 2）。在这个例子中，lykabas 词义为“黎明”，可能适合史诗的情节，珀涅罗珀坚持在清晨写诗，参见 Odysseus（19: 306）第二次使用这一词语。

38　Wilamowitz-Moellendorff（1927, 43-4）, and Murray（1934, 210-2）.

39　Austin（1975, 245）.

40　同上书，第 240—245 页。

41　马丁·韦斯特提议，这一场景可能来自阿蒙霍特普二世的故事，他骑马从四个青铜斧头边飞驰而过并射穿它们，参见 Martin West（1997, 432）。

文对这一象征主义进行了批驳，并且论证阿波罗起源于东方，尼尔松接受了他的观点。他们指出，其他神通常在满月时被庆祝，阿波罗与他们不一样，他的节日是太阴月的第七日。他们认为这一节日与巴比伦的 Sabattu 节严格对应，Sabattu 节是每月第七天专门用来进行涤罪和净化的。[42] 无论如何，词干 *luk 清楚地表明，自荷马时代或者前荷马时代以来，阿波罗便与历法及天上的光即太阳和月亮联系在了一起。[43] 法内尔和贝蒂（Bethe）反对维拉莫维茨–默伦多夫和尼尔松提出的这个观点。

偷窃太阳神的牛群。在《奥德赛》中，虽然奥德修斯本人没有偷窃、杀死并吃掉赫利俄斯的牛群，但是他的船员这样做了。[44] 奥德修斯——“这位旅行者”——在许多方面都可以被看作他传说中的曾祖父赫尔墨斯。[45] 甚至在更早的时候，赫西俄德曾提及同样的故事，这群牛是阿波罗的，而不是赫利俄斯的。《名媛录》（*The Great Eoiae*）经常被认为出自赫西俄德之手，这位诗人在其中写道：“然后，赫尔墨斯计划着对阿波罗的牛群下手。”[46] 这个故事版本在《献给赫尔墨斯的荷马颂歌》中被讲述得更为具体，在黎明诞生的赫尔墨斯，总是一整天都比阿波罗先走一步，不让他的这位兄长发现并且对他做恶作剧。赫尔墨
459 斯最惊人的举动是偷窃了阿波罗的 50 头牛。法内尔从这个故事中发现了一条线索，借以否定阿波罗早期的太阳神形象。他写道：“虽然环境不同，阿波罗也像赫利俄斯那样丢失了他的牛群；偷窃神牛，有时是但不一定始终是关于太阳神的故事。”[47]

法内尔也忽略了赫西俄德所写的那段话，并且严重低估《奥德赛》中的故事和那首颂歌中的故事之间的类似性。我认为，人们可以将这一关系进一步推进，并且会发现至少到荷马时代，赫尔墨斯和他的曾孙奥德修斯已经被视为水星的化身。[48] 水星的运行轨迹是最为极端的椭圆形，和运转的行星和黄道带一

42　Nilsson（1927, 443, n. 1）.

43　该历法的诸多侧面都反映在了时间的描述语 'Ωριμέδων 和 Ωρίτης 中，法内尔援引了它们，参见 Farnell（1895-1909, 4: 139）。

44　*Odyssey* 12: 2: 340-403.

45　关于奥德修斯作为旅行者，参见 Apollodoros, *Epit* 39; Pausanias 8: 12: 5。

46　*Great Eoiae*, frg. 16. 关于我支持赫西俄德先于荷马的古代观点，参见第一卷，第 86—88 页。

47　Farnell（1895-1909, 4: 141, n.c）.

48　Odysseus 的名字源于埃及语 wḏyt（“征伐、远征、旅行”）在第十六章注释 6 中讨论。

道从繁星簇拥的天空一直运行到天极周围的“死寂天空”。与此类似，赫尔墨斯–奥德修斯是狡猾的人物，他穿梭于阳间和冥府，并连接着这两个世界。拉丁语中的 Mercurius 意为“商人”。奥德修斯下入哈德斯冥府，登上斯刻里亚岛（Skheria）*，这与已在第十章讨论过的埃及的星状芦苇地 Sḫt iȝw 有着显著的类似之处。[49] 作为水星的化身，赫尔墨斯被称为 Hermes Psychopompos，Psychopompos 意为亡魂的引导者，不同世界的沟通者，并且与埃及的阿努比斯（Anubis）** 相对应。[50]

金星和水星围绕着太阳转动的观念被认为是本都的赫拉克利德斯（Heraklides of Pontos）在公元前 4 世纪提出的，不过 G. E. R. 埃劳德（G. E. R. Lloyd）对此表示怀疑。[51] 另一方面，《献给赫尔墨斯的颂歌》强烈表明，这个发现早已被公元前 7 世纪或公元前 6 世纪的希腊人知晓。美索不达米亚人在很久之前便对水星和太阳的关系有了非常精深的理解。[52] 有关这篇荷马颂歌的行星基础的进一步证据出现在第 76—78 行和第 210—226 行，这里写道，赫尔墨斯使牛群倒退着行进，以便它们和它们的蹄印看起来是在向离开的方向行走。这很清楚地指向了众所周知的行星“逆行”。埃劳德对此进行描述：“有时，一颗行星相对于恒星们的位置在许多天内都保持不变；随后，这颗行星在一段时间内似乎向后运动，即从东向西运动，穿越这一星群；于是，在经历了第二个固定的时期之后，它又像平常那样开始自西向东的运动……”[53]

颂歌中的这个神话因另外一个联系即赫尔墨斯与月亮的关系而变得复杂或丰富。他被赋予了统治“长着隐约闪光（ἀργίοδουσι）的獠牙的野猪”的权力。[54]

---

* 斯刻里亚岛，又名费阿刻斯（Phaeacia）岛，是奥德修斯十年漂泊的最后一站，该岛国王阿尔基诺奥斯（Alcinous）送给他了一条船，让他返回了故乡伊萨卡。

表示墨丘利（Mercury）这一名字的阿卡德语为 d/mul/te muštarîlu，与阿拉伯语 muštarî（“买主”）相关。难题来自 Muštarî 在阿拉伯语的行星术语中指的是朱庇特，参见 Bobrova and Militarev（1993, 319-20）。——译者注

49　第十章，注释 152。

** 阿努比斯（Anubis）：埃及神话中的引导亡灵之神，狼首人身。——译者注

50　参见第一卷，第 141—143 页。

51　Lloyd（1970, 94）.

52　Swerdlow 写道：“巴比伦行星运行理论中最难完成的和最令人印象深刻的是，把握水星的升落现象。巴比伦行星运行理论仅次于它的月亮运行理论。”参见 Swerdlow（1999, 276）。

53　Lloyd（1973, 65）.

54　*Hymn to Hermes*, 569.

在这个职能上，他和埃及的透特神相匹配。不过，颂歌着力歌颂这颗嗖嗖运转
460 的行星。以至于，不仅它强调赫尔墨斯在这三个方面是水星的化身，并且将《奥德赛》中这几行诗与荷马颂歌联系起来可以确定，至少对后者而言，赫利俄斯和阿波罗之间存在着关系紧密的类似之处。

第二部分：来自埃及语中类似词的证据

阿波罗和荷鲁斯。希罗多德清楚地讲道："希腊人称奥西里斯之子荷鲁斯为阿波罗。"[55]将他们视为同一个人，这在他的整部作品中都是不言而喻的。问题是这能够回溯到何时？阿波罗最常见的描述词是福波斯，它的词源已经在第九章探讨过。[56]尽管这个词指的是"光明"，但是它的词义并非专门与太阳有关。除福波斯之外，阿波罗最常见的描述词还有 ἑκάεργος、ἐκηβόλος 或 ἑκατηβόλος，即"远途工人、远射手"。这是令人感兴趣的，因为，普遍认为这个名字的词源是 Ḥrw，它源于 ḥr，意为"远"。[57]在埃及的宗教神学中，荷鲁斯是盘旋在高空的猎鹰，俯冲向它的猎物。在《伊利亚特》中，宙斯命令他的儿子去鼓励赫克托耳："阿波罗不仅没有遵从父亲的吩咐，反而像一只猎鹰（ἴρηκι ἐοικώς），这个鸽子的屠杀者、有翼之物中的最敏捷者，冲下伊达山。"[58]在《奥德赛》中，我们会发现这样的描写："一只猎鹰，阿波罗敏捷的信使。"[59]

表述性词汇（epithet）ἑκάεργος 经常被置于 ἄναξ 之后，Διὸς υἱος（"宙斯之子"）也是这样，而阿纳克斯（Anax）有时是单独使用。[60]在第十章中，我主张 anax-anaktos 起源于 ʿnh ḏt 即"祝他万寿无疆"。[61]这是一个标准程式，它被置于在世法老的名字后面。自公元前 4 千纪起，在世法老被等同于荷鲁斯。[62]法老有许多名字，但是排在首位的名字是荷鲁斯，它在古代是法老的首要名字。

55 Herodotos（2: 144）.

56 参见本书第九章，注释 21—25。

57 Schenkel（1980, col. 14）.

58 *Iliad*, 15: 236-8. 在类似的情况中，雅典娜不与猎鹰而与哈耳皮埃（harpy）相比，参见（19: 350）。

59 *Odyssey* 15: 526.

60 关于 anax hekaergos，参见 *Iliad* 15: 253; *Odyssey* 8: 323。关于 anax dios huios，参见 *Iliad* 7:47 and 20: 104; *Odyssey*, 8: 334。关于 anax，参见 *Iliad* 1: 36, 9: 559, 16: 514。

61 本书第十章，注释 102。

62 最早与荷鲁斯等同的是伯里布森（Peribsen），第二王朝的第五位法老。Kaplony（1980a, col. 59）.

正如加德纳指出的那样："象征着法老是古老的鹰王荷鲁斯在凡间的化身，荷鲁斯在很早就成为埃及的王朝保护神，并因此与太阳神拉（Rēʿ）等同。……大体来讲，我们可以得出结论：荷鲁斯这个名字指的是居住在宫殿中（而非躺在坟墓中）的法老所具有的荷鲁斯面貌。"[63]

特洛曾、奥鲁斯和阿波罗。萨罗尼科斯海湾（the Saronic Gulf）将特洛曾和雅典隔开。雅典声称是无与伦比的古老城市，帕萨尼亚斯推测，它或许是由一位埃及人建立的，并且 Ὧρος"看起来像一个埃及名字而非希腊名字"[64]。

帕萨尼亚斯记载：

> 他们说阿波罗·忒阿里亚（Apollo Thearia）的神殿是由庇透斯 461
> （Πιτθέυς）修建，并且它是我所知道的最古老的神殿。爱奥尼亚弗凯亚（Phokeia）的雅典娜神庙无疑是一座古老的神庙，被米底人哈尔帕哥斯（Harpagus the Mede）烧毁。因此，萨摩斯岛供奉皮提亚神阿波罗的神庙也甚为古老。但是，两座神庙的修建都远远晚于特洛曾的神殿。[65]

帕萨尼亚斯对特洛曾既非常古老又和埃及有着联系的假设，不管在名称上还是在考古学上都有证据支撑。在帕萨尼亚斯看来，同样也在我们看来，奥鲁斯（Oros）这个名字直接暗示着埃及神荷鲁斯，它在希腊语中被写为"Oros"。这个神庙使我们找到了荷鲁斯和阿波罗之间的至关重要的联系：他们都是屠龙者。荷鲁斯杀死了他的叔叔，即谋杀他父亲的塞特（Seth），塞特的形象是一个水怪。阿波罗杀死了皮同（Python）。有趣的是，似乎就在同一地点，修建了一座献给圣乔治（St. George）的教堂，圣乔治是基督教中的屠龙者。[66]至于阿波罗和皮同的内容，本章稍后进行探讨。

太阳、月亮和眼睛。在本章先前的内容中，我证明了：通过词根 *luk，阿

63　Gardiner（1957, 72, excursus A）.

64　Pausanias 2: 30.6, tr. Frazer（1898, 1: 118）.

65　Pausanias 2: 31.9, tr. Frazer（1898, 1: 120）. 关于庇透斯的更多探讨，参见下文第二十二章，注释219。

66　Frazer（1898, 3: 276）.

波罗可以与太阳和月亮联系在一起。荷鲁斯也同样既可以与太阳又可以与月亮，即他的“两只眼睛”联系在一起。[67] 关于对这两只鹰眼的崇拜和神话存在着巨大的难题，但其中的核心问题是其中的一只被塞特损伤却又被透特（Thoth）治愈。这可以大致地而不是独一无二地与月亮的盈亏联系在一起的。[68] 尽管它和透特存在着诸多直接联系，但它和荷鲁斯本身存在着某些直接联系。正如赫尔墨斯被赋予了“闪闪发光的野猪獠牙（ἀργίοδουσι）”那样，阿波罗也拥有一把 ἀργρέιος βιος 或 ἀργυρότοξον 即“银弓”。[69] 根据罗得岛的阿波罗尼奥斯（Apollonios of Rhodes）的说法，阿波罗也有一把“金弓”（太阳光），它的光芒可以穿越黑暗，似乎与表述性词汇 αἰγλήτης（“闪闪发光的”）联系在一起。[70]

阿波罗的弓箭在史诗中扮演着非常重要的角色；但是，据我所知，没有材料显示荷鲁斯是一位弓箭手。不过，他以掷鱼叉而著名。[71] 如此一来，阿波罗使用弓箭可以被解释为希腊人对埃及古传故事的修改。对他们而言，鱼叉并不重要，而阿波罗使用弓箭则与表述性词汇“远途工人”和“远射手”很是般配。

尽管存在着这些与月亮有关的可能性联系，但是荷鲁斯从根本上来讲是与太阳联系在一起的。这样一来，从上述文字中探出的有关荷鲁斯和阿波罗的早
462 期类似性的牢固证据，可以清楚地表明：在其他方面，阿波罗在公元前 5 世纪之前的很久时间里便已被视为一位太阳神。

Ḫprr、Ἀπόλλων。在《金字塔铭文》中，荷鲁斯有一个特殊的词形 Ḥr 3ḫty，即“地平线上的荷鲁斯”，它明确地与早晨的太阳联系在一起，在被书写时，该词带有两个 (N27) 符号。Ḥr 3ḫty 被视为拉（Rēʿ）的同义词。[72] 这一词形和另一个词形 Ḥr m 3ḫty 转译为希腊语时被写作 Ἅρμαχις，Ḥr m 3ḫty 意为“上升的太阳荷鲁斯”，被视为 Ḫprr 的同义词。[73]

在大部分的历史时期，古埃及人崇拜太阳的不同面貌。太阳一般是

67 Rundle Clark（1959, 218-30）and Westendorf（1980a）.

68 Rundle Clark（1959, 224-22）and Westendorf（1980a）.

69 例见 *Iliad* 1: 49; 10: 515。

70 Apollonios, *Argonautica* 4: 1710; tr. E. V. Rieu（1971）as Voyage of the Argo.

71 Griffiths（1980a, col. 55; 1980b）.

72 Budge（1904, 1: 349-58; 444-50）; Mercer（1949, 262-3）; and Schenkel（1980a, col. 14）.

73 *Book of Coming Forth by Day* 17: 116，引用自 Budge（1904, 1: 470-1）和 Mercer（1949, 184）。

Rēʿ (Ra)，它的圆盘是 Itn (Aten)，黄昏的太阳是 Itm (Atum)，早晨的太阳是 Ḫprr (Khopri)。自从《金字塔铭文》时代以来，太阳的这些面貌彼此紧密地联系在一起。[74] 从词源学上讲，Ḫprr 起源于 Ḫpr，即“成为、开始存在”。并且，它与 Ḫpry（“孩子们”）存在着联系。该词群中的这些词形和其他词形在被书写时，带有由三个圣甲虫符号 𓆣(L1) 组成的义符 Ḫpr（滚着象征太阳的粪球的甲虫，在往粪堆上爬），它象征着健康和再生。因此，Ḫprr 便成为处于黎明时的年轻太阳神和掌管医药以及再生的年轻神。

作为充满青春活力的太阳神和掌管医药之神，阿波罗提供了一个与 Ḫprr 对应的纯闪米特语义。从语音学上来讲，Ḫprr 和 Apollo 有一个引人注目的特征，即它们都含有双流音。问题是 /ḫ/ 转写为希腊语中的 /ø/ 的情况极为罕见。然而，如果这种转写发生在晚近时期并且是通过腓尼基文字转写而来，这样的借用将会有可能存在。在腓尼基语中，/ḫ/ 与 /ḥ/ 合并，而后者则在希腊语中被经常转写为 /ø/。从发声上来看，Ἀπόλλων 读作 (C)aCoCCō，这就表明，它是在迦南语转变之后从腓尼基语那里借用而来的。

相对的晚近性（lateness）也可以在事实中寻得线索。阿波罗这个名字至今仍未在 B 类线形文字中得到证实，而阿波罗的对应神 Παιήων 的名字在其中得到了证实。Paiēōn 的埃及语词源已在第九章中探讨。[75]

Ḫprr 和圣甲虫。Ḫpr 的两个词形保存在了科普特语中，一个是来自 ḫprt（“事件、发生”）的 špē re，另一个是 šōpe（“是、存在、成为”）。在后一个词形中，长音 /ō/ 表明存在着公认类型的换位，即位于第三位的流音换到第二位，即由 ḫpr 变成 *ḫrp。更为可靠的证据是，这一变化还发生在埃及语之外。首先，希腊语中存在着成对词 κηραφίς、κᾶραβος (4)（“龙虾、螃蟹、长角的圣甲虫”）。[76] 在第八章中，列出了希伯来语 /š/ 转写为希腊语的方式：/χθ/(/khth/)、/σχ/(/skh/)、 /σκ/(/sk/) 或 /ξ/(/ks/) 以及最后简单的 /σ/(/s/)。类似的混淆 463
无疑会发生在埃及语和科普特语 /š/ 身上，尤其是当它从 /ḫ/ 转变而来之时。

74　Rundle Clark（1959, 40-2）.

75　本书第九章，注释 5。

76　关于源于闪米特语 √s/rp（“带刺的野兽”）的“腐蚀”的可能性，参见第十三章，注释 35。另见第八章注释 48—68 中对 /ḫ/ 的诠释。

埃尔努和梅耶提出了一个更早的词形 *scarafaius，认为拉丁语 scarabaeus（“圣甲虫”）来自 karabos。如果将较早的和较晚的借用语的词源视为埃及语 *ḫrp 和 *ṣrp，这就没有必要了。为健康和再生提供保护的圣甲虫护身符不仅见于埃及，也在整个地中海和罗马帝国之外有发现。因此，完全有理由假设 scarabaeus 是从 ḫpr 即表示“圣甲虫”的埃及语的一个词形获得自己的名称的。

神名 *Ασκληπιός（阿斯克勒庇俄斯）有许多变体拼写，如 Ἀσκλαπιός、Αἰσκλαπιός、Αἰσχλαπιός 和 Αἰσχλαβιός 等。[77] 如此多的变体，表明它是一个借用词。尚特莱纳认为它的词源“未知，但毋庸惊奇，它是一个借用词”。阿斯克勒庇俄斯作为一个医药之神，有时被视为很早就被神化的博学者和医生伊姆霍特普（Imhotep）的对应神。[78] 迈克尔・阿斯特进行过详尽的研究，证明神话形象 Ἀσκάλαφος（“猫头鹰”）和 Ἀσκάλαβος（“蜥蜴或长有蜥蜴头的蛇”）之间存在着另外的关联。它们的名字明显是阿斯克勒庇俄斯的变体。两者都与医药和死亡有着象征性的关联。猫头鹰是科斯岛［（Kos）在希伯来语中，kôs 表示夜晚的猫头鹰］的圣鸟，科斯岛是希腊的医药中心。[79] 通过与医术的共同联系，阿斯克勒庇俄斯与阿波罗密切地联系在一起。

阿斯特比尚特莱纳更坚定地认为，阿斯克勒庇俄斯缺乏印欧语词源。他写道：“阿斯克勒庇俄斯这个名称的词源绝对不能只在希腊语内来追溯。”他提出，阿斯克勒庇俄斯来自阿卡德语 eššepu，它是驱魔治病祭司的称号和表示“猫头鹰”的词汇。[80] 无疑，古希腊医学受到了美索不达米亚的重要影响，其中包括在今天全世界通用的医学标志：一条蛇缠绕的一根权杖。[81] 不过，一般认为，希腊医学受到的最大影响来自埃及。[82] 因此，我们似乎有理由认为它是一个埃及语借用语。明显的备选词源是来自 ḫrp 的重构词汇 *šrp。在上面列出的对应发音中，/š/ 可以转写为 scarabaeus（圣甲虫）中的 /sk/ 或 /skh/。第一个元音弱化将会产生一个合成词 *skrVp 或 *skhrVp，考虑到 /a/ 和 /ai/ 的交替现象可见

77　参见 Astour（1967a, 316）。

78　Wildung（1975; 1980）.

79　Astour（1967a, 314-6）.

80　同上书，第 316—317 页。

81　同上书，第 306 页。

82　关于埃及语对希腊医学影响的相关文献，参见 Bernal（1992, 599, n. 15; 2001, 437, n. 54），另见 Shavit（2001, 119）。

于希腊语的变体中，这个合成词的出现需要一个字首增添元音 /i/。

来自 ḫprr 的 Apollo（阿波罗）和来自 *srp 的 Asklēpios（阿斯克勒庇俄斯） 464
在词源上的联系与他们在神话中的关联吻合。阿波罗的名字上带有一个求显灵词 Μαλεάτας (6)，作为一个治疗者，他与阿斯克勒庇俄斯关系密切，法内尔抛弃了马勒阿塔斯（Maleatas）来自地名马勒亚（Malea）的假设，主张它的使用与疾病和治疗有关，并且它总是一个形容词。这种观点削弱了马勒阿塔斯一度是一位独立的神灵的观念。[83] 它最有可能的词源是埃及语“疾病”。并且，所有神话都将阿波罗作为阿斯克勒庇俄斯的父亲。[84]

孪生神：阿波罗和阿耳特弥斯

接下来，我将论证德尔斐，像 ἀδελφός（“兄弟”）一样，来自意思为“一双、孪生子”的闪米特语词根。因此，阿波罗的称号 Δελφίνιος 在克里特岛是为人熟知的；在其他地方，它是阿波罗的求显灵词 Δίδυμος（“一对、孪生子”）的成对词。该城市和该神谕所都是从“孪生”获得它们的名字的。在希腊化和罗马时代，阿耳特弥斯–狄安娜被视为月亮上的狩猎女神。在这个职能上，她对应的埃及神是女神 Bȝst，这位女神最重要的崇拜中心在 Pr Bȝst 即布巴斯提斯，这一问题已在第九章中探讨。[85] Bȝst 经常被描绘为猫的形象，并且，她在这一方面上与月亮等同。不过，她还有狂暴的一面，在孟菲斯，它被作为一个狮女神崇拜，她是如此的令人恐惧，以至她以委婉语 Sḫmt（“强大有力的”）而为人知晓。Tmt 似乎是这个被遮蔽的名字的一个合理的候选名称。如在托勒密时代的登岱拉一样，Bȝst 作为 Tm 的女性对应神被人知晓，而在赫利奥波利斯（Heliopolis），Bȝst 的著名身份是“阿图姆神的女儿”。[86] 这样一来，她被视为协助荷鲁斯摧毁敌人的助手。就她的这一能力而言，她被视为一只母狮，并且等同于拉和 ìtm 以及阿图姆或 Tm，即黄昏的太阳神的女性对应神。

19 世纪，与对阿耳特弥斯作为月亮女神或日落女神的怀疑一样，阿波罗

83　Farnell（1895-1909, 4: 235-40）

84　Hesiod, frg. 63; from scholiast on Pindar *Pyth* 3: 14; Pausanias 2: 26.6; and Astour（1967a, 307）.

85　本书第九章，注释 161—163。

86　Budge（1904, 1: 446）; Otto（1975e）.

被剥夺了太阳神的身份。抛开这一个“后来的”证词的价值不谈，更多的支持来自一些女神的描述词。许多材料都将这位被崇拜的女神与月亮联系起来提及。一段来自埃斯库罗斯的残篇这样写道：“无论谁，看不到太阳的光线，就看不到勒托女儿（阿耳特弥斯）的明亮眼睛。”[87] 考虑到普遍认同这位戏剧作家使用了早期的材料，这几行文字不能被作为“晚期”材料加以抛弃。她在阿提卡的菲里亚（Phlya），以 Σελασφόρος（“月亮的传送者”）而闻名。[88] 她也
465 以 Φωσφόρος（“光亮的传送者”）而闻名，这就使我们更加难以区别她的身份特征了。[89] 其他求显灵词，既表示热，也表示光。Artemis Πυρωνία，即“燃烧的”阿耳特弥斯，为勒尼亚节（Lernian festival）提供圣火。[90] 在欧里普斯海峡（Euripos）附近，她以 Αἰθοπία（“燃烧的面孔”）而闻名。至少自公元前 5 世纪起，她被描绘为手持火炬的形象。[91] 像阿波罗一样，阿耳特弥斯在特洛曾也被授予了称号卢刻娅（Lukeia）。[92] 在《神谱》里，赫西俄德称她为 ἰοχέαιραν。阿耳特弥斯的这个描述语在赫西俄德和荷马的作品中都很常见。因此，在很古老的时候，iokheairan 已经被理解为“喜爱弓箭的”。这一词义极符合狩猎女神的身份，并且 ἰος 无疑是“弓箭”。不过，iokheairan 中的字首 i- 的音长存在着不确定性。该词的第二部分 -kheairan 也受到争议，并且没有定论。在埃及语中，ỉḫḫw 表示“黎明 / 黄昏”，它有时写作 ỉwḫḫw；并且，在晚期埃及语中，它被证实写作 ꜣḫꜣḫ。ỉḫḫw 有时与 (G7) 或 (N8) 连写，表示一些神圣存在的名称。在后一种情况中，存在着一个变体写法 ỉꜣḫḫw。[93] 它的语音变化——位于第二位和第三位的流音发生换位——允许它成为 iokheairan 的一个词源。虽然远未称为完美，这个词源，作为黄昏 / 黎明女神，的确与印欧语 iokheairan 等同。

包括 khrysos（“黄金”）在内的其他描述语，经常用到许多神灵的名字上。一个有趣的复合词形，它更为具体，即 χρυσοθρονος（“黄金宝座”）。该词用于描述阿耳特弥斯，在《伊利亚特》和《奥德赛》中各出现了一次。[94] 它也用

87 Cited in Farnell（1895-1909, 2: 460）.

88 Pausanias 1: 31.4.

89 关于搜集的文献，参见 Farnell（1895-1909, 2: 574）。

90 Pausanias 8: 15.9［not 15.5 as in Farnell（1895-1909, 2: 574）］.

91 关于 Aithopia 及其他词语，参见 Farnell（1895-1909, 2: 457-8）。

92 关于 Lukeia，参见 Pausanias 2: 31.6。

93 *Book of Coming Forth by Day*，引自 Erman and Grapow, 1: 126, n. 5。

94 *Iliad* 9: 533; *Odyssey* 5: 123。另见第十一章，注释 94。

于描述日落时分的赫拉，两次用于 ἠώς（黎明）。[95] 这就使得这个描述词是受日出时分或日落时分的天空的启迪的可能性提高了。

再回来谈一下作为傍晚之神的 Tm，他的女性伴侣是 Tmt，她作为 Bꜣst 的对应神，出现在了一个晚期碑铭中。但是，她似乎早在《金字塔铭文》里面就具有了某些独立性。在公元前 2 千纪中期，她似乎与 Rwty 有关联，这两位太阳狮神又与 Ḥr ꜣḫty. 联系在了一起。[96] 后者最大的纪念物是吉萨（Giza）的狮身人面像。[97] 埃及学专家同意，Σφίγξ 来自 šspw ʿnḫ（“活着的形象”）。[98] šspw 带有一个表示斯芬克斯的义符。在这个狮身人面像上半部，刻有公元前 15 世纪晚期法老图特摩斯四世（Tuthmosis IV）授意刻写的铭文，铭文提到了 Ḥr ꜣḫty 和 Ḥr(y)Tm。几乎可以确定，它们就是指 Tm 本身。[99] 阴性词形 *Ḥrt Tm(t)，基于已被证实的 ḥrt tp（“女酋长”）的类似词构成，为阿耳特弥斯提供了一个很好的词源。a- 表明它是一个早期借用词，发生在迦南语转换之前。存在着许多例证，证明埃及语 ḥ- 在希腊语被简化为 ø-。

Tmt 和双狮之间的早期关联与阿耳特弥斯和狮子们之间的关联相吻合，但 466
它不能解释为什么希腊人选择了 *Ḥrt Tm(t) 而非 *Ḥry Tm 本身。在这个问题上，需要我们重新回到神话传说中——距离德尔斐以东 50 英里的底比斯的神话传说中。在这里，创世神话始于传说中卡德摩斯的征服和定居。我们现在来探讨一下这些神话。

卡德摩斯和阿波罗有许多共同的特征，像冉冉升起的太阳一样，他来自东方。在大部分闪米特语言中，Qdm 本身指的就是“东方”。像阿波罗（见下文）一样，卡德摩斯杀死了一条守卫泉水的恶龙，并建立了一座城市。

年轻的太阳神本人也在底比斯出现过，在古典时期，它被作为梣树的阿波罗（Apollo of the Ashes）或 Apollo ’Ισμήνιος（伊斯墨尼俄斯）崇拜，这个名字源于河流名称 ’Ισμηνός（伊斯墨诺斯）。这个河流名称源于闪米特语词根

95　*Iliad* 1: 611 and *Hymn to Aphrodite* 218; 225.

96　Unas 1: 558，引自 Budge（1904, 2: 1）。这一文本如今显然被列为 Utt. 301: 1.447。福克纳没有看到巴奇提到的 ⌓，参见 Faulkner（1969, 90）。关于拉神和 Ḥr ꜣḫty 的等同，参见 Morenz（1973, 267）。Unas 1: 558，引自 Budge（1904, 2: 1）。

97　参见第十一章，注释 76—77；Budge（1904, 1: 471-2）以及 Mercer（1949, 246）。

98　参见 McGready（1968, 250）；另见上文第十一章，注释 76。

99　Budge（1904, 1: 471-2）以及 Mercer（1949, 246）。关于 ḥr(y) Tm，参见 Schafer（1902, 96）。

√šmn（“肥胖的或肥沃的”）和神名伊斯穆恩，伊斯穆恩是一位与蟒蛇有关联的医药之神。[100] 河流名称伊斯墨诺斯又被称为拉冬（Λάδων），它也是另外一条蛇或龙的名字，这条蛇或龙被另外一个神化的并且与底比斯有关联的英雄赫拉克勒斯杀死。[101] 赫拉克勒斯也与狮子和太阳有关联。[102]

像阿波罗一样，卡德摩斯有一位关系亲密的姐妹。许多学者认为，她的名字欧罗巴（Europa）源于闪米特语 ʿrb（“西方或傍晚”）。[103] 欧罗巴经常被描绘为戴着面纱的女子，与黑色有关联。在这方面，它类似于勒托（Λητώ），即阿波罗和阿耳特弥斯的母亲。勒托这个名字明显源于闪米特语 √lṭ（“剑套”），这个问题已在第十四章探讨。[104] 它的发音类似于 Rʿt 的早期发音，Rʿt 是 Rēʿ 的女性对应神，她与瑞亚（Rhea）的关联将在下文探讨。Rēʿ 中的发音 /r/ 明显与其他亚非语言中的 /l/ 对应。[105] 一般而言，Rʿt 和 Leto（勒托）都显然和夜空有关联。

阿斯特合理地论证了勒托的女儿阿耳特弥斯不仅是黑夜的象征，而且是仍然发光的黄昏的太阳和黄昏的星星的本身的象征。[106] 他提出，卡德摩斯和欧罗巴的母亲的名字特勒法萨（Telephassa）可能不仅仅指“照亮远方的”，也与表示金星的阿卡德语名称 Dil Bad 有关，赫西基奥斯将其翻译为 Delephat。在巴比伦星相学中，作为清晨之星的金星，被想象为男人的形象，而作为黄昏之星的金星，则被想象为女人的形象。[107] 因此，卡德摩斯未能找寻到欧罗巴，从天体运行的角度来解释，清晨之星不可能追寻到黄昏之星。在埃及，将清晨视为
467 男人并且将黄昏视为女人的观念处于次要地位。不过，在闪米特语族群中，它却占据主要地位。考虑到这些神话的闪米特语关联，这就解释了这个观念为什么将会出现在希腊。

向这个方向发展的希腊观念又被胡里安人和叙利亚北部族群的观念推进，这些族群认为太阳神是一位女神。和埃及神话传说一样，胡里安人的女神 Ḫpt

100 参见第二卷，第 499 页。

101 同上书，第 98—99 页。

102 同上书，第 106—120 页。

103 同上书，第 497 页；第 629 页，注释 11。

104 本书第十四章，注释 26—32。

105 Takács（1999, 141）.

106 Astour（1967a, 128-39）.

107 同上书，第 139 页。

也被视为一只长着双头的狮子，前者非常有可能是后者的来源。在第二卷中提到，Ḫpt 是 Hipta（希普塔）和 Hēbe（赫柏）的名称来源，希普塔可见于俄耳甫斯圣诗，赫柏是赫拉克勒斯的妻子。[108] 闪米特神话将太阳神视为一位名叫 špš 的女神，此名称可见于古希腊的山脉名称萨佩色拉同（Sapyselaton）。阿斯特合理地解释，这个名称源于乌加里特语 * špš ilt 即“女神萨普苏”（goddess šapšu）。[109]

像阿波罗一样（下文将讨论），卡德摩斯杀死了巨蛇。尽管如此，底比斯和德尔斐都继续受到雌性怪兽的侵扰。在德尔斐，这些怪兽是蛇一样或狮子一样的生物。在底比斯，斯芬克斯有许多特征：她长着女人的头部、狮子的身体和鹰一样的翅膀。在探讨底比斯的斯芬克斯之前，我们先来看一下德尔斐的皮同。

皮 同

关于阿波罗的核心神话故事发生在德尔斐，年轻的阿波罗神和他的孪生姐姐阿耳特弥斯一同杀死了一条蟒蛇即皮同，并建立一座城市，这个城市以它的神谕而著名。阿波罗是这个城市德尔斐的保护神，但是德尔斐继续受到一只或一些雌性怪兽的侵扰，这些怪兽在某种意义上与皮同相关联。[110]

Πῡθώ（皮托）被认为是德尔斐的古名。Πυθών（皮同）是守护这个地方的蛇或龙，它被阿波罗杀死。阿波罗就获得了 Πύθιος（皮提俄斯）和 Πυθαῖος（皮泰俄斯）的称号以及其他称号。尚特莱纳将这一词形描述为“没有词源的地理名称”。基于 Pūthō（皮托）中的长元音 /ū/，他遵循斯特拉博的说法，对一个古老的观点提出质疑，即这个地名与经常用于表示神谕的词汇 πυνθάνομαι（“亲自告知，审问”）有关联。[111]

在埃及语中还存在一个可能的词源。在第九章中，我讨论了 potamos 来自地名 Pr Tm。[112] 在同一章中，我列举了 pr 在科普特语和希腊语中的不同转写：pr-、pl-、pa-、phar-、pi-、pou- 以及 bou。还存在一些表示 pe 和 pē 的其他拼写，但是我不能确定这些拼写是否表示 *pū。由于希腊语迁移 /u/ 变成 /ü/ 或 /y/

108 第二卷，第 119—120 页。

109 Astour（1967a, 103, n. 1）.

110 关于这一神话的彻底探讨，参见 Fontenrose（［1959］1980）。

111 Strabo 9: 419.

112 本书第九章，注释 168—170。

468 的年代不确定，所以 pou- 和 *pū- 之间的区别也不是绝对的。因此，希伯来语 Pîtōm 可能与希腊语 Πῦθών 对应，与之类似的例子可见于 Pr Bȝstt 在《圣经》中被翻译为 Pî beset、在希腊语中被翻译为布巴斯提斯（Boubastis）。[113]

Pr Tm 这个名称源于阿图姆的神庙和崇拜，已在第九章探讨，并且它是波塔摩斯（Potamos）的一个可能的词源。[114] 19 世纪的埃及学专家爱德华·纳维尔（Eduard Naville）主张 Pr Tm 位于泰尔马斯库塔（Tell el Maskhutah）* 遗址。[115] 他在那里进行考古发掘时，发现了一些“晚期”碑铭，提到将阿图姆神当作圣蛇的崇拜，一幅图案保存在一个附属的神殿里，这个神殿名为 Pr Qrḥt，即“蛇灵殿”。[116]

考古学上证明阿图姆和 Pr Tm 的蟒蛇存在关联的证据只能追溯到公元前 7 世纪晚期的塞斯王朝。不过，阿图姆等同于蟒蛇的传统更为古老，可以追溯到新王国时期。在《亡灵书》中，阿图姆宣布，随着大地的毁灭，他将变成一条蟒蛇。[117] 在《雅典娜的回信》中，我引用了瑞士埃及学专家埃里克·霍尔农的观点：“阿图姆是一个神，他‘处于万物之始’，在混沌一体同时又是无物存在的意义上保持完整，因为在他进行创造之前，无物存在。”[118]

在他的著作中，他进一步探讨“衔尾蛇”（Ouroboros），即一条用嘴衔着尾巴形成圆形的蛇，这个形象在阿玛尔纳时代之后非常流行。霍尔农指出：“那个能活过现存世界并且在世界末日之时变成一条蛇的原始神……蛇身形成的完整的圆，表明——就我们能够描述的那样——在它包含的世界里无物存在。”[119]

在这些段落中，霍尔农将衔尾蛇和阿波庇斯（Apopis）联系在一起，阿波庇斯是那条每天都攻击拉和荷鲁斯并在当天被打败的恶蛇。不过，在更早的段

113 本书第九章，注释 161—163。

114 本书第九章，注释 171。

* “Tell”的原文为“Tel”，疑误。——译者注

115 这一等同，受到了挑战，但是现在已被确定，参见 Holladay（1982）。

116 Naville（1888, 8）; Redford（1982, col. 1055）.

117 *Book of Coming Forth by Day*, Spell 175.

118 Hornung（1982, 67）引自 Bernal（2001, 391）。在这一页，我也探讨了安东尼·普留斯（Anthony Preus）令人感兴趣且又合理的建议：希腊语 atom 源于 Atum 而非 a-tom（“不可分割性”）。

119 Hornung（1982, 178; 1999, 128）. 这一符号在诺斯提文献中幸存，在 17 世纪作为符号∞（“无穷”）复兴。

落中，它明确指出，阿图姆也是“存在和不存在”。[120] 因此，这条蛇可能既代表邪恶，又代表无限大。认为皮同从 Pr Tm 演变而来，将可以间接地解释为什么与太阳有关的英雄打败恶蛇会成为一个几乎在整个世界流行的神话故事。[121] 阿图姆是一个永恒存在，并不表示它具有预言能力。的确，尽管其他一些埃及神灵的预言保留了下来，阿图姆却没有一个。尽管如此，阿波庇斯和阿图姆之间在埃及语中的歧义解释了在德尔斐和阿波罗打斗的皮同与发布神谕的女祭司皮提亚（Pythia）之间的语意模糊。

第九章提到，Pithona Civitas（皮索那城）是罗马人对 Pr Tm 的一个称 469
呼，这至少表明，在古代，某个民族看到了皮同和 Pr Tm 之间的联系。[122] 虽然这一联系不能提供确实的证据，但是它增强了两者之间在语义和语音上的同一性。

如果 Pr Tm 和它的俄耳甫斯式 * 的崇拜是皮托和皮同的词源的话，那么在阿耳特弥斯和阿图姆之间将会产生一个令人不快的关联，前者协助年轻的太阳神阿波罗杀死敌人阿波庇斯，后者则是一个黄昏的太阳神以及永生的蟒蛇。此外，德尔斐的阿波罗崇拜的关键人物是 Πυθία（皮提亚），米利都附近的信奉阿波罗·迪迪摩斯（Didymos）的神谕所中有一个阿耳特弥斯女神，她的一个描述词是皮提亚。[123]

皮提亚为阿波罗神的助手和那个在雄性蟒蛇-龙被杀之后继续作恶的雌性怪兽之间提供了一个联结。根据荷马《献给皮提亚的阿波罗的圣诗》（*Hymn to the Pythian Apollo*），母龙居住在德尔斐背后的山里，劫杀旅人。[124] 怀有敌意的 Λαπίθαι（拉庇泰人）和 Φλεγυαι（弗勒古埃人）——这些名称的可能的埃及语词源已在第九章探讨——显然代表着当地人对新殖民者的抵抗。[125] 因此，他们比神话传说更为古老。其他一些被描写为动物的鬼怪，其中包括 Σύβαρις（锡巴里斯）和 Λάμιᾰ（拉弥亚）。这些名称可以追溯到埃及语 *sbꜣ（“鬣狗、豺”）

120　在人物图 18（164）中，霍尔农（Hornong）展示，衔尾蛇被放置在了两头狮子上，狮子是阿图姆的标志。

121　关于其他文化中类似的传说，参见 Fontenrose（[1959] 1980, 121-216）。

122　参见 Gauthier（1925-31, 2: 60）。另见上文第九章，注释 171。

*　俄耳甫斯式：原文为“ophic”，疑为“orphic”之误。——译者注

123　Farnell（1895-1909, 2: 579）.

124　*Homeric Hymn* 3: 356.

125　本书第九章，注释 48—49、176—177。

和闪米特语 *labi˃（“狮子、野猫”），它们已在第十五章探讨。[126]

即便野蛮的皮提亚和狮子之间的这一关联不能成立，丰滕罗斯又发现了另外一种关联，存在于她和底比斯的斯芬克斯之间。他宣称，《献给皮提亚的阿波罗的圣诗》中描写了一场这个怪兽和她的受害者之间的比赛，类似于斯芬克斯要求所有旅人回答的谜语。[127] 斯芬克斯的谜语也与德尔斐的皮提亚宣布的谜一般的神谕类似。

斯芬克斯

一方面，巴比伦人和迦南人将黄昏理解为女性；另一方面，埃及人的主流画像将其刻画为男性，这两种观念的差异，也在他们对斯芬克斯的刻画方面有所类似。我们对斯芬克斯的想象基本上被吉萨大斯芬克斯所塑造，但是这个大雕像与公元前 2 千纪的斯芬克斯极为不同。古王国时期的一个带翼的实物保存
470 了下来。从公元前 2 千纪的转变以来，这种类型的斯芬克斯不仅在埃及成为标准，在巴比伦尼亚和叙利亚也成为标准。在希克索斯时代，斯芬克斯雕像大规模增加，这表明，像类似的格里芬（griffin）一样，斯芬克斯成为移动迅速并且贪婪的入侵者的象征。[128] 沃利斯·巴奇（Wallis Budge）认为，埃及宗教文献中相对缺少涉及斯芬克斯的内容，这是因为这个神话传说中的野兽和被憎恨的外来侵略者之间的关联可以被明显地感知到。[129] 与希克索斯人的联系能够解释为什么这个吉萨纪念物在图特摩斯四世修复它之前被忽视了很长时间（一个多世纪？）。

像格里芬一样，直到陶器时期即弥诺斯中期 II 期结束时，斯芬克斯都没有出现在克里特，根据修正的古代模式，这个时间恰好位于被提到的希克索斯人入侵之前。在弥诺斯中期的克里特和迈锡尼时代的希腊，斯芬克斯成为一个流行的主题。公元前 2 千纪后半期，爱琴海周围世界和东地中海其余地区一样，斯芬克斯日益被刻画为女性 / 雌性。这种肖像与卡德摩斯神话体系中的怪兽的角色完全吻合。

---

126 本书第十五章，注释 140—141。

127 Fontenrose（［1959］1980, 59）.

128 参见第二卷，第 373—377 页。

129 Budge（1904, 1: 472）.

根据神话学家帕莱法托斯（Palaiphatos）的观点，底比斯的斯芬克斯是卡德摩斯的第一任妻子。她被认为跑到了位于底比斯西北方向的 Φίκιον 即斯芬克斯山，从那里威胁底比斯城。其他作家在她的位置上有不同意见。欧里庇得斯认为她居住在卡德米亚，即底比斯的王宫里。[130]

有趣的是，索福克勒斯将阿耳特弥斯定位在同样的地点，高于市场（Agora）的地方。帕萨尼亚斯描写这个地点的一个献给阿耳特弥斯的神庙，庙前立着一个石狮。[131] 根据普鲁塔克的观点，彼奥提亚和洛克里斯的每个市场都设置有献给阿耳特弥斯的祭坛或阿耳特弥斯的雕像。[132] 并且，巨大的石狮雕像可见于忒斯皮埃（Thespiai）和喀罗尼亚（Khaironeia），纪念在这里阵亡的底比斯人。在提洛岛阿波罗（同时也是阿耳特弥斯）的诞生地的圣地上，存在着一条公元前 7 世纪的石狮大道。[133] 狮子与太阳有关联，在希腊，它与阿波罗有关联。正如 Bɜst 和 Tmt 被表现为狂暴的狮头神 Sḫmt 一样，阿耳特弥斯与雌性斯芬克斯联系在一起。

只要你考虑一下阿耳特弥斯和野兽们之间的关联，这个观点就不令人惊奇了。她是一位猎人，但是和雅典娜相像，两者经常被混淆。在美索不达米亚、叙利亚和爱琴海艺术中，她可能被描绘为“女兽主”。西奥多·加斯特（Theodore Gaster）做出一个合理的解释，将她和凶残的迦南女神阿娜特（‘Anat）联系了起来。[134] 两位女神的追随者，像酒神女信徒们一样，据说会陷 471
入癫狂状态（σπαραγμός），将活的受害者撕碎并且吃掉。如乌加里特诗歌所写：

> 她吃他鲜美的肉，不用刀；
> 她饮他鲜红的血，不用杯。[135]

卡德摩斯和欧罗巴的名字以及雌性狮怪和女性太阳神的这些特征，表明西

130 相关参考文献，参见 Fontenrose（[1959]1980, 310, n. 65）。

131 *Oedipus Tyrannus*, 1: 161; Pausanias 9: 17.1.

132 Plutarch, *Aristides*, 20，引自 Frazer（1898, 5: 56）。

133 参见 Hampe and Simon（1981, pll. 450-1）。

134 Gaster（1961, 110-4）. 维德伯格-汉森补充了二者间其他的相似性，参见 Hvidberg-Hansen（1979, 1: 91-4）。这些相似性不包括阿娜特、奈斯和雅典娜之间的紧密联系；参见本书十二章。维德伯格-汉森提到了塞浦路斯的伊达里昂，在那里存在这对阿娜特和雅典娜的共同崇拜，参见 Hvidberg-Hansen（1979, 1: 84-7）。

135 参见 Astour（1967a, 180）。关于原文译本的讨论，参见 Hvidberg-Hansen（1979, 1: 92）。

闪米特对底比斯神话系统的影响。另一方面，许多埃及特征也在其中发挥了作用：阿波罗、阿耳特弥斯和斯芬克斯的名字，以及太阳神和狮子之间的关联。此外，底比斯的斯芬克斯之名明显和吉萨的大斯芬克斯的谜语类似：

什么会发声，并且会从四条腿变成两条腿再变成三条腿？

对此，俄狄浦斯的回答：

是人。因为，婴儿时期，人用四肢爬行；老年时，人需要依靠拐杖走路。[136]

弗雷泽认为这个谜语是世界性的，在其他类似的谜语中，他引用的一条来自今天的赞比亚：

什么早上四条腿走路，中午两条腿走路，晚上三条腿走路？答案是人……[137]

有趣的是，弗雷泽也引用了一条来自蒙古的类似谜语，但没有提到下面这个例子，这个更加类似的谜语存在于《拉和伊希斯的神话》（*Myth of Ra and Isis*），在神话中，拉说：

我在清晨是Ḫprr，我在中午是Rēʿ，我在黄昏是Tm。[138]

上升和下降，不仅适用于描述太阳在天空中的运行轨迹，并且也适用于描述人生命运的变化。[139] 因此，埃及的斯芬克斯和希腊的斯芬克斯，虽然在性别上和外貌上存在差异，但这两者之间无疑是有着密切联系的。

迦南神话和埃及神话对底比斯建城神话和底比斯斯芬克斯的故事的综合影

136　与此相关的书目，参见 Frazer（1898, 5: 139）。

137　同上注。另见 Frazer（1921, 1: 347, n. 2）。

138　巴奇翻译的《拉和伊希斯的神话》（*Myth of Ra and Isis*）有些用词差异，参见 Budge（1904, 1: 352, 354）。巴奇在 1895 年最先出版了这条谜语。

139　参孙的名字源于闪米特语 √sms（“太阳”），他的力量也有着类似的涨落起伏。

响，非常符合彼奥提亚文化和底比斯文化的其他许多特征，这些问题已在这几卷书中的其他部分探讨。[140]

德尔斐、子宫、海豚以及其他

与阿波罗崇拜有关的核心词汇来自亚非语，有可能是闪米特语，也有可能 472
是埃及语。尚特莱纳在一个标题之下列出了一个词群：δέλφαξ (5)（“母猪”）；δελφίς 和 δελφîνος (5)（“海豚”），Δελφοί (H)（“德尔斐”、阿波罗之城和神谕所）；以及 δελφύς (4)（“子宫”）。最后与其有关的是 ἀδελφός (H)（“兄弟”）。

Δελφις 和 Δελφοί 有伊奥利亚方言的变体拼写 βέλφιν 和 βέλφοι。还存在着彼奥提亚方言词形 βέλφος 和 βέλφις。基于这些原因，弗里斯克和尚特莱纳同意，Δελφίς 来自一个唇软腭音，并且进一步认为 δελφύς 也是如此。弗里克斯提到伊奥利亚语 βέλφοι，虽然尚特莱纳认为它不典型而将其忽略。不过，他们都没有进一步明确提出这个城市名称来自一个唇软腭音。

δελφύς 来自一个唇软腭音，而它的类似词 *βελφύς 却不是。坚持这个观点的一个理由是，后者在印欧语中有同源词，如阿维斯塔语 gərəbuš（“动物幼崽”）和日耳曼语 kalb（“牛犊”）。这些同源词当然不能解释这个词群中的其他词汇，尤其是德尔斐这个词。有趣的是，这个城市名称在其他方言中有不同的拼写：Δαλφοί 可以相对容易地被解释为原始词形，或者，考虑到其他词汇中都普遍有一个 /e/，更有可能将它解释为逆构词。更有趣的是词形 Δολφοί，它可以被解释为一个唇软腭音的圆唇化的结果。考虑到这个词汇和 βέλφοι，这个城市名称和整个词群都似乎极其有可能来自一个唇软腭音词形 *g^wəlf。

一个同样令人感兴趣的动词词群可见于亚非语，或者至少可见于闪米特语和埃及语。在古兹语中，有一个词形 q^wəlf（“栓”）；在提格里尼亚语和阿姆哈拉语中，有词形 q^wäläfä（“锁”）。在阿拉伯语中，有一个换位形成的词形：qaffala（“锁”）。在提格勒语中，存在着两个词形 qäffäla 和 qälläfa，“锁”是它们的引申义。在古拉格语沃兰那（Wolane）方言中，qulf 在同一种语言中也可能指的是“从主房延伸到配房的长形木制横梁，凭借它来确保配房门口的牢固性”；qulf 可能指的是“在婚礼后数月，新娘对父母的回访”。在阿姆哈拉语中，

140　特别参见第二卷，第 78—153 页。

(tä)q^{w}älläfä 指的是“参加或紧扣在一起”。[141]

如上所述，√qlp 显然是一个亚非语词根，尽管带有这一词根的库希特语词
473 汇可能是来自闪米特语的借用词。不过，埃及语 qɜb（“双的、双倍于、肠子”）似乎与一些闪米特语词形有关联。迦南语有一个词根 √qrb qereb（“里面的部分、内脏 / 肠子”）。并且，闪米特语中有一个类似的词根 √kpl（“双的、重叠在一起的双份”）。在阿拉伯语中，kafal 指的是（“左右臀部等”）。迦南语被动分词 kåpul 似乎是拉丁语 copula（“联系、用链锁拴在一起”）的词源，因此也是法语和英语“夫妻”（couple）的词源。埃尔努和梅耶认为 copula 来自 *co-apiō（“用……连在一起”）。但是，他们未能解释 /l/。

√qlp 和 √kpl 的两个词群有着不同的词义，它们怎么能匹配在一起呢？它们之间的基本关联是“连接”。这个连接可能或者是孪生子之间的连接，或者是子宫和胎儿之间的连接。印欧语专家长期困惑于印欧语词根 *bhrater（“兄弟”），它在整个语系中都得到了如此可信的证实，为什么在希腊语中却应该被具有狭义含义“兄弟”的 ἀδελός 代替。Φρατήρ 的泛义词义是“亲属”，它至今仍在使用。尚特莱纳解释 adelphos 中的 a- 来自印欧语 *sm̥（“同样的”），δελφύς（“子宫”）第一次被证实是出现在公元前 5 世纪希波克拉底的医药文献中。没有学者为 delphus 本身提出一个印欧语词源。希腊语中的解剖学术语存在着不确定性，表示子宫的词汇至少还存在着另外两个：第一个是 γαστήρ，泛指“腹部”，但有时候指女人“怀小孩”的器官；第二个是 ὑστέρα（“子宫”）。不管怎样，物理连接，通常是由一根绳状物连接，对于几乎所有带 delph- 的词汇的词义而言，具有非常重要的意义，并且，分娩必然会涉及脐带。

在希腊，许多宗教崇拜地点都放置有 'Ομφαλόι（“圣石”），它们和迈锡尼时代的坟墓有关。最出名的圣石（omphalos）与德尔斐的阿波罗神庙有关。在古代，它被认为是大地的中心。不过，omphalos 也指“肚脐”。有趣的是，德尔斐的这块圣石有时候会被用所谓的皮同的皮肤装饰，而皮同又是被阿波罗所杀。[142] 这个词有很多象征意义，但其中有一个是脐。

与分娩有关并且由脐带连接的词汇，它们在几乎所有带有 delph- 的词汇和

141　Leslau（1979, 3: 476）.

142　参见 Fontenrose（［1959］1980, 374-7）。

名称中处于中心地位。首先是 delphus（“子宫”），它在希腊医学中指的是子宫 hystera，这是公认的事实。子宫在孕妇的身体里到处漂动，造成“歇斯底里”（hysteria），所以需要固定或束缚。[143]

子宫漂动，需要固定；它有一个有趣的类似物，即提洛岛（Δῆλος），传说 474
中阿波罗和阿耳特弥斯的诞生地。尽管元音不同——/ē/（在多利亚方言中为 /ā/）与 /e/ 形成对比，但是这个岛屿名称可能是 δελφύς 的一个缩写形式。关于阿波罗在提洛岛上诞生的三个重要文献是：一、荷马《献给提洛岛阿波罗的圣诗》（*Hymn to the Delian Apollo*）；二、品达《献给宙斯的圣诗》（*Hymn to Zeus*）的残篇和另外一篇《赞歌》（*Paean*）；三、希腊化时代的诗人卡利马科斯的《献给提洛岛的圣诗》（*Hymn to Delos*）。卡利马科斯的圣诗是对荷马作品的详细扩充。一些更晚的作品来自这个诗人的原创（并且被认为最初的版本）；另外一些，则来自更为古老的材料。

三篇诗文都解释了为什么如此一个荒芜的小岛竟然会成为阿波罗和阿耳特弥斯的诞生地的谜团，荷马圣诗的要点是勒托（Λητώ）怀上了宙斯的孩子，遭到怀有恶意的赫拉的追逐，她到处为两个孩子寻找诞生地。一连串繁荣的岛屿出于害怕，都拒绝了勒托。最后，她来到了提洛岛。考虑到赫拉的权威，提洛岛既高兴又害怕，害怕被沉没海底。所以，提洛岛就要求勒托发誓保护自己并且使自己变得富有而又著名。分娩女神埃蕾提亚（Eilithyia）在受到了赫拉的阻挠后最终来到了提洛岛，勒托立刻在昆托斯山分娩。当时，她是在溪流 ’Ινώπος 边，扶着一棵棕榈树进行分娩的。埃蕾提亚这个名字的词源是闪米特语词根 *ˀElat（“女神”），已在第十一章探讨。[144] 昆托斯可能的埃及语词源，已在第十章中给出。[145] 据我所知，没有学者试图解释地名 Inōpos（伊诺普斯）。勒托女神是在这个溪流附近进行分娩的，这给它提供了一个线索。[146] 这个说法暗示着，它可能是来自埃及语 ỉnpw（“王室的孩子们”）。但是，它与 ỉnpw（阿努比斯神）是同形同音异义词，在古科普特语中转写为 Anūp，在希腊语中转为 Anoubis。这表明它的第二个音节是一个后长元音。

143　Aristotle *De Generatione Animalia*, 776 a: 10.

144　本书第十一章，注释 60—61。

145　本书第十章，注释 81—82。

146　*Homeric Hymn to the Delian Apollo*, 1: 18. 关于在婴儿被水洗礼的背景里对福波斯名字的讨论，参见第九章，注释 21—22。

品达也对故事进行了扩写，他声称“提洛”仅仅是该岛的“凡间”名称，它的神界名称是 'Αστερία（“星星”）。她被认为曾经是一个宁芙，为了躲避从天而降的宙斯的追逐，变成了一个漂移的小岛。赫西俄德将阿斯忒瑞亚（Asteria）[*] 视作勒托的一个姐妹，一个合理的解释是，勒托女神是“戴着面纱的女神”即黑夜女神，她应该与阿斯忒瑞亚即星星有关。[147] 这个说法可以解释勒托为什么选择这个小岛了。卡利马科斯更为系统地讲述了《荷马史诗》和品达圣诗里的故事。
475 它认为阿斯忒瑞亚是这个漂移的岛的更为古老的名字，提洛是这个岛被固定之后的名字，它被固定是为了方便阿波罗的出生。[148] 这在埃及神话中有个类似观念，在一些最古老的传说中，天空是被四个柱子 (N30x) 在支点上固定和支撑的。[149] 提洛岛被固定得如此牢靠，以至不像其他基克拉泽斯群岛岛屿，它从未遭受过地震。即便如此，对地震的担心仍然存在。维吉尔提到，阿波罗“发现它（提洛岛）在大海上漂移，从一个海岸到另一个海岸。由于这是他的诞生地，出于对母亲的孝敬，他将这个岛牢牢地拴在了高耸的米科诺斯岛（Mykonos）和基亚罗斯岛（Gyaros）之间”[150]。为什么他要提到小岛基亚罗斯（Γύαρος）呢？这个岛提洛岛有五十多公里远。提到米科诺斯岛（Μύκονος）则无甚惊奇，两个岛相距不到 2 公里远。米科诺斯有一个极为可能的词源，它是闪米特语词根 √kwn（“变得固定的”），带有一个方位前缀 m-，在希伯来语中的发音为 məkōnåh（“固定的休息地、基地”）。这个词源与神话故事吻合。

岛屿 'Ρήνεια、'Ρήναια 或 'Ρήνη，它甚至比米科诺斯岛还近，与提洛岛相隔只有 700 米。它有时也以俄耳提癸亚（'Ορτυγία，“鹌鹑岛”）为人知晓。不过，根据《荷马史诗》的记载，阿耳特弥斯生在俄耳提癸亚（Ortygia），它确实和提洛岛不是一个岛。斯特拉博认为，俄耳提癸亚指的是勒内亚（Rheneia）。[151]

---

* 阿斯忒瑞亚（Asteria，或译“阿斯特瑞亚”），星夜女神。在古希腊神话中，有三位夜女神：尼克斯（Nyx），代表着夜晚本身，为混沌之神卡俄斯（Chaos）所生；勒托，代表着无星无月的夜晚，为提坦神光明女神福柏（Phoebe）所生，她本人生育了象征光明的阿波罗和阿耳特弥斯这一对孪生神；阿斯忒瑞亚，代表着星光璀璨的夜晚，她是阿耳特弥斯的妹妹。——译者注

147 Hesiod, *Theogony* 2: 406-9. 参见 Bing（1988, 101）。关于勒托被认为“带着面纱”，参见第十四章，注释 29。

148 *Hymn to Delos* 1: 273.

149 Budge（1904, 1: 156-8）.

150 Virgil *Aeneid* 3: 79, trans. Jackson Knight（1958, 77）.

151 Strabo 10: 5.5.

认为提洛岛是阿波罗的诞生地而俄耳提癸亚 / 勒内亚是阿耳特弥斯的诞生地的观点，能够解释为什么公元前 6 世纪晚期萨摩斯僭主波吕克拉底将两个岛用一条链锁连接在一起，明显将勒内亚献给了阿波罗。[152] 另外一个原因是提洛岛需要固定。波吕克拉底的实际固定，可能启发了维吉尔，他在神话中试图将提洛岛固定到米科诺斯岛上。

勒内亚这个名称有许多可能的埃及语词源。从语音上分析，rny（“牛犊”）是最佳的词源。[153] 科普特语 roūne 表明存在着一个包括 /ā/ 在内的早期双元音。词形 *rā?ne 与希腊语 Rheneia 对应得极好。将一个较大的岛屿附近的小岛命名为“牛犊”并非不常见。例如，人岛（the Isle of Man）附近有一个人仔岛（the Calf of Man off）。因此，尽管比提洛岛大，但是勒内亚岛仍有可能被称为“米科诺斯岛的幼崽”。Rny 属于一个更大的词群 *rn，后者带有一般词义“年幼的”。由于存在着不同的标准写法，rnn 可能指的是“欣喜、爱抚、抚养、喂奶”，即 （B6），rnnt 指的是“喂奶”。Rnnt 是哺育女神。存在着这样一个词源的地理名称与女神的诞生地符合。

许多学者都讨论了与提洛岛神话类似的埃及神话，一个“漂移的”岛 χέμμις，阿波罗和阿耳特弥斯在那里诞生。希罗多德解释，在埃及，阿波罗 476
是荷鲁斯，阿耳特弥斯是布巴斯提斯。[154] 现代学者彼得·宾（Peter Bing）对这两个神话故事提出质疑，他指出：在埃及神话中，神子出生时，岛屿才立刻漂移；而提洛岛为了两位神的出身而被固定了，它在此前是漂移的。不过，宾同意，在这两个神话故事之间存在着其他许多的类似处。其中的一些情节首次出现在卡利马科斯的诗篇中，因此，它们可以被解释为他试图借以取悦他的埃及雇主。其他类似情节很难被否定。勒托扶着一棵棕榈树生孩子——可能但又不太可能是在一个荒凉的基克拉泽斯岛屿上——的形象出现在《荷马史诗》里。[155] 有趣的是，两个孪生神在昆托斯山上诞生，而这个山的名字有可能来自 Kɜ n<u>t</u>r。[156] 如上所述，伊诺普斯河这个名称也有可能来自埃及语

152　Thucydides 3: 104.2.

153　Rny/*ră?ne 为动词词素 ‘ρην（“羊或羔羊”）提供了一个极佳词源。尚特莱纳否认它同日耳曼语或凯尔特语 *rein*deer 中的 *ren 的任何联系，但是他没有给出任何可供选择的词源。

154　Herodotos 2: 156.

155　*Hymn to Delian Apollo*, 117.

156　本书第十章，注释 81。

词源。在卡利马科斯将伊诺普斯河与尼罗河联系起来之前，这个词源一直没有得到证实。[157]

像德尔斐和提洛岛这两个被如此密切地联系在一起的地名之间出现大致类似之处极有可能是因为它们有共同的词源。词汇 delphus（“子宫”）的情况大概就是这样，它既是“被束缚的器官”又是脐带源头。一大一小相连接的观念也有助于解释 delphax，带领着一群仍在吃奶的小猪的“母猪”。后缀 -ax 用于表示动物和下等人。Delphis（海豚）和 Delphinos（海豚星座）的词源相当难找寻。一种可能是，海豚因为鼻子长得像猪，所以与猪有关联。在苏美尔语和阿卡德语中，表示海豚星座（Delphinus）的名称是“猪”。[158] 最后一个词汇是 δάφνη (H)（达芙妮），月桂树，阿波罗的神圣植物。由于未能找到一个印欧语词根，而且它存在着诸多方言的不同拼写，弗里斯克和尚特莱纳将其描述为“不能解释的地中海语词汇”，虽然它的一个变体 λάφνη 鼓励他们认为它和拉丁语 laurus 之间存在着关联。考虑到宗教崇拜关联，Daphnē（达芙妮）更有可能是 *delph 经过换位变化产生的衍生词。

对阿波罗和阿耳特弥斯的总结

阿波罗是一位朝日之神、再生之神、完美之神和医药之神，阿耳特弥斯是一位落日之神、黄昏之神、狩猎之神和后来的分娩之神。他们展现了青铜时代和早期铁器时代东地中海地区的宗教复杂性。两位神的一些侧面是纯希腊的：
477 对孪生神的弓箭的强调和阿波罗驾着战车游历。荷鲁斯、Ḥprr 和 Tm 则是乘着船从天空驶过。其他特征证明了闪米特的影响，如：伊斯墨诺斯与医疗有关的描述词、河流名称拉冬、重要的词根 q^wəlf、勒托这个名字、Apollo 这个名字不带送气音的读法，以及落日之神是女神的事实。[159]

然而，这两个神的基本特征是埃及的，包括：太阳运行的三个阶段，阿波斯和阿耳特弥斯、昆托斯和伊诺普斯这些名称，漂移的岛，与医疗和再生的关联，以及与狮子和斯芬克斯的关联。还有与分娩、完美和音乐的关联，已在第十章讨论。这种大杂烩导致的结果不仅仅令人难以理解，更是极好的丰富。

157 参见 Bing（1988, 137, nn. 89-90）。

158 Bobrova and Militarev（1993, 317）.

159 对阿波罗・阿米克莱（Apollo Amyklai）的相关讨论见第二十一章，注释 88—96。

其他奥林匹斯神族成员

在前面的几章里，我讨论了名称阿芙洛狄忒，名称赫尔墨斯和雅典娜将在此后几章讨论。[160] 在 B 类线形文字中没有出现阿瑞斯的名字，但是出现了 Enuwarijo，即 ’Ενυάλιος（恩雅利乌斯），他也是一位战神，后来与阿瑞斯混同。弗里斯克称它为“不能确定词形和词源的前希腊语名称”。尚特莱纳同意这种观点。事实上，像女战神 ’Ενυώ 一样，它的词源是明显可查的。它来自 in ḥrt，埃及的战争之神，后来以奥努利斯（Onuris）闻名。[161]

名称 Ἥφαιστος（赫淮斯托斯）也没有出现在 B 类线形文字中，但是文特里斯和查德威克似乎合理地提出，赫淮斯托斯这个人名源于 Apaitijo。[162] 尚特莱纳表示赫淮斯托斯的词源“特别模糊不清”。作为工匠神，赫淮斯托斯的埃及对应神或原形是 Ptḥ，即普塔（Ptah）。[163] 其换位词 *Ḥpt 将与 (H)Apaitijo 很好地匹配，尽管赫淮斯托斯名字中的 /s/ 出现了一些难题。大体上，我不会接受这一换位词。不过，就这种情况而言，紧密的词意匹配和宗教禁忌的可能性或交替现象使它可以被接受。

本章前面的内容提到，帕萨尼亚斯在描述特洛曾的古老的阿波罗神圣域时，该名称的辅音没有处在正确的位置。根据传说，这个圣域是由珀罗普斯之子皮透斯（Πιτθέυς，Pittheus）修建的。他来自伊利斯，到特洛曾进行统治。在埃及，普塔和阿图姆与女狮神塞克美特（Sekhmet）成对出现，塞克美特的希腊对应神是阿耳特弥斯。献给阿耳特弥斯的神庙可见于特洛曾的市场。这个神庙中设有献给冥界诸神的祭坛。在孟菲斯，三位神普塔、索卡里斯（Sokaris）和奥西里斯被视为冥界的神灵和判官。由于与这些祭坛相关，帕萨尼亚斯提 478
到了奥西里斯的希腊对应神狄奥尼索斯。他进一步描写神庙背后的“皮透斯之墓”，其上立着“三把白色大理石雕刻的椅子。他们称，皮透斯等三人坐在这些椅子上，担任法官”[164]。他又描写道：“离此不远，是缪斯们的圣域：他们说，

160　关于阿芙洛狄忒，参见本书第九章，注释 128—137；关于赫尔墨斯，参见第二十一章；关于雅典娜，参加第二十二章。

161　参见 Junker（1917）。

162　Ventris and Chadwick（1973, 127）.

163　关于埃及、西闪米特和希腊的诸神的复杂情况，参见 Bernal（2001, 303-4）。

164　Pausanias 2: 31.2-3, tr. Frazer（1898, 1: 119）.

它是由赫淮斯托斯之子代达罗斯（Ardalus）建造……他们说，在这个地方，皮透斯教授修辞技艺。我读过一本由一个埃庇道鲁斯人写成的书，它看起来像是皮透斯的专著。”[165]

在孟菲斯神学体系中，普塔因为能通过他的舌头给予其他神生命并掌握着语言能力而被信奉。普塔神与舌头的联系也在《亡灵书》中提到，并且“书写”也可能与这位神有关联。[166]

神王宙斯

宙斯和阿蒙神之间的等同可以明确地追溯到公元前 5 世纪，诗人品达的著名诗句中写道：“阿蒙，奥林匹斯山的主人。”事实上，位于多多纳的宙斯神谕所与位于锡瓦（Siwa）和底比斯的阿蒙神谕所，这些古老的神谕所之间的联系表明，两位神之间的等同可以追溯得更为古远。[167]

在《希腊宗教》关于宙斯的章节中，沃尔特·伯克特准确地指出，宙斯的名字和本质之间的差异：

> 宙斯是希腊神名中唯一在词源学上完全明晰的名字，也是实际上唯一长期被视为印欧语语义学的标准例词。同样的名字也出现在印度的天空神 Dyaus pita（特尤斯）、罗马的 Diespiter/Fuppiter（朱庇特）、日耳曼的提尔-日（Tues-day）中，并且其词源可见于拉丁语 deus（“神、死亡、白天”）、希腊语 eudia（“好天气”）。因此，宙斯是天空神，即阳光普照的天空……只有希腊人和罗马人把这位天空神当作最高神，并且雷雨神也是他的主要身份：宙斯远远不是词源所暗示的天气神。[168]

165　Pausanias 2: 31.4, tr. Frazer（1898, 1: 119）.

166　关于该原文的一种翻译，参见 Lichtheim（1975, 51-7）。另见 Junge and Luft（1973），在其中，他们试图将这一文献描述为第二十五王朝的一部伪作。施吕戈尔（Schlögl）遵循默雷的观点，论证新王国时期是一个折中的年代，参见 Schlögl（1980, 110-7）以及 Murray（1949, 47）、Lichtheim（1980, 56）。

167　Scholiast to Pindar *Pythian* Ode 9.53, frg 36 in Race（1997, 2: 237）. 关于品达对阿蒙神的热衷，参见 Pausanias 9: 6.1。关于多多纳、锡瓦和底比斯的神谕之间的联系，参见 Herodotos, 2: 53-7；相反，埃劳德对此有所质疑，参见 A. Lloyd（1976, 251-4）。

168　Burkert（1985, 125-6）.

此外，宙斯和朱庇特是神王，而印度的特尤斯和日耳曼的提尔（Tiwe）在各自的神族中是一个不重要的角色。

在这个问题上，有必要指出这个希腊神有两个主要名字：Δîος（丢斯）和Ζεύς（宙斯）。尚特莱纳认为这两个名字基于两个词干构成：（1）*dei-w-，拉丁语 dī́uos 和梵语 devá 来源于此（当然还有希腊语 Dios）；（2）*dy-eu 或 *dy 479
ēu-，他认为宙斯来源于此。第一个词干毫无异议，第二个词干以及 diwe 和 Zeus 之间的关联在更大程度上是推测。

由于希罗多德没有将宙斯列入非埃及起源的神名中，学者们应该严肃地考虑它是否存在着一个埃及语词源。引人注目的是，宙斯没有被等同于埃及的拉神，后者是天空中明亮的太阳神；而是等同于阿蒙神，即神王，同时是神谕、公羊和雷电之神。

阿蒙作为神王的形象与底比斯作为埃及的首都联系在一起。这种情况在第十二王朝和第十八王朝得的证实，当时存在着 Nsw Nṯrw（“诸神之王”）的称号。[169] Nsw<Nzw 本身为宙斯提供了一个极佳的词源。希腊语词形 Αμονρασωνθηρ（AmonRa-sōnthēr）表明，nsw 中的字首 n- 被去掉了；虽然它可能发浊音，但是其后的咝音则变成了 /z/（nthēr 是表示“诸神”的科普特语复数词形）。[170] 虽然在这一转写中，-w 变成了 -ō，但是，我在第六章中探讨后缀 -eus 来自埃及语 -w 的时候，采用了奥尔布赖特的论证，即埃及语中的 /ū/ 可能会被插音化（epenthesize）为 /eū/。[171] 这一转变似乎出现在公元前 2 千纪末，宙斯这个名称可能是在当时传入的。宙斯没有在迈锡尼文献中被提到过，但是 Diwe 被提到过，并且他与 Hera（赫拉）/Era 是夫妻，这就证实了它不仅与后来的丢斯（Dios）存在着明显关联，与宙斯也同样如此。[172] 这种情况被表示宙斯的其他名字混淆：Ζᾶν，其宾格词形为 Ζῆν(a)。这一名字似乎来自表示“小牛、小山羊和小绵羊”的迦南语词形 ṣo˃n <*ṣa˃n。宙斯和阿蒙都等同于公羊。

最不太可能的解释构想是，假设迈锡尼时代存在着一个具有阿蒙神特征的神，但是像后者一样，他的名字指的是“隐藏的”。他有一个秘密的名字，只

169　参见 Otto（1975b, col. 243）和 Bedge（1904, 2: 4）著作中的人物像。

170　被奥托引用，参见 Otto（1975b, col. 243）。

171　本书第六章，注释 12。

172　Ventris and Chadwick（1973, 125）.

是被简单地称为印欧语的 Diwe（“天空、神”）。在青铜时代晚期的某个时候，与 Diwe 类似的埃及名字 *Zeu 和迦南语 *ṣa>n 传入希腊并且与 Diwe 合并，形成了不同方言中被混淆的不同格变化（declensions）。

其他神

在前面的几章里，我为其他一些神提供了埃及语词源，其中包括 Πλοῦτος（普路托）、῞Αιδης（哈德斯）和 Δάειρα。[173] 在第二卷中，我提出，年老干瘦
480 的魔法女神 ῾Εκάτη（赫卡忒）的名字源于埃及丰产的蛙女神 Ḥqt，并且可能还受到了 Ḥkɜw（“魔法”）的影响。[174] 根据阿卡德语的一个转写，拉神的妻子 Rʿt 的名字的发音为 Riya（莉亚）。这就使得它成为 ῾Ρέα（瑞亚）的一个良好的备选词源。Rʿt 是一位太阳女神或天空女神，而瑞亚（Rhea）是一位与洞穴有关的地府之神，两者之间存在着巨大的差异。而 Rʿt 被证实等同于天空女神 Nwt，这就使两者之间的差异得到了调和。需要指出的是，Nwt 的星座形象被画在坟墓和棺材的顶棚或顶盖上，保护死者的新生，这正和瑞亚保护年幼的宙斯一样。在希腊化时代，瑞亚被等同于 Nwt。

关于 Πᾱ́ν（潘）源于 *pɜ ỉm（“呻吟”）以及其他词汇的词源分析，参见第二卷相关章节。[175] ῎Ατλας（阿特拉斯）的埃及语词源和 ’Ωκεανός（俄刻阿诺斯）可能的苏美尔语词源，也参见该处。[176] Οὐρανός（乌拉诺斯）和 Κρόνος（克洛诺斯）的埃及语词源已在前几章探讨。[177]

希罗多德的非埃及起源神名

希罗多德宣称“**几乎**所有的神的名字都是从埃及传入希腊的”，这就说明他的列表中更有可能存在着例外：波塞冬、狄奥斯库里（Dioskouroi）、赫拉、赫斯提亚、忒米斯、美惠三女神和大洋神女（Nēreids）。赫斯提亚、忒米

173 关于这些词汇，参见本书第九章，注释 167。

174 杰伊·雅萨诺夫接受这一词源分析，私人通信，康奈尔，1985 年。

175 第二卷，第 171 页。

176 同上书，第 298—302 页。

177 本书第十五章，注释 99；以及第八章，注释 35—36。

斯和美惠三女神有明显的印欧语词源。狄奥斯库里指的是“年幼的神”。尽管 kuoros 明显是一个来自埃及语的早期借用语，但是合成词 Dioskouroi 显然被完全描述成了希腊语。[178]

在第一卷中，我提出，波塞冬的名字是由埃及语前缀 pз-（“定冠词 the”）或 pr-（“房子”）和西闪米特语城市名称 Sidōn（西顿）混合而成，西顿的名称源于狩猎之神希德（Ṣid）。这个词源不能确定，但我又找到了一个更可信的词源。[179] 在第二卷中，我进一步分析，波塞冬是一个绿洲之神和战车之神。[180] 我在第十四章中探讨了涅柔斯和大洋神女们的闪米特语词源。[181] 剩下的就是赫拉这个神名，它和相关词汇 hero，也在第二卷中探讨过。[182]

其他不在希罗多德非埃及起源的神名列表中的神，几乎明显来自闪米特语。其中包括：盖亚和得墨忒耳，见第五章；埃蕾提亚，见第十一章；赫尔墨斯，见第二十一章。[183] 尚特莱纳对神名哈德斯（Ἄιδης）写道“存在许多不确定的假设，书之不尽”。哈德斯是冥界的惩罚之神，他很有可能来自美索不达米亚 481
和叙利亚神 Hd(d) [（哈达德）“风暴神”或“雷电神”]。Ἄδωνις（阿多尼斯）源于闪米特语 ʿÅdôn（“主人”），已被普遍接受。[184]

诸半神

在第一卷中，我提出“尊贵的” >'Irpt 在希腊语中被转写为 ʼΟρπαις，带有后缀 -εύς（源于埃及语 -w），便变成了 ʼΟρφεύς（俄耳甫斯）。[185]

埃及语 ʿntyw，塞特的一个词形，它和赫拉克勒斯的对手 ʼΑνταῖος（安泰）之间的关联已在第二卷中论证。[186]

178　参见本书第八章，注释 50。

179　关于印欧语词源的讨论，参见第一卷，第 67 页。

180　参见第二卷，第 97—99 页。

181　本书第十四章，注释 34—35。

182　第二卷，第 106—120 页。

183　本书第五章，注释 163—167；第十一章，注释 59—63；以及第二十一章，注释 54—71。Herodotos 2: 50.

184　拉丁语 Antonius（安东尼乌斯）似乎更可能源于 >ådônî（“我的君主”）。

185　第一卷，第 71—72 页。

186　第二卷，第 114—115 页。

在《伊利亚特》第一卷中，阿喀琉斯提到，他的母亲忒提斯召唤“长着100只手……的 Βριάρεως”上到奥林匹斯山解救宙斯，他打败了赫拉、波塞冬和雅典娜的联合武力。[187]除了长着100只手之外，赫西俄德还描写他长着50个头，同样认为他威力强大。[188]

在第十章中，我探讨了埃及语 bꜣ (G29)（“灵魂鸟”）。[189]它的复数形式 bꜣw 有专门的词义“死者的灵魂、世界灵魂、权力、力量”。有时写作 b-ꜣ-w，带有一个表示神的义符 (A40)。通常简单地写作 (G30)。这个词形也有可能发 *bꜣꜣw 的音，这种可能性被词汇 bꜣꜣwt（“男性生殖力”）证实。词形 bꜣyw（“像巴一样的生物”）证明，甚至 *bꜣ(y)ꜣw 或 *bꜣꜣ(y)w 这样的词形也存在。世俗体 by 和科普特语 bai，也暗示存在着一个前元音。

神性、力量和至高无上以及多重性使得 bꜣ(ꜣ)w 和 briareōs 在语义上极为吻合，它甚至可以克服语音上的难题。

Ἴναχος（“国王和河流”）源于 ʿnḫ，已在第十章探讨。[190]

斯卡利杰尔（Scaliger）和博沙尔认为 Κάβειροι 明显源于闪米特语 Kabir（“大的、高尚的”），但自 K. O. 缪勒开始，这个观点就被古典学界否定；相关探讨，见第一卷和第二卷。[191]

Μοῖραι 的埃及语词源已在第十章探讨，Νέμεσις 已在第十二章探讨。[192]

在第二卷中，我详尽地讨论了 Μίνως（弥诺斯）来自埃及语 Mn 的词源演变。[193]我也将他的兄弟 Ῥαδαμάνθυς 的名字追溯到 *Rdì Mnṯw（“Mnṯw 给予”
482 或“已经给予”）。[194]在对我的作品的评论中，约翰·贝恩斯（John Baines）论证，Mnṯw“在埃及神谱处于第二等级”，影响力仅限于上埃及的底比斯诺姆，因此它不可能影响到爱琴海尤其是克里特岛。[195]我的回复是，再一次重申 Mnṯw 是第十一王朝的保护神，那些来自这一地区的法老被命名为 Mnṯw ḥtp。随后的

187 *Iliad* 1: 2: 399-405. 另见本书第七章，注释 59。

188 *Theogony* 1: 147.

189 第十章，注释 55。

190 第十章，注释 112—113。

191 第一卷，第 483 页，注释 113；第二卷，第 629 页，注释 20。另见本书第十六章，注释 123。

192 第十章，注释 163—166；第十二章，注释 18。

193 参见第二卷，第 171—178 页。

194 第二卷，第 179—182 页。

195 Baines（1996, 45）.

第十二王朝，法老们将从北方获得的战利品存放于著名的“透德宝藏”（Tôd Treasure），而这个金库是在 Mnṯw 神庙发现的。第十一王朝的统治位于公元前 2000 年前后数十年，此时，克里特岛的王宫已经建立。[196]

῎Ογκα 是拉冬河即“龙”河附近的底比斯的雅典娜的绰号，埃及女神 ʿnqt 后来被转写为 Anukis，Anukis 女神也带有这样的特征。在第二卷中，我列举了 ῎Ογκα 等同于 ʿnqt 的根据。[197] 写到这个地方，我已发现阿卡狄亚特尔福萨附近不规则喷涌的拉冬河河畔的阿波罗，也以 ’Ογκειάτας 为人熟知。[198]

也是在第二卷中，我将 Πήγασος (H) 追溯到埃及语 pgs（“吐出”）、*pꜣ gḥs（“瞪羚”）和 gs（“速度”）那里。[199] 从亚非语角度来看，最后两个词汇可以来自相关词根 *gas/*gus（“移动”）和 *gaso˃（“羚羊”），它们在早期埃及语 gsꜣ 中得到证实。迈克尔・阿斯特非常详细地论述了 Βελλεροφῶν 来自闪米特语（阿拉姆语）* Beʿel rp˃(n)［“医疗之神巴力（Baal）”］的词源演变。[200]

神话生物

怪兽和恶人

Λαπίθαι（拉庇泰人）、Φλεγυαι（弗勒古埃人）、Σύβαρις（斯芬克斯）和 Λάμιἄ（拉米亚）的埃及语或闪米特语词源已在本章前面内容探讨。[201] 在第十章中，我提出了 Κένταυροι（马人）和 Σάτυροι（萨提尔）的埃及语词源。[202] 关于戈尔贡（Gorgon）的埃及语词源，将在最后一章探讨。Φόρκυς（福耳库斯）被视为一位海神，或海中的老人，性格怪异并且脾气暴躁的神灵、怪兽以及诸多怪兽的父亲。福耳库斯（Phorkys）没有印欧语词源，有可能来自 pꜣ wꜣḫi（“洪水”）。[203]

196 Bernal（2001, 42）.

197 第二卷，第 102—103 页。

198 Pausanias 8: 25, 11，以及 Farnell（1895-1909, 4: 107）。另见第二卷，第 102—103 页；以及下文第二十章，注释 93—94。

199 第二卷，第 94—95 页。

200 Astour（1967a, 225-39）.

201 上文注释 126。

202 第十章，第 49—53、70—72 页。

203 参见 Fontenrose（［1959］1980, 238）。

次要女神：宁芙和缪斯

宙斯情人们的埃及名称包括第一卷探讨的伊娥（Iw/）以及第二卷探讨的
483 来自 smзt（“王妃”）的塞墨勒（Σεμέλη）和来自 *rẖt ỉmn（“阿蒙神的朋友”）的阿尔克墨涅（Αλκμῆνη）。[204] 勒托（Λητώ）的闪米特语词源已在本章前文探讨。第十一章的大部分内容探讨的是宁芙们和缪斯们的性格和名字中的非希腊特征。[205] 在第十一章中，我专门探讨了阿德剌斯忒亚（Αδραστεία）来自 Ḏrt nḏst（“较小的风筝”）等词源，阿德剌斯忒亚是保护婴儿宙斯或狄奥尼索斯的宁芙，Ḏrt nḏst 是奈芙蒂斯的一个绰号，她哀悼并使奥西里斯复活。并且，长着角的阿玛尔忒亚（’Αμάλθεια）来自 ỉmзt（“母野山羊”）。[206]

一些英雄

关于赫拉克勒斯的名字和性格与词汇 hero 本身的复杂性，已在第二卷探讨。[207] 阿喀琉斯（’Αχιλ(λ)εύς）源于可能的闪米特语–埃及语词源 *˃aẖi rw（“我的兄弟是狮子”），Πηλείων 来自 *pз rw（“狮子”），都已讨论过。[208]

我在第一卷中，讨论了达那俄斯（Δαναός）名字背后庞大的埃及语和闪米特语词群。[209]

恩底米翁（’Ενδυμίων）来自埃及语 nḏm（“甜蜜的”）的词语演变已在第十二章中探讨。[210]

已被证实的人名 Ddw mnw［“敏神（Min）给予……的人”］为伊多墨纽斯（’Ιδομινεύς，在 B 类线形文字中写作 Idomenijo）提供了一个合理的词源，伊多墨纽斯是弥诺斯的孙子、克里特的王子。[211] 克里特的弥诺斯和非洲的敏神之间的关系，虽然复杂，但又清楚可寻，已在第二卷中就其进行了详细探讨。[212]

204 第二卷，第 79—81 页。
205 上文注释 105。
206 第十一章，注释 49、58。
207 第二卷，第 106—122 页。
208 第九章，注释 31—36。
209 第一卷，第 96 页。
210 第十二章，注释 23。
211 Ranke（1935, 402-3）.
212 第二卷，第 169—175 页。

忒修斯（Θησεύς）的名字源于埃及语 tsw（“统帅”），已在第五章中探讨。[213]

卡德摩斯（Κάδμος）和他的名字清楚地源于闪米特语词根 √qdm，已在本丛书整个三卷中多次提及。雅典的建城者凯克洛普斯（Κέκροψ）可能源于第十二王朝法老森乌塞特（Senwosret）的王衔名——Ḫ̮pr kз Rʿ I、Ḫ̮ ʿ ḫ̮pr Rʿ II 和 Ḫ̮ ʿkзw Rʿ III，这个问题将在第二十二章中探讨。[214] Μελάμπους 和 Μέροψ 的埃及语-叙利亚语词源已在第十八章中提出。[215]

尚特莱纳将名字 Νεστωρ（涅斯托尔）归到动词 νέομαι（“返回”）的词条之下。他似乎合理地追溯到词形 *νέσομαι 那里，为它找到了一个印欧语词根，尽管有些不太确定。我们对涅斯托尔事迹的了解是，他是涅琉斯（Νηλεύς）的儿子，在派罗斯统治了两代人到三代人的时间，并在年老的时候远征特洛伊，并在那里成功扮演了一个讨厌的和事佬。不像其他希腊英雄，他没有遭遇太大困难就返回了家园，因此他的名字就与“返回”（neomai） 484
有了关联。涅琉斯和涅柔斯的名字一样，来自闪米特语词源，这个问题已在第十四章探讨。[216] 涅斯托尔另外一个词源很可能是埃及语称号 Nst wr（“巨大的宝座”）。[217] 这样的称号非常适合派罗斯，我们从 B 类线形文字档案中获知，那个地方在公元前 13 世纪存在着一个富有强大的国家。[218] 此外，这个称号经常作为一个官职使用。并且，作为一个称号，而非作为一个人，它对涅斯托尔的长寿做出了解释。

奥德修斯（’Οδυσσεύς）源于 wḏyt（“远征”），已在前文探讨。[219]

结　语

本章试图澄清开篇引用的希罗多德的观点：“几乎所有神的名字都来自埃及。”没有被他收录的神名有合理的印欧语词源或闪米特语词源，这一事实使

213　第五章，注释 126。

214　第二十二章，注释 179—193。

215　第十八章，注释 152—155 页。

216　第十四章，注释 34—35 页。

217　参见 Gauthier（1925-31, 3: 103）。

218　源于 pylē（“门口”）的一个可能的衍生词及 Pylos 可能源于埃及语“宫殿”这一词义上的 Pr 或 Pr з，已在第九章注释 135—136 探讨。

219　本章注释 48。

得他的观点变得更为合理。本章的重点是探讨那些无法解释的、神秘的神话传说人名，忽略了那些带有合理的印欧语词源的人名。不过，我相信，本章能够让我们获得超出希罗多德所列神名之外的知识，并且证明其他大部分可见于希腊神话传说中的人名，主要来自埃及语，其次来自闪米特语。

第二十章　地理特征和地理名称

导　语

地名有可能比词汇存在的时间更长久。关于史前史和历史，地名能够和语言提供同样多的信息，甚或更多。不像其他词汇，地名经常会在构造它们的语言消失后仍然存在。它们的语言起源能够为生活在遥远的过去的族群或统治者的语言提供重要的证据。例如，在美国和加拿大，18 个州和 3 个省的名字无法用任何一种欧洲语言加以分析。由于它们从东部的魁北克省和马萨诸塞州延伸至西部的犹他州和爱达荷州，一个人——即便没有历史证据或现在的语言学证据——也能够推论出在欧洲人到来之前，哥伦布发现美洲大陆之前的（Pre-Columbian）族群的生活区域横贯北美大陆。然而，西部、南部 4 个州（加利福尼亚、内华达、科罗拉多和蒙大拿）和东南部的 1 个州（佛罗里达）采用的是西班牙语名称，表明这些地区居住着西班牙语居民，或者至少受到西班牙语的影响。 485

不过，典型的政治名称不及那些自然特征名称甚或市镇乡村的名称传统。在英格兰，除了伦敦和那些带有拉丁语词尾 -castrum 的地名，只有非常少量的凯尔特语市镇名称被保留了下来。不过，尽管大部分常见的河流名称——埃文河（Avon）、德文特河（Derwent）、达特河（Dart）、唐河（Don）、奥塞河（Ouse）

486 以及特仑特河（Trent）——主要是采用英语命名的，但是像泰晤士河（Thames，又写作 Temis）和塞温河（Severn）等河流名称则是采用前凯尔特语（pre-Celtic）命名的。两个事实都是显而易见的，因为不列颠早在 2500 多年之前便有凯尔特语族群居住，并且，在除了康沃尔郡（Cornwall）之外的英格兰，英语（威尔士语）至少在 1400 年里没有被使用过。

它的缺席也是可以探明的。我们知道，英格兰是在公元 1066 年被诺曼人（Normans）征服的，并且在随后 300 年里的统治者讲的是法语。然而，极少有地名采用了法语，撒克逊人和丹麦人迁居此地的证据是相当牢靠的，大部分地名采用了他们的语言。

在巴尔干半岛，整体而言，几乎所有的地名都来自印欧语。希腊是最大的例外——事实上，它的任何一个古代地名都不能通过印欧语来解释。出于这一原因，古典学家们几乎完全放弃了去解读或者探讨它们。自 1905 年阿道夫·菲克（Adolf Fick）的著作《作为前希腊历史来源的前希腊语地名》（*Vorgriechische Ortsnamen als Quelle für die Vorgeschichte Griechenlands*）出版以来，学术界再也没有出现过关于这个主题的专著。[1] 从他的书里可以看出他只具有极少的语音学训练，并且完全缺乏语义学训练。他唯一可以探明的研究方法是拒绝考虑最明显的闪米特语词源，例如他明确否认希腊的河流名称 Ιαρδάνος 可以追溯到迦南语 Yardēn（“下降之河”）那里，Yardēn 即为约旦河（Jordan）。[2] 雅萨诺夫和努斯鲍姆也试图对这一语言借用进行质疑，详见下文。菲克的尝试以及布利根和黑利注定失败的冒险已在第一卷中述及，严格说来，古典学家们只剩下希腊地名尚未探讨。[3]

雅萨诺夫和努斯鲍姆为学术界的这一失察进行辩护，他们写道：“在理论上，名称几乎可以具有任何含义。”[4] 我对此不敢苟同，因为我认为，尽管名称经常只是作为名称被重复，但是最初的名称几乎总是有一个含义的，地名尤其是如此。我们屡次未能理解地名的含义，仅仅是因为我们不知道或者知道但没有意识到该名称形成时所采用的语言。不过，在假定一个具体名称源于一种未

1 罗伊（Loewe）的著作（[1936]1980）仅限于收录包含有神灵名称的地名。

2 Fick（1905, 83, 105）.

3 第一卷，第 48—49 页。

4 Jasanoff and Nussbaum（1996, 190）.

知语言之前，我们应该检查一下，它是否能够被我们已知的并且已经理解的语言解释。

我坚信，希腊地名研究未获得发展的原因在于，19 世纪和 20 世纪的学者们将这些地名视为未知的并且已经消失的前希腊语言的残余。他们极少考虑存在着这样的可能性，即许多地名似乎真的可以通过古代埃及语或闪米特语来解释。

我在这里所采用的研究方法，并不像批评者们所说的那样是“未经训练的”。在探析希腊地名的词源时，我坚持（1）两词之间必须存在着良好的语音 487
吻合，并且，（2）被假设的亚非语词根应该被证实是一个地名，或者（3）被假设的词源符合被命名的地方的自然特征。先前的学者没有将最后一个标准考虑在内。

自然特征

岛　屿

和其他地名一样，岛屿名称有时会从一个地方转移到另一个地方。例如，古代名称摩纳（Mona）曾经指称的岛屿现在以安格尔西岛（Anglesey）闻名，而它现在指称的岛名叫马恩岛（Isle of Man）。图勒（Thule）这个名称曾经指的是冰岛，后来指的是格陵兰岛，甚至还是设得兰群岛中富拉岛（Foula）的最初名称。爱琴海上的岛屿名称非常不稳定。例如，如果有人将基克拉泽斯群岛和奥克尼群岛（Orcadian archipelago）比较，就会发现明显的差异。在奥克尼群岛，除了波莫纳岛（Pomona）和大陆这两个名称之外，其他数十个岛屿都有独特的和固定的名称。正如我们看到的那样，在基克拉泽斯群岛，岛屿名称的情况却是相当地易变。两者之间的差异一部分原因与时间有关：奥克尼群岛的岛屿名称据记载仅存在了 1000 年，然而基克拉泽斯群岛的岛屿名称则存在了三四千年之久。另外一个解释是基克拉泽斯群岛的多语言属性，数千年来，印度-赫梯语、埃及语、西闪米特语和印欧语都在那里使用过，并且经常是同时使用。

在罗列这些岛屿名称之前，我们应该考查词汇 Νῆσος (H)（“岛屿”）本身。尚特莱纳宣称，该词源“未知”。Nēsos 的词义并不十分简单，它被用来表示半岛，也被用来表示被尼罗河淹没的淤积层。我为它提出了一个埃及语词源

nst。不过，这个词的字面意思是“王位”；它在作为地名使用时有时候和义符(N36)（“灌渠”或“水田”）连写。这个词形将暗示与尼罗河淤积层的对应。更切中要点的词汇是复数词形 Nswt tɜwy，它被用来表示远离尼罗河的山脉和沙漠。[5] 最后，nst 可能表示更广泛意义上的“位置”，如一个市镇、一个统治者甚或一个民族所处的位置。因此，它为 nēsos 提供了一个合理的词源。

岛屿名称：Ανάφη、Μεμβλιάρος。17 世纪，塞缪尔·博沙尔将这个毗邻锡拉
488 岛的小岛的名称追溯到希伯来语 ʿÅnåp（“阴凉的”）那里。[6] 他的这一词源分析是基于罗得岛诗人阿波罗尼奥斯《阿尔戈号历险记》（*Argonautica*）中一段话得出的：“（当黑夜让人烦躁之时，）黎明到来了，为他们带来了光明：他们（阿尔戈英雄们）在一片阴凉的树林里为阿波罗修建了一座辉煌的神殿和一个阴凉的祭坛。因为看到了遥远处传来的闪光，他们便召唤福波斯（Phoebus）这位‘光明之神’（aiglētēs），并且称那座光秃秃的岛屿为安那菲（Anaphe）……”[7] 因此，博沙尔的这个词源分析仅仅是一种可能。阿斯特认为安那菲源于西闪米特语 ʾănåphå（“猫头鹰的一种”）。

迈克尔·阿斯特对这段被引用的文字以及它前面的一段文字颇感兴趣：“……当他们在广阔的克里特海上航行之时，黑夜使他们惊慌失措。黑夜，他们称之为令人厌倦的黑暗：星光不能刺破致命的黑夜，月光也同样如此。但是，黑暗的混乱从天而降，或许有些黑暗来自地下最深处。”[8] 阿斯特关注的是名称 Μεμβλιάρος。希罗多德将这个人描写成一位与卡德摩斯（Kadmos）有亲缘关系的腓尼基人，定居在锡拉岛，然后被称为卡利斯忒（Kalliste）。在神话传说人物锡拉斯（Theras）即锡拉岛的命名人到来之前，他的子孙在这个岛上生活了八代之久。[9] 阿斯特根据拜占庭学者斯特法努斯的著述论证，蒙布里阿罗斯（Membliaros）最初并非人名，而是安那菲岛的古名。基于阿波罗尼奥斯对极度黑暗的戏剧描述，阿斯特为该词找到一个腓尼基语词源，即 *Mēmbli ʾår（“没有光的水面”）。他又进一步将该词与阿波罗尼奥斯对“令人厌倦的黑暗”的描

5 参见 Gauthier（1928-31, 3: 102-3）。

6 Bochart（1646, 1: 14, 461）.

7 *Argonautica*, 4: 1712-8. 译文由 R. C. 西顿（R. C. Seaton）翻译，见《罗布古典丛书》。

8 *Argonautica* 4: 1694-8.

9 Herodotos 4: 147.

写以及希伯来和美索不达米亚创世神话联系在一起，在这些创世神话中，神的光行于黑暗混沌的水面上。[10]

阿斯特的词源分析似乎有道理，但是其中好像还有更多的信息。“令人厌倦的黑暗：星光不能刺破致命的黑夜，月光也同样如此。但是，黑暗的混乱从天而降，或许有些黑暗来自地下最深处。”这是对锡拉火山喷发之后的极度黑暗的充分描写。因此，不管蒙布里阿罗斯指的是锡拉岛还是安那菲岛或者此两者，阿斯特认为该词起源于 *Mēmbli ˀår 的分析是非常有可能的。

ʽΑπία。阿庇亚（Apia）是阿尔戈斯或整个伯罗奔尼撒半岛的古名，它起源于埃及语 Ḥp，已在第一卷中探讨过。[11]

’Αστυπάλαια、**Κός**。阿斯提帕莱亚（Astypalaia）是一个常见地名。斯特法努斯列举了五个实例。[12] 在第二十二章中，我将探讨 Asty（“城市”）起源于埃及语 st（“地方、地域”）。[13] 作为一个完整的词汇，Astypalaia 可能是一个 489
带有后缀的复合词，-palaia 仅仅指的是“古代”。不过，希俄斯的斯库姆诺斯（Skymnos）和拜占庭的斯特法努斯提到了一对交替词 πύλαιον 和 πύλαια，因此阿斯提帕莱亚有可能是一个纯粹的埃及语词汇。[14] 科普特语 se 清楚地表明，st 通常按照自身拼写发音。不过，它经常组成复合词，却不存在它与 pr*por 组成复合词的例证。St 经常和义符 □(O1)pr 连写，而无须对它进行直译。无论如何，作为名称的阿斯提帕莱亚是一个城市名而非岛屿名。那个基克拉泽斯岛屿可能是因为自己显著的卫城而获得自己的名字的。

斯特拉博宣称，阿斯提帕莱亚是更大更重要的岛屿科斯岛的最初名称。[15] 斯特法努斯只是说它是科斯岛上主要城市的名称。[16] 科斯岛是阿斯克勒庇俄斯家族（Asklepiads）的聚居地，是希波克拉底（Hippocrates）的诞生地和希腊

10　Astour（1967a, 114-6）.

11　第一卷，第 92—93 页。

12　Stephanus（1825, 1: 91）.

13　第二十二章，注释 163—166。

14　Skymnos of Chios 1: 549 and Stephanus 1: 92.

15　Strabo 14: 657.

16　Stephanus（1825, 1: 91）.

的医药中心。阿斯特为该岛的名称找到了一个文雅的词源，西闪米特语 kôs（“猫头鹰的一种”）。他从三个途径进行了论证。首先，他引用了维克托・贝拉尔（Victor Bérard）对另两个名称 Ἄκις 和 Μεροπίη̄的论证，它们都指的是锡弗诺斯（Siphnos）岛。贝拉尔将 Akis 和闪米特语 aku（“猫头鹰”）联系在一起，但是 akos 和 akis 在希腊语中分别指的是“治疗法”和“恢复”。这一对被加工的词，被贝拉尔称为希腊语 / 闪米特语成对词。[17]（在我看来，就 akos 这个词汇而言，所谓的“希腊语”词汇事实上源于埃及语 ʿqз。[18]）在第十八章中，我接受了贝拉尔和阿斯特认为 Meropiē 起源于西闪米特语 mərappeˀ（“治疗者”）的观点。[19]

阿斯特的第二个论证来自 Meropiē 作为名称指的是科斯岛，如上所述，它是一个西闪米特语词汇，该词指的是与医药有关的那种猫头鹰。第三个论证是，神话传说中该岛的国王 Μέροψ 有一个儿子欧墨洛斯（Εὔμηλος）继承了他的王位，此子变成了一只 Νυκτικόραξ，即“夜啼鸟”。这一词汇出现在了七十士本中，用以翻译希伯来语 kôs。此外，欧墨洛斯（Eumēlos）的女儿墨洛匹斯（Meropis）变成了一只“猫头鹰”（γλαῦξ）。[20] 总而言之，这个关系网络过于复杂和稠密，以至否定了科斯岛这个名称起源于西闪米特语 Kôs（“猫头鹰”）。

Δῆλος、**Ῥῆνεια**。Delos 的闪米特语词源和勒内亚的埃及语词源已在上一章中探讨过。[21]

’Ιθάκα、**Αττικα 以及 ’Ιτύκη**。这三个名称有着共同的音节结构：*VtVka。
490 ʾIqáka（伊萨卡）指的是希腊岛屿和幼发拉底河畔的一个市镇；Αττικα 指的是雅典城周围的领土；Itukē，它的另外拼写是 Utica（即乌提卡），指的是迦太基城附近的一个城市，如今被称为突尼西亚（Tunisia）。闪米特语词根 √ʿtq 的词义是“通过、代替”。在希伯来语中，ʿåtêq 可能指的是“突出的、非凡的”，但是在阿拉姆语和较晚的希伯来语中，ʿatîq 指的是“被超越的、古老的、老旧

17 Bérard（1927, 1: 157）; Astour（1967a, 239）.

18 第十五章，注释 159。参见下文关于 Kythera/Skandeia 的类似情况。

19 第十八章，注释 147—155。

20 参见 Astour（1967a, 245-8）。

21 第十九章，注释 145—158。

的”。无疑，布匿城市乌提卡是从 Pual 的被动词形 ʿûtaq（“被超越了”）那里获得了自己的名字。它被迦太基超越了。Qarta ḥădåštå 就是迦太基，意为“新城”。[22] 幼发拉底河畔存在着一个名为伊萨卡的市镇，强烈地表明这个地名没有印欧语词源或埃及语词源，它是闪米特语。但是，难以处理的是它的意思是“卓越的”还是“古老的”。[23] 第一种解释因为伊萨卡早期对凯法莱尼亚岛（Kefallenia）和扎金索斯岛的控制而变得更加可信。[24] 第二种指向“古老的”的解释如果存在可能的话，这个名字可能源于该族群的名称。同样模棱两可的词义也可以在阿提卡这个名称上找寻到，它的“古老的”这一词义更有可能出现，因为雅典人自诩他们的历史由来已久并在多利亚人入侵过程中表现突出。

埃尔努和梅耶认为 antiquus 起源于 ante（“在……面前”），但是他们被词尾 -quo 难住，他们承认它不是印欧语后缀。将它的词源追溯到 ʿatîq，似乎更为简单。一个类似于鼻音的引入可以在人名 Antonius（安东尼）的词源里找到，它可以追溯到迦南语 ˃ ădônî（“我的主人”）那里。

Ἴκαρος。伊卡罗斯岛（Ikaros）或伊卡利亚岛（Ikaria）通常和不幸的伊卡罗斯联系在一起，他因为飞得太高导致了自身的悲剧。不过，另一个英雄伊卡里俄斯（’Iκαρίος）是第一个种植葡萄的人。[25] 他的名字和阿提卡的一个德莫以及伊卡利亚岛联系在一起。奥伊诺伊（Oinoe）城以葡萄种植而闻名，在古代世界被称为希腊最早酿酒的地方。伊卡罗斯的词源似乎可以追溯到迦南语 ˃Ikkår（“劳动者、种植者”），该词来自阿卡德语 ikkaru，并且最终来自苏美尔语 agar（“水田”）。[26]

Κρήτη。克里特不仅是爱琴海上的最大岛屿，而且也是海拔最高的岛屿。伊达山（Mount Ida）不仅仅比其他海岛上的山高 1000 多米，并且是希腊除了奥林匹斯山之外的最高山峰。埃及语 qꜣꜣ、qꜣt 和 qꜣyt（“高、顶点”）都作为地

22 参见 Muss-Arnolt（1892, 66）。
23 关于幼发拉底河畔的伊萨卡，参见 Stephanus 1: 217。
24 *Iliad* 2: 631-7.
25 参见 Astour（1967a, 260）。
26 关于与诺斯特拉语可能的关联，参见 Levin（1995, 86-7）。另见 Lewy（1895, 244-6）。

名使用。[27] 尽管事实上没有从埃及语文献中找到该名称用于表示克里特岛，但是 qꜣt 为 Krētē 提供了一个合理的词源。

491 **Κύθηρα**。这个岛屿的名称为维克托·贝拉尔关于“成对词”的原则提供了一个经典例证：两个名称，一个是希腊语，另一个是闪米特语，表示同一种地理特征。在第一卷中，我列举了所有与该岛屿相关的闪米特语词汇，它是戴王冠的阿芙洛狄忒的一个崇拜中心。贝拉尔认为库忒拉源于西闪米特语，它可见于希伯来语 keter 和 kōteret（“王冠”）和希腊语 Σκάνδεια（“一种头饰”），后者是该岛屿主要海港的名称。[28] 在脚注里，我指出，斯坎狄亚（Skandeia）本身来自埃及语 Sḫmty 即“埃及的双王冠”。[29] 这个例证加上上面提及的关于 akis 的例证，表明至少在某些情况下，成对词是由闪米特语和埃及-希腊语组成。

Λῆμνος、Λέσβος。像 λιμήν（“海港、港口”）一样，Lēmnos 利姆诺斯这个名称似乎起源于埃及语 *r-mny（“停泊处”）。该岛屿的迈德罗斯湾（Bay of Mydros）是爱琴海上最优良的海港。在古代，利姆诺斯岛上有一个活火山，因此成为赫淮斯托斯的崇拜中心。

莱斯博斯岛（Lesbos）西部也有火山，由于温泉而变得不稳定。贝拉尔认为莱斯博斯这个名称中存在着表示火山的符号。市镇皮拉［（Pyrrha）“燃烧的”］和市镇伊萨（Issa），他认为后者源于闪米特语 ˀIš(t)（“火”），两个市镇的名称被他视为一对成双词。[30] 莱斯博斯本身的词源普遍被认为是一个“前希腊语”，它似乎真的来自中期埃及语 ꜣsb（“强烈的、热烈的”）和 ꜣsbyw（“火焰”），词形 nsb 可见于《亡灵书》。

Μῆλος。斯特法努斯宣称，米洛斯（Mēlos）的最早殖民者是来自毕布勒的腓尼基人。[31] 这无疑暗示该名称来自一个闪米特语词源。莫费斯、莱维和阿斯特都主张，它源于词根 √mlˀ（“满的”）。他们利用卡利马科斯使用的一个变

27 Gauthier（1925-31, 5: 152-3）.

28 第一卷，第 381—382 页。

29 第一卷，第 501 页，注释 37。

30 Bérard（1927, 1: 166）. 另见 Astour（1967a, 212）。

31 Stephanus（1825, 1: 297-8）.

体词形 Mimallis 来作为自己观点的支撑，认为它来自分词 məmalle>。[32] 这一分析只在语音层面看似是合理的，在语义层面则没有任何意义。一个更有可能的词根是 √mlḥ，它最终起源于诺斯特拉语词根 *√mul/mol（“揉搓、压碎、磨坊”）。[33] √mlḥ 的基本词义是“盐”，但是它的这一词义向两个方向引申：在乌加里特语和阿拉伯语中，该词形指的是一般意义上的“好”。在阿拉伯语中，该词和其他语言单位连用，对各种矿物质进行命名，其中的大部分矿物质都生产于米洛斯。

Μύκονος。迈库诺斯（Mykonos）来自迦南语的一个词形，它可见于希伯来语，即 məkōnåh（“固定的地方、基地”），该词在上一章中已经提到。[34]

Νάξος。纳克索斯的词源来自 nẖt ỉ，见第十六章。[35] 492

Σαλαμίς。斯特法努斯知道，表示“和平”的阿拉伯语词汇是 salama。[36] 但是，尚不清楚古人们是如何将这个词汇和东地中海地名萨拉米斯（Salamis）联系在一起的。更为晚近的学者们认为它来自闪米特语词根 √slm（“健康、安全、和平”）。[37] 萨拉米斯岛位于萨罗尼科斯海湾，与雅典相望，它的西部有一个海港，可以躲避来自任何方向的风浪。学术界长久以来认为 Σάρων 的名称来自巴勒斯坦滨海平原萨伦（šårôn），其实它的名称来自特洛曾北部滨海平原。[38]

塞浦路斯岛上的萨拉米斯位于东海岸的一个海湾边上，受到良好的庇护，在公元前 1 千纪，那里存在着大量的腓尼基人的居民点。不过，希腊语地名萨拉姆（Salam）的词形取代了晚期迦南语 šålôm，暗示着这个名字是在青铜时代被借用过来的。它与今天的坦桑尼亚首都达累斯萨拉姆（Dar es Salaam）仍然是极佳的对应词。

32 Summarized in Astour（1967a, 114）.
33 参见第二章，注释 43—44。在第七章注释 66 中，√mlh 在涉及“锦葵”时被讨论过。
34 第十九章，注释 151。
35 第十六章，注释 9。
36 Stephanus（1825, 1: 367）.
37 Lewy（1895, 222-3）.
38 Lewy（1895, 173）and Astour（1967a, 91-2, n. 4）.

Σάμος、Σάμη 和 Σαμοθράκη。地理学家斯特拉博写道，带有词缀 Sam-的地名来自表示“高”的古老词汇。[39] 这个说法已被普遍证实，例如萨摩斯东部的地形地貌，它的山峰高于周围的海角和岛屿。它的西部情况也同样如此，例如后来的萨梅（Samē）和更后来的凯法洛尼亚岛（Kephalonia）。萨摩色雷斯也同样是如此。Σαμικόν 的地形地貌使它很难归入这一词群里面，因为它指的似乎是湿地平原。通过卡比洛斯崇拜，萨摩色雷斯和腓尼基语有着牢固的联系。[40] 如学者们数百年来已经熟知的那样，萨摩斯的确与闪米特语词根 √smh（“高”）对应，该词根可见于阿拉伯语 samāˀ（“高”）、腓尼基语 šmm（“天堂、高的地方”）和希伯来语 šåmayîm（“天空”）。[41]

Σέριφος。在神话中，塞里福斯岛（Seriphos）是珀尔修斯（Perseus）和他的母亲达那俄（Danae）被从铁柜里救出来的地方。从海中观看，塞里福斯岛显得干燥，树木稀少，令人生畏。不过，在阴凉的山谷里，绿草茂盛，并且以“塞里福斯”蛙而著名。[42] 阿斯特被 Seriphos 和希伯来语 śårap（“燃烧”）以及 śåråp（“易怒的蟒蛇”）之间在语音上的强烈对应所吸引，尤其是它和 śårap 之间的对应性。[43] 倘若该岛有一个被烧坏了的外貌，它的名称还真有可能来自这些希伯来语。

493 **Σίφνος**。在本节前文论述阿斯提帕莱亚和科斯岛时提到了锡弗诺斯岛，因为它有一对成双词 Ἄκις 和 Μεροπίη。锡弗诺斯这个名称本身可能真的来自闪米特语。博沙尔认为它源于 √ṣpn（“宝藏”），因为该岛以它的金矿和银矿著称。[44]

关于岛屿名称的结论。在这些挑选出来的岛屿名称中，闪米特语名称的比

---

39 Strabo, 8: 3, 19; 10: 2, 17.

40 这些在第一卷的第 483 页注释 113 和第二卷的第 629 页注释 20 中被讨论过。

41 关于同萨摩斯的联系，参见 Muss-Arnolt（1892, 118, n. 22）。关于腓尼基语 šmm 作为“高地”之意，参见 Donner and Rössler（1966, 3, nn. 14-5）。它似乎类似于源于 šmm 的拉丁语 summa（“最高的”）。埃尔努和梅耶曾尝试在存在共同词义的 summa 和爱尔兰语 suim 之间建立遗传关系。考虑到公元 8、9 世纪大量拉丁语词汇借入爱尔兰语，suim 似乎属于这类词汇。参见 Thurneysen（1993）。

42 Stephanus（1825, 1: 374）.

43 Astour（1967a, 212）.

44 Bochart（1674, 1: 13.448）.

例较大，有 12 个，而可能的埃及语名称只有 4 个，这似乎可以证实闪米特语对希腊语造成了影响的可能性。较早些时候的学者，从博沙尔到莱文，在这个领域做了许多工作。实际上，在本节中几乎仅有的原则性想法，是为 Grete 和 Lesbos 提出埃及词源。不管更早的印度–赫梯语或埃及语词形是否构成了爱琴地名的基础，它们在很大程度上都被闪米特语名称弄得模糊不清了。修昔底德宣称，在古时候，卡里亚人和腓尼基人生活在这些岛屿上，由此看来，他的这一观点是受到支持的。[45]

一些山脉名称

山脉名称可能是最传统的地理名称。山区远离海洋和河流的影响，相对而言，不易受到族群迁徙和定居的影响。但是，反对这种孤立论的观点成为趋势，因为那些生活在平原上的族群为山脉命名，并且新来的征服者尤其会用新的名字为那些最高峰加冕。例如，珠穆朗玛峰、华盛顿山以及麦金利山等。尽管如此，在希腊几乎没有哪座山有印度–赫梯语或印欧语名称。它们明显来自埃及语或闪米特语，并且作为名称逐渐混合进了希腊语。

在为希腊语中的山脉名称列举亚非语词源之前，我更愿意探讨一些希腊语中表示“山脉、丘陵”的最常用词汇 ˃ōρος。该词以所有格形式出现时，有两个变体拼写 oureos 和 ōroes。它可以在 B 类线形文字中得到证实，即 $orea_2$。弗里斯克认为，它是动词 ὄρνυμαι（“奔冲、提升自我”）的动名词形式 ὀρέσθαι。弗里斯克和尚特莱纳也都认为它更有可能与梵语 ṛṣ̦ vá（“高”）有联系。它的一个闪米特语词源可能来自希伯来语，该词发音为 har（“山脉、丘陵”），其复数形式为 hårîm；它可能被迦南语 ḥorěs（“山脉”）修正，该词源于亚非语词根 *ḫoras，该词根见于阿卡德语 ḫuršu、埃及语 ḫȝst。[46]

’Ασσωρὸν。在第五章和第七章中，都谈到了作为城市名称，推罗的 494
Ṯ̣$^{(y)}$ôr > Ṣôr 的转变。[47] 它最初的词义是“岩石”。这为萨摩斯岛上面的阿索隆山（Assōron）提供了一个恰当的词源。该词汇的字首增添元音来自迦南语冠

45 Thucydides, 1: 8.1.

46 布朗提出了这一词源分析，参见 Brown（2000, 65; 2001, 279）。

47 本书第五章，注释 82；第七章，注释 74。

词 *Haṣṣôr。西西里岛的城市名称似乎来自推罗这个词本身。[48]

'Ατάβυρ(ι)ον。Atabyrion（阿塔拜里昂）源于迦南语 *Haṭṭåbôr，已在第五章中探讨过。[49] 斯特法努斯提到西西里岛、波斯和腓尼基的阿塔拜里亚（Atabyria）。[50]

Ἴδα。Ida 的词源可以追溯到闪米特语 √yd（“手、纪念碑”），已在第十五章中探讨过。[51]

Δίκτη。关于阿耳特弥斯的描述词 Δίκτυννα，有两个解释，一个是通俗的，一个是学术的。通俗的解释认为，它源于 δίκτυον（“网”），即用于打猎捕鱼的工具。总而言之，它和阿耳特弥斯的狩猎女神的职能相匹配。Diktyon 本身被认为来自一般认为的古老动词 δικεῖν (6)，它只见于该词的不定过去时形式，词义为“猛投、用力投掷”，但没有被证实。该词似乎源于埃及语中的一个双字母词 *tk，它可见于世俗体 tkз 和科普特语词形 tōk 的定性词形 tēk（“猛投、用力投掷”）。

对 Diktynna 的学术解释是，它来自狄刻忒山（Mount Diktē），该名称是一个前希腊语词汇，因此无法解读。尽管我相信通俗的解释更有可能是真实的，但是我认为两者可以调和。δεκτή 是一个含义不明的词汇，赫西基奥斯将其注释为 χλαῖνα（“罩袍”），其异体拼写为 χλανίς。在闪米特语中，词根 √dqt 可见于伽法特（Gafat）地区已经消亡的埃塞俄比亚语，即 dəqʷätä；亦见于索多的古拉格语，即 däqot（“带子”）。该词似乎可能与阿姆哈拉语 dəg（“紧紧捆住身体中部有弹性的带子”）和阿拉伯语 dikka 或 tikka（“束腰带”）有关联。[52]

那些带有词尾的 /-t/ 的词形可能代表着最初的词形，其中 √dqt 为 dektē 和“一个带有细绳的网”的意义上的 diktyon 和 Diktynna 提供了一个可能的词源。与 Diktē 的关系则更为难处理，仅有的处理方法是将它视为来自“网”或者将

48 Stephanus（1825, 1: 89）.

49 本书第五章，注释 118。另见第一章，注释 32，以及第七章，注释 95。

50 Stephanus（1825, 1: 91）.

51 本书第十五章，注释 62。

52 Leslau（1979, 3: 217）.

狄刻泰安山脉（Dictaean mountain）视作对拉菲斯提昂平原（Laphistion Plain）的环绕，至少是在南边进行了环绕。

Καδίστον。在 20 世纪初，学者恩斯特·阿斯曼（Ernst Assmann）论证，克里特岛北部的卡狄斯同山（Mount Kadiston）来自闪米特语词形 qadištu（“神庙奴隶”），可见于阿卡德语。同时，它还是伊斯塔尔（Ištar）女神的描述词。[53] 我不认为学者应该如此精确，但它的确源于词根 √qds，相关探讨见于第十四章。[54] 495

Κιθαῖρων。维克托·贝拉尔令人信服地将库泰隆山（Mount Kythairōn）的词源追溯到闪米特语词根 √qṭr 那里，希伯来语主动语气动词词形 qiṭṭer 指的是“献燔祭”。该词非常符合帕萨尼亚斯的描写，描写内容是安排在它的山峰上的精心策划的大屠杀。[55]

Λαύριον。关于 λαύρα 的一个词源是 r-wꜣt（“路”）的探讨，见于第九章。[56] 如果现代的拉夫里昂（Lavrion）真的是 Θορικὸς 的另一个名字（Θορικὸς 被普遍认为是连接 ʽΕλενή 岛的狭窄海峡），那可能它是 20 世纪臭名昭著的惩罚之岛马科洛尼索斯（Makronisos）。似乎更有可能的，如果它位于该半岛的西部，它将会面对萨罗尼科斯海湾更为广阔的入口。

Λυκαβεττός。Lykabettos（律卡贝托斯）的词源可以追溯到 ꜣḫiꜣbtt，它和表示山的义符连写时，意为“东方的光明之地”。它将和其他雅典地名在第二十二章中被探讨。[57]

Οἴτη。俄伊忒山（Mount Oitē）是被认为迫使波斯人穿越温泉关（Thermopylae）的羊肠小道的山脉的一部分。希腊人没有意识到存在着这条穿

53 Assmann（1908, 193）。另见 Astour（1967a, 143）。
54 本书第十四章，注释 44—50。
55 Pausanias 9: 3: 2-9. Bérard（1927, 2: 411-4）.
56 本书第九章，注释 175—176。
57 本书第二十二章，注释 242；参见 Gauthier（1925-31, 1: 8）。

越山脉的小径，它使波斯人能够绕到他们的后方发起攻击。[58] 在 200 年之后的公元前 279 年，凯尔特入侵者走的是同样的路。帕萨尼亚斯对该地的地理特征进行了如下描述："两条小路穿越俄伊忒山，其中一条沿着特拉基斯（Trachis）这一陡峭雄险的悬崖延伸，另外一条穿越埃尼阿尼亚（Ainianian）丘陵，更适合军队通过，波斯将领许德梅斯（Hydemes）便是通过这条小路从背后攻击列奥尼达（Leonidas）的。"[59] 这个时候，这条小路被封锁的时间足够长，希腊人从海上撤离了他们在温泉关的军队。

埃及语 wʿrt 一般指的是"部分、省"。与表示河流或沟渠的义符连写时，它指的是一条河的"支流、分支"。作为地名，与表示山的义符连写时，Wʿrt 被许多学者解释为"多山地区的通道或山谷"。[60] 即便是考虑到复古现象的存在，词尾 -t 的保留也表明，这个名称是在词尾 -t 从埃及语中消失之前传入希腊语的。科普特语词形 ouerēte 来自双数词形 wʿrty，表明中缀 -r- 可能是在希腊语中消

496 失的。[61] 尽管语音上存在着不确定性，但是语义上的吻合是如此准确，以至使它成为一个非常可信的词源。

Ὄλυμπος。奥林匹斯（Olympos）是众多山脉的名称，最著名的是色萨利北部的奥林匹斯山。它来自 wrmwt，已在第十五章探讨过。

Παρνασσὸς、Πάρνης。一些学者渴望寻找另外一块空白的地名沙漠，以便证明安纳托利亚语对希腊语的影响是有限的，山脉名称帕尔纳索斯（Parnassos）给这些学者带来了许多欣喜。不过，新近的学者伦纳德 · 帕尔默教授坚定地认为它和安纳托利亚语有联系，以至用它来描述一支"帕尔纳索斯族群"由安纳托利亚而来，入侵了希腊。他认为该词来自赫梯语 parna（"房子"），它的某些格的词形可以指岩石居所。即便是如此，它作为表示山脉名称仍然很奇怪。

帕尔默论证，parna 可能和埃及语 pr 和胡里安语 purli / purni（"房子"）有

58 Herodotos, 7: 176

59 Pausanias, 10: 22.5, trans. Levi（1971, 1: 462）.

60 Gauthier（1925-31, 1: 187）.

61 参见 Lejeune（1987, 155-6 §§154-6）。

关联，因此，它有可能是一个纯粹的小亚细亚词汇。[62] 关于对它的探讨，可见于第九章。[63]

帕尔纳索斯山在神话中是一座著名的山，丢卡利翁（Deukalion），即希腊的诺亚（Noah），他在此登上岸，揭开了人类世界的新篇章。埃及的宇宙起源论始于混沌的大洪水退却之后原始土丘的显现。不同的宗教崇拜将不同的地点视为原始土丘。[64] 下埃及的民族圣地被称为 Pr Nsr，它靠近古代城市佩（Pe）和德普（Dep），以及后来的城市布托。埃及语 Pr Wɜḏyt 已在第九章中探讨过。[65] Pr Nsr 被普遍认为是下埃及在公元前 4 千纪上下埃及统一之前的都城，并且，在整个埃及王朝的数千年的历史里，它仍然是朝圣之地和红冠的加冕地。由于那里没有宗教碑铭或文献出土，所以它不总是被列入原始土丘的名单里，而是一个非常不错的候选地点。它在前王朝时代是政治宗教中心并且具有突出的地理位置，这使它成为极佳的竞争者，加德纳是这样描述它的：“位于三角洲西北地区的沼泽地带，几乎像一座小岛，屹立其中。”[66]

作为 Parnassos（帕尔纳索斯）的一个词源，Pr Nsr 的第一个音节不会带来任何难题。科普特语的复合词包含有 -pōr 和希伯来语 Parʿoah，这表明在迦南语转换之前 *pār 经常是对 pr 的转写。[67] 我们对 Nsr 的发音一无所知。即便如此，相较于赫梯语 parna 而言，*parn Vsr 为帕尔纳索斯提供了一个更好的语音匹配。考虑到关于丢卡利翁的神话故事，该词也提供了更好的语义匹配。它也能够解 497
释帕尔奈斯山（Mount Parnēs）的名称，帕尔奈斯山居高俯临阿提卡，就像帕尔纳索斯山居高俯临德尔斐和彼奥提亚一样。

Πτώον。詹姆斯·弗雷泽是这样描绘普托昂山（Mount Ptōon）的：“这一山峰或群山蜿蜒于科派克平原（Copaic plain）东侧，然后向北和向东，朝着欧利普斯海峡（the Euripus）方向延伸。”[68] 它的名称源于埃及语 pɜḏw、科普特

62 Palmer（1980, 12）。关于后缀 -ssos 的探讨，参见第五章，注释 13—17。

63 本书第九章，注释 129—130。

64 Martin（1986, cols. 873-4）.

65 本书第九章，注释 143—151。

66 Gardiner（1961, 422）.

67 关于 pr 发声法的主要探讨，参见第九章，注释 131—133。

68 Frazer（1898, 5: 100）.

语 ptōu(B) 和 ptou(S)（“山脉”）。

Σαίτις。帕萨尼亚斯大概采用了传统观点，认为赛斯（Sais）和赛提斯（Saitis）代表雅典娜（Athena）。[69] 因此，毋庸置疑，塞提斯山（Mount Saitis）是以该女神和她的崇拜中心来命名的。

Σαπυσέλατον。帕萨尼亚斯记载，阿拉克尼昂山（Mount Arachnion）位于阿尔哥利德（Argolid）东部，它的古名最初是萨佩色拉同（Sapyselaton）。[70] 迈克尔·阿斯特指出，尽管它在希腊语中没有意义，但是 Sapyselaton 与 Sps ilt 匹配良好，“Sps ilt 的发音与 Saps ˀelat 或 Sapas ˀelat［‘女神萨普苏（Sapsu）’］相近。众所周知，乌加里特人认为太阳不是男神而是女神，并且称呼她时，使用的不是闪米特语中表示太阳的常用词汇 Sams，而是专门的革新词汇 Saps……”[71]。这一推理存在的问题是黎凡特地区不存在这样一个地名，并且也难在山区寻找到太阳神崇拜的任何痕迹。不过，伯罗奔尼撒半岛存在着其他许多闪米特语地名，加之在如此复杂的名称中存在着准确的语音对应，它们似乎能够击败反对观点。

Σφίγξ Φίγα。斯芬克斯山（Mount Sphinx），或者将其简称为菲伽（Phiga）山，位于底比斯西北方和科派克平原东南方。该山和俄狄浦斯的斯芬克斯联系在一起。斯芬克斯起源于埃及语 šspw ʿnḫ，已在前几章中谈论过。[72]

Ταΰγετον。伯罗奔尼撒半岛的山脉泰格图斯（Taygetos），它起源于埃及语 Tɜ(w)igrt（“亡灵国度的土地”），这个问题将在下一章进行探讨。[73]

关于山脉名称的结论。以上提到的名称只占希腊山脉中的一小部分。我确信有更多的名称来自亚非语。不管怎样，这个数目会远远大于那些将自身局限于印欧语分析的学者发现的数目。

69 Pausanias 9: 12.

70 Pausanias 2: 25.10.

71 Astour（1967a, 103, n. 1）.

72 本书第十一章，注释 76；第十九章，注释 98。

73 本书第二十一章，注释 44—46。

河 流

更有可能的是，河流名称比山脉名称更为古老。尽管北美洲的海湾和 498
大西洋海岸有圣劳伦斯山（St. Lawrence）、哈得孙河（Hudson）、特拉华河（Delaware）和格兰德河（Rio Grande），但是它们在数量比不上康涅狄格河（the Connecticut）、萨斯奎哈纳河（the Susquehanna）以及内陆流淌的几乎清一色带有美洲本土名称的河流。五大湖也存在着类似现象，其中四个采用的美洲土著名称。希腊的大河、大湖极其稀少，但是其中大多数河湖和众多小河、小湖采取的名称不是埃及语就是闪米特语。

表示河流的词汇。大的河流被称为波塔摩伊（potamoi）。ποταμος 来自 Pr tm 的词源分析已经在第九章中提到。[74]

另外一个经常用于表示希腊水道的词语是 χαράδρα 或 χάραδρος。它在 B 类线形文字中出现过，证实它自青铜时代便开始被使用。阿道夫·菲克显然觉得无须对它进行解释，因为 χάραδρος 是表示"冬季暴涨的河流、激流"的词汇。它们作为地名和词汇，在迦南语中存在着一个可能的词源。尚特莱纳似乎合理地将 kharadros 和 χέραδος（"水流带来的淤泥"）联系在一起。[75] 一条被命名为 Φρίξος（"令人发抖的、可怖者"）的溪流位于阿尔哥利德凯拉德洛斯（Kheradros）河附近。[76]根据维克托·贝拉尔的闪米特–希腊语"成对词"的原则，这暗示着卡拉德洛斯（Kharadros）来自迦南语 ḥårad（√ḫrd）（"颤抖的、恐怖和令人发抖"）。[77] 它在《圣经》里作为地名即 Ḥarod（哈律泉）使用。它是一条激流的名字，因居住着 ʿēyîn Ḥarod 而变得著名。"恐怖"和奔腾的水流之间的语义联系，也出现在拉丁语中，terreo（"恐惧"）和 torrens（"激流"），即一条奔流但正在干涸了的河。

尚特莱纳遵循他的前辈的做法，将 kharadros 和 χαράσσω (H)（"使锋利、搔抓"）联系在一起。这个词形与迦南语 √ḫrṣ 极为匹配，后者可见于希伯来语 ḥåraṣ（"砍、削尖"）和 ḥårûṣ（"深沟或壕沟"），它最终与 ḥårad 有关联。

---

74 本书第九章，注释 171。

75 关于 d/dr 的交替的讨论，参见 Bernal（2001, 141-2）。关于卡兰德法则，参见第八章，注释 66，以及第十三章，注释 55。

76 Pausanias 2: 36.6

77 Dhorme（1946-8, 17）.

另外一个表示冬季河流的词汇是 ἄναυρος (H)，词典编纂学者们未能给它找到一个合理的词源说明。闪米特语常见词根 √nhr，可见于希伯来语词汇 nåhår（“溪流、河流”），它带有迦南语定冠词 ha，似乎是一个恰当的词源。

河流名称。’Ανίγρος。阿涅格洛斯（Anigros），伯罗奔尼撒半岛西部一条富含硫黄的小河，我们将在伊阿尔丹诺斯（Iardanos）的词条下提到它。它明
499 显来自闪米特语词根 √ngr（“泉水、溪流、绿洲”），该词根可见于西南亚和北非的许多地名里：Nagara、Nigira、Nigrai。[78]

’Αχέρρων。阿凯隆（Akherrōn）是常见的河流名称，最著名的阿凯隆河位于希腊西北部。弗里斯克和尚特莱纳认为它的词源不是印欧语。它也是斯提克斯河的另外一个称号，该河因表示亡灵之河而著名。不过，这些词典编纂学者没有提到莱维提出的词源，他认为该词起源于闪米特语 ʾaḫărôn（“后面的、西方的海洋”）。像其他文化一样，这一词源将死亡和日落联系在一起。请参见第八章中关于 erebos（“日落、亡灵世界”）的探讨。[79] 不过，阿斯特采纳了莱维的观点，韦斯特（West）则独立得出了它的词源解释。[80]

Ασῶπος。阿索普斯（Asōpos）是一个常用的河流名称，其中的一条阿索普斯河是彼奥提亚南部最大的河流。另外一条阿索普斯河在温泉关北侧与斯波尔希俄斯河（Sperchios）汇流。第三条阿索普斯河在阿哈伊亚 * 的西库昂（Sikyon）附近流入大海。第四条阿索普斯河在斯巴达南端的帕尔农半岛（Parnon Peninsula）西侧流入大海。阿斯特认为该名称来自西闪米特语，可见于希伯来语 ʾåsôp（“粮仓”）和 ʾåsap（“收集、收获”）。[81] 这四条河都从平原穿过。因此，这一联系似乎在语义上存在着可能。不过，缺乏证据证明它是黎凡特的一个地名，多少削弱了这个词源分析的可信性。

---

78 参见 Bernal（1997c, 148-52）。

79 Lewy（1895, 228-9）以及本书第八章，注释 8。另见 Bernal（2001, 134-5）。

80 Astour（1967a）; West（1997, 156）.

* 阿根廷（Akhaia），即阿卡亚。——译者注

81 Astour（1967a, 214）.

'Ιάρδανος、'Ιάρδηνος。菲克认为伊阿尔丹诺斯是一个“勒勒吉斯语”（“Lelegian”）或吕底亚语词汇，但没有举出它的对应词。如上所述，他明确反对将该词和迦南语 Iardēn 或 Iardān（Ieredan）等同。雅萨诺夫和努斯鲍姆沿用传统观点，以希腊语字母 y>h 的转换为依据对此进行否定。普遍认为，这一希腊语字母转换发生在公元前 1300 年前后。对于他们而言，它在此之前被借用到希腊语的话，会被转写为 *Hardanos。[82] 即便他们所确立的这个转换的可疑年代是准确的，如果该词是此后传入的，它便不存在问题了。我们知道，伯罗奔尼撒半岛西北部的伊利斯处于其中一条伊阿尔丹诺斯河上，一直到青铜时代结束时都受到东方的深刻影响。此外，另外一条伊阿尔丹诺斯河位于克里特岛东部，该地在铁器时代早期深受腓尼基人的影响。

20 世纪初的学者弗雷泽（J. G. Frazer），即《金枝》（*Golden Bough*）的作者，相信伊阿尔丹诺斯的闪米特语词源。他指出伊阿尔丹诺斯是流入伊利斯海岸的浅水湖卡伊阿法（Kaiapha）湖的两条小短河的古名。这两条河后来获名为阿基 500
达斯河（Akidas）和阿涅格洛斯河，阿涅格洛斯河因火山气体而发出恶臭味。他的分析增加了该词起源于西闪米特语的可能性。弗雷泽证明，帕萨尼亚斯描写的在阿涅格洛斯宁芙附近的洞穴里治疗麻风病的场景和《圣经》中描写在约旦河治疗叙利亚人哈曼（the leper Haaman）的麻风病的场景是类似的。[83]

'Ινάχος。伊纳科斯（Inakhos）是流入阿尔戈斯平原的一条河流，它的词源可以追溯到埃及语 ʿnẖ 那里，该词源分析已经在第十章中探讨。[84]

'Ιτανὸς。伊塔诺斯（Itanos）是位于克里特东部的一个城市，居住着非常多的腓尼基社群，该地有着密集的闪米特语地名。[85] 这个名称非常古老，因为它在 A 类线形文字和 B 类线形文字中都出现过，分别是 Itano 和 Utano。维克托·贝拉尔认为它和希伯来语 ʾētån 和 ʾêtan（“持久的、长流的”）是对应词。伊塔诺斯还有这样一条小溪。[86]

82　Jasanoff and Nussbaum（1996, 9.192）.

83　2 Kings 5.10-4; Pausanias 5: 5.7-11; and Frazer（1898, 3: 478-9）.

84　本书第十章，注释 112。

85　参见 Stephanus（1825, 1: 25）; Astour（1967a, 140-1）。

86　Bérard（1927, 2: 337）.

Κηφισ(σ)ός、Κῶπᾶϊς、Καφύαι、Καιάφα。刻菲索斯（Kēphissos 或 Kēphisos），是希腊最常见的一个河流名称。其中的大部分河流都被认为非常纯净和神圣，它们经常流入地下，然后再重新出现在地面上。菲克认为该词是“皮拉斯基语”（“pelasgische”），但没有为它提出词源解释。[87] 它的一个词源可以追溯到埃及语词根 √qbb（“凉爽的”）和 √qbḥ（“净化”），它们可以在水文名称中找到，这已在第二卷中提到。另外一个被证明的埃及语地名 Qbḥw，与义符 𓅰(G42) 和 𓅭(G39) 连写时，作为表示栖息着水鸟的池塘或湖泊使用。后者的三个例证可以在希腊语水文名称中找到。卡菲埃（Kaphyai）是阿卡狄亚的一个湖泊，由神秘的泉水提供水源。[88] 卡伊阿法（Kaiapha）湖如今是一个浅水湖，位于伯罗奔尼撒半岛西部光秃秃的海岸。但是，在古代，它曾经显然是一片湖沼，由阿涅格洛斯河提供水源。[89] 不过，最为著名的科帕伊斯（Kōpāis）湖或湖沼，是一个位于彼奥提亚的大浅水湖。它在青铜时代是干涸的，并且在 19 世纪又一次干涸。一条刻菲索斯河流入科帕伊斯湖。在 Kēphissos/Kōpais 中，存在着交替字母 ē/ō，这与 sēma 和 sōma 的情况类似，它们已在第五章探讨。[90]

雅萨诺夫和努斯鲍姆就后一个词源分析发生争辩，原因是科帕伊斯是该湖岸边的一个市镇，该湖的名称来自这个市镇。[91] 他们承认，Kōpāis limnē 是“传统观点忽略的”“科帕伊斯湖”，但是，根据他们的观点，该词的真实含义是“科佩（Copae）附近的湖”。它们对科佩的词义一无所知。在我看来，他们的论证
501 是小题大做的荒诞之谈。这些湖泊名称和它们岸边的市镇名称经常被混淆，例如伊利（Erie）、温德米尔（Windermere）和日内瓦。既然卡菲埃和卡伊阿法作为湖泊名称是对应词，那么我们没有理由拒绝它们明显来自埃及语 Qbḥ。

Λάδων、Θέλπουσα、Τέλφουσα、Τριτῶν。彼奥提亚和阿卡狄亚的这几个乱作一团的对应地名，已在第二卷中述及。[92] 雅萨诺夫和努斯鲍姆经常无视我的观点，只是简单地宣称某个假定的词源“可能指的是……”，却没有提出一

87 Fick（1905, 83, 105）.
88 第二卷，第 142—143 页。
89 参见 Frazer（1898, 3: 478）。
90 本书第五章，注释 123—125。
91 Jasanoff and Nussbaum（1996, 193）.
92 第二卷，第 142—143 页。

个值得认真对待的替换词源。例如，他们主张，表示彼奥提亚和阿卡狄亚的大瀑布或泉水的特尔福萨（Telphousa 或 Thelpousa）可能指的是“‘大瀑布’‘旅行者的休息处’或其他 1000 个可能性的任何一种”。[93] 我从语义上分析，已被证实的埃及语地名 Tзlbyw“利比亚”是似乎真实的词源，并且有许多根据来证明它。如他们所说，我的论证不仅仅基于利比亚有许多悬崖、大瀑布和绿洲这一事实，并且基于这些希腊语地名和利比亚在神话学上和地理命名学上有着可信的对应性。波塞冬是一个狂暴之神的角色，水文名称特里同（Tritōn）和他联系在一起。它作为湖泊名称和河流名称都被发现了，一个湖位于利比亚，一条河从特尔福萨流出。在利比亚附近，特里同河指的就是拉同（Lathōn）或勒同（Lēton）河。阿卡狄亚的特尔福萨位于拉顿（Ladōn）河的河岸上。拉顿也是伊斯墨诺斯（Ismenos）河的别名，该河流经彼奥提亚的底比斯。在第二卷中，我列举了许多其他利比亚和这些彼奥提亚、阿卡狄亚的地区之间在神话学上和地理命名学上有着可信的对应例证。[94]

Μαιάνδρος。一条卡里亚河流的希腊名称出现在了荷马史诗中。[95] 它因为曲折流动而著名，该河为我们提供了表示“蜿蜒而流”的拉丁语词汇和英语词汇。从语音上来看，该词词干似乎与 μαῖα（“老妇人、产婆”）和 mai- 有关联，后者构成了许多与分娩时身体反应有关的词汇的基础。既然古代人将子宫和情感联系在一起，那么后者可能构成了 μαίνομαι (H)、μανιᾳ (H) 以及直译词 μαιμᾱ́ω (H) 的词根要素。这个词根具有“盛怒”和“疯狂”等词义。波科尔尼、弗里斯克和尚特莱纳想要在印欧语词群 *men（“思想”）之内进行探讨，尽管尚特莱纳看到了词义上存在着一些差距。[96]

该词的一个闪米特语词源非常有可能来自圣经希伯来语中，mē ʿyîm，构成 məʿy，一般指“内脏、肠”。不过，在一些情况下，该词形指的是“子宫、生殖的源头”。它有时也作为比喻词使用，表示情感活动的场所；通常，mäʿat在希伯来语中表示同情，但在古兹语和其他埃塞俄比亚语中指的是“暴怒、生 502

93　Jasanoff and Nussbaum（1996, 191）.

94　第二卷，第 92—98 页。

95　Iliad 2: 869.

96　Pokorny（1959, 2: 726. 2）.

气”。[97] 这些词形，不管带不带复数词尾 -ayim，似乎都能给那个希腊语词群的所有词提供一个看似真实的词源。不过，在后一种语言中，它的主导词义是女人。因此，当说话者说的意思是男人们拥有的唯一 meʿámaia 时，有必要做出具体说明。可能需要说明的是，后缀 -andros（“男人的”）可以与该词干连用。不管怎样，地理名称 Maiandros/Meander（“细小的河流”）找到了一个看似真实的词源。首先，该词的类似词汇存在于埃及语中，q3b 与义符 ═(F.47) 连写时，表示“肠”。该词的复数形式是 q3bw，它和同样的义符连写时被作为“水路的蜿蜒”使用。第二个类似词是汉语中的 gāng（“大肠”）和 gǎng（“小湾或天然海港”），如 Xiānggǎng（“芳香的海港”），它以 Hong Kong（香港）* 而被人熟知。

Παμίσσος。约翰·查德威克有说服力地将迈锡尼的河流名称卡米西欧（Qamisijo）与美塞尼亚的帕米索斯（Pamissos）河联系在一起。事实上，这个名称指好几条小河。菲克仅仅指出帕米索斯起源于小亚细亚，却没有进行阐述。[98] 在埃及，尼罗河的较小支流被称为 Pa-mw（“……之水”）。[99] 这两个词好像可以解释为 Pa-mw 与后缀 -is(s)os 的结合。在公元前 14 世纪写作 qa 的符号发 pa 的音，我已经在第九章中用了较长的篇幅进行了论证。[100]

Πηνειός、**Φενεός**。这些湖名的起源，我在第九章中提及过，并且在第二卷中进行了探讨。[101]

Στύξ。斯堤克斯（styx）不是一条人间的河流，而是一条冥界的河流。它明显与 στυγέω（“憎恨、厌恶”）和 στυγνός（“憎恨的、黑暗的”）有关。波科尔尼、弗里斯克和尚特莱纳都将它和在俄语中发现的斯拉夫语词根 stygnuti

---

97 普雷托利亚斯（Praetorius）认为它们之间存在着可能的语义关联（1890, 26），勒斯劳有不同的看法（1979, 3: 386）。汉语 cháng（“肠”）具有相同的含义。

* gāng 是“肛”的汉语拼音，gǎng 是“港”的汉语拼音，Xiānggǎng 是“香港”的汉语拼音，Hong Kong 是英语对“香港”的音译。——译者注

98 Fick（1905, 127）.

99 相关例证，参见 Gardiner（1947, 1: 175, 2: 6, 155）。

100 本书第九章，注释 67—75。

101 本书第九章，注释 28；第二卷，第 141—142 页。

（“寒冷的”）联系在一起。它们虽然在语言上说得通，但是语义联系不充分。虽然奥德修斯的冥府云雾重重，烟雾缭绕，但不存在着任何暗示，那里的人们感觉寒冷。[102] 埃及语 stkn（“导致靠近，正式入会，带来厄运”）似乎更合适。

关于河流名称的总结。希腊的河流名称相对较少，并且其中占非常大的比重是有埃及语名称或闪米特语名称的。这种情况和英格兰的情况极为不同，在英格兰，大部分河流名称是凯尔特语或前凯尔特语，并且，在说英语的北美，很大一部分河流名称有美洲土著语言的词源。

虽然这个特别领域内的内容不是很多，但是它的确表明埃及和西闪米特的 503
语言和宗教信仰在很大程度上影响了希腊。

城市名称

相较于自然现象的名称，人类聚居地的名称一般但不总是更易于变化。所以，毋庸惊奇，相对少的城市名称可以追溯到一个印欧语下位层，尚且不论印度–赫梯语下位层。并且，大部分主要城市的名称的词源可以合理地或者明显地追溯到亚非语。例如，在许多主要城市名称中可以发现一个特征，即它们显然带有复数后缀 -ai 或 -oi。[103] 事实上，这一特征可以追溯到迦南语那里，表示“建造”的二元后缀 -áyîm、-ê 经常被用作表示城市。已故的赛勒斯・戈登证明，在青铜时代的迦南语中，城市的二元性是一个重要现象，并且，他看似合理地将这一二元性与一个城市由卫城和下城组成的二元本质联系在一起，这一特征可以在当时的东地中海世界中找到。因此，诸如 Qiryåtayîm（“双城”）和 Maḥănayîm（“双营”）反复在《圣经》中被证明[104]，它们将在下文讨论。希腊语对这一二元词义的转译明显是可以被证明的，前缀 ’Aμφι-（“二者都，二”）在城市名称中被频繁使用。[105]

Αθῆνι。该地名不仅局限于阿提卡的首都；如第二卷所述，彼奥提亚和其

102　*Odyssey* 10.

103　Smyth（1956, 270 §1005）.

104　参见 Gordon（1965b, 132-8）。

105　参见 Stephanus（1825, 57-9）。他提供了 12 个例证。

他地区的其他一些城市也有同样的名称。[106] 雅典将在最后一章进行充分讨论。

Ἄργος。该城市名称不是来自亚非语的借用词，而是对埃及语词汇的一个转译。如我在第一卷中所指出的那样，阿尔戈斯（argos）的字面意思指的是“明亮的白色”，而 ỉnb ḥd（“银墙”）则是经常表示孟菲斯的一个名称。[107]

Δελφοὶ。德尔斐和它的闪米特语词源 *qʷəlf 已在上一章进行了探讨。[108]

Δρερος。德勒洛斯城（Drēros）位于克里特岛极东部卡狄斯同（Qadiston）山坡上，卡狄斯同已在上文提到。因此，阿斯特提出，它极有可能有一个闪米特语词源。他指出，希伯来语词汇 dərôr 指的是“自由的”；并且，在美索不达
504 米亚的拉尔萨（Larsa），有一个城市名为杜拉鲁（Durâru），即“自由之城”。还有一个城市，名为埃琉特尔奈（Eleuthernai），位于克里特岛西部。[109]

Ἑρμιὼν、Ἑρμιόνη。该城市名称的词源可以追溯到迦南语地名赫尔蒙（Hermôn），见下一章。[110]

Θέσπεια、Θίσβη。这两个彼奥提亚的城市名称来自胡里安的雷电之神忒速伯（Teššub），它们和忒速伯的希腊对应神赫拉克勒斯之间的联系，见第一卷中的讨论。[111]

Θήβαι。斯特法努斯列举了九个底比斯城：它们分别位于色萨利、西里西亚、特洛亚德、米利都附近、阿提卡、安纳托利亚中部卡陶尼亚（Kataonia）、意大利和叙利亚。[112] 它的字面意思仅仅指“宫殿、君主的座位、首都”。当然，

106　第二卷，第 81—83 页。
107　第一卷，第 76 页。
108　本书第十九章，注释 142—144。
109　Astour（1967a, 390）。另见 Bernal（1993, 249）。
110　本书第二十一章，注释 65。
111　第一卷，第 119—120 页。
112　Stephanus（1825, 1: 206）.

最为著名的是埃及和彼奥提亚的底比斯。在第二卷中，我论证该地名的词源来自两个埃及语词根 tbi 或 dbt（“盒子、箱子”）与 ḏbɜt（“棺材、圣地”），以及由此引申出来的“宫殿”的混合 Ḏbɜ，其科普特语词形为 Tbō (S) 或 Thbō (B)，是主要城市 Bḥd(t) 的世俗名称，该城就是后来的埃德富（Edfu）。[113] 希克索斯王朝的都城阿瓦利斯无疑存在着一个宫殿，它被称为 Ḏbɜ 的可能性因该城的现代名称泰尔代巴而增加。如果希腊人称希克索斯时代的埃及首都阿瓦利斯为 *Teba，这就能解释当第十八王朝胜利后将都城迁至南方，为什么他们仍然称它为“Thebai”，即便埃及人自身从未用过这个名称来称呼这个城市。

这种被希腊神话混淆的情况也发生在迦南人关于“方舟”意义上的 têbåh 的故事。阿斯特证明，因脱缰的小母牛的漫游而引起底比斯建城的传说与以色列方舟飘荡的故事之间存在着错综复杂的对应关系。[114] 雅萨诺夫和努斯鲍姆写道，贝尔纳“不言而喻，假设 Thebes（底比斯）这个名称和几乎没有被证实的希腊语名词 thîbis（‘篮筐’）被视为同一词，在雅利安模式出现之前‘已被普遍接受’”[115]。事实上，我的“假设”是词汇 thîbis 和地名 Thēbai 都直接或间接来自 ḏbɜt 和 dbt。

雅萨诺夫和努斯鲍姆反对这一词源分析的主要理由是：该城市名称在 B 类线形文字写作 Teqa。[116] 我在第五章中已经论证过，qa 在迈锡尼时代晚期读作 pa。[117] 不过，我已经承认这个情况会引起一些问题，因为该城市名称的引入要早于 pasiyarábasileus。[118]

Κάρυα、Καρυάτιδες、Κόρινθος。一个关于地理名称的广泛词群，包 505
括 Κάρια、Κάρυα、Καρύαι、Γαρύαι、Καριότες、Καρθαία、κόρτυς Γόρτυν 以及 Γορίτος 这些变体。Karo、Keretewo 和 Korito 等词汇被视为地名，由于可见于 B 类线形文字中，所以它们其中的一些至少可以追溯到青铜时代。查德威克看似合理地将 Korito 视为古典时期的科林斯（Korinthos），虽然它指的不

113　Gardiner（1947, 2: 6-7）.

114　Astour（1967a, 157-8）.

115　Jasanoff and Nussbaum（1996, 190）.

116　同上书，第 192 页。

117　本书第五章，注释 194—195；第九章，注释 64—79。

118　第二卷，第 506 页。

是科林斯地峡上的那个著名城市。[119] 这就增加了科林斯和优卑亚岛上的刻林斯（Kērinthos）来自齿音前鼻音异化的可能性。Athēnē、Anthēnē 以及 Didymos、Dindymos 这些成对名称中存在着对应关系。[120] 因此，科林斯也可能属于卡里亚（Karia）词群。

据论证，卡里亚和卡鲁亚（Karua）不可能来自同一词根，因为在公元前 2 千纪不像在古典时代那样，希腊语 /u/ 是一个后元音，不可能与元音 /i/ 混同。[121] 不过，如文特里斯和查德威克所注释的那样："ĭ 和 ŭ 的混同不仅见于共同语 κοινή 中，也见于前希腊语词汇和名称。"[122]

无疑，公元前 2 千纪期间迦南语中的 /u/ 逐渐演变为 /y/，表明它们的区别在这种语言里不明显。字首 w>y 的转变则是众所周知的。[123] 词汇中间的两个滑音或半元音的混同也是相当明显的。如保罗·茹翁（Paul Joüon）在他的权威希伯来语语法书中所写的那样："u̯ 和 i̯ 这两个元音性辅音（vocalic consonants）是类似的，彼此之间很容易发生转换。"[124]

对于这些地名，有许多不同的解释。有些学者将卡利阿斯（Karias）和卡里亚人联系在一起，这或许导致一个普遍的观念：在古典时期，存在着一个卡里亚"制海权"或海上帝国。公元前 5 世纪的卡里亚人从事实上否定了这一观点。[125] 此外，尽管修昔底德记载，提洛岛存在卡里亚人的墓葬，但是没有考古材料证明他们在西爱琴海的踪迹。[126] 考虑到与希腊的距离，卡里亚在希腊神话中的地位相对不重要，并且没有哪个建城英雄被认为来自卡里亚。

另一个解释是卡利阿斯的许多居民可能是以一个名叫卡尔（Kar）的国王来起名字的。在这些名称中，最著名的是麦加拉的卫城，它的名字叫卡拉或卡

---

119 Ventris and Chadwick（1973, 416）.

120 关于 Anthēnē 邻近达那俄斯在阿尔哥利德的登陆地点，参见 Thucydides, 5: 41，以及 Pausanias, 2: 38. 6。至于 Dindymus、Dindyma 等不同的一些地名，参见 Paully Wissowa 5: 651-3。

121 雅萨诺夫在康奈尔大学的讨论上探讨过该情况，October 1978。关于这种转变，参见上文第五章，注释 197—198。

122 学者们持有相同观点，参见 Ventris and Chadwick（1973, 77）、Astour（1966, 316）和 Dunkel（1981, 139）。

123 参见 Gordon（1965a, 32）以及 Moscati et al.（1969, 46）。

124 Joüon（1923, 174）and Joüon and Muraoka（1991, 93-4, 203-4）.

125 Herodotos 1: 171.

126 Thucydides 1: 2.

利亚（Kar(i)a）。[127]

稍微看似不可信的解释是，卡利埃（Karyai）的名字源于希腊语 karya（“坚果树”）。的确，不少的希腊地名来自树木名称。但是，karya 不能对其他变体拼写进行解释，也不能对这个名称的存在极为广泛进行解释，因为在地中海神话中坚果树非常不重要。

一个更为可能的词源是闪米特语 qry，也写作 qryt，在迦南语中指的是“城 506
市”。该词似乎来自闪米特语词根 q$^{w/y}$ar(y)，该词根在阿姆哈拉语和贡南-古拉格语得到证实，分别为 q^{w}äräqq^{w}ärä（“建立一座城市”）和 q^{w}ə́rq^{w}ər（“围栏、牧场上的栅栏”）。该词根最初的意思可能是“将两块木头栓扣在一起”，见（索多）古拉格语 qə́räqärä（“用门闩锁上门”）。希伯来语中有词汇 qôråh（“恰当的横梁”）、qåråh（“安放横梁”）和 qîr（“墙”）。阿拉伯语中有 qarra（qarartu 或 qariutu），指的是“定居、建立住宅”。由于带有发音如此复杂的词根，所以迦南语 qryt 有着广泛的发音也就不足惊奇了。在马所拉文本中，人们会发现 qiryat、qeret 和 qarttåh。在七十士本中，城市通常被抄写为 Kariat(h) 或 Karith。[128] 希腊人和罗马人对这些腓尼基语名称进行转写时，几乎都会增添一个 /a/ 作为字首元音。例如布匿语中，西班牙东南部有 12 个古代地名以 Cart-，4 个以 Car- 开头。

在东地中海带有这个词根（像其他许多词根一样）的地名经常会发现是成双的，原因已在本节开篇处解释过。一个西顿附近的城市在腓尼基语中大概名叫 *Qrtm，它在亚述语中被转写为 Qar-ti-im-me。[129]《圣经》中提到，摩押王国的一个城市名叫基列亭（Qiryåtayîm），即七十士本中的卡里亚泰姆（Kariathaim），并且在拿弗他利（Napthali）的另一个城市也以加珥坦（Qarttån）之名为人所知。[130] 那个名叫 Kortyn（科尔提那）和 Gortyn（戈尔提那）的城市的名称可能源于 Qrtym。在一些情况下，词尾 -n、-ne 或 -na 可能来自埃及-迦南语成对词：埃及语 niwt（“城市”）在科普特语中写作 ne，在亚述语文献

127　Pausanias 1: 39.4.

128　相关词条，参见 Gesenius（1953）。

129　Esarhaddon 3: 3, cited in Harris（1936, 144）.

130　Jeremiah 48: 1 和其他篇章提到了这个摩押王国的城市，关于拿弗他利的那个城市，参见 Joshua 21: 32。

中写作 ni。[131] 这一成对词可以解释城市名称凯尔尼亚（Kerneia）、格兰尼亚（Gerenea）和卡洛涅（Korone）。这样的解释至少比那些认为它们来自 geranos（“鹤”）或 korōnē（“瀑布”）常见的词源解释看似更合理。

这些常见的城市名称的含义更应该是“市镇”，而非“卡里亚人”“坚果树”或“海鸟”，抛开这些内在的可能性不谈，有些证据将 Kari/ya(t) 和 polis 联系在一起。凯奥斯（Keos）岛上的主要城市要么被称为卡尔泰亚（Karthaia）——这个名称也出现在了迦太基人统治的西班牙——要么被称为波雷斯（Poleis）。如上所述，麦加拉的卫城也被称为卡里亚，雅典的文化圣殿[*]只是被作为波利斯（Polis）提及。[132]

词根 Kari/yat 有时也出现在希腊诸神的别名中。在伯罗奔尼撒半岛的两个城市——不是被称为卡利埃的城市——中，阿波罗被称为凯瑞阿塔斯（Kereatas）和科伦特奥斯（Koruntheos）。[133] 阿耳特弥斯被命名为卡利阿提斯（Karyatis），并且希罗多德提到，雅典的一个古老家族向宙斯·卡利俄斯
507 （Karios）献祭。[134] 这些别名可能代表卡里亚人或者与词根 Keras、Keratias（“有角的”）有关联。似乎同样甚或更有可能的是它们与古代求神灵降世的词汇波利亚（Polia）、波利阿提斯（Poliatis）和波琉斯（Polieus）相类似，并且将它们理解为“关于城邦的”可能是最好的解释。

Kari/ya 和 Polis 之间对应的最突出例证来自雅典。在厄瑞克透昂（Erekhtheon），即雅典城最神圣的神庙雅典娜·波利阿斯（Athena Polias）神庙西北边的门廊，六个女像柱（Karyatides）围绕着传说中国王凯克洛普斯（Kekrops）的墓。最早证实女像柱这一名称存在的是公元前 1 世纪维特鲁维斯（Vitruvius）的著作。考虑到这个地点的神圣性和雅典人的宗教保守主义，没有理由怀疑这些雕像的名称会像德尔斐类似雕像的名称一样，更为古老。[135] 她们是“坚果仙女”或者来自拉科尼亚地区卡利埃的阿耳特弥斯的女祭司们？似

131 Gardiner（1947, 2: 25）.

* “雅典的文化圣殿”指的是雅典卫城。——译者注

132 Pausanias 1: 40.5；另见 Lewy（1895, 141）。米利都的一部分旧城也被称为卡里亚，但实际上这可能指住在邻近地区的卡里亚本地人。

133 Pausanias 8: 34.5.

134 Pausanias 3: 10.7 and Herodotos 5: 66.

135 Vitruvius 1: 1.5.

乎更有可能的是假设围绕着城市创建者的墓的雕像应该被称为孩子们［希腊语后缀 -ides（“……的孩子”）来自埃及语 di（“孩子”的词源分析已在第九章进行探讨］或者该城市的精灵。[136] 这样一来，Karyatides 便完全适合身居雅典娜・波利阿斯神庙之中。

Λάρισσα。在第一卷中，我提到了“许多”拉里萨（Laris(s)ai）。[137] 斯特法努斯提到了十个。[138] 荷马使用表述语 eribōlax（“土层深的、肥沃的”）来修饰其中的两个。斯特拉博主张所有的拉里萨都在淤积层土地上，这个观点被 K. O. 缪勒引用。[139] 雅萨诺夫和努斯鲍姆向这两位前人和我提出质疑，主张色萨利的拉里萨即克瑞马斯特（Kremaste）不符合这一说法，因为它位于“高高的山脊上”。[140] 不过，根据帕萨尼亚斯的记载，它“位于滨海地区”。[141] 几乎可以确定，它位于俯视一个滨海小平原的斜坡上。拉里萨是一个城市名称，因此与城墙和高地联系在一起，最显著的是阿尔戈斯的卫城，它控制着肥沃的阿尔戈斯平原。出于这一原因，而不是因为与山脉有任何联系，斯特法努斯写道，拉里萨最初的词义是“城堡”，和斯特拉博的判断联系在一起来看，这个词汇可能指的是一个俯视平坦肥沃平原的土丘。

根据碑铭材料，曼弗雷德・比塔克教授，即泰尔代巴的发掘者，他将名称 R-ɜḥt（“进入肥沃土地的入口”）和希克索斯王朝的首都阿瓦利斯等同。[142] 雅萨诺夫和努斯鲍姆没有从语音上对该词源分析提出质疑，不管怎样，它们都是很好的。R- 发 la- 的音，已在第九章中进行探讨。[143] 作为词首发音或词中发音，/ḥ/ 508
在被翻译转写的过程中或公认的借用词汇中被丢掉，这是极为频繁的，并且，埃及语中的词尾 -t 在翻译到希腊语中时，经常被转写为 -is（见 irt/Iris、St/Isis）。

它们在语义上的匹配是显而易见的。R-ɜḥt 作为希克索斯王朝位于尼罗河

136　参见本书第九章，注释 16—17。

137　第一卷，注释 76。

138　Stephanus（1825, 1: 273）.

139　Strabo 13: 3.4; K. O. Müller（1820, 126）; and Vol. 1, 76.

140　Jasanoff and Nussbaum（1996, 191）.

141　Pausanias 2: 24.1.

142　Bietak（1979, 255）。比塔克（Bietak）指出，存在着两个类似的描述语：评注这两个类似的词语，即“受塞特宠爱的阿瓦利斯君主”和“受塞特宠爱的 R-ɜḥt' 君主”。另外，他还提出中王国的地名 R-wɜty。

143　第九章，注释 172—177、179。

三角洲的首都的名称极好地与阿尔戈斯的卫城拉里萨对应，阿尔戈斯这个达那俄斯（Danaos）的城市存在着一种与埃及普托斯（Aigyptos）相关的特有崇拜，并且俯瞰伯罗奔尼撒半岛最富饶的一片平原。[144] 这片伯罗奔尼撒半岛最大平原的北部地区，位于伊利斯和阿卡亚的边界之间，让帕萨尼亚斯想起了尼罗河三角洲，有一条名叫拉里索斯（Larisos）的河流从其间流过。[145] 根据色诺芬（Xenophon）的记载，位于安纳托利亚地区爱奥尼亚的拉里萨也被称为埃及普提亚（Aigyptia）。[146]

拉科尼亚南部古提昂（Gythion）附近，有一片滨海湿地平原，其上是神圣的拉里西昂山（Mount Larysion）。[147] 在克里特岛东部，后来被称为希拉普特那（Hieraptna）的城市叫拉里萨，控制着当地的拉里萨平原。[148] 根据拜占庭学者斯特法努斯的记载，拉里萨是戈尔提那的一个古名，戈尔提那的卫城位于克里特岛最大平原墨萨拉（Mesara）中部小山上。[149] 色萨利这个内陆的拉里萨是一大片湿地平原中心的要塞。安纳托利亚西部的拉里塞（Larisai）也明显位于类似的地形里。[150]

引人注目的是，考古发现显示，许多拉里萨所位于的地区在迈锡尼时代居住着稠密的人口。[151] 不过，传说证据仍然清晰可辨。该名称意为“进入肥沃土地的入口”，与色萨利中部佩纽斯（Peneus）河畔的拉里萨位置完全符合。

Μαντινέα。在世俗体中，mꜣʿ 除了有“正确、真相”等词义之外，还有一个专门的词义即“地方”。从 mꜣʿ n（“……的地方”）里，人们可以发现科普特语中表示地名的前缀 Man-。[152] 因此，似乎可以假设这样一个词汇 mꜣʿ n tꜣ niwt，后来的

144 Pausanias 2: 24.3.

145 Pausanias 6: 609.

146 *Hellenika* 3: 7.

147 Pausanias 3: 22.2. 古提昂这一名称似乎与 Gythissôn 有关联，赫西基奥斯将其定义为 dioryssôn（“挖沟或运河”）。它也可能源于埃及语地名要素 Gt，意为“运河或流域”。参见 Gauthier（1925-31, 5: 221）。这一词义可能更符合古提昂的类似沼泽的近海地理位置和早期灌溉它的尝试。关于该三角洲的史前及早期历史时期的景象及人口密度，参见 Cartledge（1979, 20）。

148 Strabo 9: 440, 640。另见 Fick（1905, 105）。

149 Fick（1905, 105）.

150 *Cambridge Ancient History* 2, pt. 2: 774-5.

151 Hope-Simpson（1965）. 伊利斯平原似乎是个例外；参见 Hope-Simpson（1965, 7）。

152 Černy（1976, 346）.

拼写是 Man tə néē（“市镇所在的位置”）。需要指出的是，门丁尼亚（Mantínea）最初的重音与 -ne（“市镇”）的重读相对应。后来的重音反映了有倒退倾向的重音的标准形式，当时最初的埃及语发音丢掉了。

根据许多古代作家的记载，门丁尼亚周围地区有四个或五个市镇居住着人口。[153] 它们建立的同盟的中心，即后来的门丁尼亚城位于一个名叫 Πτόλις（“城市”）的山丘上。[154] 由是，Mantineia/Ptolis 构成了一个很好的埃及语–希腊语成对词。不过，该埃及语地名的晚期词形（按照埃及语时间表计算），暗示它可能是在铁器时代早期被借用到了希腊语中，同一时代，许多埃及语地名在拉科尼亚被采用。[155]

Μέγαρα。根据帕萨尼亚斯的暗示，常见的希腊语地名麦加拉（Megara） 509
或麦亚拉（Meara）来自“洞穴、地下房间”意义上的词汇 megara。[156] 在过去的三个世纪里，学者们将该词和希伯来语词汇 mə‘åråh（“洞穴”）联系在一起。[157] 带有这一词义的西闪米特语词汇出现在了乌加里特语地名 Mǵrt 里。[158] 公元前 2 千纪中期，西闪米特语 ǵain 和 ‘ain 混合。希腊语地名的变体拼写 Megara 和 Meara，暗示前者传入时间在此之前，后者传入时间在此之后。[159] 另一个 ǵ 被转写为 g 的早期例证出现在阿拉伯语中被称为 ´Gazzeh 的城市名称里，它在埃及语中为 Gḏt，在希腊语中为 Gaza（加沙），在较晚期的迦南语中却为 Cazzah。希腊语名称麦加拉和加沙的这些早期年代与毕布勒和推罗的对应，在语音层面上表明在公元前 1400 年之前已经标准化。[160]

Μέθανα、**Μεθώνη**、**Μοθώνη**。艾伦・埃劳德在一项卓越的研究中证明，斯特拉博对孟菲斯的阿庇斯神庙和赫淮斯托斯神庙在一个 dromos 举行的公牛

153　存在着两个例子，参见 Xenophon *Hellenica* 5: 2.7 以及 Diodoros 15: 5。

154　Pausanias 8: 8.4.

155　参见本书第二十一章，注释 132—134。

156　Pausanias 9: 8.1. 斯特法努斯列举出该城市名称的七个例子。

157　关于后世学者对这一关联的考查，参见 Muss-Arnolt（1892, 73）。

158　参见 V. Bérard（1902, 1: 193-4）。菲克宣称该词出现在安纳托利亚语中，意味着它是卡里亚语。他没有就该名称给出解释。参见 Fick（1905, 75）。

159　Harris（1939, 40-1）.

160　参见 Albright（1950, 165-6）。

角斗进行了描述，这种公牛角斗是埃及人的一个传统，可以追溯到古王国时期甚至更早。它明显象征着荷鲁斯和塞特神之间冲突。[161] Dromos 很难被英语意译。它不仅指的是大道或跑道，也指剧场的圆形空间或表演区。表示这一斗牛地点被最早证实并且也是最常见的术语是 mṯwn，因为它带的义符表示“公牛”或“土地”。[162] Mṯwn 很明显来自带有方位格前缀 m- 的词汇 ṯwn［“（用角或牙）刺破，刺穿”］。

在荷马史诗中，μόθος 指的是“公牛的喧闹声”，它的宾格形式是 mothon。不过，根据里德尔和斯科特的研究，它“一般指动物之间的打斗”。1955 年，斯特里克（B. H. Stricker）教授证明，早期的希腊戏剧与埃及仪式和戏剧传统有着引人注目的类似之处。[163] 来自希腊这一边的证据表明，不管是在埃及语中还是希腊语中，mṯwn 的词义普遍由动物打斗延伸到了剧场。可能这一词义转变受到了迦南语 mådôn（“争吵和竞争”）的影响，该词源于词根 dyn（“裁判”）。在语音上和语义上，希腊语词汇和埃及语词汇都非常接近。希腊语词汇 mothōn 可以指“放荡的舞蹈、长笛曲调、假定的粗俗伙伴”。普鲁塔克记载，斯巴达人强迫希洛特人（Helots）喝酒，然后“命令他们表演低级荒谬的歌舞”。[164]

Mṯwn 是一个常见的埃及语地名，它可能保存在地名 Me(i)dum 之中。[165]
510 名称墨托奈（Mothōne）、迈托奈（Methōne）或迈塔那（Methana）在希腊出现的频率几乎相等。阿尔哥利德的迈塔那位于在一片壮观的海湾岸边，可以被视为一个剧场。色萨利的迈塔那在更大程度上也是如此。帕萨尼亚斯对美塞尼亚的墨托奈进行了如下描述：“在我看来，这个地方是因墨同（Mothon）岩而得名，并且当地的海港也得名于此：它在水面下延伸，为船只提供了一个狭

161 Lloyd（1978）.

162 关于该问题的探讨，参见 Lloyd（1978, 617）以及 Griffiths（1975, 47）。有时公牛似乎是朝另一些公牛跳去。这在美杜姆（Medum）很明显，一条绳从这个动物的前足绕到它的头上。格里菲斯将其解释为套索或缰绳。

163 Stricker（1955）以及 Altenmüller（1975b）。斯特里克强调情绪宣泄“净化”在这些戏剧表演中的核心地位。他没有探讨这一词汇没有印欧语词源分析，它本身可能源于埃及语，参见上文第十章，注释 72—76。

164 Plutarch, *Lykurgos* 28: 4, tr. Perrin, *Plutarch's Lives*（1910, 1: 291）.

165 Gauthier（1925-31, 3: 64）. 对这个名字的最早记录可以追溯到第四王朝源于美杜姆本身的文献材料。参见 Petrie（1892, pl.19）。

长的入口，成为躲避深海波涛的庇护所。”[166] 这样一个地理位置也可被视为一个剧场。尽管不同的词形拼写有区别，但是事实上阿尔哥利德崇拜的迈塔那出现在了墨托奈钱币上，而墨托奈信奉的阿耳特弥斯则出现在了迈塔那钱币上。这表明——至少是较晚时期——两地的公民们相信他们之间是有血脉渊源的。不过，最引人注目的钱币学证据来自墨托奈的一枚钱币。弗雷泽对它这样描述道：“墨托奈海港呈现出剧场的形状。”[167] 这一钱币使该名称在词义上和 Mṯwn 连接在一起。

Μυκῆναι。传统观点认为，这个青铜时代晚期的宏伟城市迈锡尼（Mycenae）的词源是 mykos（“蘑菇”），它的引申义“球块”在今天仍然偶尔被使用。菲克仅仅写道，Mycenae 与 Mykalē 和 Mykalēssos 是同一类词汇，他认为它们是卡里亚语。[168] 它们的确在某种程度上有联系，因为它们都是以亚非语方位格前缀 m- 为字首的。在 19 世纪 90 年代，玛斯–阿诺特提出了一个词源 məkônåh，它是 makôn（“地方、聚居地”）的阴性形式，在许多闪米特语中都得到了证实。[169] 更为可能的候选词源似乎是希伯来语中的 mḫn 和 maḥăneh（“营地”）。不管是单数词形 mḫnm 还是双数词形 maḥănayîm，它们都指（“双营”）。这一形式在乌加里特语和希伯来语中是一个常见的地名。雅萨诺夫和努斯鲍姆没有提到该词来自 mykos 的词源分析，并且也没有提出新的词源解释。他们只是对该词来自 *maḫănayîm 的观点提出了批驳。

> 但是，更为中肯的是贝尔纳未能——或者拒绝——注意到更为古老的词尾 -ēnai/-ēnē（<-ānai/-āna）是希腊语地名的再生因素。将词尾 -ēnai/-ēnē 与对应词尾 -ānai/-ānā 分开来对“迈锡尼”进行分析都是不可信的；-ānai/-ānā 存在于诸如 Messā́nā́“美塞尼”、Kurā́nā́（“昔兰尼”）等名称之中。[170]

尽管我注意到了 -ēnai 等词尾，但是我不认为这些后缀可以与一个更大的

166 Pausanias 4: 35.1, tran. Levi（1971, 2: 187）.
167 Frazer（1898, 3: 453）.
168 Fick（1905, 128, 131）.
169 Muss-Arnolt（1892, 48）.
170 Jasanoff and Nussbaum（1996, 153）.

511 希腊城市名称种类分开：如在本节开篇处所探讨的那样，它们以 -ai 或 -oi 结尾。那些名称中带有 -ēnai 的城市，不过是词干以 -n 结尾。名称 *Maḫănayîm 也符合这个城市的军事内涵。事实上，它位于阿尔戈斯平原之上或上方，阿尔戈斯平原上有更为古老的城市阿尔戈斯、梯林斯和勒那（Lerna），这就使得它在词义上极为吻合。这个词源在可信度上具有明显的竞争力，尤其是只有一个来自蘑菇的词源分析来竞争！

Πύλος。对派罗斯这个城市名称起源于埃及语 pr 或 pr ʿɜ 的论证，已在第九章中做出。[171]

Σικυών。相对于来自 σικυών（“黄瓜地”）而言，西库昂（Sikyōn）更有可能来自迦南语 *sikun(åh)，它已在较晚期的希伯来语中得到证明，为“聚居地、住处”。尚特莱纳注释道，在 σικυών 中的 ι 和 ε 之间存在着不确定性，并且其变体拼写 σεκυών 证明它是一个借用词。

Σπάρτα。名称斯巴达（Sparta）来自埃及语 spɜt（“行政区”），这个问题将在下一章探讨。

Τροιζήν。在第二十二章中，我将讨论名称特洛曾起源于 Tɜ sɜn(t)，即上埃及后来的埃斯那（Esna）。[172]

Ψωφίς、**Ψαφίς**。名为普索菲斯（Psōphis）的城市位于阿卡狄亚和扎金索斯岛。阿提卡也有一个名叫普萨菲斯（Psaphis）的地方。它们似乎来自同一个埃及语词源 Pɜsbt(y)（“城墙、城堡”）。这个词汇在这两个地方的语言里的发音尚不确定。该词汇在科普特语中得到证实为 sobt，该名称带有一个冠词 Psabet。[173]

171 本书第九章，注释 135。

172 本书第二十二章，注释 216—228。［埃斯那（Esna），位于上埃及的尼罗河西岸，希腊人称之为“拉托波利斯”（Latopolis）或“勒托波利斯”（Letopolis）等，它是古埃及人信奉的主神之一奈斯女神的主要崇拜中心。——译者注］

173 Gauthier（1925-31, 5: 23）and Černy（1976, 352）.

结　语

以上便是本章的所有小节内容，探讨城市名称的一节在众多或多或少来自亚非语的希腊语地理名称中仅举了一例，这些词源分析可能会被那些比我更专业和精深的东地中海语言研究专家取笑。不过，我相信这一选择足以表明诸多的语言宝藏仍有待于去探寻。

第二十一章　斯巴达

512 多利亚人占有物产丰富的欧罗塔斯河河谷，并且为使自身的多利亚人血统保持纯正，避免被异族血统混杂，他们将所有土著居民贬低为臣仆……使多利亚人优越于其他族群的突出优势……我们谓之“品质”。在拉科尼亚，这种优势得到了最充分的展现……因为这里的多利亚人显然是剩余下来的最纯正的多利亚人。

——J. B. 伯里，《希腊史》(1900 年)

导　语

在本章中，我将广泛地探讨被普遍认为是希腊城邦中最“雅利安”的城邦与亚非语之间存在的牢固联系。第一部分内容探讨斯巴达这个名称来自埃及语 spꜣt（“诺姆、行政区”）和行政区首府。第二部分内容探讨埃及的豺神阿努比斯（“Spꜣ 的君主”），他是亡灵的引导者，在希腊神话中的对应神为赫尔墨斯。

本章将继续探讨拉孔（Lakōn）和拉西第梦等名称具有“号叫的动物、叮咬的动物”和“号叫、叮咬的魂魄”的含义，以及尖牙在斯巴达传说中的重要性。拉西第梦被解释为 *Kꜣ ˀInpw[“卡(Ka)或阿努比斯神的魂魄”]的直译词，它在希腊语中转写为卡诺珀斯(Kanōpos)。随后，我将对赫尔墨斯这一名称起源于一个具有复杂词义的闪米特语词根 √ḥrm 进行简短的探究。

在对阿米克莱（Amyklai）当地的宗教崇拜进行专门探讨的一节内容里，我将论证，不是许阿铿提亚节从一个神话传说英雄许阿铿托斯那里获得了名称，而是恰恰相反。此外，我还论证，许阿铿提亚是对埃及关于死亡与重生的节日 W3g 的一个词形 *W3g ntr（“神圣的 W3g”）的翻译，该词形是我假设的。随后，我探讨在这种情况下 /3/ 未能发 /r/ 或 /l/ 的音的语言学证据的可能暗示，带有可能的埃及语词源的大部分拉科尼亚专门词汇需要更多的词形，这些词形 513
是在晚期——有些可能晚至公元前 800 年前后的吕库古（Lykourgos）改革——被借用的。最后几节，探讨斯巴达可能存在着一个特殊的死亡崇拜，而且斯巴达国王阿雷俄斯一世（Areios I）和犹太教大祭司奥尼阿斯（Onias）之间可能存在交往。

斯巴达：*SPER 和 SP3T

奥古斯特・菲克没有为地理名称斯巴达提供词源，只是称它为“含糊的勒勒吉斯语”。[1] 该名称可以追溯到词根 *sper（“播种”），它在希腊语中是一个非常具有构词能力的词根。因此，斯巴达的字面意思可能是“被播种的土地”。这一词源分析与卡德摩斯在底比斯播种龙牙长出 Σπαρτοί（“武士”）的传说相吻合。印欧语言学专家认为这一词源解释不太可能符合事实，因此拒绝接受它。不过，在引申意义上，我相信这个说法是正确的。*per 或 *por（“分离、划分”）和 *pir、*per（“使产生、结果实”）这两个相关词根，它们在所有的诺斯特拉语中都能找到。[2] 在亚非语中，许多动词都带有使役前缀 s-。因此，例如在迦南语中，人们会发现《圣经》名称 Siprâh 是用来给一个产婆命名的，它指的是能够促成分娩的人。[3] 词汇 sapar（“美丽的”）用于描绘新娘和果实累累的平原。希腊语词汇 σπείρω（“播种”）、σπέρμα（“种子”）和 σπόρα［“播种”（名词）］等，可能来自这一迦南语词根。如在赫尔曼・穆勒在 1911 年提出的那样，并且他的观点

1　Fick（1905, 113）.

2　Bomhard and Kerns（1994, 232-5, nn. 37, 39）.

3　Exodos 1: 15. 七十士本中的词形是 Sēpphora。晚期迦南语中从使役词素 s- 到 hi- 的转换在第五章的注释 63—64 中讨论。

在最近又被卡尔顿·霍奇复兴，所谓的“s-mobile”在印欧语中——如同在亚非语中一样——更有可能通常是但不总是一个与词根连写的使役前缀。诺斯特拉语的情况也是这样。[4]s-mobile 可以解释一些英语词汇，诸如 spill（“使跌落”）、split（“使破裂”）、stir（“转动”）和 swirl（“旋转”）。[5]

词根 √pr 和使役前缀 s- 都存在于埃及语中。埃及语中，有 prt（“果实”）、pri͗（“走、出来、爆发”）、spr（“到达、抵达”）、spri（“驱逐”）。类似的有，pꜣ（“飞翔”）与 spꜣw（“使飞翔的鸟”）的对应。从语义起源层面考虑，类似于拉丁语 pars/partis 和 separ-（“分离”）之间的关系，人们会发现埃及语 spꜣt（“行政区、诺姆”）明显来自一个具有“部分、分组”词义的词汇。

不管 spꜣt 是否来自 *s+pr，Spꜣt 都是斯巴达最有可能的词源。许多高度发达的社会里，属地和它的首府或行政中心之间界限是很难区分的。在中国，
514 xian 既指县区又指县城。类似双重语义也出现在阿拉伯语 medina 身上。在埃及，Spꜣt 是一个常见的地名，同时也是构成诺姆、行政区和市镇名称的要素。[6]它也被埃及人带到海外使用。例如在第十二王朝，示剑（Shechem）地区或示剑城被命名为 Spꜣt。[7]市镇名称 Qiryat Sêpêr 在迦南语和埃及语中也可以指“行政区的市镇”，而非为七十士本所描写的“书吏居住的市镇”。约尔·阿尔贝特曼（Yoël Arbeitman）指出，qiryat 像一样 medinat 有双重词义。[8]上文提到的底比斯的 spartoi 只不过是从埃及语 spꜣtyw（“诺姆的居民”）那里获得了他们的名称。生动的“播种龙牙的”传说，试图通过将这一名称和词根 *sper 联系在一起加以解释。

Spꜣt 和 Sardis

Spꜣt 也有可能在安纳托利亚使用。波斯人对吕底亚首都——希腊人称之为撒尔迪斯（Sardis）——的称呼是 Sparda 或 Saparda。第二个词汇或许最初的埃及语词汇更接近，它往往不接受字首双辅音。在阿拉姆语中，该城市被称为 Sprd。吕底亚人自身将其写作 Sfard 或 Suard，它们可能是希腊语撒尔迪斯的

4 另见本书第二章，注释 21。

5 这些例子也可能表明 /i/ 的发音同希伯来语中 hifil 形式相似，参见本书第五章，注释 64。

6 Gauthier（1925-31, 5: 27-31）.

7 Albright（1968, 235）。另见 Delia（1980, 118）。

8 Arbeitman（1981, 967）. Qiryat Sēpēr 被翻译为 Kariassofer，见 Joshua 9: 15-6 和 Judges 1: 11-2。

词源。[9] 由于埃及语和安纳托利亚语大体上在公元前 2 千纪期间或之前将它们的塞音中和化，所以将 Spɜt 中的词尾 -t 与 Sparda 和 Sfard 中的 -d 等同起来应该没有问题。

在《卡德摩斯字母》中，我论证，吕底亚语和伊特鲁里亚语的第八个字母发音为 /f/，最初的发音可能是 /w/ 或长音 /ō/。如果是这样的话，它就不可能表示 /p/。我也主张，吕底亚语拼写习惯是在青铜时代晚期确立的。[10] 这样一来，最初的 *Spart，在此之前的吕底亚语中的发音为 Sfard 或 Suard。[11] 这种情况将会变得更为可信，正如一些学者所主张的那样，如果撒尔迪斯和 Sardinia（撒尔迪尼亚）之间存在着某种联系的话。这一假设有赖于关于公元前 2 千纪末期撒尔迪尼亚的东地中海文化的证据来证明。[12] 此外，如果——如大多数学者所接受的那样——撒尔迪尼亚和海上民族是可以联系在一起的，在埃及语里被称为 šrdn，在阿卡德语里被称为 Sirdanu，那么在这一民族于公元前 14 世纪第一次被提到之时，它们的名称中不可能出现唇音。[13] 这个 šrdn 民族来自撒尔迪斯，然后在撒尔迪尼亚殖民的观点是有吸引力的，尤其是因为在海上民族当中没有提到任何吕底亚人。但是，一个很可信的情况是， Trš 人，即特洛伊人 / 伊特 515
鲁里亚人来自吕底亚，并且加德纳和阿斯特为 šrdn 人来自安纳托利亚东部或者高加索山做了合理的论证。[14]

即便没有这种联系，撒尔迪斯在青铜时代晚期也有可能发 *Suard 的音。另一方面，虽然这个名称没有在赫梯语文献中找到，但是波斯语 Sparda 可能继承了更早的楔形文字拼写。此外，尽管该词的阿拉姆语书写可能读作 Sfrd，但是这个词语似乎来自一个更早的词形 Sprd。[15] 既然这样，来自 Spɜt 的借用词汇不可能在公元前 2 千纪前半期完成，/ɜ/ 在这个时期一般都失去了它的清音音质。我在第九章

9　关于这一名称的各种词形的讨论，参见 Littman（1916, 12）。后来的解释，可见于 Jensen（1969, 474-6）。

10　Bernal（1990, 121）.

11　根据吕底亚语专家罗伯托·古斯曼尼（Roberto Gusmani）的观点，在南部安纳托利亚的帕姆菲里亚（Pamphylia）有一个地名是 Ισϝαρδιας 或 Ζβαρδιανός，参见 Roberto Gusmani（1964, 202）。

12　Daniel and Evans（1975, 742）. 关于第二点，参见 Sandars（1985, 100-1）。

13　Gardiner（1947, 1: 194-9）. 另见 Sandars（1985, 106-7）。

14　Gardiner（1947, 1: 194-9）and Astour（1972a, 458-9）.

15　当然，这一词汇同 Sepharad 一样，是西班牙的中世纪希伯来语名称。据此推测，这一名称是基于对《俄巴底亚书》（Obadiah 20）中的预言的错误解释形成的，它指的是撒尔迪斯。Roth（1970, 30）.

和第十章中进行了论证，支持埃及语在这一时期对安纳托利亚西北部的影响。[16]

存在着另外一个证明名称撒尔迪斯起源于 Spꜣt 的迹象是伊特鲁里亚语表示“城市”的词汇 spur。我们知道，伊特鲁里亚借用了希腊语，因此有充分的理由假设他们也借用了埃及语。这一借用可能发生在青铜时代的安纳托利亚和海上民族入侵期间的安纳托利亚，发生在铁器时代的意大利或前两个中的任何一个时代的意大利或者这三个时代的意大利。另外两个来自非常不常见的伊特鲁里亚语的制度词汇显然来自埃及语。第一个是 zil（“地方官员”），明显来自 sr（“地方官员”），我们可以看似合理地为后者重构一个公元前 2 千纪的发音 *sy(a)1。[17] 第二个是伊特鲁里亚语词汇 mech，一个“政治或制度观念，可能指的是人民（populus）”，这是意大利伊特鲁里亚研究专家马西莫·帕洛蒂诺（Massimo Pallotino）的观点。[18] Mech 显然来自埃及语词汇 mš（“军队、一帮工人”），该词后来演变为世俗体 mšj 和科普特语 mēēše（“人民、大众、军队”）。mech 的借用应该发生在很早的时候，因为按照惯例被转写为 š 的埃及语符号 𓈙(N37) 的最初发音是 /ḫ/，但是在公元前 3 千纪里转变为了 š。[19] 最后的齿音在 spur 里消失了，它在该词的埃及语变体 spꜣ 中和吕底亚语以 -sfar(l) 为词尾的拼写中也同样消失了。这一发音存在着一个更大的问题。伊特鲁里亚字母 u 表示的是 o，并且我们知道，大约在公元前 1400 年之后，埃及语发音 a 经常转变为 o。不过，在此之前，/ꜣ/ 几乎总是失去它的辅音音质。

尽管 Spꜣt 有着广泛的词义，并且它的可能派生词遍及整个地中海，但是它在拉科尼亚有可能更专门指斯巴达。

阿努比斯、赫尔墨斯和斯巴达

516 像所有埃及神灵一样，阿努比斯也有许多别名，其中最为常见的是“Spꜣ

16 第九章，注释 139—141，以及第十章，注释 51—53。另见第二卷，第 187—273。

17 对此相关讨论，参见第九章中对巴塞琉斯和 **psilos* 的讨论，第九章，注释 57—82。

18 Pallotino（1956, 230）。有学者将其定义为“人民、联盟”，参见 Bonfante and Bonfante（1983, 144）。

19 参见第八章，注释 46—48。希伯来语 mas（“一群劳动者”）可能是来自埃及语 mš 的晚期借用语，然而克莱因试图解释它源于埃及语 ms(w)（“搬运工”），参见 Klein（1987）。埃伦博根没有将它列入表中，参见 Ellenbogen（1962）。

的君主”或 Sepa，自古王国时期以来便被证明。[20] 20 世纪初的埃及学专家赫尔曼・凯斯（Hermann Kees）看似合理地主张，Sepa 与专有地名 Spꜣ 或 Sipt 联结在一起，这个地点位于孟菲斯正北 Tꜣr ꜣw 附近。它和表示水田的义符(N24)连写，表示 spꜣt（“诺姆”），这强烈地表明 Spꜣ/Sepa 与 Spꜣt 存在着亲缘关系。这样一来，问题就产生了：Sepa 是否有一个词尾 -t？[21] 据我所知，词尾 -t 仅在两个词形里显示了迹象。第一个是词形 Spꜣti（？），可见于中王国时期开始之前不久的赫拉克列奥波里斯时代（Herakleopolitan period）的一块铭文里。[22] 第二个是词形 Sipt，可见于第十二王朝以来的《阿美诺普术语辞典》（*Onomastikon of Amenope*）。[23] 尽管在其他许多被证实的词形中缺少 -t，根据经济原则，该语音可能包含在了义符里。Sepa 和 Spꜣt 在被书写时都频繁地漏掉 /ꜣ/，有时甚至漏掉 /s/ 和 /p/。考虑到可能存在着一个来自 Spꜣt 的词源，那么阿努比斯的一个假定称号——Spꜣt 的君主，似乎是存在着的，如果获得有利证据的话。

在埃及宗教的双关语传统里，阿努比斯也和 spꜣ (L5)［“米利–蜈蚣”（milli-centipede）一种节肢虫］联系在一起，并且可能也和 spꜣ“放飞”联系在一起，可见于《金字塔铭文》，用以表示“送法老的灵魂升天”。[24] 在《棺材文书》中，人们会发现这样的声明，在蜈蚣日，“我是蜈蚣”。[25] 根据这一普遍的背景，Spꜣ(t) 有时被视为独立的神“昆虫的主人”。不过，在制作木乃伊的仪式里，它通常和阿努比斯联系在一起。[26] 另一方面，由井田和沟渠组成的 spꜣt 的义符与由行政区和水田组成的 Spꜣ(t) 联系在一起，进而与奥西里斯联系在一起。因此，基斯（Kees）看到了 Spꜣ(t)、阿努比斯和奥西里斯之间的联系。[27]

名称 A-no-po、Ra-ke-da-no 和 Si-pa-ta-no 出现在派罗斯出土的 B 类线形文字的文书中，这暗示着虽然没有得到任何证明，阿努比斯——埃及语中的

20　对此最为充分的研究，参见 Kees（1923）以及 Gardiner（1947, 2: 127-8）。例如，参见 *Coffin Texts*, 227。

21　Kees（1923, 80）and Gardiner（1947, 2: 127-8）.

22　Quibell（1907, 2: *Texte Religieuse*, 43），引自 Kees（1923, 88）。

23　加德纳的观点就是基于这一术语辞典形成的，参见 Gardiner（1947, 2: 127-8）。

24　*Pyramid Texts*, Utterances 524, 1235. 此种情况下，基布（Geb）促使法老升天。在他上升的时候，他的脸是一只豺的脸。Kees（1923, 82-3）. spꜣ（“蜈蚣”）中的 /s/ 有一个微小疑难，即最初是 /z/ 而非 /s/。但是，在中王国时期，二者被混同。

25　*Coffin Texts* 227, 264.

26　Budge（1904, 2: 494）.

27　Kees（1923, 89）.

ˀInpw——拉西第梦和可能的斯巴达人（Spaertan）是在青铜时代的美塞尼亚熟知的名称。[28] 在最近的 2500 年里，学者们对斯巴达人为什么被称为拉科尼亚人或拉西第梦人进行了多种推测。对这一问题进行考查，将有利于我们探讨普鲁塔克在他关于吕库古的传记中提到的关于斯巴达的古传故事："男孩子们崇拜
517 偷窃，有一个这样的故事：一个男孩子偷了一只小狐狸（σκύμνον，幼兽、崽畜），将它藏在他的外套里，就这样走开。他忍受着他的肠子被这只动物用牙齿和爪子撕咬和抓挠出来的痛苦，宁愿死掉也不愿意他的偷窃行为被人发觉。"[29] 这个故事含有极为丰富的神话元素。对待偷窃的态度表明存在着对赫尔墨斯即窃贼的保护神的信仰，他和斯巴达的特殊关系将在下文进一步探讨。内脏流了出来，也可能是对阿努比斯主持的木乃伊仪式的远距离反映。

"忍受着……流出"是对 σπαρασσόμενος 的翻译，该动词的被动分词形式是 σπαράσσω。这个词形像 speirō 一样，可能来自一个由印欧语词根 *par（"导致分裂"）和发音是 /s/ 的使役前缀合成的词汇。波科尔尼引用了古冰岛语 spior（"破布、穿破的衣服"）。[30] Sparassō 在语音上与 Spɜ(t) 相匹配，并在语义上也与阿努比斯和豺神吻合。根据里德尔和斯科特的观点，sparagma 指的是"断片、破布或碎片"，但更特指"残缺不全的尸体"。[31] 根据他们的观点，sparassō 指的是"撕扯，尤其是狗等食肉动物的撕咬"。他们进一步引用了一段话，其中讲到骨头露在了肉皮外面。

词根 spar 的这些内涵与名称 Lakōn 和 Lakedaimōn 最有可能的词源紧密地联系在了一起：动词 lakizō、laskō 还有它们的词干 lak- 有广泛的词义，但集中在三个主题即号叫、撕咬和破裂的骨头上，这些与狗有联系的现象在古代都能很清楚地看到。因此，Lakōn 可以被解释为"号叫者、撕咬者、啃咬骨头者"，而 Lakedaimōn 则可以被解释为"号叫的魂魄"。[32]

---

28 查德威克（1973, 578）对切梅林伊（1960a）将 Rakedano 与 Lakedon 和 Lakedaimon 等同起来的做法有些犹豫不决。尚特莱纳对此提出质疑，而查德威克没有探讨 Anopo/Anubis——阿斯特提出了一种可能性——与 Sipatono 之间的关联，参见 Astour（1967a, 340）。

29 Plutarch, *Lives*, *Lykurgos*, 18, tr. Perrin, 1: 261.

30 Pokorny（1959, 992）.

31 如上文所述，sparagmos 是一个撕碎并吃掉牺牲的仪式，它常常代表着与奥西里斯的希腊对应神：巴库斯和狄奥尼索斯。参见 Astour（1967a, 178）。

32 关于 daimōn 的阐释，参见本书第九章，注释 39—43。参考 Jasanoff and Nussbaum（1996, 193）。参见 Bernal（2001, 419, n. 164）。

雅萨诺夫和努斯鲍姆对这个词源分析提出了三个反对意见。其一，他们声称，由动词和名词组成的复合词总是形容词。即便这个说法成立，已被证明的形容词 lakedaimōnos 和 lakedaimōnios 可能先于名词 Lakedaimōn 形成。与之类似，他们的第二个反对理由是 -daimōn 结尾的词必定是动词的宾格而非主格，这是另外一个错位准确的例子。如希腊语法权威 H. W. 史密斯（H. W. Smyth）所言："希腊人并不认为在这些复合词中存在着任何实际的格关系（case relation），并且格关系只是一种纯逻辑的存在。"[33]

雅萨诺夫和努斯鲍姆第三个并且是主要的反对理由是反对 Lake-daimōn 的这种划分。他们论证："迈锡尼语中的人物名称 ra-ke-da-no……几乎可以确定读作 Laked-ānōr……表明对 Lakedaímōn 的正确划分是 Laked-aimōn 而非 Lake-daímōn。"[34] 雅萨诺夫和努斯鲍姆没有意识到，作为这一假说的提出者，奥斯瓦尔德·切梅林伊赋予它了一个伪造的"科学"合法性。事实上，切梅 518
林伊的这个解说被普遍认为是孤芳自赏。雅萨诺夫和努斯鲍姆做法明智，没有冒险提出自己的词源说明。但是，切梅林伊提出，被划分的第一部分最初是 Laken-，而非 Laked-。Laken- 将与 Lakōn 即 Laconian 有亲缘关系。切梅林伊进一步提出 Aimōn 应该和 Haimōnes 联系在一起，斯特法努斯提到 Haimōnes 是生活在色萨利和希腊其他地方的一个族群。[35] 查德威克面对这一观点有些犹豫不决，而尚特莱纳称之为"巧妙"，但是对它保持怀疑。在提出他的假说之前，切梅林伊承认："所有的解释者，不管古代的还是现代的，都承认 Λακε-δαίμων 的划分。"[36]

"阿努比斯的魂魄"

Lakedaimōn 很可能是埃及语 Kз ỉnpw（"阿努比斯的魂魄"）即 Kanōpos 的一个希腊语–闪米特语（Hellenosemitic ）直译词。在托勒密时代，以 Kanōpos 或 Kanobus 命名的城市位于尼罗河最西端的 Kanōpic 支流河口附近。由于地名 *Kз ᵓInpw 在埃及语中没有得到证明，所以它通常被假定为起源于希腊语的

33 Smyth（1956, 253 §897）.

34 Jasanoff and Nussbaum（1996, 193）.

35 Szemerényi（1960a, 15）. 霍尔斯滕（Holsten）等人使用斯特法努斯的著作是 Aimōnia 版而非 Haimōnia 版，参见 Holsten（1825, 32）。我不能确定切梅林伊使用的是哪一种版本。

36 Szemerényi（1960a, 15）.

名称——起源于神话传说中的斯巴达国王墨涅拉俄斯的舵手卡诺普斯。它的转变历程和尼罗河的支流名称是非常复杂的研究对象。然而，加德纳令人信服地将托勒密时代的 Kanōpic 支流与拉美西斯王朝（Rammesid）提到的 Kɜ 联系在一起，他认为它与被地理学家兼天文学家的托勒密称为 Agathodaimōn（“好兽灵”）的尼罗河西部支流相关，而没有将它与其他许多事物联系在一起。[37] 我相信，如果学者们不是像加德纳那样将相关的象形文字 𓂥 (D29) 读作 Kɜ，而是读作 Kɜ nṯr（“神圣的 Ka”）——我倾向于这种读法——这一联系将会被加强。我相信，有理由将 Agathodaimōn 与 Kɜ ͗Inpw 和 Kanōpos 等同起来。在对兽灵概念的研究中，沃尔特·伯克特指出：“只有在一种特殊情况下，兽灵才会出现在宗教崇拜里和圣像图里，即：作为好兽灵，Agathos Daimōn。在宴饮中，第一杯奠酒——是献给它的。”伯克特随后引用了费阿刻斯人（Phaeacians）向 Argeïphontes（即赫尔墨斯）奠酒的故事。[38]

出于以下原因，我相信，将 Agathodaimōn 和尼罗河的支流卡诺普斯河与阿努比斯联系在一起的做法是恰当的。首先，Kanōpos 是后来才出现的名称；其次，该支流岸边的主要城市是赫尔墨波利斯即“赫尔墨斯城”，赫尔墨斯是透特和阿努比斯的希腊对应神。[39] 在埃及的宇宙起源论中，西方是死亡的方向；因此，将
519 最西端的河流和阿努比斯联系起来是恰当的，阿努比斯引导亡灵进入来世。出于这些原因，除了这一名称在埃及语里很容易解释但在希腊语中令人费解的事实之外，显然非常难确定名称卡诺波斯 / 卡诺普斯是希腊语而非埃及语。

至少自公元前 6 世纪米利都人赫卡泰奥斯（Hekataios of Miletos）时代以来，拉科尼亚地区阿米克莱人卡诺波斯便在传说中被视为墨涅拉俄斯的舵手。国王墨涅拉俄斯在埃及的卡诺普斯登陆，显然是因为卡诺波斯，因为他在这里被蛇杀伤并且被毒死。[40] 老人星（Canopus）应该是由他的名字来命名的，这颗星星另外被称为船底座阿尔法（Alpha Carinae）。至少自托勒密时期起，这颗星星被描绘成南船星座（Argo）的领航者，南船星座和奥西里斯联系在一起，

37 Gardiner（1947, 2: 155）.

38 Burkert（1985, 180）.

39 Gardiner（1947, 2: 197）.

40 这个观点很诱人，但是不太可能是真的，神话作家们知道阿米克莱崇拜的名称最终源于 Eme sal 的 dMugal（“大树”）或苏美尔方言“女话”（women’s dialect），参见 Astour（1967a, 311-2）。

他是亡灵的主人。[41] 有趣的是，在托勒密时期，奥西里斯在卡诺普斯被作为一个带有人头的花瓶或船只加以崇拜。根据普鲁塔克的记载，公元前 4 世纪的本都的赫拉克利德斯主张，卡诺普斯著名的神谕所是普路托（Pluto）神谕所。[42] 一般情况下，卡诺普斯清楚地与与死亡的国度和领航到那里联系在一起，这恰恰与阿努比斯相关。[43]

拉孔和拉西第梦与阿努比斯的进一步联系在于他作为亡灵的保护者和引导者的作用。根据许多神话作家的观点，拉西第梦是名为 Ταΰγετος 的宁芙的孩子。Ταΰγετος 是位于拉科尼亚和美塞尼亚之间的山脉。[44] 关于泰格同（Taygeton）这个名称的最佳词源是埃及语 Tꜣ(w)igrt（“亡灵国度的土地”）。ꜥIgrt（“大墓地”）带有一个表示山的义符 𓈉(N25)。Tꜣ(w)igrt 在《亡灵书》中得到证实，并且 igrt 本身就是一个表示“大墓地”的标准术语。[45] 这一词源分析的语义吻合，不仅因为荒凉的山脉风景，并且也因为泰格图斯山的两个山峰从斯巴达的角度来看惊人地像金字塔这一事实，而变得更牢固。[46]

此外，该地和死亡之间还有地点上的联系。泰格图斯山南端泰纳罗昂（Ταινάρον）海角的洞穴，一般被视为地狱的入口。[47] 这个海角的保护人是海神波塞冬，埃及赛斯的对应神。该洞穴有可怕的三头狗刻耳柏洛斯（Kerberos）看守，它不仅有阿努比斯的特征，并且也有其他埃及特征。[48] 这些洞穴的引导者是赫尔墨斯。[49] 因此，总而言之，豺狼和食腐犬科动物，连同阿努比斯 Spꜣ(t) 和冥府一起，似乎提供了将斯巴达与拉西第梦和拉科尼亚联系在一起的主题。

Lakōn 和阿努比斯之间的另一个可能关联是 Lakōn 的一个附属词义“掷骰

41　Plutarch, *De Isisde* 359E. 据普鲁塔克记载，这些联系完全适合一位舵手，参见 Plutarch（44.368E）。阿努比斯，同天空和地下世界都有联系，象征着地平线。因此，有趣的是，叙利亚的斯多葛派哲学家波塞冬尼乌斯（Poseidonios）使用接近地平线的老人星的起落去估计地球的大小。

42　Plutarch, *De Iside* 27.361E.

43　加德纳的长期学术讨论，参见 Gardiner（1947, 2: 196-8）。

44　Pausanias 3: 1.2 and Apollodoros 3: 10.3.

45　在献给奥西里斯·维尼福尔的赞美诗的序言中发现了 Tꜣw igrt，见阿尼纸草文书（Papyrus of Ani）BM No. 10470, sheet c，转引自 Budge（1898, 13-4）。

46　关于该图片，参见 Lazos（1995, 114）。

47　泰那隆，接近铁矿藏的矿床，它的名字长期以来被认为源于迦南语 tannōr（“火罐、火炉”），参见 Muss-Arnolt（1892, 46）。

48　参见 West（1997, 471）。

49　参见 Apollodoros 2: 5.12。相关文献，参见 Frazer（1921, 2: 234）。

520 子”。作为亡灵的引导者，阿努比斯在埃及和其他地方的棋盘游戏中扮演着突出的角色。其中的大部分游戏起源于努力发现死后灵魂的旅程是如何进行的尝试。很多碎片被弄成了狗头和其他犬科头部的形状。我们知道，公元前 17 世纪，这些游戏不仅在埃及而且也在喜克索斯人统治下的巴勒斯坦受人喜爱。[50]

这种关联的另一个迹象来自 kuōn lakaina 是一种知名的猎犬种类这一事实。一座公元前 5 世纪纪念拉孔的两个儿子阿波罗多罗斯和拉孔的纪念碑，其顶端雕刻的是一只狗的浮雕。[51] 狗与拉科尼亚和斯巴达之间的联系因一事实而加强，斯巴达的四个村庄之一最初组成城市被称为 Κυνόσουρα（“狗尾巴”），并且它的居民被称为 Kynosuris，即一个斯巴达猎犬品种的名称。[52] 斯廷法鲁斯将 Kynosoura 列为阿卡狄亚的一座山峰，称它的名字来自 kynosouron，即赫尔墨斯的“狗、狗尾巴”。[53] 赫尔墨斯和狗联系在一起，进而和阿努比斯联系在一起，他们之间的联系又因为赫尔墨斯独具特色的帽子 κυνέη（“狗皮帽”）而增强。

赫尔墨斯

现在，我们来谈一下赫尔墨斯。他是一个复合的神，有许多不同的属性和功能。[54] 在这问题上似乎有用的是对这个希腊神的名字进行探讨，该名称可能既不是印欧语也不是埃及语，而是闪米特语。

传统观点认为赫尔墨斯来自 ἕρμα (H)（“石墩或路标”）。[55] 不过，herma 本身没有确定的印欧语词源。更好的解释似乎是认为它起源于迦南语 ḥērem（<ḥarma）（“禁忌、被禁止的”），该词汇与石头和石墩有着诸多关联。如在其他文化里的情况，许多闪米特语族群的宗教认为神圣之物和卑鄙之物是一样的，即两者都被视作隔离之物，不可接触。这样一来，阿拉伯君主的妻子就生活在了内室，并且更重要的是，宗教地点和被诅咒的地点使用的是同一个词

---

50 Albright（1923）. 类似的游戏出现公元前 7 世纪后的希腊，参见 Vermeule（1979, 80-1）。

51 Freyer-Schauenburg（1970）.

52 Cartledge（1979, 105-7）.

53 Stephanos（1825, 261）.

54 另见 Burkert（1985, 155-9）。

55 查德威克在 B 类线形文字中识读了一个神的名字 Emaa2，他将此与荷马的 Hermeias 相联系，驳斥这一假设：“因为这一词汇最初的字首是 w-，但是赫尔墨斯，他的迈锡尼名字 Hermahās 却没有。”参见 Chadwick（1976, 87）。伯克特明显没有注意这一点，参见 Burkert（1985, 156）。

汇 ḥērem 即“禁令”。[56] 对这样的禁令应该接受的惩罚是石刑。这就在某种程度上对部落神代表或者社区变得有意义了，石刑是一种公共惩罚。[57]《约书亚记》（*Book of Joshua*）第 7 章关注的是，耶和华（Yahveh）通过约书亚施于耶利哥（Jericho）的禁令。这项禁令最终遭到践踏，违犯者偷取被摧毁的城市里的财宝，从而遭遇了以下的命运：“于是以色列众人用石头打死他……众人在他身上堆成一大堆石头，直存到今日”[58] 赫尔墨斯和爱琴世界的这种惩罚形式之间可 521
以被感知的关联可以在公元前 5 世纪历史学家赞瑟斯的描述中发现。它讲道，赫尔墨斯作为百眼巨人阿尔戈斯的谋杀者被判处无罪之后，愤怒的诸神用石头砸他。[59] 这表明在西南亚和爱琴海世界都存在的石墩和作为惩罚的投石之间存在着联系。

这类的二合一现象可以在今天的阿拉伯半岛看到。根据穆斯林传说，麦加（Meccah）附近的村庄米那（Mina）或姆那（Muna）整年里被恶魔们投石攻击，只有集会（ḥaj）期间除外，在这一天，人们要举办神圣的集市。在这个村庄里，有三个小石柱，所有赶集的人（ḥajīj）的责任就是投石头。这些石头被包裹在神圣的外套即 iḥram 或 ḥerem 里。并且，在投石之后，朝圣者立刻脱下他们在 ḥaram 即麦加的圣地始终穿着的外套。像在其他地方一样，石墩和石柱在这里被视为边界的标志。[60] 因此，关于“神圣的石柱或石墩”意义上的 herma，有可能存在着一个闪米特语词源，因为它没有一个可以令人信服的印欧语替代词源。

Ḥarmåh（“避难所”）是一个迦南城市的名字。[61] 与之类似，阿尔玛（῞Αρμα）似乎是彼奥提亚防守严密的地点的名称。[62] 它也是阿提卡一段神圣悬崖的名称。[63] 据我所知，黎凡特不存在这类名称的山脉，但是黎巴嫩边境山脉的最高峰名为赫蒙山（Mount Hermôn），这一名称来自和迦南语常见后缀 -on 连写的

56 《圣经》中经常提到耶和华定下禁令（ḥērem）。我们知道这些禁令被其他族群采用，因为根据《米沙铭文》（*Mesha Inscription*），摩押王米沙被他的神克莫什命令做同样的事情。

57 参见 Exodus 12: 19。

58 Joshua 7: 26.

59 Müller（1841, 38），法内尔对此进行了援引，参见 Farnell（1895-1909, 5: 7, 67）。

60 Richard Burton（1898, 2: 202-4, 376-7, 396）. 另见 Robertson Smith（1894, 155）。

61 它在《民数记》第十四章（Numbers 14）和其他章节屡次出现。

62 对此的相关讨论，参见 Frazer（1898, 2: 422）。

63 Strabo, 9: 2.11.

同一词根。该名称确实表明它的神圣性。它作为边界的功能也被提到过。[64] 希腊存在着与其 Ερμιών 相同的地名，在不同的地方可以找到 Ερμιόνη。这些地名中，最著名的是阿尔哥利德的赫尔米昂（Hermione），这里坐落着古老而又重要的神庙。[65] 在阿尔戈斯人的赫尔米昂，埃雷图伊亚神庙被称为马塞斯（Masēs）。Pr mst（“分娩的房子”）——埃及学专家也知道它可以写作马米希（Mamissi）——是在较大神庙地界内建造的较小的礼拜堂的名称。它们在托勒密时代或罗马时代之后最经常被人知晓，但是最早被证实的是出现在第十八王朝。[66] 它与埃雷提伊亚分娩女神联系在一起，可靠地证明了这一词源。

在这个问题上，我们应该探讨另外一个闪米特语动词词根 √ḫrm（“刺穿、弄一个洞”）。从这一词根，我们可以发现如下词形，阿拉伯语中的 taḫrima（“花边、开放作坊、精工制品”）和 muḫarram（“在开放作坊里做的、精工制品”）。从这些词形那里，衍生出了法语和英语词汇 macramé（“花边和蕾丝边”）。由于迦南语中 /ḫ/ 和 /ḥ/ 的合并，古老的 ḫrm 变成了 ḥrm。这一转变可以在希伯
522 来语《圣经》里找到证明，如 ḥåram（“切开或刺穿鼻子”）和 ḥērem（“网”）。在腓尼基语中，ḥrm 指的是“织网者”。[67]

尽管 /ḫ/ 和 /ḥ/ 之间存在着语音上的障碍，但是 ḥrm 和 ḫrm 可能最初便有关联。在被神占有、捉住或捆住的意义上的 Ḥērem（“禁令”），很有可能来自一个更大的词根。类似的语义联系也可以在埃及语中找到，例如 iȝdt（“网”）和 iȝdt（“一大片土地”以及后来的“神圣的圈地”）。[68]

不过，在考虑到词根 √hrm 在希腊语中的不同侧面时，它有助于我们区分这两个闪米特语词根。由 ḥrm（“带小孔的网”）演变而来的 hrm 在迦南语中已经广泛存在，并且它在希腊语中也具有超强的构词能力。至少存在着三个分支。

---

64 参见 Deuteronomy 3: 8 和 Joshua 12: 1。

65 参见 Pausanias 2: 34.6-35。从 Hermôn 到 Hermione 中的一个类似滑音，可见于城市名称从 Sikun 到 Sikyon 的演进中，参见第二十章，注释 171。

66 Pausanias 2: 35.8. 关于 Pr mst，参见 Daumer（1977, cols. 462-75）。请注意，Mases（马塞斯）中存在着 /a/，这表明它是迦南语转换前发生借用的，Moses 中的 /o/ 和 Muses 中的 /ou/ 就不同了。

67 埃及语 ḥȝm（“捕鱼”）很明显与闪米特语 ḫrm 相关，即使首字母 h- 很难与该词调和，另见上文第三章，注释 72。

68 政治权力被纺织物覆盖的观念也可见于梭托酋长莫修修（the Sotho chief Mshweshwe）请求维多利亚女王将她的毯子覆盖在他的土地上，这一行为缔造了后来的巴苏陀兰（Basutoland），即莱索托（Lesotho）。

第一个分支是：ἕρμα (H) 的另一个词义已被证实，即“耳环、环、鼻环或蛇型环”。

第二个分支是：῞αρμα (H)、῾αρμή (5)、῾αρμός (5) 都有“系绑、将……捆在一起”的意思。尚特莱纳指出，迈锡尼语 amo、其双数词形 amote 和复数词形 amota——像 harma 一样——指的不是“战车”而是“战车的部件”。它们需要组装或拼凑在一起。῞Αρμενα (H) 是“一条船的装备”。῾Αρμόζω 指的是“缠绕在一起、组装在一起”。然后引申出 ῾αρμονία (H)：“加入木工行业和石匠行业”。Harmonia 也在音节上吻合，但它的词义是“项链”。

第三个分支：基于 horma- 构成的词汇。ὅρμος (H) 指的是“细绳、锁链、项链停泊链或停泊处”。从最后一个词义引申出一个词义“港口”。῾Ορμαθίζω（“连贯在一起”）作为比喻使用，指的是“推理”。Hormia 指的是“钓鱼线”，hormiantonos 和 hormeutes 指的是“渔夫”。

在完成对这一偏离主题的探讨之后，我认为赫尔墨斯这一名称最差强人意的首要词源来自“穿过、刺穿、连贯在一起”意义上的闪米特语词根 ḥrm/ẖrm。在第十九章中，我讨论了他与行星水星的关系，他穿梭往复，引导灵魂从一个世界到另一个世界。[69] 这个意义可见于 ῾ερμενεύς (5)（“解释者”）。这个词义有可能使来自希腊语-闪米特语混合词 hermata（“作为边界标志的石墩或石柱”）的传统词源，和赫尔墨斯名称的另外一个词源一样成为中间词源。[70]

赫尔墨斯似乎是希罗多德的神名列表中少数误差之一，在其中他没有将其从埃及诸神中剔除出去。[71] 赫尔墨斯的闪米特名称不能排除其许多属性的来源，它们被公认和透特、阿努比斯以及他与塞特之间不被承认的关联之间存在联系。

阿努比斯和犬科动物

重新回到阿努比斯这个主题上，我们能够注意到普鲁塔克在一个抽象层面 523
写了一段话：

69　本书第十九章，注释 48—54。

70　例如，参见 Burkert（1985, 156-9）。

71　参见本书第十九章，注释 184。

在奈芙蒂斯生下阿努比斯之后，伊希斯便将这个孩子视为己出。因为奈芙蒂斯处在地下，不能被看见，而伊希斯在地上，能够被看见。那个接触到这二者的圆环被称为地平线，这是她们两者共有的，他获得了阿努比斯的名称，被描绘成一个狗的形象，因为狗的眼睛在白天和夜晚都能看见东西。[72]

这种双重性和媒介潜质被月亮分享，夜间，太阳到了地下之时，它是天上的光亮。

希腊神赫尔墨斯的另一个特征则不符合这一古代构想。我称之为奥西里斯构想：赫尔墨斯是放牧者淫欲旺盛的祖先。他是利姆诺斯岛一片葡萄园的保护者，在这个地方，他被称为卡德米洛斯（Kadimilos）——迦南语名称 Kadmy[c] el（“El 是古老者”）在《圣经》中得到证明。[73] 这一特征在阿提卡、阿卡狄亚以及爱琴海北部等与青铜时代具有明显连续性的地区尤为明显。这些特征中的一些可能来自与 hermai 和岩石崇拜的混淆。另外一些特征可能来自青铜时代中期土著居民。希罗多德认为：

这些习惯做法和我下文中将要探讨的其他习惯做法是当时希腊人从埃及人那里学来的。不过，希腊人制作带有勃起阴茎的赫尔墨斯雕像的风俗并非如此，它是希腊人从佩拉斯吉人那里学来的，然后由雅典人传播到希腊其余地区。[74]

因此，我们可以说它是这个印欧语土著族群的宗教信仰的一个遗存。不过，即便如此，它还受到了埃及和闪米特文化的一些影响。奥西里斯或塔木兹在希腊有许多名字。例如，狄奥尼索斯——这个名称被认为传到希腊的时间要晚于其他神名——尽管它在 B 类线形文字得到证明，表明它必定在公元前 13 世纪之前传到了希腊。

如在第十章和十八章所讲的那样，我倾向于认为潘和彭透斯（Pentheus）

72 *De Iside* 44, tr. Babbit（1934-5, 107）.

73 Farnell（1895-1909, 5: 9）.

74 Herodotos 2: 52, tr. de Selincourt（1974, 150）.

是埃及语名称而巴库斯是表示“被哀悼者”的闪米特语名称。[75] 因此发现某些地区倾向于认为赫尔墨斯本质上是死亡和重生之神便不必惊奇，尤其是考虑到这一事实：透特和阿努比斯与亡灵审判密切相关，而奥西里斯崇拜是以亡灵审 524
判为核心内容的。更重要的是，正如上文指出的那样，在一些埃及神话谱系中 Spз、阿努比斯和奥西里斯存在着关联。

所有这一切使我们回到了斯巴达和赫尔墨斯崇拜，在这个崇拜里，赫尔墨斯被视为死亡信使以及亡灵的保护者。法内尔称：“在拉科尼亚，对他的崇拜是既不突出也不重要。”[76] 普鲁塔克的记载中斯巴达人对窃贼的奇怪态度——赫尔墨斯是窃贼的保护神、狐狸的故事和泰那隆（Tainaron）冥府入口的重要性，所有这一切表明赫尔墨斯的确重要。然而，在关于他的崇拜的中心存在着一个更明显的标志，法内尔完全忽视了它的意义。抱着婴儿狄奥尼索斯的赫尔墨斯雕像雕刻于古风时期，帕萨尼亚斯在中部斯巴达看见过它。[77] 它的中心地位远远超过了地理意义上的中心，在罗马时期，作为城市标志，这一形象经常出现在斯巴达的钱币上。[78] 帕萨尼亚斯称这个雕像为阿格莱俄斯（Agoraios）（“市场的”），但是这个名称——在所有地方中反商业的斯巴达——不太可能表示这个赫尔墨斯只与商业有关联。这一主题被 5 世纪希腊化的埃及人农诺斯（Nonnos）对这一主题进行了明确解读：“因此，赫尔墨斯用他的手臂托着小兄弟，他刚出生，还没有来得及洗澡；很平静，也没有哭叫；这个小孩子长着一双美丽的角，像月亮。赫尔墨斯将他交给宙斯之子、葡萄种植者拉摩斯（Lamos）的女儿河仙女们照看。她们将巴库斯接进怀抱。”[79]

赫尔墨斯托着狄奥尼索斯的同一主题也出现在一个来自坎帕尼亚（Campagnia）的陶瓶上和一枚来自阿卡狄亚地区菲奈乌斯（Pheneus）的钱币上。同样的主题也出现在献给普拉克西忒勒斯（Praxiteles）的著名雕像上，该雕像发现于奥林匹亚。[80] 这一形象保存到古代晚期，它从出现在安条克的一幅

75　Pan 最合理的主要词源是 Pзim（“呻吟”），参见第二卷，第 171 页。关于巴库斯和彭透斯，参见第十章注释 68—70 以及第十三章注释 56—57。另见 Astour（1967a, 173-9）。

76　Farnell（1895-1909, 5: 4）.

77　Pausanias 3: 11.11. 法内尔知道这一雕像，参见 Farnell（1985-1909, 5:78）。

78　Imhoof-Blumer and Gardiner（1885-7, 55 and pll. 5-8）. 在第 61 页，作者们主张帕萨尼亚斯可能弄错了拉里西昂山的神（上文提及）。他们坚称他是赫尔墨斯而不是狄奥尼索斯。

79　*Dionysiaka* 9: 25-30, tr. Rouse（1940, 1: 306-7）.

80　Levi（1947, 1: 287）; Farnell（1895-1909, 5: 59）.

马赛克画中，小孩子形象的狄奥尼索斯带着一个光环。[81] 基督教传说的早期形式显示这个神圣的孩子坐在他的保护人的肩膀上，似乎和埃及装饰图案更接近——没有引起研究古典艺术的历史学家的注意。在其中，小孩子形象的奥西里斯被一个神背着上了天。[82] 这些装饰图案出现在第十九王朝的一片纸草文书上。由于小孩子奥西里斯的唯一男性引导者和保护者是阿努比斯，几乎可以确定这个被描绘的神就是阿努比斯。一个人或神带着小孩子形象的奥西里斯的主题也在晚期埃及尤其是塞斯王朝以来的雕像中普遍出现。[83]

525 赫尔墨斯带着狄奥尼索斯找到神灵的保护，是在希腊艺术中被频繁表现的主题，但它是被变相表示出来的：赫尔墨斯·克里奥弗罗斯（Kriophoros）"带着一只公羊"。这一将羊扛在肩膀上或以其他方式携带的"好牧羊人"形象显然具有普遍的吸引力。然而，它在黎凡特和爱琴海——在那里，刚才提到的那尊来自阿卡狄亚的赫尔墨斯·克里奥弗罗斯小雕像，展示了它已经非常古老——作为艺术主题的意义，可以被更准确地确定。我们在迦南-希腊神话、《圣经》以撒的牺牲（Akedah）或"以撒的绑缚"（"binding of Isaac"）以及关于阿塔玛斯（Athamas）的神话中会发现，被献祭的小王子会被公羊或羊羔替代。[84] 奥西里斯在埃及和利比亚被等同于公羊或山羊的问题将在下文和狄奥尼索斯在希腊与这些动物的密切关系联系起来进行探讨。

据我所知，没有任何的埃及艺术表现显示阿努比斯或其他任何神携带着等同于奥西里斯的门德斯（Mendesian）公羊或山羊。不过，例如，人类和公羊在一起被描绘成第十八王朝的蓝色彩陶圣甲虫，它带有几何陶风格，在斯巴达的阿耳特弥斯·奥尔提亚（Orthia）神殿中被发现。[85]

从上文来自农诺斯的引语来看，婴儿狄厄尼索斯长着角。阿波罗多罗斯也有同样明确的描述："但是，宙斯避开愤怒的赫拉，将狄奥尼索斯变成小孩子，赫尔墨斯带着他并将他交给仙女们。"[86] 这个主题也同样存在于埃及神话，小孩子形象的奥西里斯被带到天上。在后一种情况里，很明显像在基督教里的一样，

81 Saintyves（1936）.
82 *Book of Coming Forth by Day*, Spell 168. Faulkner（1972, 167）.
83 Bothmer et al.（1960, nn. 28, 38-40, 44-5, 48, 58-9, 61 and 65）.
84 相关例证，参见 Astour（1967a, 204）。另见 Frazer（1921, 1: 74-5, n. 1）。
85 Pendlebury（1930, 106）.
86 Apollodoros, 3: 4.3. 相关文献，参见弗雷泽译本中他的注释，Frazer（1: 320-1）。

小童神从死亡上升到不朽，对于各自的崇拜者来说代表着类似的上升。因此，阿努比斯的职责是指导崇拜者通过死亡到天界的福地。

阿米克莱和许阿铿托斯

在拉科尼亚最大的宗教中心阿米克莱，这一类型的绘画在阿波罗神庙中占据突出地位，该神庙于公元前 7 世纪或公元前 6 世纪修建。[87] 根据帕萨尼亚斯的观点，这些绘画中包含有许多场景，其中有“赫尔墨斯带着小狄奥尼索斯升天，雅典娜带着赫拉克勒斯前去与诸神永远生活在一起，珀琉斯将阿喀琉斯交由喀戎（Chiron）养育”。[88] 其他主题主要是英雄战胜怪物。

这就产生了一些问题，一是阿米克莱的阿波罗崇拜，二是死去的神灵 ʽΥάκινθος（许阿铿托斯）的身份，后者的坟墓位于神庙中心位置。在古代晚期，许阿铿托斯被认为是一位拉科尼亚青年，阿波罗爱上了他，并且失手杀了他。 526

对 19 世纪浪漫主义学者而言，这一崇拜象征着雅利安人和多利安人的征服。这是他们的神阿波罗对前希腊的和原始的许阿铿托斯的胜利，许阿铿托斯是一个植物的神秘而又幽暗的神灵，他完全与一潭死水的佩拉斯吉人相符合。[89] 最近的学术研究已对这一观点进行了修正，但没有从根本上改变它。许阿铿托斯不再被视为前希腊的神。对他的崇拜被认为开始于青铜时代晚期的拉科尼亚。多利亚人从这个地方将他带到了克里特岛和其他多利亚岛屿。[90] 许阿铿托斯和阿波罗之间的明显区分也在这些岛屿被保留了下来，并且对阿波罗的崇拜被认为是一个强加于更早崇拜之上的铁器时代的崇拜。

保罗·卡特利奇将他对斯巴达的研究集中于阿米克莱的这一崇拜，他引用里斯·卡彭特的观点，同意“语言学上的跳房子游戏”的说法。卡特利奇说道，这是“阿斯特在 1967 年提出的最好例证……像跳房子游戏一样，这种研究方法不能解释任何问题，并且也没有指引什么方向”[91]。不幸的是，对于像卡特利

87 这一讨论，参见利瓦伊（Levi）对帕萨尼亚斯著作的注释，参见 2：64。

88 Pausanias, 3: 18.11-2, tr. Levi（1971, 2: 65）.

89 Müller, tr. Lewes（1830, 1: 373-5）and Cartledge（1979, 80-1）.

90 这一说法存有争议的问题，即是否如迪特里希所主张的那样，多利亚人在青铜时代晚期到达了拉科尼亚，参见 Dietrich（1975, 141）。既然在此背景下焦点集中到眼泪上，拉美斯（Lames）这个名字很可能源于埃及语 rmw（“流泪的”）。

91 Cartledge（1979, 73）.

奇博士这样的学者而言，这一考古学实证主义的污点并没有将这一研究向前推进。幸运的是，其他学者并不是这么眼界狭隘，比如伯克特、威利茨（Willetts）、迪特里希、韦斯特都思考过阿米克莱这个名称和它的词源寓意。[92] 关键的证据是在塞浦路斯岛伊达里昂出土的双语碑铭，希腊语铭文记录它是献给 A-po-lo-ni A-mu-ko-lo-i（Apollo Amyklos，即阿米克莱的阿波罗），腓尼基语铭文记录它是献给 Rsp Mkl（Resheph Mikal，即雷舍夫 · 米卡尔。[*]）由于雷瑟夫通常被认为是与阿波罗对应的腓尼基神，因此塞浦路斯岛的这一崇拜和拉科尼亚的崇拜之间存在关联是毫无疑义的。

对法内尔而言，答案是显而易见的：阿米克莱崇拜被“阿卡亚”移民从拉科尼亚带到了塞浦路斯岛。[93] 不过，伊达里昂的信仰者似乎不是希腊人而是腓尼基人。此外，巴勒斯坦地区的伯善（Beth Shean）在青铜时代晚期存在着一种迦南人的 Mkl 崇拜。[94]

奥尔布赖特和阿斯特都已同意 Mkl——可能发 *Mukol 或 *Mukal 的音——最初来自埃美萨尔语（Emesal）即苏美尔语方言女话，并且最后一个音节是 gal（“大的”），它有规律地转写为西闪米特语的 kal。例如，苏美尔语 E gal（“大房子”）传入迦南语里变成了 hêkål（“宫殿、神庙”）。奥尔布赖特提出 Mukal 起源于埃美萨尔语称号 Umun-urugalla（“大城市的君主”），它是美索不达米亚神灵奈尔迦尔（Nergal）（“冥王”）的称号。[95] 阿斯特振振有词地论证，Mkl 来自
527 mu-gal（“大树”），该词被证明是一个神圣名称，并且可能出现在了阿卡德语常见名称中，即 Mu-ka-láli。他也指出，恰好与拉科尼亚阿米克莱钱币上的图案相吻合，图案中的圣坛被描绘为一根柱子或倒置的树干，其底部即位于顶部的部分较细，带有一条手臂和一个戴有头盔的头像。[96]

关于这个问题上的讨论，所必然表明的是，至少在这种情况下，阿斯特

92 Burkert（1975），Dietrich（1978），Wiletts（1977, 158-63）and West（1997, 55）.

* 雷舍夫是腓尼基人信仰的雷神和瘟疫之神，后与阿波罗混同；米卡尔是腓尼基人信仰的瘟疫之神。——译者注

93 Farnell（1895-1909, 4: 111-2, n. a）.

94 Thompson（1970）。关于更为简短和更为明确的观点，参见 Fulco（1976, 52-3）以及 Bennet（1980, 331）。

95 关于这些观点的文献，参见 Bennet（1980, 521-2）。

96 Astour（1967a, 312）. 关于阿米克莱（Amyklai）中首字 a- 是腓尼基语定冠词 (h)a- 的观点，参见 Teixidor（1970, 370）。

“将我们带到了某个地方”。不过，卡特利奇博士可能非常讨厌他所确定的方位。阿斯特明确提出，名称 (A)myklai 与雷舍夫 / 阿波罗有关联，在某个阶段，一根柱子从黎凡特传播到了塞浦路斯岛和拉科尼亚，并且这个斯巴达城镇根据这一描述铸造了它的钱币。尚未解决的问题是，是否在这个地点上存在着一个更早的阿波罗崇拜。不过，在处理这个问题之前，我们先从整体上探讨一下许阿铿托亚节。

许阿铿托亚节

许阿铿托亚节在春季举行。第一天，哀悼许阿铿托斯，然后进圣餐，没有面包或酒类。接下来的两天里，是欢快地庆祝胜利和重生，也可能对升天进行庆祝，许阿铿托斯通常和阿波罗一同升天。[97] 种子和农业是重要的主题。许阿铿托斯的年龄似乎不固定。有时，他是一位美少年，但是，如帕萨尼亚斯指出的那样，一个更为古老的雕像将他刻画为长有胡须的形象。[98] 尽管如此，他还是一个神童，即 eniautos daimōn。在节庆上，人们要献祭山羊，它是节日的一个核心象征。在阿斯特提及的钱币上，有一只山羊紧挨着“树干”阿波罗。[99] 一只公鸡也被献祭，它是重生和阿波罗的替身神阿斯克勒庇俄斯的象征，见第十九章的探讨。[100] 许阿铿托亚节当然和春花有关，尽管最初的“风信子花”可能是鸢尾花。[101]

事实上，许阿铿托亚节与基督教的复活节有显著的相似之处。第一天庄重地哀悼年轻的神的死亡，这一仪式在东正教中发生变革，他们呼喊 Khristos aneste*（“基督升天了”），随后是普遍的欢喜。不过这一模式极为常见。例如，它与一些埃及节日吻合，在其中，最引人注目的是伊希斯穿着丧服痛哭，哀悼奥西里斯的死亡，随后是庆祝奥西里斯复活或其子荷鲁斯的胜利而狂欢。农诺

97　Frazer（1914, 135）and Dietrich（1975, 137）.

98　Pausanias, 3: 19.4.

99　Dietrich（1973, 1）. 关于钱币，参见 Imhoof-Bloomer and Gardner（1885-8, 59, pl.16）。

100　本书第十九章，注释 78—85。

101　希腊语词典编纂学者们担忧 iris 的词源，将其与日耳曼语 wir 及英语“wire”（金属线）联系在一起，他们没有注意到加德纳显而易见的观点，即它源于埃及语 irt（“眼睛”），普鲁塔克（*De Iside*, 10）将它转写为 iri。眼睛中圆状物被命名为“虹膜”（iris），花的名字似乎也来自这个含义。希腊语 iris（“彩虹”）似乎来自彩虹圈，并且使我们认为伊利斯（Iris）是“诸神的信使”。

*　khristos aneste：疑为“khristos anesti”的误拼。——译者注

528 斯举出了许阿铿托亚节和埃琉西斯秘仪之间明显的类似之处，埃琉西斯秘仪也是基于埃及奥西里斯节日形成的。农诺斯在两篇连续的诗歌中对这些仪式进行了描述。第二篇是采用阿米克莱诗体写成的：

> 阿波罗使长发的许阿铿托斯活了过来。
> 狄奥尼索斯使斯塔菲罗斯长生不老。[102]

尽管他混淆了狂欢的斯塔菲罗斯“葡萄”和狄奥尼索斯本人，但是，Hyakinthos、Dionysos、Staphylos 这三个人物极有可能被视为尼罗河泛滥之神和葡萄种植神奥西里斯的不同形象，这一问题已在第十八章探讨。[103]

除了这个相关之处和以上提到的类似的崇拜仪式之外，许阿铿托亚节和埃及之间显然没有其他关联了。节庆中禁食的第一天被称为 Κοπίς。该词可能与词根 kop-（“是疲惫的”）和 kopeto-（“哭丧的吵闹声”）有关联。尽管“砍劈”意义上的希腊语词汇 kop 在印欧语中存在着一个很好的词源，但是它的另外一个词义在印欧语中找不到词源。似乎有可能将 Kopis（禁食的一天）和埃及语 gb（“缺乏、剥夺”）以及 gby（“虚弱的、悲惨的”）联系在一起。在科普特语中，这些词汇的词形是 jōb 或 čōb。

另一方面，如奥西里斯身边有他的姐妹兼妻子一样，许阿铿托斯身边有他的姐妹波吕珀亚（Polyboia）陪他升天。尽管它一般只是指富有的，但是“许多牲畜”这一名称表明，它与母牛神哈索尔有关联，哈索尔在卡诺普斯被等同于伊希斯——这是一个有趣的发现。[104]所有这些内容——阿米克莱这个名称的含义、阿波罗的古老称号派昂来自他的对应神荷鲁斯的描述词 Pɜ iwn（“支柱”）、对树干和山羊的崇拜、重生主题——将许阿铿托亚节和奥西里斯崇拜之间的关系拉得格外紧密，在奥西里斯崇拜中，奥西里斯被视为门德斯山羊和一根 Ḏd，即被锯断的树。连同上文讨论的埃及宗教对斯巴达的影响的这一另外证据，显然表明许阿铿托亚节有可能是根据奥西里斯的一个节日尤其是尼罗河泛滥之初举行

102 Nonnos, 19: 103-5, tr. Rouse（1940, 2: 99）. 斯塔菲罗斯（Staphylos，“葡萄”）是狄奥尼索斯本人的别名。令人质疑的是，农诺斯知道这个希腊词汇——在印欧语言中无法解释——可能源于埃及语 stp（“挑选”），参见本书第十五章，注释 47—48。

103 本书第十八章，注释 98—100。

104 Dietrich（1973）.

的大节日形成的。既然如此，那么人们可以将 Hyakinthia 追溯到 *Wꜣg ntr（“神圣的 Wꜣg”），并且不将许阿铿托斯本身视为一个神灵而只是视为这一节日的人格化。无疑，许阿铿托亚节的知名度要远远大于英雄许阿铿托斯。[105]

考虑到对奥西里斯这个名字的强烈忌讳（上文已讨论），渴望找到一个 529
替代名称便是可以理解的，并且 Hyakinthia 和 *Wꜣg ntr 之间的语义对应似乎十分吻合。语音的匹配也相对令人满意。[106] 送气音自动和 υ 连写。实际上，弗里斯克和尚特莱纳接受了他们前辈的观点，认为该名称最初的拼写是 Ϝάκινθος。由于中和的塞音的存在，从 /g/ 到 /k/ 的转化是完全可以接受的。许多类似情况已在第十章讨论，埃及语 nṯr 出现在希腊语中为 -nthos。[107] Kantharos 和 katharos 源于 kꜣ nṯr，这一问题已在前一章探讨。这些名称与底比斯英雄 Káanthos（卡安托斯）类似，他是另外一个奥西里斯式的人物，像许阿铿托斯一样，被阿波罗杀死。[108] 许阿铿托斯与风信子花之间的联系符合年轻英雄的共同模式，他们的鲜血流淌到一种灿烂无比却又会迅速凋谢的花里：阿多尼斯（Adonis）、阿提斯（Attis）、埃阿斯（Ajax），当然卡安托斯和许阿铿托斯也包括在内。[109]

“晚期”借用语和吕库古

Orgē 和 orgia 是在青铜时代晚期从 wꜣg 借用到希腊语中的，当时 /ꜣ/ 仍具有辅音值。*Wꜣg nṯr 转写为 Hyakinthos 之时，/ꜣ/ 已经失去了辅音值，因此它是在相对晚期传入希腊语的。许阿铿托斯似乎和其他拉科尼亚名称类似，都是在如此“晚的时候”被借用的。Taygetos 必定是在 /ꜣ/ 元音化之后以及 /r/ 处于

105　许阿铿托斯的确在多利亚殖民地塔林顿（Taranton）有一个坟墓，参见（Polybius 8: 30.3）。不过，许阿铿提亚节的庆祝和许阿铿提亚节的举行月份在每一个多利亚人的国家都是众所周知的。

106　Hyakinthia（许阿铿提亚节）存在着许多不同的变体——Iakinthis，可见于特诺斯（Tenos）（*Inscriptiones* Graecae12: 5）和 Kyakinthoi，可见于克里特的吕克托斯（Lyktos）——似乎没有给我足够的证据来假设存在着另一词首。

107　本书第十章，注释 5—46。

108　关于卡安托斯和他与卡德摩斯之间可能的关联的讨论，参见 Fontenrose（1959, 317-9）。另见本书第十章，注释 74—79。

109　Frazer（1914, 1: 1-30）. 弗雷泽（p. 226）认为从阿多尼斯血中诞生的银莲花（anemone），源于闪米特语 Naʿaman（“心爱的人”），它是阿多尼斯的一个常见别名。鸢尾花被认为是诞生于死去的埃阿斯的血中。

某个位置之后，从 Tɜw igrt 转写而来。不过，我们无法从中获知，这些词汇的传入是在公元前 12 世纪迈锡尼社会崩溃之前或之后发生的。

因此，我们将不得不面对拉科尼亚的青铜时代和铁器时代之间延续和变革这一问题。遵循自主发展的时尚偏爱，最近的观察者倾向于认为，宫殿时代（the palatial age）结束于内部叛乱而非外来侵略。[110] 这一观点与诸如这一时期向青铜时代回归等特征相符，并且做出了一个可能不全面的解释。[111] 尽管如此，如保罗·卡特利奇正确地指出的那样，有些特征不能单纯地通过本地反叛的假设加以解释。[112] 首先，在古代，人们普遍相信多利亚人伴随着赫拉克勒斯子嗣的回归从北方侵入。其次是多利亚诸部族的存在，这些多利亚人在历史时期相信他们自己来自希腊北部，并且所操语言显然曾经是希腊西北部的方言。因此，最有可能的解释显然是，
530 像其他如著名的罗马帝国晚期的入侵一样，外来的入侵者受到了贫民们相当大的支持，这些贫民饱受统治阶级文明的压迫。虽然没有直接证据证明存在入侵，但是考古发现证实，传统观点认为的赫拉克勒斯子嗣“回归”的时代存在着剧烈的变化。公元前 12 世纪和公元前 11 世纪，拉科尼亚的人口急剧减少，尽管像阿米克莱等中心地点在这个时期事实上人口有所增加。公元前 10 世纪显然更加衰落，保罗·卡特利奇因此得出结论，多利亚人的入侵或渗透发生的时间明显晚于传统观念中的赫拉克勒斯子嗣回归，这个结论严重缺乏说服力。[113]

如修昔底德宣称的那样，其后的时代极不稳定。不过，根据传统史书的观点，这种局势被 Λυκοῦργος（吕库古）改变，他创立如此优越的制度以至斯巴达在数个世纪内不再遭受内部裂变。

普鲁塔克在《吕库古传》开篇处写道：“关于立法家吕库古，没有任何事情可以说是不存在争议的。因为关于他的出身、游历、死亡，尤其是他作为立法家和政治家的事迹的确存在着不同的记载。如果说史学家们存在着一致的意见的话，那就是这个人生活的年代。”[114] 根据批判的学术传统，一些现代学者完

110　参见 Chadwick（1976）以及 Hooker（1976, 179）。

111　这一叙述也符合迈锡尼社会作为外来压迫的古代模式观点，而非本土发展出来的雅利安模式观点。

112　Cartledge（1979, 53）.

113　这是卡特利奇的观点，查德威克不敢苟同，他认为修昔底德区分了多利亚人和“回归的”赫拉克勒斯子嗣。他从提尔泰乌斯（Tyrtaios）那里得到了更多的证据来证明这一点。但是，提尔泰乌斯的作品并不能作为证据，证明多利亚人入侵或渗透晚于“回归”一个世纪，修昔底德（1：12.3）明确指出了多利亚人同赫拉克勒斯子嗣共同到来的。

114　*Lycurgus* 1: 1, tran. B. Perrin（1914, 205）. 相关讨论，另见 Forrest（1968, 40-60）。

全拒绝了他的历史真实性，而是将他视为一个神。[115] 为了使他们的观点获得支撑，他们采用希罗多德记载的德尔斐神谕：

> 我不知道，宣布
> 你是人还是神——
> 但是我倾向于相信吕库古
> 你是一位神。[116]

与吕库古相关的神话似乎没有任何问题。没有理由怀疑古代的结论：他是斯巴达王族欧罗庞提德家族成员，生活在公元前 9 世纪和公元前 8 世纪初，游历极为广泛，并且引入了重要的制度改革。[117]

拉科尼亚考古发现尤其没有对年表大事提供任何信息，因为公元前 950 年—公元前 750 年的陶器风格没有变化迹象可寻。不过，主要的变化发生在这
一时期的后半段。通过从希腊其他地区进口的商品和本地人口来判断，拉科 531
尼亚的财富有了明显的增加。这些经济变化可以令人信服地和斯巴达开始对美塞尼亚进行蚕食联系在一起。[118] 似乎有可能将这些变化和制度变革联系在一起，因为古代传说将吕库古的生平置于这个时代。

传说声称吕库古游历广泛。普鲁塔克认为不能对所有说法表示认同，但是它相信这位立法家拜访过克里特、爱奥尼亚、亚洲和埃及。根据后来这位作家的观点，爱奥尼亚没有给吕库古留下什么印象。尽管假定是他引入了荷马史诗，因为它们具有道德教化价值，但是没有提到制度是他引入的。[119] 只有极少的学者质疑吕库古去过克里特的可能性，该岛紧邻斯巴达，并且被多利亚人控制。

---

115 相关例证，参见 Wide（1891）。

116 Herodotos 1: 65, tr. de Selincourt（1974, 65）.

117 参见 Cartledge（1979, 94）。福勒斯特想将立法者吕库古的年代置于公元前 7 世纪。所有古代作家都认为这位斯巴达立法者生活在公元前 776 年前，他偏离古代观点的原因之一是那些归于吕库古的改革要求文字书写，而他认为只有在公元前 8 世纪之时希腊的文字书写才形成。参见 Forrest（1968, 55-8）。

118 20 世纪中期学术观点倾向于将这样的发现定位于较晚的年代，参见 Boardman（1963, 7）；甚至卡特利奇也这样认为，参见 Cartledge（1979, 119-20）。另见 Forrest（1963, 31-2）以及 Coldstream（1977, 159-63）。

119 Plutarch *Lycurgus* 4: 3-6. 追随雅利安模式的学者们不能接受这一年代，因为荷马史诗不是这一时期之前完成的。关于荷马时代和字母表传入到希腊时间的讨论，参见第一卷，第 86—88 页。另见 Bernal（1990）。

从历史时期克里特岛和斯巴达的制度存在着诸多类似之处来看，他完全有可能将克里特岛的制度作为典范引入斯巴达。这在亚里士多德的《政治学》（*The Politics*）中清楚地表现出来，他把两者视为混合政体的最佳典范。[120] 亚里士多德将这两种受人青睐的希腊制度和迦太基的政治体制相提并论，因为它们有着显著的类似之处，罗伯特·德鲁斯（Robert Drews）已对此做了清楚的证明。[121] 鉴于这些制度早就出现在了黎凡特，并且普遍的文化流入出现在 9 世纪，克里特和斯巴达的制度必定是从腓尼基借用的，而非后者从前两者那里借用制度。因此，希腊城邦制度总体上来自腓尼基城市国家，明显与此时有密切的联系。[122]

这些政治上的借用，是更大整体的一部分。公元前 10 世纪和公元前 9 世纪被视为推罗的鼎盛时期，繁荣富庶，声威煊赫。最近的考古研究成果倾向于证实荷马对这一时期腓尼基人控制着东地中海贸易的描述。[123] 考古学家在克里特岛公元前 9 世纪的地层中发现了可观的腓尼基物品储藏，并且克里特岛“原始几何陶”和阿提卡中期几何陶（公元前 850 年）的风格创新都明显受到了黎凡特的影响。[124]

克里特字母表和拉科尼亚字母表显然深受我在《卡德摩斯铭文》（*Cadmean Letters*）中所称的腓尼基或铁器时代影响波的影响，它们对青铜时代希腊语字母表进行了巨大的改良。[125] 重要的制度词汇也发生了有趣的借用：例如用于表示“投票瓮”或斯巴达公共食堂的“碗”的词汇 kaddikhos，几乎可以确定它
532 来自晚期迦南语 kad（“罐子”）。[126] 同样，leskhē（“休息室、议事厅”）明显与

---

120 *The Politics* 2: 9-12. 亚里士多德指出吕库古将克里特制度照搬到了斯巴达。

121 Drews（1979）.

122 参见 Bernal（1989; 1993; 2001, 345-70）。

123 Sznycer（1979）, Helm（1980）, Shaw（1981）, Boardman（1990），以及 Morris（1992, 115-49）。另见 Katzenstein（1973, 77-219）。

124 Coldstream（1977, 68-71, 99-104）. 库尔德特里姆（Coldstream）试图避免关于克里特的结论造成的影响，他认为与腓尼基人的类似接触对希腊事业的起源地雅典和拉弗坎迪（Lefkandi）的影响不甚重要。我无法相信雅典中期几何陶时期——同克里特原始几何陶时期 B 开始于同一时期——阿提卡和优卑亚没有受到这一时期传入的腓尼基产品的类似影响［参见 Coldstream（1977, 55-68）］。此外，我们从荷马史诗中获知，荷马时代从黎凡特输入的主要物品是“西顿人的”华美织物，但是它们没有留存下来。自从库尔德特里姆写出了他的质疑之后，萨拉·莫里斯的权威著作证明了腓尼基在早期铁器时代对爱琴海世界的重要影响，参见 Sarah Morris（1992, esp. 101-49）。

125 Bernal（1990, 126-8）.

126 参见 Muss-Arnolt（1892, 89）。迈尔合理地提出，kad 被借用了两次：一次是青铜时代，在 B 类线形文字 ka-ti 和后来的 kēthis 中发现，第二次是被借用为 kados，参见 M.L. Mayer（1960, 376-7）。

希伯来语 liskåh（“与圣堂相连用于吃献祭食物的房间”）存在关联。[127] 在多利亚人、腓尼基人和犹太人中间，与在希腊人、伊特鲁里亚人和罗马人中间一样，躺在长榻上休息是自由人身份的象征。约翰·佩尔曼·布朗指出，波斯纳斯描述的一个绘有图案的 leskhē，附带着一些神龛，献给了英雄卡德摩斯。[128] 不过，有趣的是，这些词汇中没有一个带有明显的闪米特语词根。它们最有可能的词源最终来自埃及语 qd（“罐”）和 *r-ski（“送终地点”）。[129]

这就使我们回到了吕库古和埃及的关系上面。狄奥多罗斯和普鲁塔克都宣称埃及人相信吕库古在埃及学习过，并且将社会政治制度从这里带走了。普鲁塔克本人没有认同这一观点，但是他承认一些希腊史学家也持有这种观点。[130] 并非绝对不可能出现这种情况，即吕库古或者与他混同的其他整合资金在这个时期访问过埃及。没有任何航海困难阻碍他去往埃及，并且即便在第二十二王朝末第二十三王朝初埃及陷入分裂，按照希腊人的标准，它仍然极为富饶，并且拥有具有极高声望的 2500 年文明。事实上，考古学证据表明，斯巴达和埃及之间在 8 世纪早期存在着稳固的交往。许多埃及器物在斯巴达附近阿耳特弥斯·奥尔提亚神殿最下边的地层发现。此外，如彭德尔伯里（Pendlebury）所指出的那样：

> 除了这些器物之外，人们只能通过阅览任何早期斯巴达小雕像的作品来发现与埃及小雕像的明显类似性。这一类似性主要归因于一个假发帽的存在——或者它或许是某种头饰方式，头上戴了一个整体类似于埃及假发帽或条纹头布的装饰。

随后，这位谨慎的学者又对这一非正统发现继续评论道：“它的出现是埃及明显影响的结果还是纯粹的巧合？很难确定。”[131]

---

127 参见本书第七章，注释 28—29。

128 Pausanias 3.15.8. Brown（1995, 142）.

129 戈登有不同的观点，Gordon（1955, 24-8）。他论证 liskåh 源于 leskhē。r(a)- 被听为 li，关于这种情况的例子可以在希腊语 limēn（“海港”）找到一个，该词似乎是从埃及语 *r-mni（“海港”）仿造而来的，参见本书第七章注释 29 以及第九章注释 125。对此，鲁贝特斯基有不同观点，Lubetski（1979）。鲁贝特斯基一定相信 mni 和 limēn 之间存在关联的论证。

130 Diodoros, 1: 98; Plutarch, 4: 5.

131 Pendlebury（1930, 45, 109）.

拉科尼亚术语中的埃及语？

在这种背景下，引人注目的是，如此多具体的斯巴达政治术语缺乏印欧语词源，而它们的词源却有可能追溯到埃及语那里：“战友”词义上的 λόχος 似乎
533 来自埃及语 rḫyt（“臣民、平民”），其古科普特语词形是 l ẖē。另外一个例词是 ’Ωβά，即斯巴达人口的一个当地分支。Obazō 指的是“将人口分配到奥拜（obai）”。这些斯巴达词汇的可能词源是埃及语 wpi（“划分”）和名词 wpwt（“家庭、人群、存货”）。Opa 经常出现在 B 类线形文字中。查德威克将其翻译为“贡献（物）”。这一词义与 wpi（“人口或物品的分配”）吻合。如第十九章所述，相关的埃及语动词 ip（“计算”）连同介词 /r/ ỉp r（“对任务来说是详尽的”）为不能通过其他方式解释的拉科尼亚语 ἀπελλάζω（“集合”）和 ἀπέλλαι（“集会，尤其是年轻人的集会”）提供了可能的词源。[132]

斯巴达人在一起吃饭的公共食堂被称为 φιδῑ́τια。普鲁塔克认为该词来自 philitia，因为它们有助于结成友谊。此外，它还认为该词也有可能是 editia（“吃”）。[133] 该词的一个更有可能的词源是埃及语 pḏt（“士兵的队伍”）。第一个音节明显是 /i/，它在埃及语中始终没变，是长音和重音。它存在于名称 Lapith（拉庇泰人）中，该名称来自 R-pḏt，参见第九章。[134] 它也见于科普特语词形 pite，该词是对埃及语 pḏt（“鞠躬”）的转写，并且它似乎是该词根的构词基础。最后是斯巴达术语 Εἵλωτες (5)（“helots”，即希洛特人）。没有一个令人满意的印欧语词根来解释这个著名的词汇。[135] 在这里，又存在着一个更为可能的埃及语词源 *ḥryw tȝ（“生活在农村的人”），它可与已被证明的词形 ḥryw š ʿy（“居住在沙滩 / 沙洲的人，贝督因人”）比拟。这个词类似于《圣经》词汇 ʿammê hå˃åreṣ［“生活土地上的族群（迦南人，他们居住在以色列人到来之前的土地上）”］。

没有任何语言学证据证明这些转写词汇从铁器时代开始出现。不过，可以

132 参见本书第十九章，注释 18。许多多利亚城邦都有一个月即阿佩里奥斯月（Apellaios），用于集会和讨论国事。

133 Plutarch, *Lycurgus* 12: 1.

134 参见本书第九章，注释 176—177。

135 关于对源于地名希洛斯（Helos）或一个假定词根 *hel-（“俘获”）的衍生词的不满，参见 Chantraine and Forrest（1968）以及参考 Cartledge（1979, 97）。

假定另外两个理由。第一，这些词汇仅限于斯巴达使用。如果它们是在青铜时代传入的话，那么它们更有可能出现在其他地方。第二，存在着非常可靠的观点，认为至少吕库古的某些制度改革是效法了埃及制度。新的词形不是不加区别地引入的，并且多利亚人的部落传统也不容忽视。不能忽视对产生一个新国家的要求，尤其是需要维持数量庞大的希洛特人处于永久的臣服状态并能积极生产。[136] 表示类似制度的、带有印欧语词根的克里特名称的存在，表明斯巴达的统治者只是引入了高贵的埃及语名称，来取代普通的多利亚人使用甚或更为广泛使用的希腊语词形。考虑到铁器时代的克里特的保守性，这一解释似乎更有可能，相较而言，另一种可能性即克里特人将埃及制度与术语本土化的可能 534
性就小了一些。

这一处理方式的另外一个例证，可见于斯巴达人的狄奥斯库里（the Dioskouroi）崇拜。沃尔特・伯克特似乎合理地发现了斯巴达人信仰的狄奥斯库里（宙斯的儿子们）与吠陀经书中与马有关的孪生兄弟 Asvins 类似。不过，他未能解释对两根横梁和横木的奇异崇拜以及它们在斯巴达的名称 Tyndaridai 或 Tindaridai，即 Τυνδάρεως（廷达瑞俄斯）的儿子们。[137] 它本身的交替拼写表明它是一个外来词。Tyndaridai 的一个可能的词源是已被证实但难以理解的埃及语词汇 ḏnh n ḏrww。福克纳将它翻译为“翼肋（？）”。在科普特语中，ḏnh（tēnh、tenh or tnh）指的是“翅膀”，ḏrww 指的是“侧翼、一扇肋骨”。加德纳在谈到 ḏrww 时写道：“由于该词的二元性经常被强调……在这些情况里，作者完全会从两方面对它进行考虑。”[138] 在更常见的词义中，Ḏrww 被用于表示柜子和棺材的对边。它也具有建筑学含义，因为 ḏri、ḏrw 和 ḏrwt 都明显指的是“墙”。据我所知，埃及不存在相对应的宗教崇拜。最有可能的解释是，斯巴达人为一个本土的宗教崇拜提供了埃及名称和意象。

具体说来，斯巴达的统治者可能想要确保他们作为赫拉克勒斯子嗣的合法性。希罗多德认为赫拉克勒斯子嗣从起源上讲是埃及人，这是极不可能的：

136　Plutarch Lycurgus 28: 1. 普鲁塔克否认 Lykurgos 与 Krypteia 有任何关系，这不能令人信服；*Krypteia*，是维持希洛特人臣服的秘密警察。我没有任何理由怀疑柏拉图和亚里士多德的反对观点，参见 Plato（*Laws*, 633b）以及 Aristotle（*Fragments*, 538）。

137　Burkert（1985, 212-3）. 关于该崇拜，参见 Farnell（1895-1909, 3: 206）。关于对它的极佳考查，参见 Graves（1955, 1: 245-9）。

138　Gardiner（1947, 2: 254）.

> 希腊人的一般说法是，多利亚人的国王一直追溯到达那厄的儿子珀尔修斯（因此没有提到神），他们出现在了希腊人的列表里，并且将他们视为希腊人是不会错的，因为他们在这么早的时代都被列为希腊人，我说“一直追溯到珀尔修斯”是正确的，并且不能再向前追溯了，（原文如此）这是因为珀尔修斯的上面没有一个凡人的父亲的名字……另一方面，如果我们从阿克利西俄斯（Acrisius）的女儿达那厄那里追溯的话，则可以看出多利亚人的酋长们是地道的埃及人。以上是希腊人的追溯斯巴达王室系谱的说法。但是，波斯人的说法是，珀尔修斯是被希腊人收养的亚述人，因此他的祖先不是希腊人。并且，阿克利西俄斯的祖先和珀尔修斯完全没有血缘
> 535 关系，而正如希腊人所说，他们实际上是埃及人。这些事情就说到这里为止了。埃及人是如何来到伯罗奔尼撒半岛的，他们做了什么事情使自身成为希腊部分土地上的国王，已经在其他作家们的编年史中有所提及。[139]

波斯人的观点可能来自更早的叙利亚和美索不达米亚记载，显然反映了一种信念，即希克索斯人比埃及人更接近于叙利亚-巴勒斯坦人。斯巴达国王们对他们的希克索斯祖先的认同和他们声称是埃及的赫拉克勒斯子嗣，给予了多利亚人征服珀罗普斯王朝统治的阿卡亚人（the Pelopid Akhaians）以合法性。这一关于他们祖先的观点在公元前 8 世纪之后显然没有减弱，这可能是荷马史诗传入的结果。当时，斯巴达国王建了墨涅莱昂（Menelaion），献给那位伟大的珀罗普斯王朝的国王，它的形状像一座金字塔。因此，他们从两个起源上宣布了自己的合法性。[140] 与此类似的是女王维多利亚（Queen Victoria）在巴尔莫拉（Balmoral）修建的城堡，这样做，便将斯图加特王室（the Stuarts）浪漫的高地传统并入了她自身汉诺威王室（House of Hanover）的传统中，后者打败了前者，并且没有放弃光荣革命（the Glorious Revolution）或新教革命的遗产。[141]

墨涅莱昂的建造又引导我们在某种程度上回到了斯巴达宗教在多利亚征服

---

139 Gardiner（1947, 2: 254）.

140 关于该金字塔，参见 Pendlebury（1930, 47-8）、Coldstream（1977, 347-8）和 Cartledge（1979, 120-1）。公元前 6 世纪也见证了俄瑞斯忒斯的假想骨骸的发现以及阿米克莱对阿伽门农的崇拜，参见 Cartledge（1979, 139）。

141 整个构想集中体现在地名巴尔莫拉（Balmoral）上面：Bal-（“小镇”），是一个浪漫的凯尔特语前缀；-moral，适合新资产阶级时代。

之后是否继续存在以及宗教地名引入的时间等问题上。关于阿米克莱存在着一种宗教信仰的物质材料可以追溯到公元前 15 世纪，并且该地名在荷马史诗中特别古老的《船表》（*Catalogue of Ships*）中使用，这表明它在公元前 13 世纪的特洛伊战争之前便已叫这个名字。[142] 这个时间长度可以被阿米克莱的崇拜有可能延续到历史时期的事实加以证实。[143] 因此，尽管发生了重大的社会政治剧变和改革，宗教似乎有可能基本上延续了下来。根据外地的传说、文献和材料来源判断，这里也可能发生了衰退和复兴。这些相对晚近的埃及语名称和腓尼基语名称如泰格同和阿米克莱可以被它们只是在公元前 15 世纪被借用的假设解释，虽然许阿铿提亚传入的时间较靠后。仍然有其他名称，著名的是斯巴达本身，它含有的 /ʒ/ 仍然具有辅音值，这些词汇可能更为古老。因此，赫尔墨斯—阿努比斯、狄奥尼索斯—奥西里斯和阿波罗—荷鲁斯等核心人物的崇拜，可以追溯到迈锡尼时代之初。这三个人物的中心可能转变到了阿波罗身上，但是斯巴达与狗的关联一直持续到古代历史末期。[144] 在某种意义上，赫尔墨斯和 536
阿努比斯之间的等同显然被保留了下来。

斯巴达与死亡

至少从铁器时代起，斯巴达人便已开始将有残缺的婴儿丢弃在泰格图斯山脚下，并且相信泰那隆山洞是冥府的入口。纵使该名称的词源 Tʒ igrt（“亡灵的国度”）或许已经被遗忘，但是这个山脉与死亡的联系仍然很牢固。[145] 一般而言，相比其他地区，拉科尼亚对死亡和通向永生的复活的关注更为显著。抛开三位一体的赫尔墨斯、狄奥尼索斯和阿波罗不谈，即便是狄奥斯库里崇拜中的孪生子的复杂组合，也具有必死的凡人和不朽的神灵二元共处的普通特征。[146]

一个极有趣的话题是这一古老的关注是否影响到了斯巴达人中间的战士

142　Cartledge（1979, 82）and *Iliad*, 2: 584.

143　这一话题受到热烈讨论。卡特利奇坚持在献祭地点存在着一条裂缝，已被挖掘。然而，裂隙较短，正如他指出的，一个地点不能告诉我们圣殿的全部，参见 Cartledge（1979, 82-3）。

144　Nonnos, 16: 102-3. 另见 Freyer-Schanenberg（1970）。

145　相关探讨，参见 Plutarch *Lycurgus* 16: 1-2。

146　参见 Farnell（1895-1909, 3: 206）。另见本章注释 137。

死亡崇拜。普鲁塔克的确记载吕库古简化了葬礼，并且禁止建造个人坟墓。[147] 另一方面，为国家自我牺牲的观念被极具热情地提升。如普鲁塔克对斯巴达歌谣的描写："那些为斯巴达牺牲的人，会获得凡人最高的赞美，称他们获得了祝福和幸福；那些成为懦夫的人，会遭到谴责，他们的生活将变得痛苦和无助。"[148] 斯巴达人乐意在战斗中战死，这是众所周知之事。甚至连孩子们在阿耳特弥斯·奥尔提亚节上被鞭打至死也不会提出抗议。[149]

死亡崇拜在拉科尼亚的中心地位并没有随着斯巴达独立的结束而终结。且不论它出现在了基督教中，死亡崇拜在泰格图斯山南端的玛尼（Mani）半岛被纯正地保存了下来。在这个地区，全希腊最精致和最美妙的哀歌继续被创作。在这里，这些哀歌的中心，乃至整个死亡观念的中心，是 Χάρων 的人物形象。[150] 在古典时期，卡戎（Charon）只是运送亡灵渡过斯提克斯河的船夫。[151] 不过，在伊特鲁里亚宗教中，卡戎是一个更为重要的人物，他是亡灵的引导者。一个作家称其为"冥界的墨丘利（Mercury）"[152]。狄奥多罗斯相信，这个名称是埃及语。[153] 不过，没有哪个已知的埃及语名称或动词词根与之适合。约尔·阿尔贝特曼提供了一个更为可能的词源，它来自西闪米特神灵 Ḥrn，在《圣经》中的
537 发音为 Ḥōrōn，以"地狱之主"而著名。这一名称明显与闪米特语词根 ḫ(a)wr 或 ḥawr 有关联，指的是"坟墓、坑、洞穴"。Kharōn（卡戎）中的 /a/ 表明，它的借用发生在迦南语转变之前。[154] 在现代希腊，卡戎不仅指船夫，并且也碰巧和伊特鲁里亚宗教中的一样，指赫尔墨斯（亡灵的信使）和哈德斯（亡灵的统治者）。尽管有了这些调整，他的残存形象表明文化极具韧性，它至少经历

---

147 *Lycurgus*, 27: 1.

148 同上书，21: 1。

149 同上书，28: 1; Pausanias 2: 16.9-11。

150 Leigh-Fermor（1958, 53, 181）; Alexiou（1974, 40-8）and Du Boulay（1982）.

151 关于 Styx 的词源分析，参见本书第二十章，注释 102。

152 Dennis（1848, 1: 314）. 另见 Pallottino（1956, 149）。

153 Diodoros, 1: 96.7.

154 Arbeitman（1981, 937）. 关于名字 Ḥōrōn 的详细探讨及这一论题的相关文献，参见 Hvidberg-Hansen（1979, 2: 149）。乌加里特语能够区分 /ḫ/ 和 /ḥ/，在名字 Ḥrn 中使用了后者。阿拉伯语 ḫawr 和 ḥawr 都表示"坑"。前者与该希腊语和伊特鲁里亚语字首相一致，但是并不能证明它是一个借用词。在 Ḥōrōn 和 Charun 之间的另一个关联是后者被描述带有一个锤子［Dennis（1848, 1: 310）和 Pallattino（1956, 171）］。同样，在一个乌加里特语文献中，Ḥrn 被认为受到了召唤去击碎他的敌人雅姆（Yam）的头骨，参见 Hvidberg-Hansen（1979, 1: 107）。

了 3500 年。

回到斯巴达统治者与他们埃及或希克索斯的假定祖先之间的联系上面。例如，我们知道在公元前 17 世纪末或公元前 16 世纪初，他们中的一些或他们的顾问们感到有必要将对他们的民族神殿墨涅莱昂进行改造，改造成“一种小型的金字塔”。[155] 无法确定，这一建筑物仅仅是一种炫耀，或者是荷马史诗传说墨涅拉俄斯造访埃及导致的结果，抑或企图强调王族赫拉克勒斯子嗣的血统可以追溯到他们的埃及祖先那里。[156] 关于斯巴达的阿蒙神庙，帕萨尼亚斯写道：“拉科尼亚人似乎从一开始就比其他希腊人更早向利比亚的神求神谕。阿蒙神在利比亚不及他在阿菲提斯（Aphytis）受到尊重。”[157] 帕萨尼亚斯提到的“从一开始”所指何意，已不可能确知。它可能指的是青铜时代，或者公元前 8 世纪之初的来库古时代，或者公元前 7 世纪或公元前 6 世纪斯巴达的“金字塔时代”。不管怎样，它不太可能比公元前 5 世纪初品达写作他的《献给阿蒙神的圣诗》（*Hymn to Ammon*）的时间还要晚许久。[158] 帕萨尼亚斯明确提到的唯一一条神谕与斯巴达将军莱山德（Lysander）有关，它活跃于公元前 5 世纪末期的伯罗奔尼撒战争中。[159]

斯巴达人与犹太人

据说，在吕山德之后 100 年左右，斯巴达王国阿雷俄斯一世（Areios I，公元前 309 年—公元前 265 年）写了一封信：“大祭司奥尼阿斯（Onias）贵安！一份文献曝光，它显示斯巴达人和犹太人是同族人，我们同样是亚伯拉罕的子嗣。”这封信被马加比（Maccabbees）和约瑟夫斯引用。[160]

这就立刻产生了两个问题：一个是信件的日期，另一个是它的真实性。斯巴达国王阿雷俄斯一世和大祭司奥尼阿斯处于同一时代，即公元前 300 年左右。阿雷俄斯二世早夭，未能继承王位。与此同时，奥尼阿斯二世或三世则继承了

155 Pendlebury（1930, 47）.

156 关于墨涅拉俄斯到埃及的故事，参见 *Odyssey* 4: 123-40, 352-423。

157 Pausanias 2: 18, trans. Levi（1971, 2: 62）.

158 参见第一卷，第 114 页。

159 Pausanias 2: 18, trans. Levi（1971, 2: 62）.

160 I Macc. 12, 20-2; Josephus *Antiquities* 12: 226. 另见第一卷，第 460 页，注释 168。

大祭司的职务。因此，遵循约瑟夫斯的年代显然是没有任何理由的，因为约瑟
538 夫斯将这封信的年代定位于后来的一位奥尼阿斯所处的时代。阿纳尔多·莫米利亚诺（Arnaldo Momigliano）相信《马加比一书》（*I Maccabbees*）收录的大部分文献都是真实的，但是认为这封信是伪造之物。不过，他承认，它应该是在很早之前伪造的。它被伪造的日期必须能够解释紧随其后的两封信的存在，其中一封被他视为真作，它将犹太人称为“兄弟”。[161] 根据雅利安模式的思路，他自然将斯巴达人和犹太人之间存在联系的观点视为传说，“传说”只是“荒谬”的含蓄说法。[162] 在他收录的三封信的那一章里，莫米利亚诺没有提到爱德华·迈尔对这一主题的探讨。迈尔认为这封信是真实的，因为它相信这些“文字作品”（graphē）指的是阿布戴拉的赫卡泰奥斯在公元前 300 年前后创作的作品。[163]

如上所述，赫卡泰奥斯认为：

> 这个土地上的本地人猜想，除非他们驱逐了外国人（希克索斯人），否则他们的麻烦永远都得不到解决。因此，曾经这些外来者被驱逐出了这个国家，并且，如某人的建议，他们中间的最杰出的和最活跃的人被集中起来丢弃到希腊和其他某些地区的海岸上，在他们当中，教师是著名的人物，如达那俄斯和卡德摩斯。但是，更多的人被驱逐到了今天被称为犹地亚（Judea）的地方，它距离埃及不太远，当时一片荒凉。这次殖民活动是在一个叫摩西的人领导下进行的。[164]

尽管这封信的措辞存在着一些问题，它们可以被解释为双向翻译导致的结

161 Momigliano（1968, 146）. 克劳斯纳（Klausner）从未质疑过这封信件的真实性，参见 Klausner（1976, 195）。

162 尽管接受这封信的真实性，伊丽莎白·罗森（Elizabeth Rawson）通过暗讽达到和莫米利亚诺相同的结果。提及收到引用阿雷俄斯早先的信件的第一封犹太人信件时，她写道：“一个来自斯巴达当局的友好并且可能是相当令人惊讶的回信，是后来的记述”。（1969，96）这封信没有明显的惊奇可寻，参见 I Macc. 14: 21。彼得·格林以同样的笔调写道，大祭司伊阿宋（约书亚）“**在所有的地方中**，最后死在流放地斯巴达（强调为作者所加）”，参见 Peter Green（1990, 513）。

163 Meyer（1921, 30）. 这涉及将 heurethē en graphē 译为“它可见于书面著作”而不是像通常那样译为“众所周知的文献”，另见 Astour（1967a, 98）。

164 Diodoros, 40: 3.2, trans. Walton and Green（1967, 281）.

果，希腊语被翻译成希伯来语或阿拉姆语并且又被重新翻译回来，但迈尔认为这封斯巴达国王的信件是真实的。他的观点似乎可信。不过，仍未解决的问题是，这位国王是否相信赫卡泰奥斯，因为这样的观念在亚历山大征服东方之后非常流行，或者因为这样的观念与斯巴达国王们的自身传统相吻合。考虑到上述给出的信息，第二个因素必定发挥了作用。这封信的真实性以及斯巴达和犹太人在公元前 2 世纪之间的接触之间的真实性，被一个事实进一步证实：公元前 2 世纪 60 年代，声名狼藉的大祭司伊阿宋（即约书亚）在斯巴达寻求避难并死在了那样。

斯巴达的最后一个国王名叫那比斯（Nabis，公元前 206 年—公元前 192 年）。尽管他的名字不常见并且他进行了社会革命，但是他无疑是一位斯巴达人并且极有可能来自两个王族中的一个。不过，那比斯的确不是一个希腊语名
称；不过，它可能来自迦南语 nåbî˃（“先知”）或埃及语 neb（“君主”）。或者， 539
它可能来自两者。[165]

因此，从青铜时代至希腊化时代，人们会发现在斯巴达存在着大量的埃及和西闪米特文明的迹象，其中一个方面是语言。总而言之，这就是人们应该从希腊大陆最南端的国家那里所期望获得的。

165　关于第一个可能的词源，参见 Cartledge and Spawforth（1989, 67-8）以及 Green（1990, 301）。

第二十二章　雅典娜和雅典

540　不管是在宗教里，还是在神话里，雅典娜这个人物形象，似乎是文明开化的希腊政体的体现。雅典娜有时确实被等同于外国——埃及、亚洲、科尔基斯、伊比利亚——的女神，可能由于她们有着共同的贞女神和战神的特质；但是，我们不能肯定，对她的崇拜不像阿耳特弥斯或狄奥尼索斯，沾染了东方的和蛮族的观念，沾染了带有不洁象征主义或神秘色彩的过度狂欢……虽然存在着宗教上的亚历山德拉体的混淆，但是雅典娜的传统仍然是纯净的和清晰的。

——L. R. 法内尔，1895 年，第 318 页

导　语

Αθῆναι（雅典）和 'Αθηναία（雅典娜），这两个名称使富有好奇心的人们困扰了长达 2000 年。今天的主流学者们认为它们是属于前希腊语。更富有想象力或幻想的观察者们提出，这个名称是雅典娜的迦南对应神 ʽAnat（阿娜特）或者雅典娜的埃及对应神 Nt 或希腊语转写 Nēit（奈斯）经过音位转换导致的。[1]

1　这一困惑至少可以追溯到 19 世纪，参见 Bunsen（1848-60, 5: 1: 22）。直到罗伯特 · 格雷夫斯那里，仍然是如此；参见 Robert Graves（1955, 44-5）。

所有古代作家将雅典娜与奈斯女神等同起来。在本章里，我将尝试证明雅典和雅典娜这两个名称都起源于 Ḥt-ntr̲(nt)Nt，即女神奈斯的“神庙或城市”。在先前所有的著作中，我都提到过一个单一的起源 Ḥt Nt，但是阿诺·埃格伯特博士（Dr. Arno Egberts）的批评（将在下文讨论），使我修正了这个观点。Ḥt Nt、Ḥt-ntr̲ Nt 和 Ḥt-ntr̲ nt Nt，这三个词形都已经得到证实。[2]

Nt（奈斯）最初是埃及神还是利比亚神，学者对此有争论，但是大多数人认为她本质上是埃及神。大约在第一王朝开始时，埃及人便在赛斯为奈斯建造 541
了一座神庙。[3] 不过，至少从公元前 3 千纪中期的第五王朝开始，她在利比亚也受到人们的崇拜。2000 年后，希罗多德和其他希腊作家认为她起源于利比亚。[4] 她的崇拜中心位于下埃及的赛斯，尼罗河三角洲西端附近地区，这个地区在早王朝时期便受到利比亚文化的影响。希腊人相信雅典娜是来自利比亚的观念至少可以追溯到公元前 6 世纪（参见下文）。在随后的一个世纪，希罗多德声称找到了女神起源于利比亚的痕迹。

本章概要

这个概要仅仅是本章的一个提纲，忽略了其中探讨的许多主题。本章主要探讨的是奈斯崇拜和雅典娜崇拜之间存在着引人注目的相似性。本章首先讨论的是盔甲对二者的重要性，及其神圣物的显著相似性：比如，奈斯的带箭盾牌和雅典娜的帕拉狄昂（Palladion）。庇西特拉图派一位相貌姣好的年轻女子，身着盔甲，乘坐战车，以到达他的政治目的，这与利比亚的（雅典娜）崇拜的宗教仪式完全一致。本章还将继续探讨纺织和纺织品以及呈献法衣在两种崇拜仪式中的重要意义。在其后的一节里，我将讨论在赛斯和雅典纪念女神奈斯/雅典娜的场面热烈节庆夜晚。

然后讨论雅典娜的仇恨、她与美杜莎（Medusa）或戈尔贡（Gorgon）的等同以及戈尔贡尼昂（Gorgoneion）即戈尔贡面具和公元前 2 千纪克诺索斯被埋葬的儿童尸骨之间的关联。在这部分内容里，我将探讨奈斯、雅典娜和

2 Gauthier（1925-31, 4: 100）.

3 Emery（1961, 51）.

4 参见 El Sayed（1982, 192-3）。

残忍的黎凡特女神阿娜特之间的关系。并由此谈到闪米特人献祭头生子的传统，这个传统对于三个一神论宗教即犹太教、基督教和伊斯兰教都有关键的象征意义，而且也让人考虑是否三位女神被用人牲献祭过。传说中女法老奈托克里斯（Nitokris）心怀狂热的自我牺牲精神，她可能是奈斯的替身形象，这个问题也有所涉及。同样，问题还有狄多（Dido）传说中的火葬代表着对塔尼特（Tanit）即阿娜特或奈斯的腓尼基对应神的燔祭。这些神话传说是否可以作为病原学（etiological）证据，证明迦南语族群中存在着“使儿女经火”的传统？

在新的一节里，我将探讨埃及祭司对狄奥多罗斯的声明，他认为雅典起初
542 是埃及的殖民地。我总结这些观点有可取之处，雅典历史上早期的形象中有三个人——凯克洛普斯、厄瑞克透斯和佩忒斯（Petēs）——可能都有埃及语词源。从这些论述，我猜测在中王国时期，前希克索斯（pre-Hyksos）人曾在阿提卡定居过。

虽然后来的建设抹去了他们在雅典定居的考古学痕迹，在雅典的姐妹城市特洛曾，发现了古老而又奇异的“非希腊式”石柱。我使用“姐妹”这个词，不仅因为这两个城市之间存在紧密的神话中的联系，而且因为这个名称在埃及语中的词源是 Tꜣ Sn（即后来的埃斯那）。Tꜣ Sn 是上埃及奈斯女神的主要崇拜中心，其下埃及的主要崇拜中心是在赛斯。传说也证明，前希克索斯人在特洛曾有一个根据地，它和埃及有着密切的联系。

接下来的几节里，探讨的是一些与雅典境内的一些地名和其他一些与雅典娜崇拜有关的名称如帕特农、戈尔贡的埃及语词源。其中，还谈及了奈斯作为天空之神的身份、她的面纱云朵，以及雅典娜那双象征蓝天和她凶猛的性格的蓝色眼睛。

最后，我将讨论雅典娜这个名称的埃及语词源，因为它没有印欧语词源。在这个词源问题上，面对一些令人信服的批评，我更改了我的观点。先前，我认为这个名称起源于 Ḥt Nt（“奈斯神庙”）和她的崇拜中心的宗教称号，它的世俗名称是赛斯。而我现在认为，这个名称起源于 Ḥt nṯr(nt)Nt，这一点可以证实，因为 Ḥt Nt 可能有时是简写。作为本章的总结，我论证，任何语音匹配上存在的问题都可以被语义匹配克服，因为本章中列出的这两位女神和她们的城市之间有大量的对等性可以支撑语义上的对应性。

甲胄和装备

希罗多德写道：“我认为，希腊人用‘羊皮盾’（aegis）装饰雅典娜的雕像，很明显，雅典娜这身服饰源于利比亚女装：它们之间的唯一区别是，利比亚女装由皮革制成，带有皮革制成的流苏，而不是蛇。”[5]“羊皮盾”的含义是“风暴云”，它将在下文讨论，这里我仅仅将它视为服装。在象形文字中似乎被写成(Aa20)
这种符号的一种形式。其他形式带有流苏。[6]加德纳认为这个符号是“未经分类” 543
的，但是这两种形式都可以合理地解释为一种带有肩章的外罩，要么是衣服，要么是甲胄，并且这两种词形都没有已知的义符。甲胄和衣服的区别也没有看起来那么明显。虽然青铜盔甲在青铜时代晚期的地中海东部一带已存在，但是这里的大多数甲胄是用皮革制成的，或者是衣服外边套一层青铜锁子甲，或者是单纯的一层卷在一起的厚厚的亚麻布。流苏的使用则贯穿整个埃及历史。到第十八王朝之前，似乎具有音值 ʿpr 的象形文字在使用时的含义是“呈献给神的一种流苏”。在托勒密王朝时期，与表示“布”的义符连写时，表示“衣装”。

然而，ʿpr 拥有更为广泛的语义场。它的一般含义是“装备、配备、准备”。其复数形式 ʿprw 的含义是装备——特别是船的装备，其引申义是“船员”。

象形文字符号确实表示甲胄，这来自一个几乎相同的象形文字，它可见于克诺索斯书写板上的 B 类线形文字中，该词明显具有这个含义。[7]这两种书写系统的对等性非常罕见。这种对等的一个原因可能是，这种盔甲到达爱琴海时，当地文字已经形成。因此埃及语符号伴随着它所表示的实物传入了当地。而两个代表战车的符号之间的相似性更增加了这种可能性，它们大约与锁子甲同一时间到达东地中海。[8]

这个表示盔甲的爱琴时代符号的音值难以确定。词根 hopl- 可见于 ὅπλον，更

5 Herodotos 4: 189, tr. de Selincourt（1974, 334）.

6 Gardiner（1957, 542）. 关于带有流苏的形式，被埃尔曼和格拉波采用。有趣的是，列斯科将 ʿprw 的一个词形作为“流苏”列出。

7 Ventris and Chadwick（1973, 375, 380）. 这些埃及语符号和克里特符号彼此之间更为接近，相对于后者和在派罗斯发现的符号而言，它似乎包括头盔。

8 参见 Gardiner（1957, (T17)）和 Ventris and Chadwick（1973, 240）中的符号。锁子甲在文献中被发现或被证实的时间是公元前 19 世纪和公元前 18 世纪，参见 Yadin（1963, 84-5）。锁子甲的锁链在迈锡尼的五号竖井墓（Shaft Grave 5）。在整个青铜时代晚期，它广泛存在，比铠甲更为常见。参见 Catling（1970）。

常见于复数形式 ὅπλα（“重型武器、盔甲、船舶装备”）以及 ὁπλίζω（“准备、装备”），它们都在赫西俄德和荷马的作品中得到证实，但是没有出现在 B 类线形文字里。从发音上来判断，这一词形是一个可能的备选词源。无论是否是这种情况，hopl- 起源于 ʿpr 似乎是合理的。如上所述，ʿain 在埃及语和闪米特语中的发音通常是后元音 /o/ 和 /u/。[9] 因此暂且假设一个中期埃及语发音 *ʿóupl 似乎是合理的。在这种情况下，唯一的语音问题是希腊语字首 h- 引起的。这种转换很容易而且经常发生，我们在前面的几章里讨论过。标准的印欧语词源能够解释字首 h-，但不能解释词尾辅音 -l。根据这些解释，hopla 起源于两个动词 ἕπω 和 ἕπομαι 中的一个。第一个词应该源于一个词根 *sep，该词根可以在梵语 sapati（“崇拜、照顾”）中证实。第
544 二个词当然来自 *sek^w，该词根可见于拉丁语 sequor（“跟随、伴随”）。这两个词源，无论是语音还是语义的对等性都不及埃及语 ʿpr 与 hopla 的对等性准确。

帕拉狄昂

关于两位女神的身份等同的更有力的证据，来自霍普洛特拉（hoplolatry），即武装盾牌崇拜。在埃及文化中最古老的崇拜象征之一是奈斯的标志。这个神圣物（fetish）立于柱子之上。最初，这个形象似乎是一种甲壳虫——Agrypnus notodonta。然而，这种甲壳虫形象很快就与椭圆形或沙漏形盾牌融合在一起，盾牌的各边向内弯曲，盾牌的外侧饰有交叉的弓箭。这一形象在随后的 3000 年里一直是 Nēit 的主要象征。[10] 许多这样的图案，出现在纪念第一王朝的第二法老、他的一位名叫 Nt Ḥ tpw 的王后以及另外一位名叫 Mr Nt 的王后或公主的石柱和纪念建筑上。[11] 这种类型的象征在古王国一直延续下来。但是，到赛斯王朝时期之前，盾牌的形状便随着军事活动发生了改变：盾牌变得更宽，边缘笔直，顶端呈弧形。经过这次调整，直到罗马时期，盾牌都一直代表着赛斯。[12] 然而，从根本上讲，它是奈斯女神自身的象征或神物。[13]

9 本书第八章，注释 65 和第十章，注释 119—120。

10 参见 Keimer（1931）以及 El Sayed（1982, 23-4）。盾牌的时间位于赛斯王朝时期，已经失去了它的弧度。

11 El Sayed（1982, 13）, Emery（1961, 66-9）, Gardiner（1961, 411-2）and Hoffman（1991, 320-4）.

12 Montet（1957, 75-7）and Gauthier（1925-31, 4: 88）.

13 它似乎已经有别于奈斯女神的另外一个常见象征：剑鞘上或梭子上的两个弓，或者两个上面都有。这个符号在象形文字中用作她的名字。它在利比亚也是一个重要的宗教符号，不断地出现在文身上。Bates（1914, 139）。

1906年，珀西·纽伯瑞（Percy Newberry）指出，这一埃及的符号与弥诺斯时期的八字形盾本质上是一致的。[14]这个极其普遍的克里特符号的许多表现形式表明这个盾牌应该由斑纹牛皮制成，非常接近早期埃及的盾牌。虽然这个符号明显具有宗教意义，并且出现的时间较早。发掘出克诺索斯的阿瑟·埃文斯爵士（Sir Arthur Evans）指出："在弥诺斯中期接近尾声的阶段之前，几乎没有发现这种盾牌的图形。"[15]

弥诺斯中期III期的开端大约在公元前1730年，是修正的古代模式设想希克索斯侵略的日期。一个来自同一时期或稍后时期的紫水晶印章上，雕刻有一个八字形盾牌，其上放置着一个头盔。我们不能确定这个形象是否表示一个人、一个神或者一个神的武器。[16]一个更为晚近的但又更重要的证据是一块来自迈锡尼的石灰岩刻写板，上面刻画的是一个受到崇拜的神，立于一个八字形盾牌之后。虽然头像没有保留下来，但是白色的四肢可以表明它符合埃及的传统，是女性，即一个女神。马丁·尼尔松（Martin Nilsson）、H. L. 洛里默（H. L. Lorimer）和其他 545
学者果断地将这个"盾牌女神"与雅典娜以及她的象征物帕拉狄昂联系起来。[17]这一实物的外观不能确定。阿波罗多罗斯这样描述："高三肘尺，并立而站；右手高高举起一支矛，左手持卷线杆和纺锤。"[18]一般认为它是木制的，洛里默女士根据她对一个陶瓶画的看法这样写道："它很可能从八字形盾牌的形象演变而来，中间没有断裂，这个八字形盾牌如迈锡尼晚期希腊底时期III期（LHIII）的石灰岩刻写板上所描述的那样；由于需要将盾牌悬挂在原木或树桩上，并且甚至赋予后者某些人的特点，它应该不会难倒对原始几何图形的崇拜者。"[19]

一些观点认为帕拉狄昂是从天上降落至位于特洛伊的雅典娜神庙里的，当时，神庙的屋顶还没有建成。在特洛伊战争以后，这座神庙被认为从特洛伊搬到了雅典，或者根据拉丁语作家的叙述，它被搬到了罗马。[20]虽然帕拉狄昂

14　Newberry（1906）.

15　Evans（1921-35, 2: 52）.

16　关于这一印章的年代的讨论，参见Lorimer（1950, 143）。洛里默认为，这个形象是一位"女神"。

17　加德纳是第一个确定两者之间存在关联的学者，参见E. Gardiner（1893）。至于尼尔松的观点，参见Nilsson,（1967, 324, 405-8）。

18　Apollodoros 3: 12.3, trans. Frazer（1921, 2: 39）.

19　Lorimer（1950, 446）.

20　关于对该帕拉狄昂的测量，参见利波尔德（G. Lippold）的记载，载于Pauly-Wissowa（18: 171-201）以及弗雷泽对Pausanias, 1: 28.8的注疏，载于Frazer（1898, 369-70）。另请参见Apollodoros 3: 12.3 Frazer（1921, 2: 38-41）。荷马（Iliad 6: 303）对特洛伊的雅典娜坐像进行了形象的描写。

与宙斯有某种关联，但古代和现代的作家认为，它象征着帕拉斯·雅典娜。它在雅典娜崇拜中处于核心地位，在雅典尤为如此。如尼尔松所说："她的雕像，即帕拉狄昂位于内殿，如同一个象征确保这座城市*幸存者的安全的信物。"[21]通过弥诺斯时期的盾牌和迈锡尼的盾牌女神，阿瑟·埃文斯爵士将奈斯的象征符号与帕拉狄昂联系起来。据我所知，他是唯一这样做的学者。不过，他所建立的关联的每一个连接都得到了有关学者的支持。[22]

身着戎装的美少女

埃及语地名 ʿPr，很难找到其位置。亨利·戈捷（Henri Gauthier）认为，一种情况将它视为靠近孟菲斯的奥西里斯神殿，另一种情况将它完全视为虚幻。[23]然而，公元前 4 世纪的《伊希斯和奈芙蒂斯的哀歌》（*Lamentations of Isis and Nephthys*）中似乎使用这个地名指代赛斯城。[24]希罗多德在描述一个利比亚部落的雅典娜崇拜时，使用 hopla 的一个派生词：

> 他们举行一年一度的节日纪念雅典娜，庆典上女孩子们分成两组并且互相打斗。在打斗开始之前，他们选出相貌最好的女孩，在公众面前穿戴上希腊盔甲（panoplie）和科林斯头盔，然后让她登上战车，载着她围池
546 塘绕圈。我不能确定，在希腊人在他们邻近地区定居之前，他们是如何打扮这些女孩子的。她们穿戴的盔甲可能是埃及人打造的，我认为盾牌和头盔都是从埃及进入希腊的。[25]

希罗多德的观点似乎是正确的，他认为宙斯盾（Aigis）这个名称起源

---

* 这座城市即特洛伊城。——译者注

21 Nilsson（1967, 406）. 有趣的是，尼尔松将该肖像和格菲洛伊（Gephyroi）家族联系在一起，希罗多德认为他们是腓尼基人。这为古代的历史学家说，他们跟随卡德摩斯来到底比斯，随后迁到了雅典。参见 Herodotos, 5: 57-8。

22 Evans（1921-35, 2: 50-3）. 尼尔松坚决反对埃及和闪米特对迈锡尼宗教的影响，顺便提一句，他允许他的著作首次在纳粹德国出版，这将解释他为什么不像埃文斯那样，未能依据事实进行推断。关于对他的态度的进一步讨论，参见本书第十章。

23 Gauthier（1925-31, 1: 141）.

24 *Les lamentations d'Isis et de Nepthys*, quoted in Mallet（1888, 7）.

25 Herodotos 4: 180, tr. de Selincourt（1974, 331）.

于 aix、aigos 即“山羊”，因此也暗指皮革保护物。[26] 另一方面，ʿpr/hopla 和 panoplia 看起来指的是盔甲、保护板、锁子甲和带有里衬的亚麻布。早期来自宗教目的的形式流传下来可以解释引人注目的“亚麻护甲”，法老阿玛西斯将它送到位于罗得岛林多斯（Lindos）的雅典娜神庙。[27]

阿玛西斯法老是第二十六王朝或者赛斯王朝的最后一位主要统治者。他的统治时间长久（公元前 570 年—公元前 526 年），在位期间，他对都城赛斯特别是奈斯神庙大兴土木。[28] 阿玛西斯和希腊雇佣兵、贸易商人保持着密切的联系，并将他们集中安置在靠近赛斯的瑙克拉提斯（Naukratis）。此外，他对奈斯女神的敬仰也传到了希腊，他将亚麻护甲和两座雅典娜雕像送到林多斯的雅典娜神庙，据说这个神庙是达那俄斯本人效仿雅典建造的，雅典是最大的雅典娜崇拜中心。在 6 世纪中期，林多斯被克里奥布鲁斯（Kleobolos）统治，他是希腊“七贤”之一梭伦的一个朋友。像梭伦一样，克里奥布鲁斯被认为也曾在埃及学习过。[29]

阿玛西斯在希腊的宗教活动不仅局限于对奈斯 / 雅典娜的崇拜。他还将他本人的雕像送到位于萨摩斯的赫拉神庙，但是希罗多德认为，他这么做是因为阿玛西斯与萨摩斯的僭主波吕克拉底（Polykrates）是同盟者和朋友。阿玛西斯的两个著名的礼物似乎是一套亚麻护甲和一座奈斯 / 雅典娜镶金的雕像，前者献给了林多斯的雅典娜，后者送给了位于利比亚海岸的希腊殖民地昔兰尼。希罗多德认为昔兰尼是这个滨海地区的奈斯 / 雅典娜女神的崇拜中心。[30]

阿玛西斯送出的另一件宗教物品没有到达目的地。它是一件送给斯巴达的

26　Herodotos 4: 189.

27　Herodotos 2: 182. 这一礼物被公元前 1 世纪林多斯的铭文记载证实。参见 Jacoby（1923-58, 3b, n. 532）。另见 Lloyd（1988, 237）。

28　Herodotos 2: 175.

29　Herodotos 2: 182. 据历史学家色那戈拉斯（Xenagoras）的说法，林多斯的这个寺庙里有一块埃及象形文字碑刻。参见 Jacoby（1923-58, 3b, 240.F.16）。劳埃德对希罗多德的观点提出质疑，阿玛西斯和克里奥布鲁斯之间不存在私人联系，尽管他乐意承认林多斯和达那俄斯家族（the Danaids）在更早的时候存在着联系的说法。参见 Lloyd（1988, 237）。关于克里奥布鲁斯和梭伦之间的友谊以及他与“埃及的哲学家们”的交往，参见 Diogenes Laertius 1: 89-93。

30　Herodotos 2: 182. 埃劳德在他对希罗多德《历史》第二卷（1988, 235）的注疏中，发现了法国的学者 F. 夏穆（F. Chamoux）和意大利学者 L. 维塔利（L. Vitali）之间的矛盾，前者认为这个雕像是希腊风格的，后者认为它是埃及风格的。没有办法解决这一分歧。在任何情况下，这些艺术风格到目前为止都不能与公元前 6 世纪分开，并且，这两位埃及和希腊女神在神话上的同一性是完全的。

亚麻护甲，在途中被萨摩斯海盗劫取。希罗多德这样描述：

> 这是由亚麻制成的，绣以金丝线和棉线，织物上有许多动物的图案。最引人入胜的是织物的每一根细线都由三百六十股拧成，每一股都清晰可辨。它和阿玛西斯呈献给林多斯的雅典娜神庙的护甲类似。[31]

547 此类型的织物似乎与 polymitos（“多股线织成的”）长袍类似，埃斯库罗斯在《乞援人》中描写，达那俄斯的埃及女儿们就是穿着这样的长袍。[32] 荷马史诗中的英雄如埃阿斯应该也穿着亚麻护甲。[33]

无论阿玛西斯这些纺织物的确切性质如何，它们的纺织地点是毋庸置疑的。像雅典娜一样，奈斯女神被认为发明了纺织技艺。[34] 来自埃及和希腊的资料表明，那些隶属于赛斯的奈斯神庙的宗教工坊，生产出了许多用于宗教目的的精美织物。[35] 如 19 世纪古典主义者和埃及学专家 D. 马莱（D. Mallet）所指出的，这些纺织的衣物与 πέπλος 极为类似，πέπλος（“覆盖物、装备或服装”）是呈献给雅典娜女神的雕像的，这件衣物是由贵族家的女孩子在雅典娜女祭司的监督下历时九个月纺织而成。[36] 根据柏拉图和其他作家的观点，披风（peplos）[*] 色彩鲜亮，其上描绘了一些神话场景，尤其是雅典娜与阿斯泰里奥斯（Asterios）战斗并且取胜的场面，阿斯泰里奥斯在别的地方被称为弥诺陶（Minotaur）。[37]

---

31 Herodotos 3: 47, tr. de Selincourt（1974, 223）. 普林尼描述林多斯的这件甲胄有 365 根线，参见 Pliny（Natural History, 14: 2）。摘引自希罗多德《历史》的那段话也非常重要，因为它最早提到了棉花[εἰρίοισι ἀπὸ ξύλου（“树上的毛”）]。关于这个甲胄的争论，参见 Picard（1957, 363）。[关于这条引注，我需要感谢安东尼·斯诺得格拉斯（Anthony Snodgrass）。] 没有理由怀疑这一时期的埃及种植棉花。事实上，它可能会追溯得更早。参见 Chowdhury（1971）。

32 *The Suppliants* 50；参见 Picard（1957, 365）。

33 *Iliad* 2: 529，参见皮卡德（Picard）文中的讨论，Picard（1957, 369）。另见 *Iliad* 6: 286-305。

34 参见 El Sayed（1982, 1: 17-8）。

35 这些埃及语词源是马莱搜集的，参见 Mallet（1888, 9-10）。马莱也引用了 12 世纪塞萨洛尼基（Thessalonica）的一位主教欧斯塔提俄斯（Eustathios）的著作。另见 El Sayed（1982, 76-80）。

36 Mallet（1888, 1: 9, n. 2）. 另参见 Parke（1977, 38）。

* 披风（peplos），古典时期古希腊女性穿着的长外套，宽松肥大，穿着时需系上一根腰带。——译者注

37 *Euthyphro*, 6a. 戴维森（Davison）对它进行了引用，参见 Davison（1958, 24）。关于阿斯泰利奥斯以弥诺陶而闻名的问题，参见 Apollodoros 3: i.4，以及 Pausanias 2: 31.1。

献给雅典娜一件带有刺绣的法衣，并且刺绣可能里含有金属线，这种观念明显远远早于 6 世纪。许多零散的描绘表明，女人们将多彩的布匹（至少曾经带有流苏）献给“女祭司或者女神的化身”。[38] 在《伊利亚特》中，特洛伊的王后赫卡柏（Hekabe）将刺绣精美的披风献给雅典娜，它“灿若星斗”，布料是由西顿的妇女们纺织而成。一位贵族出身的女祭司将其放置在女神雕塑的膝盖上。[39] 在意大利南部的弗兰卡维拉（Francavilla）发现的一座 7 世纪的女性或者女神的塑像，她的法衣上绣有五个场景，这座塑像很可能是献给雅典娜的。[40]

如帕特农神庙檐壁浮雕（frieze）所描绘的那样，将披风献给女神是雅典人最重要的节日即泛雅典娜节的核心活动。在古典时期，这一四年一度的节日的形式是公元前 566 年改革的结果，改革可能是在庇西特拉图影响下进行的。关于他的影响有多大，学界存在争议，不过他的确提高了雅典娜崇拜的地位并且对它加以利用，他也对狄奥尼索斯的崇拜进行了相应的提升和利用。[41] 狄奥尼索斯在埃及的对等神奥西里斯，在赛斯受到崇拜。庇西特拉图和他的儿子希皮阿斯（Hippias）对雅典娜神庙进行扩建，并且从公元前 6 世纪 40 年代开始，不断增建雅典娜的神像。在很大程度上可以确定，这种行为与阿玛西斯的财富、声望和推广奈斯 / 雅典娜崇拜有关。

不考虑它们之间的同时代性，这里有两个证据可以说明雅典娜崇拜起源于利比亚。对于这个时期的希腊人而言，利比亚指的是目前我们所知的 548
利比亚的所在地，但是也指整个非洲大陆。庇西特拉图发行的四边形钱币（Tetradrachms），首先显示的是雅典娜的头像，样子看起来像一个非洲黑人。[42] 正是这枚钱币启发我想到了《黑色雅典娜》这个书名。[43] 在希罗多德对庇西特拉图为获取僭主权力所使用的策略的描述中，我们可以看到利比亚的影响：

在派阿尼亚（Paeania）这个村庄，有一个美丽的妇人叫作费叶（Phye），

38　关于这些在克里特岛、锡拉岛、米洛斯岛和凯亚岛（Kea）发现的绘画雕刻等的引用和内容广泛的参考书目，参见 Morgan（1990, 260-1）。

39　*Iliad* 6: 285-305.

40　Hampe and Simon（1981, 278）.

41　Davison（1958, 28-9）和 Parke（1977, 34-5）。另见 Jeffery（1976, 97-8）。

42　查尔斯 · 塞尔特曼（Charles Seltman）对这一钱币的正面进行了描述，“雅典娜狂暴的头向右看，眼睛圆睁并且充满光芒，舌头厚厚的，大大的耳朵带着耳环”，参见 Charles Seltman（1933, 49, pl.3.16）。

43　这一形象印于《黑色雅典娜》（第一卷）的精装版封面上。

大概身高六英尺，他们为她穿上一套盔甲，让她登上战车，然后教她摆出引人注目的姿态，他们便驾车进入雅典城。在雅典，信使们已经……奔走相告，催促大家欢迎庇西特拉图归来，因为女神雅典娜授予了他极大的荣誉并且送他回家。[44]

这个街头表演与希罗多德对利比亚习俗的描述十分相似，（如上所述）他们给一个美丽的女孩穿戴盔甲并让她乘上战车，以代表雅典娜。因此，在这种情况下，一些具有宗教意义的事件也发生了。的确，希罗多德在一个世纪之后描述了这一利比亚宗教仪式，在这时，这一宗教仪式似乎受到了希腊的影响。然而，同样没有理由怀疑该宗教仪式是更古老传统的一部分。奥里克·贝茨（Oric Bates）很巧妙地确认利比亚“雅典娜”和奈斯之间的对等关系。[45] 此外，希罗多德描述进行雅典娜崇拜仪式的利比亚女人所用的 ὀλολυγή（“吟诵”或“啼哭声”）这个词，与《伊利亚特》描绘向雅典娜祈祷的特洛伊妇女所用的词是同一个词汇。[46] 我们可以认为，尽管利比亚对雅典的影响是通过昔兰尼的希腊殖民地传播的，但是我们知道雅典人没有参与这场昔兰尼殖民运动，所以这种可能性显然非常小。[47] 因此，要么是利比亚人和庇西特拉图有着一个共同的古老传统，要么是公元前 6 世纪的雅典人通过赛斯或瑙克拉提斯学到了利比亚人的奈斯崇拜，瑙克拉提斯是阿玛西斯授予希腊贸易商人以通商特权的港口。

一些学者主张，第一批带有“黑人”雅典娜肖像的阿提卡钱币的引入，与泛雅典娜节的改革有关。他们认为，这些钱币最初是用来奖赏给在泛雅典娜节比赛中的胜利者，无论这种观点正确与否，这两种革新确实是推广雅典娜崇拜的措施的一部分。[48] 同样，庇西特拉图的宗教活动也极有可能受到同一时期阿玛西斯的宗教仪式的影响。

---

44 Herodotos 1: 60, tr. de Selincourt（1974, 63）.

45 Bates（1914, 203-7）.

46 *Iliad* 6: 301。另见戈德利（Godley）对希罗多德《历史》第 4 卷第 189 节的注释，见 Godley（2: 393）译本。虽然 ologuge 明显是一个拟声词，但是有趣的是，需要指出迦南语词根 √hll 表示“赞美、欢呼”。

47 Herodotos 4: 147-66.

48 关于这一主题的文献讨论，参见 Davison（1958, 38, n. 25）。

衣服和云

奈斯女神除了与纺织有一般的关联之外，她还与披风有特殊联系。普鲁塔克摘录过赛斯神庙内奈斯雕像下端的题字，这段题字讲，她的披风从未被一个凡人撩起过。[49] 然而，两个世纪后，波罗克洛斯（Proklos）对同样的这段题字进行了翻译，使用的词汇是 khitōn。根据赛斯时期的一份草纸记载，这两个同义词表达的是同一个概念，[50] 马莱据此说明两种译法的差异。这份题字写道，文中提到的死去的人请求奈斯女神脱掉她的 snḥw（“装束、衣服”），尽管她从未脱掉过她的 qris（“衣服”）。[51] qris 这个词令人费解，但它似乎与 qri（“风暴云”）有关。[52] 它完全与“宙斯盾”的含义对等。宙斯和雅典娜都有宙斯盾，并且它们都表示“衣服、风暴云”。埃斯库罗斯和其他作家使用这个意义的 aegis 和动词 καταιγίζω，后者指的是“下倾盆大雨”。[53] 这个 αἰγίς 的双重含义或双关词义明显来自两个词源的合并：印欧语 aix（“山羊或公羊”）和埃及语 igp（“风暴云”或者作为一个动词“变成阴天”）。虽然这个埃及词汇的词尾 -p，一直到科普特语 khēpe 那里还得到了保留，在被借用到希腊语里时，词尾 -ps 消失了，但是它们在语义上完全一致。[54] 这便将衣服或者面纱与奈斯女神作为上天之神和天气之神的职能联系起来，这些职能至少在后来成为她的崇拜的一部分内容。狄奥多罗斯认为雅典娜就是空气，巴比伦的狄奥根尼更加具体地指出雅典娜是以太（Ether）或上层空气。[55] 3 世纪的柏拉图主义哲学家波菲利（Porphyry）说，根据俄耳甫斯（Orpheus）的观点，科瑞［（Korē）那位少女神］被描绘为织工，古人们说天空是一件披风和“天上的诸神穿的外衣”。[56] 549

女神与云和天气之间的联系，使如下情况成为可能：对海神伊希斯的晚期崇拜（它吸收了奈斯女神的崇拜仪式）以及她的继承人航海神贞女玛

49 Plutarch, *De Iside*, 9: 354.c.

50 Proklos, *In Timaeum* 1: 30. 一个发现于迈锡尼雅典娜神庙附近的公元前 7 世纪的头像，戴着面纱。参见 Hampe and Simon（1981, 278, fig.439）。

51 “Louvre Funerary Papyrus” 3148，被引用于 Pierret（1873, 1: 43-7）和 Mallet（1888, 191）。在这个解释上，巴奇遵循了马莱的观点，参见 Budge（1904, 1: 459-60）。

52 关于 ′qri 的争论，参见 Gardiner（1947, 1: 5）。

53 Aiskhylos, *Khoephoroi*, 592.

54 甚至埃及语中还存在着词组 gp n mw（“倾盆大雨”）。

55 参见 Anne Burton（1972, 69-70）的注疏。

56 Porphyry “On the Cave of the Nymphs” 14.

里（Virgin Mary）起源于赛斯的奈斯崇拜。[57] 这种关联与雅典人在泛雅典娜节上，雅典人将 peplos 当作航海装备的行为完全吻合。Peplos 被放置在一条带有轮子的船模型上，被送往卫城，船上载有一个男祭司和一群女祭司，穿戴着色彩华丽的衣服和花环。[58] 用船载着人运送圣物是埃及宗教仪式一个普遍的特征。[59] 这些甲衣、船以及船装备和船上人员的结合，也都出现在 ʿpr 和 hopla 或英语词汇"equipment"（"装备"）和"outfit"（"配备"）
550 的语义场里。Peplos 可能起源于 *pꜣʿpr，即"the ʿpr"。然而，在这种情况下，认为它源于印欧语词根 *pl（"折叠"）的直译词形的词源分析将同样有可能是正确的。[60]

如果古典时期的泛雅典娜节证明了埃及的影响，那么有多少影响是公元前 6 世纪以前的？《船表》是《伊利亚特》最古老的篇章之一，其中有两行文字明确地暗示，在雅典有一个纪念雅典娜的主要节日。[61] 怀疑者声称这些文字是衍文，但是他们未能证明他们的观点，这是他们所要履行的责任。[62] 并且，众所周知，雅典娜早期的雕像是穿着衣服的。因此，虽然没有证据证明，但可能存在着一个古老仪式，与她的衣着有关。[63]

考虑到雅典人的宗教传统主义声誉以及雅典城的文化连续性没有被"黑暗年代"打断，所以泛雅典娜节似乎真的非常古老。作为杰出的政治家，庇西特拉图和他的朋友不太可能将如此多的崇拜仪式的革新引入这样一个保守社会。然而，我们必须承认，根据古典模式的观点，他们可能从埃及引入新的仪式。因为柏拉图在《蒂迈欧篇》（*Timaeus*）中描述，在尼罗河流域，雅典人古代习俗被很好地保留下来，甚至超过它在希腊本地保留的程度。[64]

在希腊化时代，泛雅典娜节无疑被认为是一个非常古老的节日。它的设立

---

57 参见 Griffiths（1975, 32-3）以及 Witt（1975, 272）。

58 Pausanias 1: 29.1, tr. Frazer（1898, 2: 373-4）；同时参见 Parke（1977, 39-40）。

59 相关例证，参见"埃克赫尔诺夫莱特石碑"（"Stela of Ikhernofret"，柏林博物馆，第 1204 号），其英文译文见于 Lichtheim（1973, 123-5）。

60 范文德肯斯认为，peplos 源于词根 *pel［"（使）充满"］，参见 Van Windekens（1986）；他的观点并没有提供有力的支持。

61 *Iliad* 2: 550-1. 关于这个问题的争论，参见 Davison（1958, 25）。

62 参见 Lorimer（1950, 442-9）。

63 参见 Herington（1955, 543-6, 17, 32-5）。

64 *Timaeus*, 22C-23D.

是起因于雅典娜和赫淮斯托斯，或者忒修斯，或者这三个人 / 神。[65] 节日的主题是雅典娜与提坦神即巨人神阿斯特里俄斯进行战斗并最终取胜，这表明它与后者的关联更大。神话作家们将阿斯特里俄斯与克里特和弥诺陶联系在一起。因此，如 J. A. 戴维森（J. A. Davison）所说，这一“政治”主题也可能是忒修斯取得的功绩，即使雅典从克里特统治下独立出来。[66]

确实，如前所述，泛雅典娜节和雅典娜崇拜仪式其他方面的改革的动力可能来自崇拜奈斯的赛斯城的声望和阿玛西斯的推动。因此，埃及元素可能在那个时期已经引入。不过，接受传统的观点更加明智，并且可以推测公元前 6 世纪的主要变革是引入了体育和音乐的比赛。在这个解释中，雅典人似乎效法了奥林匹亚赛会和新近创立的皮提亚赛会、地峡赛会和尼米亚赛会的模式，并且可能将泛雅典娜节从一年一度改为四年一度。然而，希奥尔希奥 · 德 · 桑蒂利亚纳（Georgio de Santillana）提出，奥林匹克赛会四年举办一次的制度 551
可能来自埃及历法 tetraeteris（四年历）。[67] 我们知道，公元前 7 世纪，伊利斯的公民们就如何正确组织奥林匹克赛会的问题，请教过法老普撒美提库斯（Psametikhos）。[68] 无论怎样，这种解释说明，古老的特征准确说来大部分是埃及元素：peplos、用“船”运输、灯火通明的通宵庆典和盔甲上的“火舞”（详见下文）。所有这些特征都可以追溯到迈锡尼时期。与带有里衬的盔甲联系起来，这些古老的特征似乎可以将奈斯和雅典娜联系在一起，并且这种联系可能追溯到青铜时代。

灯火节

据希罗多德的描述，泛雅典娜节的另一个特征也类似于赛斯的奈斯崇拜仪式。

> 在赛斯，献祭的夜晚，每个人都会在房子周围开放的空地点起很多灯火。他们用的灯是盛满油和盐的平盘，里面的灯芯可以燃烧整个晚上。这

65 Plutarch, *Theseus* 24.3、Pausanias 8: 2.1，以及 Plato *Parmenides*, 127a 的注释者的文字。这些说法被戴维森总结，参见 Davison（1958, 24）。

66 Diodoros 4: 60.2 和 Apollodoros 2: 1.4。另见 Cook（1914, 1: 543-6）。

67 De Santillana（1969, 826）.

68 Herodotos 2: 161; Parke（1977, 33-4）和 Davison（1958, 25-6）。戴维森指出，天后赫拉的雕像在奥林匹亚每四年被穿一次衣服。没有任何理由假定这个庆典活动比阿提卡的那个更古老。

个节日称为灯火节（λυχνοκαίη），即使不能参加献祭，埃及人也会点起灯来以纪念这个献祭之夜，所以在那个晚上，不仅是赛斯，整个国家都点燃灯火。[69]

虽然这种类型的节日不止一个，而且日期也不同，但是埃及语文本和希腊语译本的文字均可以证实这种夜晚节庆的性质。[70] 艾伦·埃劳德在他对希罗多德《历史》中这一卷的注疏中认为扁平的盘灯（flat dish lamp）是加德纳所采用的符号(R7)。这个问题明显很复杂，因为这个符号并非表示一个盘子，而且加德纳本人认为这是一个香碗，烟从中冉冉升起。[71]

虽然希腊语词汇 lykhnos（“火炬、灯”）与印欧语词根 *leuk（“光”）很相似，但它至少被埃及语 rqh（“灯、点火的节日”）“污染”了。这个埃及语词汇后来在科普特语中被写成 rkh、rōkh 或 lōkh，至少当希腊词 lykhnos 被用来描述赛斯的节日时，这个埃及语词汇的写法就是这样的。[72]

艾伦·埃劳德写道，在埃及发现的希腊时期的赤陶小雕像，表现的人物形象是雅典娜 / 奈斯，她们手持火炬，这些小雕像“完全是非希腊的”。[73] 不过，许多与雅典娜有关的希腊宗教仪式都涉及夜晚使用的火炬。泛雅典娜节似乎是
552 一个通宵庆典拉开序幕的，在这个庆典上，手持火炬跑步的人比赛着去点燃女神圣坛中的火焰。[74] 在马拉松和科林斯都有类似的火炬赛跑，以示对雅典娜的敬仰。在埃琉西斯和其他地方，灯火整夜燃烧并有人值守。[75] 希腊语中还有 Πυρριχίσται 这个词，“火舞者们（fire-dancing men）穿着盔甲跳舞，如雅典卫

69 Herodotos 2: 62, tr. de Selincourt（1974, 153）.

70 埃德富的《名篇》（*Great Text*）暗示，奈斯女神的主要吉日是在 Prt 历第三月和第四月（冬季和万物复苏生长的季节）的最初几天举行。马莱论证，埃斯那的节日不应该作为赛斯那些节日的一个基础使用，参见 Mallet（1888, 95）。阿兰·埃劳德对此表示反对，并且写道“埃斯那的这些神话和仪式几乎完全模仿了赛斯的那些神话和仪式”，因此，它们可以用来评估这个下埃及城市的仪式日历（the ritual calendar），参见 Allan Lloyd（1976, 280-2）。厄勒·赛义德（1982, 1: 45）也认为，学者们能够并且也应该利用埃斯那丰富的记载来重构那些没有任何证据可寻的赛斯仪式。

71 Lloyd（1976, 281）and Gardiner（1957, 489）.

72 这就解释了为什么希罗多德称这个节日为“点亮灯火”。埃劳德屈尊大驾，写道“他只是想不起了，埃及人有他们自己的名称。”参见 Lloyd（1976, 282）。

73 Lloyd（1976, 280）.

74 Parke（1977, 45-6）and Farnell（1895-1909, 1: 276）.

75 Farnell（1895-1909, 1: 276-8）.

城的浮雕所描绘的那样”。[76] 因此，这些节日再一次强调了盔甲是奈斯崇拜和雅典娜崇拜中一个普遍特征，他们的舞蹈似乎成为纪念雅典娜打败提坦神阿斯特里俄斯的庆祝方式。柏拉图也提到过，这个主题编绣在了 Peplos 之上。[77]

雅典娜和她的受害者们

阿斯特里俄斯不仅与克里特有关联，而且也明显具有神性，他与宙斯有关联，被认为与弥诺陶是同一个人。他可能也与阿斯塔尔（ʿAstar）有关，阿斯塔尔是闪米特所信仰的金星之神，他被认为是一颗晨星。阿斯塔尔的一个著名的女性对等神是阿斯塔尔忒，即爱与美之神，她似乎是一位代表黄昏之星的神。[78] 这种双关含义能够解释另外一个希腊传说，“女王”美杜莎或者戈尔贡（Gorgon）是雅典娜的受害者，因此雅典娜获得了一个别称戈尔戈弗娜（Gorgophona），即“杀死戈尔贡的人”。如同她所青睐的珀尔修斯（Perseus）一样，雅典娜也用戈尔贡的头作为武器，并吸收了它的可怕力量。她把这个怪物的面孔镶嵌到她的盔甲上，这个做法可以追溯到荷马时期，甚至更古远。[79]

虽然许多 19 世纪的古典学家热衷于否认血统纯正的、“理性的”雅典娜和野蛮的戈尔贡之间的基本联系，然而她们之间确实有着许多共同点。[80] 因此，这个混合问题变得更加令人困惑了。像这位女神一样，美杜莎是利比亚的女王。雅典娜的成对神帕拉斯（Pallas）也是利比亚的女王，而且她被认为是雅典娜杀死的。根据一些传说，雅典娜随后从帕拉斯那里获得帕拉狄昂的象征符号。[81]

76　Parke（1977, 36）.

77　请参阅本章注释 37 和 Pindar *Odes* 13: 40。在各种不同的燃烧背景里，雅典娜以赫洛提斯（Hellôtis）而闻名。法内尔乐于承认《大词源字典》（*Etymologicum Magnum*）的 12 世纪作者的观点，即赫洛提斯这个名字源于闪米特语 Elloti（“女神”）。参见 Farnell（1895-1909, 1: 278）. 不过，阿斯特认为这个名字源于闪米特语 hll，参见 Astour（1967a, 139）。他引用了该词的阿卡狄亚语词形 Elletu。还存在着另外一种可能，即一个来自埃及语 srf 和闪米特语 srp 的借用词污染了这个名字。这个闪米特语词汇指的是“火焰、热、光”，并且它的专有词义“火炬”可以在科普特语词形 srrf 中找到。这个词汇似乎后来被借用为希腊语词汇 σέλας，即对火和火炬光辉的描述。

78　参见 Astour（1967a, 135, 269-70）。对原始印欧语 *Hast her-（“星”）和闪米特语 *ʿṯtar 之间的复杂关系的讨论，参见本书第四章，注释 111—113。

79　*Iliad* 5: 741。关于青铜时代的关联，参见下文。

80　关于对雅典娜和戈尔贡之间的关联的否定，参见 Farnell（1895-1909, 1: 286-8）。

81　Apollodoros, 3: 12.3. 关于这些歧义，参见 Fontenrose（1959, 244-5）。

儿童们的尸骨

1978年的发现为雅典娜和盾牌女神之间的关联提供了另外一个线索。在克诺索斯王宫外部的一个房间里，考古人员发现了一些陶瓮，盛有小孩的尸骨。时间不是十分确定，彼得·沃伦（Peter Warren）认为这些陶瓮属于陶器时期弥诺斯中期III期，即公元前1730年—公元前1675年。[82] C. 朗布鲁-菲利普森（C. Lambrou-Phillipson）认为它们属于弥诺斯晚期，即公元前1675年之后。[83]
553 小孩的尸骨令人生畏，上面刻有刀的印记，即与烹饪锅有关的印记。这让彼得·沃伦认为这里发生过儿童献祭和吃食儿童的行为。在同一个房间里，考古人员发现了一块白色的皂石甲壳虫，属于第二中间期，这说明克诺索斯与埃及多少有些联系。[84] 在尸骨周围没有发现宗教肖像，但是发现一个微型双耳椭圆罐（amphora），它与宗教崇拜有些关联，并且装饰有多个八字盾牌的图案。更引人注目的是一个特殊的罐子上面装饰着三种基本图案。第一个是一个戈尔贡尼昂，即戈尔贡的面孔 / 面具，在它的顶端是一束头发；第二个是同样的形状，但是没有面孔，可能表示头颅的背面；第三个是八字盾牌。[85] 这个陶瓮说明，在青铜时期，雅典娜与美杜莎被视为同一的，从而推翻了19世纪和20世纪的学者们认为两者是分离的观点，他们希望保持雅典娜“血统纯正和理性的”形象。[86] 从迦南文化获得的证据，似乎说明发束是用来抓住和连接头颅的。[87] 然而，根据帕萨尼亚斯的说法，在阿卡狄亚的特盖亚（Tegea），用戈尔贡的一绺头发来保护整个城市。弗雷泽对这一段文字进行了探讨，他利用类比法指出，这一绺头发被认为可以带来雷电，因此宙斯盾可以被视为一朵风暴云。[88]

克诺索斯遗址的发现证明——与许多希腊神一样，如著名的阿耳忒弥斯、波塞冬和狄奥尼索斯——雅典娜与人类联系在一起，尤其是与儿童、献祭有关联，并且这些实践一直延续到铁器时代。[89] 希腊化时代的一个故事讲述，女孩子

82 Warren（1980-1, 86）.

83 Lambrou-Phillipson（1990, 211, n. 68）.

84 参见 Cline（1994, 147, n. 126）。

85 Warren（1980-1, 82-5; 1981, 155-67）.

86 Mayer（1887, 190）. 参见 Farnell（1895-1909, 1: 287）。

87 关于阿娜特女神携带她的受害者的头颅的举止，参见下文。

88 Pausanias, 8: 47.5, trans. Frazer（1898, 4: 433）.

89 弥诺斯时期的克里特和迈锡尼时期的希腊普遍存在着向各种神献祭人牲的现象，B类线形文字文献没有否定这个可信的观点。Chadwick（1976, 92）。

们从雅典卫城上跳下去，这种行为的背景是非常可疑的宗教仪式。在 12 世纪进行写作的策策斯（Tzetzes）认为，洛克里斯（Lokrian）的女孩被送到特洛伊的海滩上，以补偿对特洛伊城的雅典娜神庙的亵渎；在这里，她们被杀死，并且她们的尸骨被通过特殊方式焚烧，以表示献祭。[90] 赫洛提亚节（Hellotia）的起源可以通过一个传说加以解释，在这个传说中，一个少女在科林斯的雅典娜神庙中被烧死。[91] 向雅典娜献祭人牲，可以在塞浦路斯岛的萨拉米斯找到明显的证据。大多数权威学者认为这种献祭起源于一个迈锡尼时代的礼拜仪式。[92]

阿娜特

另一个可能性是塞浦路斯岛的这种崇拜仪式与雅典娜的迦南对应神阿娜特的崇拜仪式有关，阿娜特一定是“雅典娜”，迦南人每一年要用一个处女献给这位女神。阿娜特是西闪米特异常嗜血的女战神。她的名字在追溯到公元前 2 554
千纪开始的阿摩利语以及来自马里的文本中找到。[93] 然而，她并没有出现在美索不达米亚或者埃卜拉的诸神谱系（panthea）中。[94] 学者们把更多的精力放到了努力寻找来自闪米特语词根 ʿyn（“春天”）、ʿny（“屈服”）、ʿnh（“回答”）和 ʿnn（“云”）的词源解释以及来自一个猜测的词根 *ʿnt（“预兆、时间”）的词源解释，但鲜有成功。[95] 考虑到阿娜特传播到希腊的时间较晚以及她被崇拜的地域范围，雅典娜这个名称更有可能起源于奈斯。从发音上看，阿娜特这个名称字首的 ʿayin 存在着疑难。在诸闪米特语言中，许多 ʿain 弱化为 ˃aleph，尽管相反的转变不太常见。在埃及语中，˃aleph 在书写时常常不被标出，这是非常普遍的现象。[96] 此外，如果我们认同最新的相关研究——从阿娜特来看，阿娜特的西腓尼基文化中的对应神塔尼特（TNT）的名称起源于阿娜特——那么字首 ʿayin 在西腓尼基语中已经消失或从未出现。[97] 在后来的元音化词形

90　Scholiast on Lycophron 1141，引自 Farnell（1895-1909, 1: 383）。

91　Scholiast on Pindar Olympian Odes 13.56，引自 Farnell（1895-1909, 1: 388）。

92　Porphyry, *De Abstentia* z.54-6 in Eusebius 4: 16. 有学者认为这些习俗源于迈锡尼文化，参见 Hill（1940, 64-6）和 Bennet（1980, 376-7, 535）。

93　Hvidberg-Hansen（1979, 2: 101）.

94　Pettinato（1981, 245-9）.

95　Hvidberg-Hansen（1979, 1: 102-3）.

96　Gardiner（1957, 209）.

97　关于前缀 t- 的讨论，参见 Hvidberg-Hansen（1979, 1: 139-40）。

Tinnit 或 Tannit 中可以找到第二个音素 /i/，这个发音不是后来形成的，而是最初具有的，这种可能性就使得阿娜特与奈斯的对等性得到了增强。[98] 然而，戈登对这个观点提出了反对意见，该神的黎凡特称呼的发音是 ʿAnat(i)，尽管通过音位变换，它的发音有可能 *ʿAnait。[99]

阿娜特这个名称有可能起源于奈斯，这种可能性没有被这位闪米特女神在埃及作为 ʿ-n-ta 或 ʿA-na-ta 受到崇拜的事实而降低。没有理由认为她不应该重新传入埃及，特别是因为对她的崇拜总是与闪米特语族群相关联。这个名称第一次被证实是在希克索斯时期，那时，希克索斯的重要领袖被称为 ʿAnat Ḥr。[100] 接下来，在第十九王朝出现对 ʿ-n-ta 的崇拜，这一崇拜在某些方面有意识地基于希克索斯传统构建的。[101] 再后来，在第二十六王朝即赛斯王朝时期，"犹太人"安置在埃勒芬丁 *，这些殖民者将他们的女神称为阿娜特。奈斯崇拜是这个城市的官方崇拜。

不论这两个名称是否相关联，在两位女神之间存在着许多惊人的相似性。她们既是强大而残忍的战士，又具有温柔慈爱的秉性。两位神都被赋予了可以恢复的童贞。并且两位女神都带有弓箭，参加狩猎；像奈斯和她的象征物秃鹫一样，阿娜特被认为等同于一只猛禽，即鹰。此外，两位女神都与天空有关。[102]

考虑到上面提到的奈斯和雅典娜之间的关联，人们可能也希望找到雅典
555 娜与阿娜特之间的类似之处。然而，有趣的是，西奥多·加斯特更倾向于承认这位黎凡特女神和阿耳特弥斯之间的相似性。[103] F. O. 维德伯格–汉森（F. O. Hvidberg-Hansen）曾论证说明，雅典娜与阿娜特有许多相似的性格特点。然而，其他女神却没有这些相似特点，如这位黎凡特女神与大山和 sparagmos（肢解并吃掉年轻的男性牺牲的宗教仪式）有关联。[104] 此外，如维德伯格–汉

98 Hvidberg-Hansen（1979, 1: 140）.

99 Gordon（1965a, 458）.

100 关于这个名字的争论，参见 Hvidberg-Hansen（1979, 1: 84, 2: 109-10）。文森特（Vincent）论证，ʿnt Ḥr 应该翻译为"阿娜特的恐怖"，A. Vincent（1937, 27-31）。

101 Helck（1962, 462）.

* 埃勒芬丁（Elephantine），大致位于今天的阿斯旺地区。——译者注

102 Hvidberg-Hansen（1979, 1: 96）.

103 Gaster（1961, 318, 329, 353-4）. 另见 Hvidberg-Hansen（1979, 1: 89-95）。

104 Hvidberg-Hansen（1979, 1: 89-95）. Sparagmos 是否发生过或者它是否在实践上具有可能性，都存在着疑问。

森指出的那样，阿娜特、她的西腓尼基对应神塔尼特和阿耳特弥斯的确被共同献祭。[105] 然而，这个证据并不能排除阿娜特与雅典娜存在着密切关联。这两位希腊女神彼此之间存在着诸多类似之处，没有理由说她们不能都与阿娜特有关联。事实上，阿娜特和阿耳特弥斯之间的对等性没有被直接证明，这位闪米特女神和雅典娜之间的对等性却存在着直接证据。1 世纪比布罗斯思想家斐洛利用了很多早期材料——其中包括青铜时代的材料——证明两者是同一个人物。[106] 在科林斯，一则晚期资料证明，雅典娜是一个腓尼基女神，一个祭品与她有关。[107] 在拉皮索斯（Lapithos）和伊达里昂的塞浦路斯崇拜中，当地的一位女神被当作腓尼基的阿娜特和希腊的雅典娜来崇拜。[108] 因此公元前 1 千纪，在塞浦路斯这个保留了众多爱琴时代青铜文化的海岛，这两位女神明显被认为是同一个神。这个证据显然表明这一关联要比塔尼特和阿耳特弥斯之间的关联更加古老。

奈斯–雅典娜–阿娜特三人之间的一致性，能够解释克诺索斯王宫里令人生畏的发现。虽然在雅典娜和阿娜特之间没有直接的对等性，但是阿娜特联合她的兄长巴力与一个水怪进行战斗，强烈地暗示她们之间存在着一种间接的对等性。丰滕罗斯指出，雅典娜和珀尔修斯之间的合作与阿娜特和巴力之间合作存在着诸多类似之处。希腊的雅典娜与珀尔修斯合作，与海怪战斗，正在今天的巴勒斯坦海岸附近；但是，他们也同利比亚的戈尔贡即美杜莎战斗，并最终将其杀死。丰滕罗斯也证明，在不同版本的迦南神话中，阿娜特也出现双方的战斗中。[109]

如上所述的那样，美杜莎既是雅典娜的受害者，又是她的替身；雅典娜将美杜莎的头或面孔置于她的盔甲上以获得它的恐怖力量。虽然古典时代的人们强烈地认为雅典娜将她的受害者剥了皮，但是，戈尔贡尼昂广口陶瓮（the gorgoneion

105 关于对来自雅典的一块希腊语–腓尼基语的石碑的描写，参见 Hvidberg-Hansen（1979, 1: 13-4）。在这一混同之外，应该指出的是塔尼特经常被认为与朱诺（Juno）是同一个神。

106 Philo in Baumgarten（1981, 17-8, 221）.

107 Farnell（1895-1909, 1: 277-9）. 关于与这个看法的相反观点的讨论，参见 Baumgarten（1981, 221）。

108 Hvidberg-Hansen（1979, 1: 101, 2: 108-9）and Bennet（1980, 139, 141, 231, 374, 534）.

109 Fontenrose（1959, 274-306, esp. 300-1）。事实上，尚特莱纳没有注意到，珀尔修斯和阿波罗之间还存在着其他类似之处：两者都是宙斯之子，和一个女伴一起漂泊。将珀尔修斯神话中的辈分混淆，这就使得达那俄（Danae）更像一个姐妹而非母亲。总而言之，“摧毁者”珀尔修斯显然是阿波罗的一个形象，非常像迦南神话谱系中的雷瑟夫（Resheph）。关于阿波罗和阿耳特弥斯的进一步讨论，请参阅上文第十九章。

pithos）上所刻画的图形是头颅背面，如果是这样的话，这表明这个女神被认为悬挂所有受害者的头颅。[110] 在这个希腊神话的早期版本中，描绘的不是一个头。传说中，有三个凶恶的戈尔贡，只有其中的一个被砍了头。在赫西俄德的《赫拉克
556 勒斯的盾牌》（*The Shield of Herakles*）（真实性受到怀疑）中，也存在几行令人好奇的句子。它们涉及对珀尔修斯装备的描写，弗雷泽将其翻译为：

> 可怕的怪物戈尔贡的头缚在背后，
> 装着它的皮囊（Kibisis）系在身上。[111]

Κιβίσις 通常被翻译成“口袋”或者“行囊”，但是只用于与珀尔修斯有关的神话。莱维认为它起源于迦南语 qibuṣ（“收集、集会”，从现代以色列语而得之），其含义是“花冠、头上的毛发”，这可以解释它的包围和包裹的特性。无论是否是这种情况，广口陶瓮上的图案与乌加里特语的诗句可以呼应：

> 阿娜特猛烈地投入战斗
> 她将两个城市的孩子剁成碎片
> 她脚下的头颅像滚球，
> 她头顶上的手掌像蝗虫……
> 头颅被悬在背后，
> 手掌被系在腰上。[112]

正如许多学者已经注意到的那样，这也是阿娜特和印度女神迦梨（Kali）*。

110　参见本章注释 57。

111　*The Shield* lines 225-6。弗雷泽的翻译是来自 Apollodoros 2: 4.2 的引文。有趣的是，κάρη（“头”）在这组史诗中可能单数，也可能是复数。这句诗文可以进一步用于描述被翻译为“金光灿灿的下垂的流苏”——θύσανοι（“流苏”）。关于该词起源于埃及语 ṯs（“结”）的词源分析，参见第十八章，注释 39—40。在《伊利亚特》中，这些流苏仅限于表示雅典娜的宙斯盾的流苏，根据希罗多德（4:189）的说法，它是由剥下来的山羊皮制成。参见上文。

112　ʿnt 2: 8-13, trans. Israel Abrahams from Cassuto（1971, 87）. 在希伯来语中，yad（“手”）也经常表示“阳具”。

*　迦梨女神是印度教中的时间与毁灭之神，武力强大，但相貌丑陋，生性嗜血，极具破坏性。关于她的著名事件是，她通过吸干血液杀死了被视为不可战胜的大魔头拉克塔维拉，因为后者每一滴血都会变成一个新的拉克塔维拉。——译者注

这种关系和它的性质同样可能晦涩不清。[113] 阿娜特和雅典娜之间的类似特征也可以使大家对被雅典娜杀死的阿斯特里俄斯有些许了解。在乌加里特史诗《巴力和阿娜特》(*Ba'al and 'Anat*)中，在巴力被死神莫特（Mot）杀死后，阿塔尔（'Aṯtar）被认为篡夺了巴力的王位。阿塔尔后来因为能力不足而放弃对大地的统治。[114] 但他对巴力的憎恨是毫无疑问的，虽然没有具体的证据证明他被阿娜特杀死，但是这通常是巴力的敌人的命运。

路西法 · 阿斯塔尔忒

威廉·奥尔布赖特描述了巴力和篡权者即晨星之间的冲突，并将此冲突与《以赛亚书》中引用的迦南神话联系起来。

> 明亮之星，早晨之子（Shahar）阿，你何竟从天坠落。
> 你这攻败列国的，何竟被砍倒在地上。
> 你心里曾说， 557
> 我要升到天上。
> 我要高举我的宝座在神众星（kokabê El）以上。[115]

这当然可以与撒旦的传说联系起来，撒旦的另一个名字是路西法[（Lucifer）即光明使者]或晨星，他是一个篡权并且随后又堕落的天使。[116] 这些神话最详尽的说明来自《以诺书》(*Book of Enoch*)，该书虽然写于公元前的最后两个世纪，但其中明显包括了非常古老的元素。此书的篇章中，堕落的觊觎者、天使或星星与母牛交配，因此他们自身通常与公牛有关联。[117]

113 关于这一材料的讨论，参见 Green（1975, 337-8）。

114 Ugaritic text 49: 26-36, trans. Gordon（1965b, 202-3）.

115 Isaiah 14: 12-4. [引文中的中文译文来自中文《圣经》(和合本)。其中，“早晨之子”是对 Shahar 的意译，他是迦南神话谱系中的黎明之神，他的孪生兄弟沙利姆（Shalim），即黄昏之神；两者都是神王伊勒（El）的儿子，也是金星的不同化身。伊勒是迦南神话中的神王，生有众多的儿女，其中最为著名的是雷雨神巴力·哈达（Ba' al Hadad）、海神雅姆（Yamm）、死神莫特（Mot），以及性爱女神、嗜血的女战神、巴力的妹妹和巴力命中注定的妻子。“神众星”是对“kokabe El”的一种翻译，现代学界通常将其翻译为“拱极星”（circumpolar stars），即在星象观测中位于天球极点永远不坠落的恒星。——译者注]参见 Albright（1968, 201-2）。

116 关于撒旦这一词汇的闪米特语词源，参见本书第十八章注释 63。

117 *Book of Enoch*, esp. Chaps. 86-7. Charles（1912, 187-9）.

与性、美丽、牲畜和星星的关联明显是近东神话中非常古老和基本的元素。在埃及，女神哈索尔身上融合了所有这些元素。奥尔布赖特曾尝试将哈索尔的名字与阿塔尔和阿斯塔尔特联系起来。[118] 同样的主题，也出现在被证实属于公元前 3 千纪的美索不达米亚神话中；不过，它们在迦南文化中具有更邪恶的内涵意义。这些传说讲述，美丽但却致命的女神伊斯塔尔（Istar），她象征着金星，被英雄吉尔伽美什（Gilgamesh）拒绝，因为她杀死并吃掉她以前的爱人。一怒之下，她说服她身为神灵的父母，创造出一个巨大无比的神牛，吉尔伽美什和他的伙伴恩奇都（Enkidu）与神牛搏斗，最终杀掉了它。[119] 希腊神话讲述了帕西法厄（Pasiphai）“光照万物”，与一只公牛交媾，生下来弥诺陶 / 阿斯特里俄斯。这个星象上的公牛和它的埃及起源牛头神蒙特（Mont）将在后面论述。忒修斯和阿里阿德涅（Ariadne）或者雅典娜与弥诺陶搏斗并最后将其杀死，这个神话明显属于这一主题。这个雌性怪物从某些方面看是伊斯塔尔，即美神伊斯塔尔，这可以解释品达和帕萨尼亚斯对这个戈尔贡的美丽进行的自相矛盾的描述。[120] 然而，一般被认为她外表极其丑陋。

阿塔尔的乌加里特语绰号是“骇人者”，这一绰号很好地说明了他的相貌。这与他的对应神伊斯塔尔 / 阿斯塔尔忒的特质有关。这个绰号也可以指对他的崇拜仪式。如果伪尼罗斯（Pseudo-Nilos）对 4 世纪阿拉伯的一种习俗的描述是真实的话，那样有可能 sparagmos——肢解并吃掉漂亮年轻的男性——是一种非常古老的实践活动。在南阿拉伯地区，这是向晨星之神即阿塔尔的献祭；在其他闪米特语地区，这是向女神伊斯塔尔 / 阿斯塔尔忒的献祭。这些行为的等
558 同性将对该女神的崇拜习俗和吉尔伽美什强烈反对的活动联系在了一起。[121] 在希腊神话中，对弥诺陶（阿斯特里俄斯）的崇拜也包括用美少年献祭，七个少男和少女从雅典送到克里特。[122] 因此，雅典娜的受害者 / 替身阿斯特里俄斯 / 戈尔贡毫无疑问具有令人恐怖的本性。

---

118 Albright（1929）. 关于哈索尔，参见 Budge（1904 1: 428-38）。［阿塔尔是早晨之神，是阿塔尔特（Athtart）的对等男神。阿塔尔特被希腊人称为阿斯塔尔忒。——译者注］

119 Gilgamesh 6. Gardner and Maier（1985, 148-65）. 关于对不同翻译的概览，参见 Fontenrose（1959, 167）。

120 关于这些类似之处和对它们与欧罗巴作为黄昏之星与一头公牛结成伴侣的神话之间的关联的讨论，参见 Astour（1967a, 135）。关于阿塔尔，参见 Caquot（1958, 45-60）。关于戈尔贡的美貌，参见 Pindar, *Pythian Odes* 12: 15 以及 Pausanias 2: 21.6。

121 关于这段伪尼罗斯的文字的讨论，参见 Astour（1967a, 180）。

122 *Iliad* 18: 590; Plutarch, *Theseus* 17-9; Diodoros Sikeliotes 6: 61.

阿娜特与盾牌女神相关联，解释了克诺索斯王宫用儿童献祭的行为。然而，必须指出的是，这种仪式虽然涉及阿娜特，但它不是 sparagmos。如上文引用的那样，一首令人生畏的乌加里特语诗歌写道：

> 她啃吃他鲜美的肉，不用刀；
> 她饮他鲜红的血，不用杯。[123]

在彼得·沃伦的发现中，虽然有些食人的迹象，但这些儿童没有被焚烧过，他们的尸骨是被砍断的。因此，尽管有伪尼罗斯的记载，sparagmos 唯一的可能是一种理想观念，砍切事实上是必然的做法。另一方面，与火有明显的联系，使得另一种类型的献祭可能性增大，它至少部分地牵涉其中。对于迦南语族群而言，用刀杀小孩并把他们的尸体放在圣火上焚烧显然是一种重要的献祭仪式，如果说它不是最重要的献祭仪式的话。在西部地中海的迦太基和其他地方，有大量的考古证据表明，这种仪式是常见的做法。考古学的证据表明，迦太基的这种用儿童献祭形式的次数在数个世纪里不断增加。

次数增加存在着两个可能的解释。第一个是在很多社会都很普遍的：当社会感到自身受到威胁时会增加献祭。古代作家已经证实迦太基的这种情况。[124] 第二个原因不太确定，但是献祭增多明显与民主制的崛起或公民参与的增加相关。不过，在其他几乎在所有方面，尤其是语言方面，西腓尼基 * 保存了在东方遗失的古代文化特征。所以我们没有理由怀疑这个仪式在更早的时候也在黎凡特地区出现过。这个献祭仪式的名称是 MLK，与 malk（“国王”）有同样的词根，它表明，献祭仪式常常是为国王和其他领袖预留的，他们通过这一献祭仪式表明他们对共同体所承担的义务。[125] 公元前 2 世纪比布罗斯的斐洛写道：“它是古代流行的习俗，当极大的危机降临时，为了避免毁灭，城市或者人民的统治者将他们最亲爱的孩子交出来杀掉，向复仇的神魔赎罪。那些被交出来的孩子在神秘的仪式上被杀死。”[126]

123　Astour（1967a, 180）以乌加里特语和英语引用了这首诗。

124　Diodoros 20: 14; Aubet（1993, 212-5）.

*　西腓尼基，即迦太基。——译者注

125　Aubet（1993, 207-16）.

126　Philo of Byblos, Jacoby（1923-69, 814）, trans. Baumgarten（1981, 244）.

559 在 20 世纪初，R. A. S. 马卡李斯特（R. A. S. Macalister）发现了一个托菲特（tophet），这是一个葬藏装有婴儿尸骨的瓮的墓地，它紧邻着巴勒斯坦境内的基色（Gezer）的一个神圣的“高地”。许多学者批判这个发现。毫无疑问，马卡李斯特犯了一些严重的地层学错误。不过，这个发现无疑使犹太教和基督教的起源问题陷入尴尬，难怪这些信仰的学者——他们是《圣经》考古学的主导力量——不肯承认马卡李斯特的发现。[127]

即使从黎凡特没有发现任何考古证据，这种类型献祭仪式也绝对有可能在这些地方发生过。除了在西腓尼基的发现之外，来自乌加里特语的记载，连同古典文献以及上述所有的《圣经》文字，都明显说明在危急时刻将头生子献祭，至少在以色列、摩押和腓尼基都曾出现过。

献祭头生子

因此，很有可能在某个阶段，所有的迦南语族群都有用孩子献祭的风俗。在象征意义层面上，它保存在了祭仪的核心环节里，或 yåhîd、希腊语 monogénos（“独生子 / 子女”）的这两个词汇里，著名的是，三个重要的一神教中的以撒、耶稣和以实玛利（Ishmael）便是来自这一传统。[128] 这种象征主义仪式的另一个鲜明特点是用羔羊来代替当祭品的孩子：麦加朝圣时，在阿拉法特（Arafat）用在灌木丛中抓获的羊、神的羔羊以及绵羊和山羊作为祭品献祭，以纪念亚伯拉罕在那里将自己的儿子献祭。这种替代也在金羊毛的传说中发现；宙斯送羊去替代普里克索斯（Phrixos），他是国王阿塔玛斯（Athamas）的儿子，将要被后者作为祭品献祭。[129] 从考古学角度来看，在迦太基的托菲特里发现，羊的尸骨和小孩的尸骨混在一起。阿尔及利亚的尼加乌斯（Ngaus）的一个很久以后的石碑铭文，明确地记载人们用一只羔羊做祭品代替一个小孩。[130] 因此，很有趣的是可以在克诺索斯王宫遗址上发现羊尸骨和人的遗骸在一起。[131]

---

127 Macalister（1912, 2: 402-3）. 关于对这一发现对文学记载的讨论，请参见 Green（1975, 330-4）。

128 Eusebius, *Preparation for the Gospel*（bk. I.）. 这部作品写于 4 世纪，最早对这个传说进行考查的是威廉・惠斯顿（William Whiston）在 1737 年做出的。关于将迦南人献祭儿童的习俗与犹太教联系起来的研究，参见 Spiegel（1967）。另见 Albright（1968, 204-12）以及 Green（1975, 149-87, 327-35）。

129 关于这一类似之处的讨论，参见 Astour（1967a, 204-7）。

130 Albright（1968, 204-7）.

131 Warren（1980-1, 86）.

迦南小孩子作为祭品献给谁呢？文献证据指出许多国家或城市的男神：耶和华、克莫什*、梅尔卡特和伊勒。在黎凡特地区，用孩子做祭品献给女神的唯一直接的证据是献给叙利亚的劳迪西亚（Laodicea）的“雅典娜”。[132] 不过，存在着一个说服力极强的证据证明，在公元前 2 千纪，孩子被用来献祭给阿娜特。首先是证明阿娜特具有异常血腥的本性的证据。勒内 · 迪索（René 560
Dussaud）和其他学者将这一本性与西腓尼基人将孩子献祭给塔尼特联系起来。[133] 与在迦太基发现的儿童尸骨有关的石碑是献给“巴力之面孔塔尼特”（Tanit face of Baal）的。考虑到西腓尼基众所周知的保守主义，以及 F. O. 维德伯格-汉森使得塔尼特与阿娜特之间是同一个神的这一关联几乎可以确定，很有可能在早期的迦太基，用孩子做祭品单独献给阿娜特或者一并献给一个男神。[134] 前希腊人可能讲的是西闪米特语，这个证据恰好是对克诺索斯的证明。

如果孩子被作为祭品献给雅典娜和阿娜特，那么是否有任何证据将奈斯与这种行为联系起来呢？虽然只是一些间接证据，但是它们的确存在。尽管难以划清世俗的和宗教的杀人之间的界限，但是用人牲献祭在埃及相对普遍，祭品通常是外国人。[135] 然而，这种做法并没有被证实与奈斯女神有专门的关联。另一方面，我们知道这位女神是在夜晚的秘密宗教仪式中被崇拜的，仪式往往是在隐蔽的或地下的密室中进行。[136] 更重要的是那些与女法老奈托克里斯有关的故事。这个神话人物是基于历史上的女法老 Nt ỉqrtỉ 形成的，她在第六王朝末期掌权。她的名字，如同许多其他古风时期和古王国时期王室女性的名字一样，包含 Nt 这个元素。这位最初的女法老死后 2000 年，对 Nt ỉqrtỉ 的兴趣似乎从赛斯时期已经开始活跃起来，对奈斯的兴趣也在同一时期活跃起来。法老普撒美提库斯（Psammatikhos）一世将他的女儿命名为奈托克里斯，后来她成为 7 世纪埃及政治中一个重要人物。[137] 根据后来的历史学家，第一个 Nt ỉqrtỉ 应该

* 克莫什（Khemosh），中文《圣经》（和合本）中翻译为“基抹”，乃摩押人信奉的神。——译者注

132 Porphery, *De Abstentia* 2: 56.

133 Dussaud（1921, 163-73）.

134 Hvidberg-Hansen（1979, 1: 81-105）. 阿尔伯托 · 格林（Alberto Green）在对他的古代近东人牲研究进行总结时写道，对阿娜特以及相关女神们的进行人牲献祭的限度应该进行研究，参见 Green（1975, 202-3）。

135 Green（1975, 109-48）.

136 Herodotos, 2: 63, 170.

137 Gardiner（1961, 354-5）.

很美丽，但是她的头发和肌肤呈浅色状。埃及人将这种颜色与利比亚人的肤色联系起来并且因此与奈斯联系起来。它也与所谓的“怪物们”（Typhonians）或“赛特的子民”（People of Seth）相关联，他们似乎经常在埃及宗教仪式中被用于献祭。[138] 来自希罗多德的信息具有更多的意义：

> 故事是这样的，她（奈托克里斯）陷害了成百上千个埃及人，为她的兄长复仇，臣民们谋杀了她的兄长，然后迫使她继任。她建起一个极大的地下密室，假装举行一个就任仪式，邀请所有她知道的那些与兄长的死有
> 561 主要责任的埃及人参加宴会，然后，当宴会进行到高潮时，她放河水从一个巨大的隐蔽的管道进入密室。后来我所知道的就是在这次可怕的复仇之后，她跳入一个满是灰烬的房间以躲避对她的惩罚。[139]

这个利用水利工程的做法与传说中的巴比伦女王的作为非常相似，后者也被希罗多德记载。她的名称也是奈托克里斯，但是在美索不达米亚的年表中没有发现她的痕迹。[140] 为她的兄长之死复仇的篇章与阿娜特为她的兄长巴力报仇的传说类似。最生动的片段也发生在一个宴会大厅里。[141] 考虑到上文认为阿娜特与奈斯之间存在同一性，所以这些描写的类似性显得非常重要。

伊莉莎和狄多

奈托克里斯本人的命运甚至更加有趣。她的命运与狄多很相似，狄多是另一个历史上的女王，流传下来了许多关于她的神话和传说。根据后来的历史学家的记载，狄多“被爱者”（“Beloved”），她在史籍中被称为伊莉莎（Elissa），是国王皮格马利翁（Pygmalion）的姐妹。公元前 9 世纪末期，皮格马利翁下令杀掉她的丈夫，他是该城市保护神梅尔卡特的一个祭司。随后，伊莉莎 / 狄多带领一队追随她的贵族向西逃跑，在这些追随者中，有一位朱诺（阿娜特 / 塔尼特）的祭司。他们首先到塞浦路斯，然后逃到北非。在那里，她建立起迦太基，即 Qart ḥadast（“新

---

138 Green（1975, 320-1）.

139 Herodotos 2: 100, tr. de Selincourt（1974, 166）.

140 Herodotos 1: 185，另见 Lloyd（1988, 15）。

141 参见本章注释 108。

城”)。[142] 拉丁语诗人维吉尔(Virgil)和西利乌斯·伊塔利库斯(Silius Italicus)生动地描写了狄多愤怒的自杀，这两位诗人都将狄多的命运与特洛伊英雄埃涅阿斯(Aeneas)的背叛联系在一起，埃涅阿斯离开她，建立了导致罗马产生的城市。[143] 故事的这种情节当然存在着年代错乱，因为特洛伊的灭亡发生在公元前 814 年迦太基建立之前的 400 年。在更早的时期存在着故事的其他情节。公元前 3 世纪的陶尔米那学者提麦乌斯(Timaeus of Taormina)提到，为了避免嫁给利比亚的国王，狄多跳进了火葬柴堆。[144] 1 世纪，罗马历史学家庞贝·特罗古斯修改了这个故事，写道狄多首先用剑刺入自己的身体，然后跳入火堆，以避免羞辱。[145]

古典晚期，人们相信伊莉莎或狄多已经成为神，在迦太基被作为女神崇拜。[146]然而，与此同时，她与朱诺·凯勒斯提斯[(Juno Caelestis)即天上的朱诺]有密切联系，朱诺·凯勒斯提斯通常被认为是塔尼特在罗马神话中的对等神。[147]这种关联，至少使从 19 世纪中期莫费斯开始的学者将二者视为同一人，并且 562 将狄多跳入的火葬柴堆和塔尼特崇拜中使用的火联系在一起。自从在迦太基发现托菲特以来，一些学者将这位女王传奇性的自我牺牲看作用孩子献祭的一个神话病因论或者合理化解释。[148] 依此类推，关于奈托克里斯的传说也许具有同样的病因论的功能，来解释奈斯崇拜仪式中的类似习惯。

应该注意到这位埃及女王具有牺牲品的身体特征。奈斯和塔尼特也可能通过一个象征符合与后者联系起来：在迦太基经常发现所谓的“双蛇杖”(“caduceus”)。这个象征符合可以解释为一种八字盾牌，顶上有开口，下方有个杆植入地中。绳索或者细绳从盾牌上悬挂下来。这个是利比亚的塔尼特的象征，它并没有出现在东部的腓尼基。因此，它看起来似乎与上文所讨论过的奈斯的利比亚-埃及符号(帕拉狄昂)类似。[149]

---

142 Katzenstein(1973, 187-8); Harden(1962, 67-8).

143 Virgil, *Aenead* 4, 590-670; Silius Italicus, *Punica*, 7: 70-180.

144 Jacoby(1923-69, Frag. 82, 3b: 566). 参见 Truesdells Brown(1958, 35)。

145 Justin 18: 6.

146 同上注。

147 Silius Italicas 1: 81-7 和 Justin 18: 6。关于维吉尔(*Aenead* 1: 441-7)描述的朱诺神庙和西利乌斯(1: 81-7)描述的伊莉莎神庙之间的同一性，参见 Bunnens(1979, 212)。

148 Movers(1841, 1: 607-13); Gibert Picard(1948, 256-7).

149 Harden(1962, 80). 不过，该符号也与 aserôt 有关联，aserôt 是献给在耶路撒冷耶和华殿发现的一个女神的带有恐怖悬垂修饰物的一些木柱。对它们的性质的简单考查，参见 De Vaux(1965, 2:285-7)。

我们再回到在克诺索斯的发现上面，有两个证据说明其与奈斯有关。第一，在小孩尸骨的房间里，有大量的纺锤，明显来自同一建筑中上一层的一个房间。[150] 这一设备表明存在着具有宗教用途的纺织品生产，它在赛斯的神庙周边或者在雅典披风的纺织中都有所表现。然而，纺锤也在克诺索斯的其他宗教地点发现，与盾牌女神并没有肖像联系。[151] 另一方面，在公元前7世纪的耶路撒冷，已有建立已久的“耶和华殿里娈童的屋子，就是妇女为亚舍拉（Ašherah）织法衣的屋子”[152]。亚舍拉这个名称似乎与迦南女神阿提拉特（ˀAṯirat）有关。它也出现在一个独特的短语“他的亚舍拉”中，在内盖夫（Negev）[*] 的昆提莱特阿鲁德（Kuntilet Ajrud）发现的一面墙上的图画中，这两位女神都被画作母牛怪，她们紧挨着耶和华。[153]

另一方面，可能在公元前 1 千纪之前，亚舍拉仅仅是一个通常表示“女神”的词，耶和华的配偶被明确认为是阿娜特。阿娜特在伯特利（Bethel）重要的耶和华崇拜中心中被崇拜。公元前 7 世纪被安置在埃勒芬丁或埃及南部边境的“犹太人”，为耶和华和阿娜特建造了神庙；虽然如上所述，这些神庙可能受到当时的统治者赛斯王朝及其奈斯崇拜的影响。耶利米（Jeremiah）谴责在埃及的流亡群体中对“天空女王”的崇拜，学者们一般认同这个女王就是阿娜特。
563 许多在埃及出土的公元前 5 世纪的阿拉姆语文献提到了“阿娜特”或者“阿娜特的丈夫巴力”，这两个神很可能被视为犹太人。[154] 因此，在耶路撒冷的神庙进行纺织的可能是阿娜特的衣装或象征物。

因此，纺锤一般表示雅典娜与奈斯和阿娜特之间的关联。在克诺索斯和埃及这些发现中存在着第二个联系，是在克诺索斯墓室里出现了儿童的尸骨和第二中间期时期的一个圣甲虫，以及与西奈和三角洲东部的希克索斯有关的类型。[155]

虽然这些新的发现不能确认奈斯和雅典娜的等同，但是它们确实加强了雅

---

150 Warren（1980-1, 84-6）.

151 Evans（1921-35, 1: 220-4, 248-56）.

152 2 Kings 23: 7.

* 内盖夫（Negev）位于巴勒斯坦南部地区。——译者注

153 乌加里特神阿提拉特的形象远远没有阿娜特和阿斯塔尔特清楚。参见 Hvidberg-Hansen（1979, 1: 71-80）。另见 Ze’ev Meshel（1979）。

154 关于伯特利的阿娜特、埃勒芬丁的阿拉姆语文献和耶利米（Jeremiah）的公开谴责，参见 Grelot（1972, 39-40, 346-8, 350-2）。另见 Kraeling（1953, 87-90）和 Porten（1969, 120）。

155 Warren（1980-1, 84）. 关于这个类型的圣甲虫，参见 Stock（1955, 23-4）。

典娜与盾牌女神之间的关联。他们也明显暗示这位爱琴海女神和阿娜特/塔尼特之间的对等性。因此，通过这些——标志的奈斯女神、盾牌女神以及雅典娜的帕拉狄昂——建立起来的关联也和许多其他类似特征联系起来：打败阿斯特里俄斯；制作宗教仪式衣料、铠甲或者服装；夜晚灯火通明的崇拜仪式；献祭孩子。这些类似特征似乎将这些女神之间关联的建立追溯到青铜时代。

两位女神

这是古典时期和希腊化时期的希腊人所相信的奈斯和雅典娜是同一人的背景。公元前6世纪的在钱币上雅典娜的形象可能是“黑人”已经在上文提过。在随后的两个世纪里，希罗多德和柏拉图也确信这两位女神是对等的。柏拉图这样说：“这个地区的首城是赛斯——法老阿玛西斯的故乡——他们说这座城市的建造者是一位女神，她的埃及名字是奈斯，她的希腊名字被他们认为是雅典娜。”[156]

后来的作者一直到普鲁塔克，都认同这种论述。到普鲁塔克时代，这位赛斯王朝的神灵已经与伊希斯同化，虽然普鲁塔克仍然认为她就是雅典娜。[157]在罗马时期，雅典娜在雅典卫城上被刻画为坐在一条鳄鱼上，表明她来自埃及。[158]这个象征手法一定来自奈斯，因为奈斯作为鳄鱼神索贝克（Sobek）的母亲受到崇拜，事实上，在埃及她有时候被刻画为由鳄鱼陪伴或给两条鳄鱼哺乳[159]。

时至今日，保守观点认为，奈斯和雅典娜之间的这种关联仅是埃及狂热者的（Egyptomaniac）奇思妙想的结果，应该被认为是谬论而加以摒弃。根据大多数现代学者的观点来看，这两位女神之间的错误对应仅仅是基于众多巧合形成的。两位都是战争女神，并且都被赋予了可以恢复的童贞。她们是纺织技艺 564
的守护神，每一位女神的象征动物都是一只猛禽、一只秃鹫或者一只猫头鹰。考虑到上文暗示的这些关联可以追溯到远古并且在古典时期保持着连贯性，这

156 Plato, *Timaeus* 21E, tr. Bury（1929, 31）.

157 Plutarch, *De Iside* 354C.

158 帕加马的卡拉克斯（Kharax），阿里斯提德斯（Aristides）作品的注释者，他的这个信息被马莱引证，参见 Mallet（1888, 243）。[关于卡拉克斯的信息不详，阿里斯提德斯极有可能指的是埃利乌斯·阿里斯提德斯（Aelius Aristides），他写过一部著名的作品《圣事》（*Sacred Tales*），该书记述了希腊在罗马统治时期的政治文化宗教方面的历史。——译者注]

159 Mallet（1888, 245）and El Sayed（1982, 1: 101-6）.

些对等性决不能轻易被抛弃。此外，对二者之间关联性的抨击，还存在另一层原因，即 19、20 世纪的学者们普遍在意识形态上不愿看到埃及和希腊传统之间存在着真实的关联。因此，总而言之，反对两位女神之间存在着基本联系的观点极为不可信。

雅典是赛斯的一个殖民地？

除了两位女神之间的关联之外，雅典娜、雅典城与赛斯城也存在着确切的关联。帕萨尼亚斯提及位于勒那附近的雅典娜·赛提斯神殿和传说中达那俄斯登陆伯罗奔尼撒半岛的地点。在描写底比斯的雅典娜·昂卡（Athena Onka）神庙的篇章（已在第二卷讨论过）中，帕萨尼亚斯这样写道："这个雅典娜……被人们用昂伽（Onga）的腓尼基语名字称呼，而不是用赛斯的埃及语名字称呼。"[160] 如上所述，柏拉图或其他晚期作家作品的注疏者都不曾否认赛斯和雅典娜之间的词源联系。他们争论的仅仅是哪一个在先而已。有些人认同柏拉图的观点，认为希腊语优先，但是双方都认为雅典是一个赛斯的殖民地，这种观点一直持续到 19 世纪。[161]

尽管他们拥有公民的自豪感和希腊人的荣耀并且蔑视同时代的埃及人，但是雅典人的确从整体上对埃及有一种宗教上的亲切感，对赛斯尤其是如此。一位现代的学者对这种情况做了如下总结："众所周知，雅典人相信自己的宗教信念与埃及人的宗教信念是一致的。"[162]

埃及人自然视雅典为赛斯的子城（the daughter city）。西西里的狄奥多罗斯在公元前 1 世纪总结了他们的论证："他们说雅典人是来自埃及赛斯的殖民者，他们提供证明这种关系的证据；因为雅典人是唯一将他们的城市称为阿斯提（asty）的希腊人，阿斯提这个名称是从埃及的城市阿斯提（Asty）而来。[163] 安妮·伯顿在她对狄奥多罗斯这一卷的注疏中并没有提出重要的观点。她指出，

160 Pausanias 12: 1, trans. Frazer（1898, 1: 459）. 关于这一崇拜的讨论与别名昂卡和昂伽之间的讨论，参见第二卷，第 100—105 页。

161 参见第一卷，第 111—112 页。关于商博良对赛斯是"雅典的母城"的判断，参见他的行纪（9/14/1828），Hartleben（1909, 2: 64）。

162 Witt（1975, 96）.

163 Diodoros 1: 28.4, tr. Oldfather（1933, 1: 91）.

到古典时期，她所指的 ist（“座位、地点”）失去了尾音 -t，除非其后跟一个元音它才被保存，例如伊斯提（Isty），底比斯附近一个神庙的名称。[164] 虽然早期的埃及学专家将这个词翻译为 ist 或 ast，但它现在一般被写成 st。然而，我们没有理由怀疑在某些阶段这个词存在着字首增添元音 i -、a- 或 e-。St 是埃及语名词和地名中一个非常普遍的要素。[165] 有可能 st 是在结尾音的 -t 失去之前从埃及语那里引入的。无论怎样，如安妮 · 伯顿所述，结尾元音将会保护这一发音组合免受失去 -t 的演变，不管在埃及语还是希腊语中都是如此。这个词语在公元前 2 千纪引入，将承认雅典人赋予这个城市的名称和 asty 这个词之间存在明显的联系。Asty 在希腊语中意为“城市”，与埃及语 St 含义相同：它是一个地方而不是一个共同体或城邦（polis）。Asty 有一个极为不可信的印欧词源，明显存在于早于古典时期很久的希腊语中，它在荷马史诗中得到了很好的证实。[166] 565

埃及人向狄奥多罗斯说明的第二点是：

> （雅典人的）国家（body politic）对民众的分级和划分，在埃及可以找到样本；在埃及，民众被分为三级：第一等级的雅典人由他们所称呼的“贵族”（eupatrids）组成，他们是那些接受过良好的教育，拥有至高荣誉的人们，如同埃及的祭司阶层一样；第二等级是“农民”（geomoroi），他们应该拥有武器，承担保家卫国的职责，如同埃及为国家提供军士的耕夫（husbandmen）；最后一个等级是“工匠”（demiurgoi），他们从事需要体力的职业，仅为国家提供卑微的服务，这个等级在埃及也有类似的作用。[167]

伯顿对此表示反对，她明显基于雅利安模式和认为青铜时代不可能发生接触的观念。她主张雅典人存在着三个社会等级体系一定非常古老，因为亚里士多德提出它在公元前 580 年时便已经存在。普鲁塔克甚至认为这种社会等级分

164　Burton（1972, 122）. 正如她所表明的那样，该地名出现在了戈捷的著作中，参见 Gauthier（1925-31, 1: 106）, not p. 104。

165　这些地名，请参阅 Gauthier（1925-31, 5: 68-90）。伯顿是相当正确地认为，词尾 -t 到古典时期之前便已消失。该世俗体词形是 s，科普特语词形是 se 或 si。她没有考虑到这些可能性：（1）拟古词的使用和（2）该埃及名字可能在青铜器时代便已传入希腊。

166　尚特莱纳认为，这个词有可能源于一个可见于梵语 vāstu 的词根，但是它也发现在发音上存在着疑难。其他学者主张，它源于一个“前希腊语”词源。

167　Diodoros 1: 28.4-5, tr. Oldfather（1933, 1: 91-3）.

类是忒修斯的功绩。因此，她认为它必定是本地产物，而非来自埃及。[168]

从雅利安模式的观点来看，雅典人的这一制度远古性事实上更加说明了埃及的影响。阿提卡从未被赫拉克勒斯子嗣（Heraklids）征服，而且在古典时期，人们普遍认为它保留了其他地方消失的古代制度。因此，埃及人或者埃及–希
566 腊人（Aegypto-Greek）奠基英雄们在青铜时期创立了一个社会等级制度，显然是非常可能的。应该记住的是，Theseus（忒修斯）这个名字没有印欧语的词源，因此它有可能起源于埃及语的 Ṯsw（“指挥官、穷人的保护者”），该词在科普特语里仍然得到保留，即 joeis（“上帝、耶稣”）。[169]

埃及人给狄奥多罗斯提供的第三个“证据”是雅典的创始者如 Πέτης、Κέκροψ 和 ’Ερεχθεὺς* 都是埃及人或者具有双重血统即希腊人和野蛮人的血统。伯顿指出 Pētēs 与雅典领袖 Πετεώ 是同一人，后者可见于《伊利亚特》。她相信这个名字“很可能起源于埃及语词源”，这表明埃及语的名字 Pꜣ dỉ 在希腊语中被证实，它就是 Pētēs。[170]

Kekrops（凯克洛普斯）这个词的各个可能的埃及语词源将在下文论述。

词典编纂学者将厄瑞克透斯列入 ’Εριχθόνιος 的词条之下：’ερι- 是一个音值不确定的前缀，但通常被认为用于表示强调，-χθόνιος（“大地的”）指的是这个英雄被认为是“本地人”(autochthony)。这确实主要是希腊人的传统。此外，厄瑞克透斯是最早期和最常见的名字的形式。如尚特莱纳所述，Erikhthonios（厄里克托尼乌斯）很可能是唯一的一个为了与配合这个神话而普遍重构的非希腊语名字。他还指出厄瑞克透斯是一个神的别称，通常与波塞冬有关联。并非只有狄奥多罗斯认为厄瑞克透斯是一个来自埃及的移民。安妮·伯顿引用了另一段材料，记述他来自赛斯。[171] 他的名字厄瑞克透斯可能来自埃及语词源 ꜣḫty（“地平线处的居民”），这是一个普遍的神的别称。因此，向狄奥多罗斯提供信息的埃及人声称，这两个名字 Pētēs 和厄瑞克透斯如果不是极有可能也

168 Aristotle, *Athenaiôn Politeia* 12: 2; and Plutarch *Theseus*, 25. 伯顿（213）正确地指出，埃及的等级制度不严格，并且似乎由以上的等级组成。然而，古典时期保守的希腊人对真正的世袭分工制度留下了深刻印象。他们没有理由应该效法这一埃及制度的精髓,，更不用说保留它们了。

169 参见本书第五章，注释 126。

* 这三个希腊语人名的拉丁化拼写分别为 Petes（佩忒斯）、Kekrops（凯克洛普斯）和 Erechtheus（厄瑞克透斯），他们在不同的神话传说中被视为雅典人的远古祖先。——译者注

170 Burton cites Ranke (1935, 1: 121).

171 The scholiast of Aristides, 13: 95. S.

是可能起源于埃及词源，并且缺少希腊词源。

据说，厄瑞克透斯将埃琉西斯秘仪从埃及带进了阿提卡。[172] 伯顿也指出，阿波罗多罗斯和帕罗斯大理石碑铭（Parian Marble）[*] 都认同，这个得墨忒耳崇拜是从国外传入阿提卡的。阿波罗多罗斯认为它是在潘狄翁（Pandion）统治时期进入阿提卡的，帕罗斯大理石碑铭认为是在厄瑞克透斯统治期间。[173] 此外，12 世纪的拜占庭学者策策斯引用数个世纪前的一位祭司兼历史学家即帕加马的卡拉克斯的一段文字，该段文字记载凯克洛普斯从赛斯到雅典建立殖民城市。[174] 伯顿反对 12 世纪初学者保罗·富卡尔的观点，富卡尔基于相似性便认为埃琉西斯秘仪是从埃及引入的。她认为保罗·富卡尔的研究已经被G. E.米洛纳斯（G. E. Mylonas）和其他后来的学者超越。[175]

《黑色雅典娜的回信》谈到这场争论。[176] 然而，这里应该指出，向狄奥多罗 567
斯提供信息的埃及人可能是正确的，他们主张埃琉西斯的两个祭司家族——欧摩尔波斯家族和刻律刻斯家族——至少在希腊化时期认为他们自己是埃及人。[177]

凯克洛普斯

支持雅典和雅典娜这两个名称起源于 Ḥt-nṯr (nt) Nt 的论证将在本章文末做出。这些名字的一致性足以解释它们之间的关系，至少从公元前 6 世纪开始，希腊人和埃及人就看到这种关系。[178] 然而，在这个问题上，我们应该探讨一下

172　Diodoros 1: 29.1-4.

*　帕罗斯大理石碑铭，又被称为“帕罗斯年表”（Parian Chronicle）。它因立于帕罗斯岛而得名，其中的两个残块现在收藏在英国牛津大学阿什摩尔博物馆。铭文按照年代顺序记录了从神话传说时代到历史时代的重要事件，起于神话传说中的雅典国王凯克洛普斯的统治时期，终于公元前 264/263 年。参见王以欣，《神话与历史》，北京：商务印书馆，2006 年，第 552—553 页。——译者注

173　Burton（1972, 125）; Apollodoros 3: 14.7.

174　Tzetzes, *Ad Lycophronem* 3 in Müller（1841-70, 3: 639）. Burton（1972, 124）. 在希腊化时代，埃及人将赛斯与雅典、奈斯与雅典娜等同，可以从赛斯铸造的钱币上看出来。这些钱币上面有雅典娜像，她一只手托着一只猫头鹰，另一只手拿着一支矛。Frazer（1898, 5: 49）.

175　Burton（1972, 125）.

176　Bernal（2001, 388-9）.

177　Diodoros 1: 29.4. 阿波罗多罗斯（3：15.4）提到欧摩尔波斯、欧摩尔波斯家族名称与埃塞俄比亚（“如果不是埃及”的话）之间的传说中的关联。Burton（1972, 126）。

178　安妮·伯顿（1972, 11）主张，赛斯人在雅典建立殖民地的故事可能在公元前 4 世纪起始于柏拉图或泰奥旁普斯。不过，基督徒弗鲁瓦德丰（Froidefond，1971, 276）认为，这些故事在希罗多德时代已经流行。考虑到上文所述的礼拜仪式的类似之处，我没有理由怀疑柏拉图的观点（*Timaeus* 21E），即公元前 6 世纪，赛斯人将梭伦作为雅典的族人加以欢迎。

神话传说中这个城市的创建者凯克洛普斯的名字。我认为，这个名字是埃及语。虽然卡拉克斯和其他学者论述凯克洛普斯来自赛斯，其他证据表明它与具体的埃及城市没有关联。

根据传说，像许多希腊城市，雅典应该不只有一个根据地。一般认为，这些根据地中第一个是凯克洛普斯建立的，虽然他被认为是他的岳父国王阿克泰厄斯（King Aktaios）的继承者。[179] 阿波罗多罗斯像其他作家一样，明确指出，凯克洛普斯是本地人，但这位创始者有“两个血统”。[180] 帕萨尼亚斯认为，存在着两位凯克洛普斯，一个出现早一些，另一个晚一些。他和其他作家也认为凯克洛普斯是半人半蛇的形象。[181] 然而，如上文引用，向狄奥多罗斯提供信息的埃及人认为“两个血统”指的是，他一半是希腊人，一半是埃及人。[182] 希罗多德将凯克洛普斯与当地的皮拉斯基人（Pelasgians）区别开，暗指凯克洛普斯是一系列外来定居者中的第一个。此外，他认为“雅典人”这个名称是由后来的一位缔造者厄瑞克透斯引入的。[183] 阿波罗多罗斯相信雅典娜崇拜就是在凯克洛普斯统治期间引入雅典的。然而，如同希罗多德，他陈述这个城市在他统治时期被称为刻克洛匹亚（Kekropia）。[184] 1 世纪的罗马历史学家庞贝·特罗古斯认为，虽然凯克洛普斯建立了这座城市，但将它献给雅典娜则发生在他的继任者安菲特里翁（Amphiktyon）统治期间。[185] 帕萨尼亚斯提到过这个后来的国王，但是只认为狄奥尼索斯崇拜的引入是这位国王的功劳。[186] 他没有明确将凯克洛普斯与雅典娜联系起来，在著作的另一部分，他描绘了这位雅典城的建立者对宙斯的崇拜。[187] 总之，考虑到雅典娜和雅典之间
568 明确的关联性，值得注意的是，几乎没有古代历史学家将雅典城的建立者与它的守护女神联系起来。

---

179 Pausanias 1: 2.6.

180 Apollodoros 3: 14.1. 另见第十九章，注释 216。关于对有关凯克洛普斯的材料的梳理，参见 Frazer（1921, 2: 77）中的注释。

181 Apollodoros 3: 14.1，以及 Pausanias 1: 2.6。

182 参见 Burton（1972, 122-3）。

183 Herodotos 8: 47.

184 Apollodoros 3: 14.1.

185 查士丁对其进行了概述，参见 Justin 2: 6。

186 Pausanias 1: 2.6.

187 Pausanias 8: 2.2.

帕罗斯大理石碑铭认为凯克洛普斯的统治应该开始于1581年，在卡德摩斯到达底比斯的63年之前，即达那俄斯登陆阿尔哥利德的7年前。[188] 尽管按照修正的古代模式的标准判断，公元前1581年这个时间过晚，但没有道理去怀疑该铭文中给出的时间顺序。因此，如果希克索斯人的入侵发生在公元前18世纪后期，那么凯克洛普斯如果确有其人的话，他应该生活在更早的时期。

历史学家赫卡泰奥斯认为凯克洛普斯这个名称来自异国。[189] 保罗·克雷奇默论证，在语言借用过程中存在着语音变位，这个名称最初是 *Κέρκοψ（“长着尾巴的”）、Κέρκος（“尾巴”）。[190] 他的论据是基于认为凯克洛普斯是半人半蛇的传统观点。然而，kerkos 最初的含义是“棍棒”，但是引申为指身体上较小的突出物：“猪尾、阴茎”等。这当然不包括像蛇那样的尾巴，因为蛇的尾巴是身体本身的延长。表示这些尾巴的一般词汇是 οὐρά。

回到赫卡泰奥斯的观点，他认为凯克洛普斯这个名称来自异国，凯克洛普斯这个名称与三个第十二王朝法老经常使用的王衔名 Ḫpr kɜ Rʿ、Ḫʿ Ḫpr Rʿ 和 Ḫʿ kɜw Rʿ 类似，这三位法老在今天被称为森乌塞特（Senwosret）一世、二世和三世。与凯克洛普斯最接近的词形是 Ḫʿ Ḫpr Rʿ，即森乌塞特二世的名字，他在三位法老中力量最弱，统治时间最短。然而，后来的历史学家混淆了他们的身份。例如在公元前3世纪，曼涅托将森乌塞特二世和三世混淆，一并称之为塞索斯特利斯大王（the great Sesôstris）。[191]

凯克洛普斯词尾的 -ôps 是希腊词，表示“眼睛、脸”，它经常用于人名的后缀。凯克洛普斯起源于 Ḫʿ Ḫpr Rʿ，其中必要的流音从第三到第二个位置的音位转换已在第八章末论述。无论怎样，说明这样一种联系不再困难，要比表示 S n Wsrt（森乌塞特）与 Sesôstris（塞索斯特利斯）或 Sesôsis（塞索西斯）之间一般人们认可的联系要容易。

被人们认可和想象中的森乌塞特一世和三世的征服在第二卷中详细地讨论过。在第二卷相关的章节，我认为森乌塞特一世征服了安纳托利亚北部，可能

188　参见雅各比（Jacoby）版的《派罗斯大理石碑铭》（*Marmor Parium*, 1904）。关于凯克洛普斯，参见 line 1, Jacoby（1904, 136-9）。雅各比就凯克洛普斯的统治开始的时间给出了其他古代的观点，它们在公元前2164年到公元前1556年之间变动。卡德摩斯被定位在公元前1518年，达那俄斯被定位在公元前1510年。

189　Hekataios, frag. 119.J.

190　Kretschmer（1913, 309）.

191　关于曼涅托的不同版本，参见 Waddell（1940, 66-73）。

还有黑海边陲地区。[192] 这里，我将继续深入地考虑在中王国时期埃及和爱琴海之间的可能联系。

雅典和中王国时期的埃及

569 在这些传说中的事件发生 2000 年以后，狄奥多罗斯这样描述道：

> 克里特人说拉达曼提斯（Rhadamanthys）是所有人中做出最公正裁决的人，他对盗贼、不虔诚的人和其他罪人施以铁面无私的惩罚。他也逐渐拥有了为数不少的岛屿和亚洲大部分沿岸地区，由于他公正无私，人们都自愿迁徙而来接受他的统治……此外，因为他非常公正，以至有神话故事说他被任命为冥府的判官，弥诺斯（拉达曼提斯的兄弟）也获得这个荣誉。[193]

兄弟二人作为冥界的判官的形象完全是来自埃及，赫西俄德和荷马也这样说过。在第二卷中，我认为在神话传说中的克里特国王弥诺斯和埃及第一任法老敏神 / 美尼斯（Min/Mēnēs）和他的哥哥即中王国的创始人拉达曼提斯之间有种错综复杂的对等性。[194] 这就引出很多可能性：（1）中王国时期的埃及与爱琴海存在着交往；（2）埃及对这片地区拥有某种霸权；（3）第十二王朝法老参与建立刻克洛匹亚即雅典前身。

来自考古学和艺术史的证据可以明确解答第一个问题。存在于弥诺斯中期克里特的埃及物品可以说明埃及与爱琴海之间的联系。虽然与青铜时代晚期发现的物品相比，数量相对较少，但是也列出大约 30 件。其中有圣甲虫和装饰匕首或剑的金柄。[195] 最引人注目的是第十二王朝的一个叫作乌塞尔（User）的官员的雕像。这一发现的背景不确定，但对埃里克 · 乌普希尔（Eric Uphill）雕像的最新研究可以充分说明，它符合中王国时期使节、官员、商人、手工艺者雕像分布的一般情况，因此可以认为它在弥诺斯中期已经到达

192 第二卷，第 187—273 页。

193 Diodoros 5: 79, tr. Oldfather（1939, 1: 313）.

194 第二卷，第 178—183 页。

195 Lambrou-Phillipson（1990, 55）; Warren（1995, 3）.

这里。[196]

在埃及，发现了大量的弥诺斯中期 II 期的罐子，与第十二王朝后期的一致。大多数罐子是在哈拉加（El Haraga）和法尤姆入口处的卡胡恩（Kahun）发现的，埃及学专家巴利·肯普（Barry Kemp）和考古学家 R. S. 梅里利斯（R. S. Merrilees）对此这样写道：

> 哈拉加重要的中王国时期墓葬很可能服务于这座城市，而不是沙漠边缘 570
> 一些著名的共同体。需要特别指出的是，这个时期的法尤姆地区存在着一个王宫，但是不能确定它指的是这里还是法尤姆的核心地区。而且，森乌塞特二世的金字塔的位置本身表现在中王国王室对这个地区的兴趣。[197]

弥诺斯中期 I 期 A、I 期 B 和 II 期的陶器以及一个具有克里特风格的蛇形盖子在埃及的其他地点发现。[198]

这些发现仅仅是冰山一角，肖像研究的成果明确证明埃及、黎凡特和爱琴海之间发生过大量的文化交流，并且此期间的文化交流主要是来自埃及的影响。阿瑟·埃文斯、沃尔夫冈·黑尔克（Wolfgang Helck）以及其他当代学者都发现，在中王国时期，埃及和克里特艺术之间存在着复杂的相互影响。[199]

澳大利亚艺术历史学家贾尼斯·克罗利（Janice Crowley）列出她所观察到的在克里特旧王宫时期从埃及进入爱琴海的五个主题，它们与中王国时期的风格一致。这五个主题是棕榈叶、蒲葵、纸草花型、种树仪式以及埃及河马分娩女神。分娩女神的助手成为克里特的洁妮，我认为她们后来演变成为希腊的宁芙们和缪斯们。[200]

第二个问题是埃及在这一时期是否是这个地区的霸主，对它的回答并不确定。文化传播的主导方向表明的确是如此，克里特的陶瓮和王宫遗址的发现物

196　Evans（1921-35, 1: 287）. 另见 Meyer（1928-36, 1: 263）and Uphill（1984）。这些学者的观点如今受到了彼得·沃伦的支持，参见 Peter Warren（1995, 3）。

197　Kemp and Merrillees（1980, 15）.

198　Warren（1995, 3）.

199　Evans（1921-35, 2: pt. 1, 192-208）and Helck（1979, 45-9）; Hooker（1976, 34）and Warren（1995, 2-3）.

200　Crowley（1989, 58-63, 71-83, 95-8, 298）. 关于透瑞斯（Thoueris）在爱琴海地区的演变，参见 Weingarten（1990）。沃伦也讨论了这些影响（1995, 2）. 参见本书第十一章，注释 35—38。

也能够说明这一点。“透德宝藏”这个轰动性发现也表明埃及霸权可能辐射过这个地区。透特宝藏在阿蒙涅姆赫特二世（Amenemhet II）统治时期被封存起来，阿蒙涅姆赫特二世是森乌塞特一世的儿子和森乌塞特二世的父亲；其中有许多珍贵的财宝，最重要的是一组 143 个破碎的银碗。在第二卷讨论这个宝藏时，我认为它是在征服之神蒙特（Mont）神庙发现的。这些碗主要是在靠近北部的地方被发现的，它们可能是军队的战利品或者从战败的人那里获得的贡品，被送入了宝藏。我在第二卷中也说过，这些物品来自安纳托利亚，与森乌塞特一世和阿蒙涅姆赫特二世的战役有关。[201] 但是，更晚近的学者们开始向更
571 西的方向开展研究。彼得·沃伦如今主张：“许多透德宝藏中器皿样式与克里特岛弥诺斯中期 I 期 B—II 期的陶器风格非常接近，足以表明它们起源于克里特岛，或克里特岛对这些银质器皿产生了巨大影响。”[202] 因此，如我在第二卷中所论述的那样，我们可以推测，不仅埃及在公元前 20 世纪和公元前 19 世纪在安纳托利亚发动过军事征伐，而且这些军事征伐如果没有对爱琴海地区产生军事后果，至少产生了政治后果。

第三个问题是第十二王朝的法老是否参与刻克洛匹亚即雅典城前身的建立。关于它的证据更加不充足。即使认同 H̱ʿ H̱pr Rʿ=Kekrops，也未必能获得肯定的答案。希腊人名字 Memnōn（门农）在被称为 ʾImn m ḥt 的法老们统治之后的 1000 年里仍然留存下来。[203] 与之类似，H̱ʿ H̱pr Rʿ//Kekrops 这个名字也作为一个灵活使用的英雄称号保留下来，宜于与一个城市的建立联系起来。此外，我们应该考虑到中王国时期的埃及人在阿提卡活动的可能性。但是，考虑到中王国与克里特岛在文化上的联系，第十二王朝在安纳托利亚的战役将影响力进一步向西扩展，那么这样的活动仍然不能毫无疑问地确定。不幸的是，雅典后来的建筑几乎没有留下中期希腊时期遗迹的痕迹。[204] 因此，在这种情况下，考古记录几乎对于这个问题意义不大。然而，关于阿提卡与埃及交往的证据确实存在。同位素分析，在埃及中王国时期制造的银制器物中所含的铅经铅同位素分析，被发现来自阿提卡劳利昂的矿场。[205]

201　第二卷，第 224—226 页。

202　Warren（1995, 3）. 另见 Warren and Hankey（1989, 131-4）。

203　参见第二卷，第 257—269 页。

204　Caskey（1973, 123）.

205　Stos-Gale（1984）and Stos-Gale, Gale and Houghton（1995, 127）.

认为雅典人是淳朴的农夫、超越了愚笨的拜物主义，是一种浪漫主义想象，它会使人极大地低估这些银矿对雅典经济的重要性。[206] 考虑到青铜时代中期和晚期劳利昂出口铅和银，阿提卡似乎在公元前 2 千纪已具有经济重要性。因此，特洛伊战争之前的雅典王表不能不予考虑。[207] 如果凯克洛普斯明显的希腊传统和塞索斯特利斯同样明显的埃及传统能够与历史人物森乌塞特一世、二世和三世合理地联系起来，那么那些从埃及远道而来的人或者其他利用法老名义和声望的人在雅典安居下来，可以合理地描述这个城市的第一次建立。这个解释将雅典城的建城时间定位在公元前 19 世纪上半叶。然而，这当然只是一个合理的推测。

这就为这个城市的第二次建立提供了一个合理的背景，即它与雅典娜崇拜 572
有关。希克索斯人从阿尔哥利德的第一个根据地掀起了第二次扩张浪潮。对于这些新来的定居者而言，200 年以后，凯克洛普斯和他的城市似乎确实是土生土长的，或者是具有“双重血统的”。那些对新定居地的含糊记录出现在以安菲特里翁、厄瑞克透斯和忒修斯为核心人物的传说中。安菲特里翁的作用可能指的是阿提卡联盟或近邻同盟（amphiktyony）的建立，这些功绩通常被归于忒修斯。[208] 根据狄奥多罗斯的埃及信息，雅典国王厄瑞克透斯生来就是一个埃及人，并一直与埃及保持联系。[209]

特洛曾

忒修斯是从特洛曾开始他到雅典的英雄之旅的。特洛曾这个城市因古老而出名，阿波罗与奥罗斯（Oros）/ 荷鲁斯以及庇透斯与普塔的早期关联已在第十九章讨论过。[210] 在第十九章里，我论述过帕萨尼亚斯所见到的是希腊最古老

206　参见 Vickers（1990）。

207　参见狄奥多鲁斯和《帕罗斯大理石碑铭》对佩忒斯和厄瑞克透斯的提及，Diodoros 1: 28-9 以及 *Marmor Parium*, ed. Jacoby（1904）。

208　这个名字可能源于 *inb qd（“砌墙工匠”）。虽然 qd inb 具有相同的词义，但是不能证明它是词源。尽管 amphi 作为“两者都”，有一个可信的印欧语词源，但是它与迦南语后缀 åyim> ai 类似，参见第二十章，注释 104。amphi 具有“周围”这一词义，在诸城市的名称中，它极有可能源于 inb（“城墙”）。Qd（“去建造、建设”）可能是希腊语 ktizô（“去建城”）的词源。

209　Diodoros 1: 29。厄瑞克透斯这个名字可能源于埃及语–希腊语 iɜḫ（“发光的神 / 灵”）和 theus 的合成词，即 (i)ɜḫty(w)（“边远族群居住在地平线的诸神”）。

210　本书第十九章，注释 66、164—165。

的神殿，即阿波罗·忒阿里亚神殿。19世纪初，英国旅游者威廉·盖尔爵士（Sir William Gell）记述，在这个地点附近见过一些怪异的石柱，似乎是由玄武岩制成，各边呈直线，八面呈锥形。他相信这些石柱一定来自1600年以前的神殿，它是帕萨尼亚斯所描述的最古老的神殿。[211] 詹姆斯·弗雷泽似乎也看到过其中的一些石柱，他认同盖尔的推测，这些石柱“与普通类型的希腊石柱差异很大，（它们）可能属于阿波罗·忒阿里亚神殿”[212]。

八边呈锥形、各边是直线的石柱来自中王国时期的埃及，它们可见于位于本尼哈森（Beni Hassan）的诺姆长们（Nomarchs）的墓葬以及埃及中部的其他墓葬和代尔巴赫里最早的神庙里。在这些神庙中，有一座是阿蒙霍特普二世（Mentuhotep II）修建的。[213] 在新王国时期，它们似乎已被弃用，取而代之的是形式更精致的建筑。商博良那些早期学者将这些更早的石柱视为多利亚式石柱的前身或原型。[214] 然而，像许多希腊石柱一样，多利亚式石柱是笛子形状的，这种形式源于圆秆芦苇。至少从公元前3千纪开始，埃及和西南亚已经在采用这种形式。[215] 因此，很明显八边形的石柱是来自埃及的影响，同样显而易见的是对它们做了本地化的改进。特洛曾“非希腊”石柱表明其影响可能从中王国
573 时期的埃及到古风时代的伯罗奔尼撒。帕萨尼亚斯见到过的一个神殿建于公元前2千纪的上半叶，这与帕特农神庙保留下来且一直保留到21世纪同样不足为奇。

印欧语没有解释特洛曾或者特洛曾这个名称。另一方面，埃及的城市名称Tꜣ Sn（即埃斯那）有可能是一个合理的词源，这个城市在上埃及是一个主要的奈斯崇拜中心。[216] 这个词源使特洛曾和雅典娜之间存在着宗教上的联系成为可能。如雅典一样，特洛曾有一个观点，即：它最初的名字不是特洛曾，并且

---

211 Gell（1810, 121）.

212 Frazer（1898, 3: 274）. 我未能找到后来作家对这些石柱的记载。

213 Badawy（1966, 133-4, 149）. 另见 Perrot and Chipiez（1883, 1: 250, fig.166）。

214 Hartleben（1983, 426）. 另见 Badawy（1966, 149）以及 Perrot and Chipiez（1883, 1: 251, fig. 167）。

215 在古风时期，伊奥利亚石柱和爱奥尼亚石柱似乎受到了更大的腓尼基风格的影响。参见 Betancourt（1977）。

216 我从来没有赋予冠词 pꜣ、tꜣ 和 nꜣ 中的 -ꜣ 以流音音值，因为这些词形只是在公元前2千纪中期 /ꜣ/ 失掉它的流音音值之后才广泛传播的。这和古老的词汇 tꜣ（“土地”）的情况不同。

雅典人在希波战争期间或许认识到了他们和特洛曾之间的特殊关系，这个时候，他们抛弃了城市，将他们的妻儿老小送到了特洛曾。关于这个方面的相关法令和希腊语材料，参见 Jameson（1960）。

雅典娜崇拜是在城市建立之后被引入的。[217] 因此，雅典娜崇拜和波塞冬崇拜在特洛曾处于核心地位，它们似乎已经与阿波罗 / 荷鲁斯崇拜和庇透斯 / 普塔崇拜融合在了一起。帕萨尼亚斯所引用的神谕有一些真实性，阿波罗和波塞冬互换了德尔斐和距离特洛伊海岸不远的岛屿卡劳利亚（Kalauria）。[218]

根据帕萨尼亚斯的叙述，这次交换发生在奥洛斯的儿子阿尔忒普斯（Althepos）统治期间。雅典娜和波塞冬就此领土发生争执，宙斯命令他们共同拥有这个岛屿。[219] 在第二卷中，我讨论过这一神话故事中斗争的方方面面，并且我认为它的主要方面是雅典娜或奈斯使得波塞冬或塞特所象征的混乱的力量变得秩序化。[220] 当然，这次斗争最著名的例子是发生在阿提卡的雅典的战役，虽然据说这次战役也可能发生在彼奥提亚境内献给雅典娜的地方和特洛曾。在特洛曾的卫城，有一个雅典娜神庙，该雅典娜以波利阿斯（“城市的”）而闻名，Σθενιάς 是它的词根。按照惯例，σθένος (H) 被译为“强壮的”，然而 Sthenias 是希腊语中一个非常古老和奇怪的词汇，作为一个神的描述词，用于雅典娜和宙斯：它是唯一一个以 sth- 为首的词。这个词没有印欧语词源，但有两个可能的埃及语词源，并且它们很容易合并在一起。sṯny（“区别、崇拜”）和 sṯḥn n（“使耀眼、使光芒四射”）。雅典娜与光辉的关联，特别是与埃及语 ṯḥ n 的关联见下文。[221]

雅典娜神庙位于卫城之上，而波塞冬神庙则位于在城墙之外。这个位置并不能说明他在特洛曾不处于核心地位。斯特拉博和帕萨尼亚斯甚至把这座城市称为波塞冬尼亚（Pausanias）。[222] 他的头衔是巴塞琉斯（“官员、国王”）和普里奥克斯［（Poliouchos）“城市的掌控者”］。特洛曾公元前 15 世纪的钱币正面是雅典娜的肖像，背面是波塞冬的三股神叉。[223]

波塞冬也是卡劳利亚联盟的保护神，这个联盟是以离特洛曾不远的卡劳利

---

217 Pausanias 2: 30.6.

218 Pausanias 2: 33.2. 沃尔特·伯克特描述了波塞冬在德尔斐的重要性，参见 Walter Burkert（1985, 221）。

219 Pausanias 2: 30.6.

220 第二卷，第 88—92 页。

221 参见本章注释 246—256。

222 Farnell（1895-1909, 4: 9-10）.

223 Pausanias 2: 306-7. Frazer（1898, 3: 272）. 塞尔特曼认为，这个雅典娜肖像是“雅典钱币或任何钱币中最精美的肖像之一”，参见 Seltman（1933, 111, 266, pl. 64.4）。

574 亚岛为盟址的近邻同盟。这个古老的联盟的七个成员包括特洛曾、雅典、埃基那和彼奥提亚的俄尔科墨诺斯（Orchomenos），这个联盟不仅突破了铁器时代的部落带，而且跨越了迈锡尼时代晚期的王国边界。[224] 因此，可以假设，这个联盟是在它们合并之前形成的。考古学证据表明卡劳利亚的波塞冬崇拜非常古老，起源于第二中间期或第十八王朝，这一证据是发现于晚期希腊底时期背景下卡劳利亚最古老的波塞冬神庙里的圣甲虫石。它的背面是一个河马形状，河马是与赛斯有关的动物。它的正面是法老乘坐战车碾压倒下的敌人们，这个战车也与波塞冬和利比亚有关。[225]

没有人会怀疑波塞冬崇拜和雅典娜崇拜在迈锡尼时期的希腊及特别是特洛曾和雅典的中心地位。在神话中，波塞冬有时化装为埃勾斯，他是忒修斯的父亲，是特洛曾和雅典两座城市的英雄。波塞冬与赛斯的关联以及波塞冬和雅典娜在迈锡尼人和希克索斯人的宗教中的中心地位，已在第二卷论述过。[226]

在本章中，我们关注这位英雄的母亲埃特拉（Aithra），她的名字似乎与aithēr（“高空”）有关，这个名字也与雅典娜有关联。[227] 帕萨尼亚斯记载了二者之间的另外一个关联，波塞冬诱骗埃特拉是雅典娜托梦给埃特拉导致的结果。[228]

犹如赛斯之于希克索斯人或者波塞冬之于迈锡尼，雅典娜似乎成为新的入侵者的专门保护者。据狄奥多罗斯记载，达那俄斯在到达阿尔戈斯之前登上了罗得岛，在这里的林多斯建立雅典娜神庙。[229] 稍晚些时候，卡德摩斯在这个岛屿的伊阿吕索斯（Ialysos）建立了波塞冬神庙。据说卡德摩斯为林多斯的雅典娜神庙献上一口大铜锅，其上刻有腓尼基字母。这个礼物也列在林多斯的宗教献礼的名单里。从特洛曾跨越阿尔戈斯海湾，帕萨尼亚斯这样描述：“沿着海边，有另外一条路从勒那通往他们所命名的革涅西昂［（Genesium）即出生地］。

224 Farnell（1895-1909, 4: 10）. 同时参见 Marinatos（1974, 316）。

225 Pendelbury（1930, 67, n. 151）; Helck（1979, 95, 284, n. 126）. Lambrou-Phillipson（1990, 337, n. 422）. 庞德尔伯里（Pendelbury）认为这个圣甲虫来自第二中间期，黑尔克（Helck）和朗布鲁–菲利普森（Lambrou-Phillipson）认为它来自第十八王朝。

226 第二卷，第 88—92 页。

227 参见上文注释 55。

228 Pausanias 2: 33.1.

229 Diodoros 5: 57-8. 罗得岛和阿尔哥利德之间另外一个类似之处源于距离特洛曾和萨罗尼克海湾不远的地方名称萨隆（Sarôn）和罗得岛最富庶的平原的现代名称梭罗尼昂（Soronion）。由于地名萨隆源于迦南语，所以这个名称发现于公元前 14 世纪的《阿玛尔纳泥板文书》（*Amarna Letters*）。该名称被普遍接受的词义是“肥沃的滨海平原”，参见 Astour（1967a, 92）。

海边有一座小神庙，名为革涅西昂的波塞冬（即出生地的波塞冬）神庙。革涅西昂附近是另一个地方，叫作阿波巴特米［（Apobathmi）即登陆地点］，他们说达那俄斯和他的女儿们就是在这里首次登陆阿尔哥利斯的。"[230] 帕萨尼亚斯在 575
这部作品的稍前部分曾经指出，沿着海岸线向北几英里处有一个神殿，那里有两座雅典娜神殿。[231] 第一座应该是由达那俄斯建立的，第二座雅典娜·赛提斯（Athena Saitis）神殿位于山顶，河水从那里流出。弗雷泽在对此的评论中，没有发表自己的观点，而是引用 1777 年出生的地理学家威廉·马丁力克的论述，因此这段论述是在雅利安模式出现之前发表的。

> 城堡的废墟……现在占据了山顶，最后希波墨冬（Hippomedon）的神庙和墨涅瓦（雅典娜）的神庙矗立在这里，墨涅瓦的别名塞提斯表明对她的崇拜来自埃及，因此与这个著名的神殿是由达那俄斯创立的说法相吻合。在赛斯，我们知道奈斯即希腊人的雅典娜受到人们极大的尊敬。[232]

弗雷泽参照他对帕萨尼亚斯（Book 9：12.2）的论述，重申了他所认为的雅利安模式的传统说法，帕萨尼亚斯说雅典娜的埃及名字是雅典娜·塞提斯。弗雷泽写道："希腊人认为她（奈斯）与雅典娜是同一个神（Herodotus，ii.59；Plato，*Timaeus*, p. 21E；Hesychius, *s.v.* Νηΐθ），部分原因可能是这些名字具有相似之处。"[233]

一些权威学者认为，在希克索斯王朝时期的埃及，赛斯的配偶可能是阿娜特。[234] 根据基督教作家尤利乌斯·阿非利加努斯（Julius Africanus）摘录的曼涅托《历史》概要，希克索斯王朝的第一位法老被称为赛特斯（Saitēs）。[235] 马莱解释道，它指的是法老在赛斯定居下来。[236] 另一种可能性是将他与上文提到的希克索斯名称 ʿAnat Ḥr 联系起来，并且认为他是阿娜特 / 奈斯的崇拜者。对此不能做过多解读，因为约瑟夫斯将从曼涅托著作获得而来的名字转写为塞里

230　Pausanias 2: 38.4, tr. Frazer（1898, 1: 130-1）.
231　Pausanias 2: 37.1, 2: 36.8.
232　Leake（1830, 2: 472），引自 Frazer（1898, 3: 300）。
233　Frazer（1898, 5: 49）.
234　Hayes（1973, 56）.
235　Manetho, frg. 43 in Waddell（1940, 91）.
236　Mallet（1888, 120-1）.

特斯（Salites）。塞里特斯曾经被认为与一个叫作萨瑞克［Sarek（Sa ʻrk）］的法老是同一个人，在来自孟菲斯的一份祭司名单中提到过他。[237] 然而，加德纳和冯·贝克拉特（von Beckerath）认为萨瑞克是希克索斯王朝的最后一个法老。[238] 而且，当提到三角洲东部的赛斯罗伊特（Sethroite）诺姆时，约瑟夫斯事实上把它称为赛特，这一点也很奇怪。[239] 这种指称可能说明，是约瑟夫斯而不是阿非利伽努斯弄错了第一个统治者的名字。不论怎样，很明显的是，如同他们的后代以色列人一样，希克索斯人非常崇拜阿娜特，很有可能阿娜特崇拜在埃及语中被认为是奈斯崇拜。

［这种解释将与修正的古代模式为克里特提出的历史模式相吻合。］如上所述，虽然盾牌女神的雕像在更早的时候便已存在，但它只是在弥诺斯中期 III
576 期才广泛流传。此外，在带有儿童尸骨房间里发现的希克索斯圣甲虫暗示，这些崇拜仪式之间存在着关联。

对崇拜仪式证据的总结

来自雅典的传说证据以及来自特洛曾的传说证据和实物证据表明，在中王国时期，埃及对阿戈斯和阿提卡存在着文化和宗教上的影响；并且，在中期希腊底时期，埃及对希腊大陆存在着影响；在这些世纪里，埃及可能对爱琴海的部分地区有着政治影响。这些保留下来的早期崇拜仪式似乎是关于荷鲁斯和普塔的。后来某个阶段，大概是公元前 18 世纪晚期，兴起一股新的影响力，它与希克索斯人有关。在第二股浪潮中，处于支配地位人物是具有竞争力的奈斯 / 雅典娜和赛斯 / 波塞冬。

诸名称的词源

当然，以上所有的结论都是根据推测得出。然而，极有可能的是雅典娜大部

---

237 Josephus, *Contra Apionem* 1: 14 和 Hayes（1973, 59）。关于祭司列表的讨论，参见第二卷，第 335—336 页。

238 Gardiner（1961, 160）; von Beckerath（1965, 133-4）.

239 Josephus, *Contra Apionem* 1: 14. 关于 se-n-ha'pi，参见 Griffiths（1970, 395-6）。关于赛拉匹斯的记录，参见 Tacitus, *Histories* 4: 83-8。

分的属性源于奈斯，雅典娜或阿塔奈亚（Athanaia）起源于埃及语 Ḥt-nṯr(nt)Nt。

首先，我们应该探讨一些与雅典和雅典娜有关联的希腊语专有名词以及它们可能的埃及语词源。

地 名

柏拉图在讲到神话时描写古代雅典的风景，认为雅典的边疆东起律卡贝托斯（Λυκαβηττός）山，西至普尼斯（πɴύξ）高地。[240] Lykabēttos（律卡贝托斯）的一个可能的词源是埃及语 ꜣḫt iꜣbt（“发光的东部地区、太阳从那里升起”），这个地名出现在《亡灵书》中。[241] πνύξ、πυκνός 是雅典公民审判团集会的地方，关于该名称起源于埃及语 *pꜣ qnbt（“由行政官员、审判员、司法委员会等等组成的法庭）”，参见第九章。[242] 这些词有没有印欧语词源。

柏拉图学派于公元前 385 年在雅典城墙西北方一个叫作 ’Ακαδήμεια（阿卡德米亚）的树木茂密的地方成立。第欧根尼·拉尔修认为这个名称起源于不知名的神话英雄 ’Εκαδήμος（赫卡德摩斯）。他还认为，最初的名称是 Hekadēmy（赫卡德米）而不是 Akadēmy（阿卡德米）。[243] Akadēmeia（阿卡德米亚）坐落于两条路之间：一条是从雅典城最大的门狄佩隆（Dipylon）门 577
开始、向西北延伸的主干路，另一条是通往埃琉西斯的“圣路”，宗教游行队伍是沿着它进入雅典的。有时，游行队伍是从狄佩隆门进入的；其他一些时候，他们是恰好 60 码外的另一个大门进入的。[244] 这与 *ʿqr dmỉ（“一个城市入口、一个区域的入口”）非常符合。在科普特语中，ʿq 表示 ōk，另一方面，ʿqy（“国王庄严的进入”）成为 aik（“授任典礼”）。Akadēmy 中的长音 /ē/ 与起源于 dmỉ 的 dēmos 中的长音相匹配。[245] 这个地名早于柏拉图时代，并且考虑到他对埃及语缺乏了解的其他证据，尽管该词专门用于指称他的学派，但他不可能知道它的含义。

240 Plato, *Kritias* 112 A.

241 参见 Gauthier（1925-31, 1: 8）。关于 Lykabēttos 和词汇 lukabas 之间的可能关联，参见第十九章，注释 37。

242 参见本书第九章，注释 92—93。

243 Diogenes Laertius 3: 7, tr. Hicks（1980）.

244 参见 Pausanias 1: 29.2, 和 Frazer（1898, 2: 378-9）。另见 Levi（1971, 83, n.172）。

245 参见本书第十二章，注释 36—39。

神话人物

在这一小节中，第一个要探讨的是 παρθένος 起源于埃及语 *Pr ṯḥn 的词源分析。在此，我们再一次探讨奈斯与利比亚的关联。阿瑟·埃文斯特别注意到被埃及人称为 Ṯḥnw 的利比亚人。

Ṯḥnw 生活在尼罗河三角洲的西边，他们以“Ṯḥnw”（油）而闻名，珀西·纽伯瑞认为它就是橄榄油（这也可以和雅典娜联系起来，雅典娜的圣树就是橄榄树），另外 Tḥnw 的彩陶器也很著名，在埃及被称为 ṯḥnw。[246] 正如埃文斯解释的那样，这些彩陶器在制造过程中，泡碱（碳酸钠）是必不可少的，它们在利比亚的绿洲地带被发现。[247] 阿兰·加德纳也写过关于 Tḥnw 的文章。他指出，他们是生活在昔兰尼加的利比亚人，先前曾经被认为是“白人”，在埃及绘画中，他们虽然穿着野蛮，但是体格特征类似于埃及人。[248] 加德纳考虑到 Tḥnw 有可能生活在南方，在法尤姆内或其附近地区。[249] 近来，范德尔斯雷恩（Vandersleyen）反对他对此问题的犹豫不决。[250] 加德纳在此问题的简述中，提到过一则关于 Nt Ṯḥnw 的古王国时期的材料。[251]

古埃及地理研究学家亨利·戈捷将 Pr ṯḥn 解释为“水晶房子、彩陶房子”。[252] 这个名字在赛斯的奥西里斯神庙得到证实。Pr ṯḥn 与 Parthenō 在语音和语义上有惊人的对应。埃及学专家阿诺·埃格伯特反对这种词源解释。他承认列举不出其他的词源解释，并且 *Pr thn 和 Parthenōn（帕特农）在语音上有很完美的对应性。一个相似的例子是科普特语的 tehne，它来自更早的词 dhnt。这个
578 例子表明，ṯḥnt 的重音在第一个音节上，因此产生一个希腊语音组合 *-then。埃格伯特反对语义上的联系：少女们怎么会与奥西里斯这样一位阳刚的人联系起来？奥西里斯甚至可以在死后让他的妻子兼姐妹怀孕。[253] 埃格伯特认为 Parthenōn 不可能起源于 *Pr thn，他明显是有道理的。不过，我认为这个词源

246 参见 Gardiner（1947, 1: 117）以及 A. Evans（1921-35, 2: 1, 51-4）。

247 A. Evans（1921-35, 2: 1, 51-4）.

248 关于对“白”利比亚人的有影响的著作，参见 Bates（1914）。参见 Gardiner（1947, 1: 116-9）。

249 Gardiner（1947, 1: 116-9）.

250 参见 Vandersleyen（1995）。

251 Gardiner（1947, 1: 118）. 另见 El Sayed（1982, 261-2, doc. 182; “Inscription in the solar temple of the Fifth Dynasty pharaoh Niuserre”）。

252 Gauthier（1925-31, 2: 139）.

253 Egberts（1997, 160）.

分析仍然站得住脚。第一个原因是这个观点源于奈斯与 ṯḥn 之间紧密而又复杂的联系，它将在下文进一步展开讨论。从赛斯时期起，便有材料直接提到 Nt ṯḥn。[254] 第二个原因是来自地名 Pr ꜣḫt（“光明的房子”）。这个 *Pr thn 同义词被证实表示哈特和奈斯的神庙。[255] 第三个原因是在许多文化中，年轻女性的形象是“光彩照人的”和“生机焕发的”。第四个原因是，Pr 和 thn 结合在一起有可能是因为地名前缀 Pr- 被极其频繁地使用。戈捷列举出不止 500 个例子。因此，一些神庙或其他建筑物连同分享它们的名称的一些神被命名为 *Pr thn 的几率也是很高的。

通过神圣的语义双关，奈斯与 Ṯḥnw 以及他们的产品 ṯḥn（“彩陶”）联系在一起。ṯḥnt 作为一个形容词，含义为“灿烂的、闪耀的、珠宝、蓝绿色”。最后一个含义是彩陶器的颜色，它也被视为明亮天空的颜色以及天空的一部分，因为从地面上看它们具有绿青石的形态。[256] Parthenos 在希腊语中表示“年轻的女性、处女”，并且特别用来指称贞女神阿耳特弥斯和雅典娜。这些埃及语和希腊语词汇有许多相同的特定含义，都表示“容光焕发”和“快乐”的含义。Ṯḥnt 也用来指代“神的明亮的眼睛”或者眼睛的一部分。Parthenos 这个词也有一个特定含义，指“瞳孔”。

雅典娜有许多求显灵词与眼睛有关：’Οφθαλμῖτις 和 ’Οξυδερκής。首先，荷马采用 Γλαυκῶπις* 来称呼雅典娜和其他令人恐惧的生物，这个词的含义是“灰白而又明亮的眼睛”。这个词明显起源于 γλαυκός (H)（“灰色的、浅蓝色的、可怕的、明亮的”）。Glaukos 确实是另一个雅萨诺夫和努斯鲍姆承认没有印欧语词源的词。[257] 然而，它有一个很好的埃及语词源 gꜣgꜣ（“使眼花、使吃惊”），它与表示眼睛的义符连写。还有一位被称作 Gꜣgꜣwt 的女神，但是不能得知是否她是 Nt 的一个形象。Glaukos 也与 γλαῦξ γλαυκός (H)（“猫头鹰”）有关联，它是一种大眼睛、凶猛的鸟，也是雅典娜的别称，相当于奈斯的秃鹰。gꜣgꜣ 也可以作为 Γοργώ 一个很好的词源，Γοργώ 还有一个复合形式 Γοργῶπις，像

254　Erman and Grapow（1926-53, 5: 393，25）.

255　Gauthier（1925-31, 2: 50-1）.

256　Erman and Grapow（1926-53, 5: 391）. 这个词义暗示，至少埃及人将天空理解为蓝色的，不过布朗有不同意见，参见 J. P. Brown（1968b, 37-8）。

*　猫头鹰眼，意为猫头鹰的眼睛。——译者注

257　Jasanoff and Nussbaum（1996, 185）.

γλαυκῶπις 一样，含义为“凶猛的面貌”。戈尔贡的面孔和眼睛让所有见到她的
579 人变成石头。上文提到，她与雅典娜有着密切而又久远的联系。[258]

在《金字塔铭文》的第 317 节中，奈斯之子鳄鱼神索贝克为“伟大的（女）神的眼睛带来了绿色”[259]。这种描写很可能指的是奈斯本身。上述第五王朝的碑文上，Nt Ṯḥnw 后跟着“奈斯的眼睛”。埃及学专家拉马丹・厄勒・赛义德（Ramadan El Sayed）提出合理的观点，认为“这可能是奈斯的一个形象，她在此期间受到利比亚人的崇拜”[260]。柏拉图描写帕特农神庙内菲狄亚斯（Pheidias）雕刻的雅典娜雕像的眼睛，称其镶嵌着宝石，罗马人崇拜的女神墨涅瓦相当于雅典娜，西塞罗看到墨涅瓦的完美雕像有一双淡蓝色闪光的眼睛。[261] 狄奥多罗斯反对“希腊人的观点”，即雅典娜有一双蓝色的眼睛是“一个愚蠢的解释”。在他看来，雅典娜女神被称为 Glaukōpis 真正的原因是因为“天空是青紫色的”。[262] 事实上，这两个形象并不互相排斥，没有道理否认雅典娜有时候表现为有一双蓝色闪光的眼睛。在许多社会中，如蒙古和中国，绝大多数人的眼睛是棕色的，蓝色的眼睛传统上被认为是残暴的象征。新王国时期的一幅画画着一头凶猛的“海湾的河马”，它可以作为一个生动的表现。这头河马是塞特的动物。现实中，河马的眼睛是黑色的，微微带有粉色，但是画中河马的眼睛是明亮的蓝色。[263]

古代希腊同现代希腊一样，蓝色的眼睛与“邪恶的眼睛”联系在一起，表示各种各样恶劣的品质。因此，Glaukōpis 的含义是雅典娜的眼中带有的苍白色增加了她所激发的恐惧感。[264] 那么埃及的奈斯女神很可能也是这样。不论怎样，她与蓝绿色彩陶器、明亮的天空的关联以及 ṯḥn(t) 与眼睛的关联，表明她的眼睛是可以视为蓝色的（虽然她在后来的观念里习惯上蒙上面纱）。[265] 帕萨

258 本章注释 80—81。

259 参见 Faulkner（1969, 99）。

260 El Sayed（1982, 262）.

261 Plato, *Hippias Major* 290, C; Cicero, *De natura deorum* 1: 30.23, tr. Douglas（1985）.

262 Diodoros 1: 12.8, tr. Oldfather（1968, 45）.

263 Davies and Gardiner（1936, ill.XX）.

264 关于蓝色眼睛的可怕性，参见 Chantraine（1966, 195-6）以及 Maxwell-Stewart（1981）。关于这个观念的反对观点，请参阅 Watson-Williams（1954）。对这些引用，我要感谢 R. 德鲁・格里菲斯（R. Drew Griffith）。

265 关于她的面纱，这似乎表明她既是一位贞女神，又是蔚蓝天空之上的女神。参见 Plutarch, *De Iside*, 354.C; Proclus *In Platonis Timaeum Commentarii*, 30。关于对她们的记载的埃及背景，参见 Hani（1976, 244）。关于面纱这个观念可能源于对词汇的误译，参见 Assmann（1997, 119）。

尼亚斯明确地描述雅典娜的蓝色眼睛来自利比亚的故事。[266] 因此，我们遇到了一个悖论，即雅典娜女神的蓝色眼睛来自非洲。这个悖论使《黑色雅典娜》这个名称复杂化，但它使得我的总体看法更为可信，增强了我倾向于《非洲的雅典娜》（*African Athena*）这个标题的意愿。

Ḥt nṯr (nt) Nt 雅典娜

我们在前面的内容里讨论了凯克洛普斯是埃及人的这个观点。在这里，我将
回到对帕加马的卡拉克斯的一段引文上："来自埃及赛斯城的凯克洛普斯在雅典进 580
行殖民。根据埃及人的说法，赛斯被称为（legetai）雅典娜。"[267] 理解最后一句话的最简单的方式是说希腊化时期的埃及人认为"雅典娜"是赛斯的一个名称。事实上，赛斯仅仅是这个城市的世俗名称。它的宗教名称在象形文字文献中得到证实，是 Ḥt Nt 或 Ḥt nṯr (nt) Nt。[268] 阿诺・埃格伯特在此问题上对我提出严厉的批评，他强烈反对我最初的观点即雅典娜这个名称起源于 Ḥt Nt。他并不反对奈斯与雅典娜或者雅典娜与赛斯在语义上的关联。他也注意到这是希腊人的一个传统观点，作为埃及学专家，他知道埃及诸神经常以他们的住所来指称。[269]

埃格伯特从三个方面反对 Ḥt Nt 和雅典娜之间的语音对等。他首先反对的是 'Aθ- 起源于 Ḥt 或 Ḥwt（"神庙"）。他认为即使在公元前 2 千纪，词尾 -t 正常情况下也是被省略的。尽管许多地名前缀 Ḥt- 几乎在每种情况下都被翻译为希腊语中的 'Aθ-，但 Ḥt- 中的 /t/ 后面跟着一个喉音 /ḥ/ 时，便被翻译为希腊语的 theta，如同 Athribis< Ḥt-ḥry-ỉb 和 Athur（Hathor）<Ḥt- Ḥr 这样的情况。这里存在着一个明显例外的原因是，当 Ḥt- 后跟随一个 /t/ 时，这个 /t/ 被保留下来；当 t 在 Ḥt 中是结尾时，它将被省略。埃格伯特引用了一个科普特语的例子：Atripe< Ḥt-tɜ-rpyt。[270] 他列举的最后一个例子不是很清楚，因为希腊词汇

266 Pausanias 1: 14.6.

267 Kharax in Tzetses *Ad Lycophronem* III in Müller（1841-70, 3: 639）. 在希腊化时代，埃及人将赛斯与雅典、奈斯与雅典娜等同，可以从赛斯铸造的钱币上看出来。这些钱币上面有雅典娜像，她一只手托着一只猫头鹰和另一只手拿着一支矛。Frazer（1898, 5: 49）.

268 Mallet（1888, 83-4）and Gauthier（1925-31, 4: 88）.

269 例如，Wɜḏyt 与 Pr Wɜḏyt 之间、Bɜstt 与 Pr Bɜstt 之间的等同，见第九章，注释 143—162。

270 Egberts（1997, 158）.

Αθριβις 在上埃及的词源几乎可以总是被确认为铭文中 Ḥt-rpyt 不带阴性冠词 tꜣ 的词形。阿兰·加德纳推测，这是个口语表达，没有被书面记载。[271] 埃格伯特认为 /t/ 是插入的成分，有时候与 (N16)tꜣ（“土地”）连写，表示下埃及阿特里比斯（Athribis）。这些学者都没有考虑到 /t/ 来自 Ḥt- 中最初的 -t 的可能性。在他们看来，真实情况出现在两种情况里：Auaris< Ḥt-wʿrt 和 Aigyptos< Ḥt-kꜣ-Ptḥ。在这些例子中，由于埃及语中一般失去结尾的 -t，/t/ 被省略了。虽然 Athribis 的情况复杂，我们完全有理由推测，埃及学的正统观点在此问题上是正确的。

埃格伯特反对的第二点基本上是对第一点的重复。他将公元前 2000 年前后的 Ḥt Nt 的发音重构为 *ḥVnVt, V 是一个未知的元音。因此，根据他的观点，我“偷换”了位于词中的一个 /t/，“偷走”了结尾的 /t/。[272] 这个词通常被认为是神的名字，Nt 中的 -t 由于宗教原因保留下来。埃格伯特反对的第三点是我没有解释 Athēna<Athāna 第二个音节的长元音。[273]

581 我相信，这些反对的观点可以通过已经证实的词形 Ḥt-nṯr Nt 和 Ḥt-nṯr nt Nt 来反驳。Ḥt 和 Ḥt-nṯr 事实上是同义词，意为“神庙”。如前几章中提到的那样，Pr 和 Ht 都可以用来指神以及将他们作为主神崇拜的城市。同样值得注意的是，加德纳将这一原则应用到词形 Ḥt-(tꜣ)-rpyt 上面，Ḥt-Nt 可能有时候隐藏了一个 Ḥt-nṯr (nt) Nt，增加了后一种词形出现的数量。中期埃及语 Ḥt-nṯr (nt) Nt 的发音可以根据埃格伯特使用的原则重构为 *ḥV (n)ṯ(r)V(nt) nVt。我们先看一下这些辅音，Ḥt 在每一个希腊语转写形式都失去了它的送气音。因此，我们将发现 *V(n)ṯ(r)V(nt) NVt 这个词形（V 再一次是一个未知的元音）。

在第十章中，我们探讨希腊语中从 nṯr 演变而来的借用词，列举的例子中，辅音结构 nṯr 被完整地转写，如 κά(νθαρ)ος 与 Κέ(νταυρ)ος。其他情况下，n- 被省略掉，但结尾的 -r 保留了下来，成了 VθVρ，如 ἀθήρ、ἀθάρη 和 (κ)θαρός。还有一些词形保留了 n-，但失去了结尾的 -r，如 ’ανθος、ξάνθος 和 (Κα)ανθος 等。[274] 从来没有失去的是 ṯ/θ（theta 是目前最为常见的埃及语 /ṯ/ 的转写形式）。

271 Gardiner（1945, 110）. Vycichl（1983, 18）将加德纳的文章日期错注为 1944 年。

272 有趣的是，埃格伯特本人疏漏了 Ḥt-(t) rpyt 的一个 /t/。

273 Egberts（1997, 154-9）. 雅萨诺夫和努斯鲍姆做出了类似的但稍微粗略的评论，见（1996, 194）。

274 本书第十章，注释 5—85。

这不仅仅是未发现失去 /ṯ/ 的希腊词的问题，两个最初包含 nṯr 的科普特语复合词可以证明：henēte（“寺庙”）< Ḥt-nṯr 和 hont（“异教的祭司”）< Ḥm-nṯr（“神的仆人、祭司”）。第一个词中 n- 被保留下来，但是第二个词就不太清楚了。不论怎样，词中的 -t- 保留了下来。也有可能，Ḥt-nṯr nt Nt 中 nṯr 的 n- 在地名 Anthēnē 中保留下来，Anthēnē 位于阿戈斯地区达那俄斯登陆地点附近。[275]

Athena 中的 -n- 源于 Ḥt Nt 中的 -n-，这种演变并不困难。省略结尾的 -t 也同样容易解释，然而，这并不是因为它在公元前 2 千纪的早期埃及语中消失了，而是因为，就 Nt 而言，结尾 -t 显然按照古代形式被保留下来。在一定程度上，在被同化的希腊词中不能容许结尾 -t 的存在。[276] 因此，该辅音结构应该被视为 *V(n)ṯ(r)V(nt) nV。根据上述允许的规则，省略掉 n- 和 -r，它就变成为 *V(n)ṯ/θV(nt) nV。

现在来探讨一下元音。毫无疑问，Ḥt 被元音化为 *Ḥat。尼罗河三角洲的阿特里比斯（Athribis）在亚述文献中被翻译为 Ḫa-at。[277] Ḥt 的所有希腊语翻译都以 A- 为字首。因此，在希腊语中，我们能够重构为 *Vθ(n)V(nt) nV。下一个元音仍然不能确定，然而如果 /r/ 失去，可能导致这个元音的拉长；如果先前有一个属格标记 nt，这个元音可能更加拉长。

神名 Nt 最初元音化发音似乎应该是 *Nāi̯t。约瑟的埃及妻子在《圣经》中 582
的名字 ʾÅsənat 表示出了元音的音值，这个名字可能来自埃及语 n(y) s(y) Nt（“她属于 Nt”）。[278] 柏拉图把 Nt 转写为 Νηΐθ，表示出了元音的音量。[279] Nt 在这里和其他地方被转写为 Nit- 或 Neth，这也可以表明存在着一个带有后滑音（off-glide）最初词形 *Nāi̯t。

这个滑音不经常在希腊语中出现。它没有出现在多利亚方言 'Αθᾱνᾱ 或者迈锡尼语 Atana 中。荷马有时会使用更为古远的词语，但不是 B 类线形文字中的书面语言，他使用了 'Αθηναΐη。据推测，这个词最早词形是 *Αθᾱναΐα。这与被重构的埃及词 *haṯɣ̌Nāi̯t 吻合。在希腊语中，词首的 h- 是不送气的，/ṯ/ 被转写为 θ，结尾的 -t 被省略，因此产生了 *Αθɣ̌Νᾱι̯α。来自 Ḥt-nṯr (nt) Nt 的词

275　见 Thucydides 5: 41 以及 Pausanias 2: 38.6。

276　埃格伯特没有考虑这个问题。

277　参见 Vycichl（1983, 18）。

278　Genesis 44: 50. 参见 Vergote（1959, 148）。

279　Plato *Timaeus*, 21E.

源可以消除埃格伯特对这个词源分析的三点反对意见。θ 不是起源于 Ḥt 中的 -t，而是起源于 nṯr 中的 -ṯ-。这个词源说明，结合希腊语中不能容许结尾的齿音，可以回应他的前两点反对意见。nṯr 中 -r 被省略，属格形容词 nt 中的 -r 有可能被省略，这可以可以解释由 ā 演变而来的长元音 ē。

结 语

这一词源分析的语音内容并不完满，但它的语义内容被发现是完美的。Ḥt-nṯr (nt) Nt 既是城市名又是神名，追溯它的词源分析可以解释这位希腊女神的名字和她的崇拜中心或崇拜城市之间的同一性。若干地点被称为 Athēnai（雅典娜），雅典娜在远离阿提卡的这座城市也受到崇拜。[280] 雅典和雅典娜在希腊可以作为唯一的例子说明神和她的城市使用同一个名称。与纺织、神圣的衣装、盔甲、帕拉狄昂以及火焰仪式相关的崇拜仪式的类似，是如此相互交织在一起来，以至不能解释为古典时期虚构的故事。在古典时期和希腊化时期，希腊人中普遍有一种信仰，认为这些关联都是真实的。希罗多德总是将赛斯女神称为雅典娜，柏拉图说："……（赛斯）的创立者是一个女神，她的埃及语名称是奈斯，并且正如他们所宣称的那样，她的希腊语名称是雅典娜。"[281] 此外，帕加马的卡拉克斯的明确证据表明，雅典娜是埃及人称呼赛斯的一种方式。而且，词典编纂学者和我的批判者——埃格伯特、雅萨诺夫和努斯鲍姆都没有提出任何其他方案，更没有说服力更强的词源分析。除非有人做到这一点，那么 ’Αθηναΐη 起源于 Ḥt-nṯr (nt) Nt 的观点仍然是合理的，这个观点应该被允许继续存在。

280 参见第二卷，第 81—90。

281 Plato *Timaeus*, 21E, trans. Bury（1929, 31）.

结　论

埃及文化杰作的壮观遗产和一个不是以百年而是以千年计算的历史使批判意识瑟瑟发抖，使批评家们屏息难言。然而，埃及文明的创造性似乎最终失败了……在这个闪耀杰作的中心，很容易感觉到它最终的贫瘠和空无一物……埃及的军事和经济力量对世界的长久影响几乎是微不足道的。她的文明从未成功地传播到外部世界……

J. M. 罗伯特《新世界历史》(2002 年，第 86 页)

写这几卷书的目的是驳斥那些被罗伯特重复的、广泛传播的传统观点。我希望表达的是古埃及和非基督教的黎凡特都没有走入死胡同。它们通过希腊、罗马和一神论宗教文明成为西方历史至关重要的部分。

本卷是这套丛书的最后一卷。我起初设想写三卷，但是后来开始构思写四卷。现在，我又回到最初写三卷的构想上。然而，写作形式发生了改变。在第一卷的序言中，我提出第二卷应该包括考古学、青铜时代文献、地名以及具有埃及语和闪米特语起源的词汇。第三卷将探讨神话的类似性。在写第二卷的时候，我意识到自己有些贪婪，语言学研究需要一个独立的卷来描写。然而，我同时也在撰写神话学书稿的过程中搜集了许多材料，留下来的材料更适合写成论文而非写成书。因此，我在最后一卷中，多少局限于语言学的写作。

本卷的前几章，我探讨的是语系问题。其他学者的观点让我相信：（1）亚
584 非语和印欧语在深层面上普遍具有亲缘关系；（2）在北部亚非语和原始-印欧语之间曾出现过词汇交换。不过，本书的重点在于几种特定的语言：一方面是埃及语和西闪米特语，另一方面是希腊语和其他语言。

我曾经探索过，亚非语对于希腊语可能有四个层面的影响：音韵、词法、句法和词汇。前两个方面的尝试在很大程度上没有成功。作为从埃及语和闪米特语借用来的词汇，有一些音素特别是著名的词首增添字母（prothetic letters）在希腊语中变得更为常见。类似的情况是只有相对较少的希腊语形态特征起源于亚非语。埃及语虚词的传入多少影响到希腊语的句法。而且，主要的影响是在词汇，本卷的四分之三篇幅都在讨论词汇。当面对那些主张希腊词汇起源于闪米特语观点时，古典学者的回答如台词一般："编造出几个闪米特语词源总是可能的。"我认为这些可能性完全有可能产生，因为确实存在很多这样的词根。反对传统观点的学者相信任何希腊词或者名称，如果在语音和语义上是非常松散的，那么可以认为它起源于亚非语。对此，我的反驳意见是《黑色雅典娜》各卷提出的词源一般都符合语音学的规律性。然而，我并没有尝试去创造刻板的规则，一部分是因为考虑到外来词，我们不可能在语系内建立起完全的对等。更重要的是因为，不可能在这些语言中建立起一对一的语音对应关系，并且也不能确定 3000 年中语言之间相互联系潜在发生的不同的语音转变。

这种灵活性并不意味着"任意发展"。比如我引用一个词和一个名称：anthrōpos（"人"）和狄奥尼索斯神。它们都是希腊文化的核心词汇，都缺少印欧语词源，但是我也无法找到亚非语词源。局限性由此产生。

此外在我研究这个课题 30 多年之后，我更加坚信大约有 40% 的希腊词汇，甚至更大比例的专有名词一定起源于亚非语言。

585 我无法接受传统的历史语言学家经常重复的论调，"少数可以确定的词源价值要远远超过成千上万个不能确定的词源"。这个观点推测语言 X 和语言 Y 之间没有联系，任何与之相反的观点都需要提供"证据"。我坚信根据其他原因，在文化之间存在已知的联系，虽然获得词源性质是令人向往的，但是词源数量也很重要。我相信这里提出的合理的词源以及另外一些词源应该被接受。本卷中展示的大量纷繁复杂的证据是否能使相关学科的学者信服，这是件有趣的事情。在处理一个更加复杂的问题是，查尔斯·达尔文准确地表达了我的观点：

虽然我完全相信本卷中观点的真实性，但是我绝对没有期待说服那些经验丰富的博物学家，他们的思想中充满了大量公认的事实，这些事实经过漫长时间的沉积，它们与我的观点截然相反……但是我对未来充满信心，对那些年轻有为的博物学家充满信心，他们会公正地看待这个问题的两个方面。[1]

1 Darwin（1889, 2: 295-6），转引自 Kuhn（1970, 151）。

词汇表

非洲（Africa）:

大陆是一大片被水环绕的陆地群，非洲符合大陆的这一标准定义。像“大陆”概念本身一样，非洲的这一定义也存在着疑问。它包括从沙漠到雨林等一系列气候，并且被许多自然界线区分开来，尽管它们在数千年中已经发生了变化，但是，随着时间的推移，这些变化使得不同气候带要比今天更有可能相互接触。作为现代人类居住最久的大陆，非洲比世界其他所有地方加起来还要具有更广泛的基因变异。然而，语言的一致性在一定程度上令人感到吃惊。总而言之，非洲因此仍然是一个非常有用的概念，以至不会被解构。

亚非语系（Afroasiatic）:

又称闪含语系，它是一个由众多语族组成的超级语族，包括贝沙语族，柏柏尔语族，乍得语族，埃及语族，闪米特语族，奥摩语族，以及中部、东部和南部库希特语支。

阿伊努人（Ainu）:

在日本北部仍存在的民族。他们的语言被认为是亚欧语系的一个独立分支。

阿卡德语（Akkadian）:

美索不达米亚人使用的闪米特语，受到苏美尔语的极大影响，大约在公元前 1 千纪中期被阿拉姆语代替。

字母表（alphabet）:

文字体系的专门表格，字母表中符号单独代表独一的音素。几乎所有已知的字母表都源于公元前 3 千纪在埃及或黎凡特产生的单一表格。相对于这一模式而言，只有非常少的字母表属于例外，但它们也产生于原初字母表的演化结果的类似事物。这一类型中比较突出的例子是爱尔兰欧甘语和朝鲜语的字母表。

阿尔泰语（Altaic）：

在中亚分布广泛的一个语系，包括土耳其语、蒙古语，可能还包括通古斯语和朝鲜语。它被认为是亚欧语系的一个独立分支。

阿姆哈拉语（Amharic）：

埃塞俄比亚使用的闪米特语，是埃塞俄比亚的民族语言。

安纳托利亚（Anatolia）：

古代的一个地区，大约相当于现代土耳其。

安纳托利亚语族（Anatolian）：

安纳托利亚地区使用的多种印度-赫梯语，而非印欧语，已消亡。它们包括赫梯语、巴莱语、卢维语、利西亚语、吕底亚语，可能还包括卡里亚语和伊特鲁里亚语。

阿拉姆语（Aramaic）：

西闪米特语的一种，最初在现今叙利亚境内部分地区口头使用，后来成为亚述帝国、新巴比伦帝国和波斯帝国的官方语言。大约公元前 1 千纪中期，它在地中海东部地区取代了腓尼基语和希伯来语等迦南语方言。它相继被希腊语和阿拉伯语所取代。

古风希腊（Archaic Greece）：

一段希腊历史时期，传统上认为它从公元前 776 年奥林匹克第一届运动会开始，到公元前 500 年前后古典时代结束。

亚美尼亚语（Armenian）：

安纳托利亚东部一个古代民族所使用的印欧语。据推测，它有时特别接近希腊语。由于最早的亚美尼亚文本只能追溯到 4 世纪，所以其相似处可能仅仅由于希腊语的影响，也有可能是希腊语与闪米特语言广泛接触的结果。

雅利安人（Aryan）：

这一术语源于闪米特语 'ary，而 'ary 来自埃及语 iri，即“同伴”之义。后来，人们认为波斯人将他们自己称为雅利亚（Arya），19 世纪和 20 世纪的学者用这一术语来指示印欧语系中印度-雅利安语或印度-伊朗语分支的使用者。这些民族在公元前 2 千纪的上半期出现，从西北部入侵了伊朗和印度。在 19 世纪晚期，这一术语被用来表示专门将犹太人排除在外的“印欧族群”或“白种人”。

亚洲（Asia）：

名字源于公元前 2 千纪安纳托利亚西部的国家——阿苏瓦（Assuwa）。在希腊语中，这一术语既用来指安纳托利亚（小亚细亚），也指希腊以东大海对岸的整片大陆。严格来说，亚洲和欧洲都不能算作大陆，因为它们并没有被水环绕。此外，亚洲被诸多地理屏障永久地分割开来，并且居住的民族们有着完全不同的语言和文化。

亚述（Assyria）：

美索不达米亚北部的一个古代城邦或王国，可以追溯到公元前 3 千纪。它最辉煌的时期是公元前 2 千纪末以及公元前 900 年到公元前 600 年间。其语言是阿卡德语的一种古老方言。

大西洋语族（Atlantic languages）：

非洲西部海岸一带所讲的尼日尔-刚果语系分支。其中的一支——富拉尼语（Fulani）——在许多小片区域内使用，向东最远到达喀麦隆。

原住民（autochthonous）：

当地人或土著居民。

班图语（Bantu）：

尼日尔-刚果语系的最大分支。西至喀麦隆、东至肯尼亚、南至南非的大部分区域都讲班图语。在最近3000年里，它似乎在更广泛的区域内得到使用。

公元前（BCE）：

公历纪元之前。“公元”一词参照罗马教皇格利高里历法的使用，这是现代世界最“公元”的历法。

贝沙语（Beja）：

亚非语系分支，在东部埃及和苏丹的红海沿岸地区至少在过去5000年间作为口头语言使用。

柏柏尔语族（Berber）：

属于亚非语系，一度在整个西北非地区口头使用。从埃及的西部沙漠到摩洛哥和毛里塔尼亚，它至今仍然在许多零散区域内口头使用。

良知论（Besserwisserei）：

德语词汇，意为“更加了解”（knowing better），指的是一种学术方法，这种方法是建立在以下信念的基础上：19、20世纪历史学家们所谓的“科学”和“学术方法”使他们的结论毫无例外地超越了古代作家的结论。

《白日前往之书》（*Book of Coming Forth by Day*）：

它更以《亡灵书》（*The Book of the Dead*）一名为世人所知，这本咒语和指令的汇编用来指导亡者的灵魂度过死后生活的历程。

青铜时代（Bronze Age）：

现代术语，指青铜（通常是含锡的铜合金）用于制作工具和武器的时期。铁器已在很大程度上取代了青铜器。在亚洲西南部和环东地中海地区，青铜时代大致从公元前3500年持续到公元前1100年。在东亚和西欧，这一时代开始和结束的时间都要晚一些。非洲的大部分地区直接从石器时代进入了铁器时代。

毕布勒（Byblos）：

古代港口城市，位于现今的黎巴嫩南部。它与埃及有着密切的交往，是黎凡特地区最重要的城市，直到公元前2千纪末才被西顿超越。

仿造（calque）：

对另一种语言的词汇、措辞和习惯用语的字面翻译，“snow peas”源于汉语中的xuedou（“雪豆”）是一个例子。源于汉语中的doufu或日语中的toufu的“toufu”不是仿造语而是借用语。

迦南语（Canaanite）：

一种受到古埃及语影响的闪米特语。公元前2000年到公元前500年间在地中海东部沿岸黎凡特地区的南部口头使用，公元前500年被阿拉姆语取代。腓尼基语和希伯来语是其后最广为人知的迦南语方言。“迦南的”也被考古学家用来描述大约公元前1500年到公元前1100年间叙利亚-

巴勒斯坦南部的物质文明。

卡里亚语（Carian）：

安纳托利亚西南部使用的口头语言。它大概是安纳托利亚语，但有可能不属于印度-赫梯语系。字母铭文可以追溯到公元前 6 世纪。

中部库希特语（Central Cushitic）：

亚非语系的一个分支。在埃塞俄比亚北部被一些零散区域口头使用。

中部科伊桑语族（Central Khoisan）：

在纳米比亚和博茨瓦纳讲科伊桑语言的一个小种群，它带有二元性特征，这种特征在哈扎语中也被发现。

陶器时期（Ceramic period）：

考古学家以陶器风格为基础重构的时代。

乍得语族（Chadic）：

亚非语系的分支，它包括从中非共和国和喀麦隆到尼日利亚北部的许多语言。

古典希腊（Classical Greece）：

公元前 5 世纪—公元前 4 世纪的希腊。通常认为这一时期见证了希腊天才的最伟大、最“纯粹”的作品。

科尔基斯（Colchis）：

位于黑海东岸、现在高加索地区的一个国家。

公元（Common Era）：

公历纪元。非基督徒尤其是犹太人通常使用这一术语，以避开耶元（AD）的宗派主义，耶元是耶历纪元（Anno Domini）的缩写，意为“我主之年”（in the year of our lord）。

科普特语（Coptic）：

一直使用到 15 或 16 世纪的基督教埃及语言。科普特语现在仍然是埃及基督教徒或科普特人的礼拜仪式用语。它是用希腊字母书写的，一些附带的文字源自古埃及文字的世俗体。

楔形文字（cuneiform）：

美索不达米亚发展出来的一种文字体系，使用钉子形状的芦苇秆摁进湿泥版写成，然后对湿泥进行烘焙。从公元前 4 千纪开始，这种文字被西南亚多种语言采用。在美索不达米亚，它在进入公元时期后仍被使用。

库希特语（Cushitic）：

亚非语系的假设分支，分布于非洲角（the Horn of Africa）地区。其语族下可见更多分支：中部、东部和南部库希特语支。

塞浦路斯音节文字（Cypriot Syllabary）：

音节文字与克里特岛的 A 类线形文字有间接关系，并且在塞浦路斯一直使用到希腊化时代。

（基督教的）黑暗时代［Dark Ages（Christian）］：

一个历史时期的习惯名称，介于 5 世纪西罗马帝国衰亡之后和“中世纪”之间，通常认为中世纪始于 9、10 世纪。

（希腊的）黑暗时代［Dark Ages（Greek）］：

自公元前 12 世纪迈锡尼宫殿陷落之后至公元前 8 世纪古风希腊兴起，这段时期被赋予该名称。

世俗体（Demotic）：

严格来说，世俗体自公元前 7 世纪以后在埃及使用，它源于象形文字。这一术语也用来描述此时期的埃及语言。如果词首字母未被大写，无论何时何地，此词都代表普通人所说的语言。

齿音（dentals）：

舌头抵住牙齿形成的辅音，例如 /d/ 和 /t/。

义符（determinative）：

象形文字中表示一个词语的意思而非它的读音的字符。

传播论（diffusionism）：

文化特征可以从一种文化传播给另一种文化的理论，它是孤立主义的反义词。另见修正的传播论主义。

狄奥多罗斯（Diodoros Sikeliotes）：

西西里岛的希腊历史学家（约公元前 80 年—公元前 20 年），以其著作《历史文库》而闻名。

多利安人（Dorians）：

来自希腊半岛西北部的一个希腊部落，在公元前 12 世纪侵占了南部希腊的大部分地区。

达罗毗荼语系（Dravidian）：

可能起源于诺斯特拉语系，最初从伊朗到印度一带讲该语。当代最著名的达罗毗荼语是泰米尔语和泰卢固语，至今在印度南部仍然流行。已消亡的埃兰语可能是达罗毗荼语的一个分支，在美索不达米亚东部使用过。

青铜时代早期（Early Helladic）：

一个陶器时期，该名称适用于公元前 3300 年—公元前 2000 年间的希腊大陆。

弥诺斯早期（Early Minoan）：

一个陶器时期，该名称适用于公元前 3300 年—公元前 2000 年间青铜时代早期的克里特岛。

东部库希特语（East Cushitic）：

亚非语系的分支，分布在南部埃塞俄比亚和索马里。其中最著名的是索马里语。

埃卜拉（Ebla）：

叙利亚的一座古代城市，20 世纪 70 年代首次被发掘。公元前 2500 年前后，它是一个主要王国的中心，这个王国与从伊朗和美索不达米亚到叙利亚-巴勒斯坦并且有可能到安纳托利亚等地区有着广泛的贸易关系。

埃卜拉语（Eblaite）：

埃卜拉的语言，一种独特的闪米特语言，可以被有效地视为迦南语的间接前身。

埃及语（Egyptian）：

在本卷中，该词不是指现代埃及使用的阿拉伯语，而是指古代埃及的语言。它是亚非语系的一个独立分支。它被划分为许多阶段。前两个阶段分别是约公元前 3400 年—公元前 2400 年间古王国使用的古埃及语和公元前 2200 年—公元前 1750 间年中王国使用的中期埃及语。此后的

1500年间，它一直是官方的书面语言。“埃及语”没有获得许可时，它指的便是中期埃及语。在公元前2千纪前半期晚期埃及语在上埃及口头使用，其后它在公元前1570年—公元前1200年间的新王国成为民族语言（national speech）。直到新王国时期结束时，它才用于书写。关于该语言的其后阶段，见**世俗体（Demotic）**和**科普特语（Coptic）**。

埃兰（Elam）：

美索不达米亚东部和伊朗南部的古代文明，存在于公元前4千纪至大约公元前300年间。

埃兰语（Elamite）：

埃兰的语言。一些学者把它与达罗毗荼语相联系；其他学者把它与印度的蒙达语和东南亚的孟-高棉语（Mon-Khmer）联系在一起。

埃塞俄比亚（Ethiopia）：

埃塞俄比亚是希腊人对那些居住着皮肤比自身黑的族群的地区的称呼，例如非洲大部分地区和埃兰。从4世纪开始，其范围被限定到现代埃塞俄比亚北部。

埃塞俄比亚语（Ethiopic）：

现代埃塞俄比亚和厄立特里亚（Eritrea）境内各种闪米特语言的总称。这些语言包括吉兹语（基督教埃塞俄比亚教派使用的古代语言）、阿姆哈拉语（埃塞俄比亚的民族语言）、提格里尼亚语（埃塞俄比亚和厄立特里亚北部的语言）以及南部的古拉格语（Gurage）。某些埃塞俄比亚语仍保留着原始闪米特语（Proto-Semitic）的古老词形。

伊特鲁里亚语（Etruscan）：

古代意大利中部的文明。希腊和罗马作家通常认为伊特鲁里亚人来自安纳托利亚西北部的吕底亚。伊特鲁里亚语言没有被很好地识读，它有可能是安纳托利亚语。在离土耳其海岸不远的利姆诺斯岛发现的碑铭上，有一种与伊特鲁里亚语关系极为密切的语言和文字。从公元前9世纪到公元前6世纪，伊特鲁里亚文明深受腓尼基和希腊文化的影响。它转而又构成罗马文化的一个主要元素。

亚欧语（Euroasiatic）：

假设的超级语族。它包括印欧语族、乌拉尔语族、阿尔泰语族、朝鲜语、日语、阿伊努语、通古斯语、尤卡基尔语和因纽特语。亚欧语系被视为诺斯特拉语系的一个分支。

欧洲（Europe）：

希腊地理学家想象出来的三块大陆之一。它的名字源于某些闪米特语词根 ‘ereb（日落或西方）。作为亚欧大陆边缘复杂的海岬综合体，欧洲不符合大陆的标准定义。

古兹语（Ge‘ez）：

已经证实的大多数古代埃塞俄比亚使用的闪米特语，今天仍在教会礼拜仪式上使用。

发生学的（Genetic）：

语言之间的发生学关系是指它们被据推测来自同一个祖先。例如，法语、西班牙语和罗马尼亚语有发生学关系。因为尽管它们之间有很多差异，但都源自罗马军队中所用的“通俗”（Vulgar）拉丁语。英语虽不是源自这一语言族群，但是它与这些语言有着较深的发生学关系，因为它们都是原始印欧语（Proto-Indo-European，简写为“PIE”）的分支。

格鲁吉亚人（Georgian）：

从最初起便居住在高加索中部地区的族群。格鲁吉亚语隶属于南高加索语族。

哈扎（Hadza）：

民族名称，该民族居住在坦桑尼亚，依靠狩猎和采集生活。这种语言是科伊桑语族的一个偏远分支还是一个独立的语种，学界尚有争议。

哈梯（Hatti）：

安纳托利亚中部的古代名称。

哈梯语（Hattic）：

哈梯地区说一种非印度-赫梯语。

豪萨语（Hausa）：

乍得语中最西部且使用最广泛的分支，它是尼日利亚北部的主要语言。

希伯来语（Hebrew）：

公元前 1 千纪前半期在以色列、犹大王国和摩押王国口头使用的迦南语方言。由于宗教原因，它经常被视为独特的语言。现代希伯来语起源于 19 世纪希伯来语的复兴，在此前的 2000 年中，希伯来语在很大程度上限定于宗教用途。

古希腊的（Hellenic）：

希腊的（Greek）或说希腊语的，但它与北部希腊的色萨利有着特殊的联系。自 18 世纪晚期以来，该词与高贵和北部雅利安“血统”有了诸多联系。

希腊化的（Hellenistic）：

该词是对东地中海世界出现的希腊与“东方”融合文化的蔑称，时间上为公元前 4 世纪亚历山大大帝的征服到公元前 1 世纪这一地区被纳入罗马帝国的版图。

僧侣书写体（Hieratic）：

埃及的草书文字，与写在纸草（papyrus）上的象形文字有着相同的书写原则。

赫梯（Hittite）：

公元前 2 千纪安纳托利亚中部的帝国。它的安纳托利亚语言最初用楔形文字来书写，后来使用自己的象形文字体系来书写。

胡里安人（Hurrian）：

公元前 3 千纪和公元前 2 千纪间居住在叙利亚和东部安纳托利亚的一个民族。其语言与后来的乌拉尔图（Urartu）王国使用的语言相关，似乎属于东北部高加索语族，目前在车臣（Chechen）和英古什（Inguish）仍存在。

希克索斯人（Hyksos）：

来自东北方向的侵略者，他们在公元前 1725 年—公元前 1575 年间统治埃及大部分地区。多数希克索斯人讲的似乎是西部闪米特语，但好像也有一部分希克索斯人讲胡里安语，甚至印度-雅利安语。

印度-雅利安语（Indo-Aryan）：

印欧语系的一个分支，被伊朗和印度北部大部分地区的居民使用了数千年。

印欧语系（Indo-European）：

印度-赫梯语系的一个分支，几乎包括所有欧洲语言和印度-雅利安语以及吐火罗语。虽然弗里吉亚和亚美尼亚位于安纳托利亚，但是它们属于印欧语系而非印度-赫梯语系的安纳托利亚语分支。

印度-赫梯语系（Indo-Hittite）：

语系名称，包括安纳托利亚语和印欧语两个分支。有时它被视为亚欧语系的分支，最终被视为诺斯特拉语系的分支。

屈折语（inflected languages）：

在很大程度上依靠曲折变化（inflection）来使用的语言，诸如希腊语、拉丁语和德语等。所谓曲折变化，即通过词形和词法的变化而非语法和词序的变化来传达意义。

齿间音（interdentals）：

舌头放在上下牙齿之间形成的辅音，例如 /th/。

爱奥尼亚人（Ionians）：

中部希腊部落族群，在来自北方的征服中幸存下来。一些爱奥尼亚人迁徙到了安纳托利亚西海岸地区。

铁器时代（Iron Age）：

青铜时代之后的时代，在铁器时代，大多数工具和武器是由铁制成。在希腊，这一术语往往是一个专有名词，指铁器替代青铜器后的最初数个世纪；正如后来的时代，它们要么以陶器风格来命名，要么以史书来命名。

孤立语（isolating languages）：

诸如希伯来语、汉语或者英语等语言。它们极少有或没有曲折变化，而是依靠语法或词序传达意义。

孤立主义（isolationism）：

认为文化不可能受到其他文化的根本影响的观点。与传播主义相对立。

南高加索语族（Kartvelian）：

一支高加索语系，最著名的是格鲁吉亚语。它可能是诺斯特拉语系的一个古老分支。

科伊桑语 / 克瓦桑语（Khoisan）：

非洲语族，南部非洲狩猎-采集族群所讲的语言，生活在坦桑尼亚偏远地区的露宿族群桑达韦人（Sandawe）和哈扎人（Hadza）可能也讲科伊桑语。

唇音（labials）：

由嘴唇发出的辅音，例如 /b/ 和 /p/。

圆唇软腭音（labiovelars）：

由圆唇完成的软腭音，例如英语中的 /qu/。

喉音（laryngeals）：

由喉部或作为整体的咽喉部发出的声音。更确切地讲，它们可以分为软腭摩擦音（velar fricatives）/ḫ/ 和 /ǵ/、咽音（pharyngeals）/ḥ/ 和 /ʿ/ 和狭义喉音（laryngeals）/ʾ/ 和 /h/。除了 /ǵ/

存在于埃及语之外，所有这些喉音都存在于古代闪米特语中，还有一两个存在于安纳托利亚语中。它们几乎全部不存在于印欧语中，/h/ 的存在非常偶然。

青铜时代晚期或迈锡尼时期（Late Helladic or Mycenaean）：

大约公元前 1675 年—公元前 1110 年间希腊大陆的陶器时期。

弥诺斯晚期（Late Minoan）：

时间大约为公元前 1675 年—公元前 1450 年。当大陆的希腊人或迈锡尼人统治克里特岛时，这一时期结束。

利姆诺斯岛（Lemnos）：

爱琴海东北部一座岛。存在着一种与伊特鲁里亚语相关联的非印欧语，它一直被使用到古典时期。

黎凡特（Levant）：

这一术语自中世纪开始使用，泛指东方或专指叙利亚-巴勒斯坦地区。

A 类线形文字（Linear A）：

公元前 2 千纪，希腊文在克里特岛流行之前，在该岛和其他地区使用的带有义符的音节文字。在克里特岛东部，这种线形文字如果没有流传到希腊化时代的话，它似乎至少在古典时代仍存在。

B 类线形文字（Linear B）：

以 A 类线形文字为原型衍生出来的带有限定词的音节文字，用来书写希腊语。经证明，这种文字产生于公元前 17 世纪或者可能更早期。

流音（liquids）：

流动的辅音，诸如 /l/ 和 /r/。

借用词 / 外来词（loan）：

指无论词意还是语音均来自另一种语言的词汇。例如，“kedgeree”来自北印度语 khichri（意即“用米饭、黄油、洋葱和其他调味品做出的烩饭”）或“just”来自法语 juste。认为“loan”和“borrowing”两个词汇在语言学上的使用不过是短暂的做法，这种观点容易误导人。这不过表明 19 世纪早期的语言学家对他们所见到的对本土纯净语言的玷污所表现出来的厌恶。

利西亚（Lycia）：

安纳托利亚南部一个古代地区。已消亡的利西亚语是赫梯语系的非直接派生语支。以利西亚语书写的字母铭文可以追溯到公元前 15 世纪。

吕底亚（Lydia）：

安纳托利亚西北部一个古代地区。吕底亚语属安纳托利亚语族。大多数古代作家认为伊特鲁里亚人来自吕底亚。用利西亚语书写的字母铭文可以追溯到公元前 15 世纪。

美索不达米亚（Mesopotamia）：

位于底格里斯河和幼发拉底河两河流域之间的平原。或多或少相当于现在的伊拉克。

音位转换（metathesis）：

语言中辅音或元音位置的交替或转换。例如在“ask”和“aks”的交替中可以听到音位变换。

青铜时代中期（Middle Helladic）：

大约公元前 2000 年—公元前 1675 年希腊大陆的陶器时期。

中王国时期（Middle Kingdom）：

公元前 2150 年—公元前 1750 年埃及历史时期，包括第十一王朝、第十二王朝和第十三王朝。

弥诺斯中期（Middle Minoan）：

大约公元前 2000 年—公元前 1675 年间克里特岛的陶器时期。

弥诺斯文化（Minoan）：

现代名称，由阿瑟·埃文斯定名，它来自传说中的克里特国王弥诺斯之名。该词用于表示大约公元前 1450 年操希腊语的族群到来之前的克里特岛上的青铜时期文明。

修正的传播论（modified diffusionism）：

认为文化可以通过外来文化被改良或改造的观点，在大多数情况下，这些变化只有在与当地文化经过相当程度的相互作用时才会出现。

一元论（monism）：

在本卷中，“一元论”用来描述认为事物和过程往往具有单一起因的观念。

单源论（monogenesis）：

单一来源的观点。本卷中主要限于人类和语言。与多元论相对。

词素（morpheme）：

语言学中最小的语义单位。

词法（morphology）：

词汇的变化，词汇通过它来表达数量、格（case）、时态（tense）或暂时的形态（temporal aspect）。

迈锡尼（Mycenae）：

伯罗奔尼撒半岛东北部阿尔戈斯（Argos）附近的城市，以希腊青铜时代晚期领袖城市而闻名。

迈锡尼文化（Mycenaean）：

首先在迈锡尼发现的青铜时代晚期的物质文化名称。由此延伸，“迈锡尼文化”用来指该时代作为整体的希腊文化。

纳得内语（Nadene）：

假设的古代超级语族，其分支包括东北高加索语、汉藏语和美印语中的萨巴斯卡语（Athabascan）和纳瓦霍语（Navaho）。它也被认为与同巴斯克语（basque）和诺斯特拉语有关系。

鼻音（nasals）：

由鼻腔发出的辅音，诸如 /m/ 和 /n/。

新巴比伦（Neo-Babylonia(n)）：

由巴比伦统治着的大部分美索不达米亚地区的帝国，时间是自公元前 600 年亚述帝国衰落至大约 60 年后波斯帝国崛起。

东北高加索语（Northeast Caucasian）：

纳-得内语的分支，胡里安语和乌拉尔图语似乎属于这一语系，现代代表语言是车臣语和英古什语。

诺斯特拉语（Nostratic）：

假设的超级语言家族，可能起源于纳-得内语。它包括亚欧语系、亚非语系，还可能包括南高加索语系和达罗毗荼语系。

古王国时期（Old Kingdom）：

公元前 3000 年—公元前 2500 年间从第三王朝到第六王朝的埃及强盛时期。

佩拉斯吉人（Pelasgians）：

根据古典的说法，佩拉斯吉人是希腊最早的居民。

波斯帝国（Persian Empire）：

公元前 6 世纪中期由居鲁士（Cyrus）大帝创建，控制着亚洲西南部、埃及和爱琴海大部分地区，直到被希腊城邦同盟击退。公元前 4 世纪后半期，它被亚历山大大帝摧毁。

非利士人（Philistines）：

来自爱琴海和安纳托利亚的一个民族，公元前 13 和前 12 世纪时侵入黎凡特并进攻埃及。

腓尼基（Phoenicia）：

分布于从黎巴嫩起到巴勒斯坦北部的滨海城市群。最著名的是毕布勒、推罗和西顿。整个古代，腓尼基都指代这一地区。但是，它通常是指公元前 1100 年至公元前 750 年间这些城市的财富和实力处于鼎盛的时期。腓尼基语像希伯来语一样，是迦南语的一种方言。虽然该字母体系经常被说成腓尼基人的发明，但是它可能在“腓尼基”时代很久之前就在这一地区发展起来了。

音素（phoneme）：

用来区别具有不同含义词汇的语言学符号。

弗里吉亚（Phrygia）：

安纳托利亚北部的一个地区。弗里吉亚语不是安纳托利亚语而是印欧语。

象形文字（pictogram）：

把被标示的对象用图画出来或直接表现出来的文字。

多源论（polygenesis）：

认为存在多个来源的观点，尤其是人类和语言。与单源论相对。

词首添音（prothetic or Prosthetic）：

放在单词词首的元音，以替换丢失的辅音或避免出现某几个词首辅音。避免双辅音时尤其普遍。

托勒密文化（Ptolemaic）：

托勒密时期的埃及文化的名称。

托勒密（Ptolemy）：

亚历山大大帝死后在埃及夺取权力的将军的名字。他的后代差不多在埃及统治了 300 年，直到公元前 30 年被罗马的奥古斯都征服。

布匿（人）（Punic）：

生活在西地中海的腓尼基人的拉丁语名称，尤其指称这些腓尼基人的领袖城市迦太基。在公元前 1 千纪中期，在腓尼基人在东地中海被阿拉姆人和希腊人在东地中海取代之后，他们在西地中海作为“布匿人”继续存在。

词根（root）：

一个单词在其他所有部分被去除后留下的本质固定的部分。

塞琉西王朝（Seleucid）：

亚历山大的将军塞琉西（Seleukos）在叙利亚和美索不达米亚建立的王朝。

语义的（semantic）：

与意义和含义相关的。

闪米特语（Semitic）：

亚非语系的分支，包括吉兹语、其他埃塞俄比亚和南阿拉伯语言、阿拉伯语、阿卡德语、埃卜拉语、迦南语和阿拉姆语。闪米特语似乎起源于红海南岸。

咝音（sibilants）：

带有咝咝声音的辅音，例如 /s/、/š/、/ṣ/ 和 /z/。

西顿（Sidon）：

古代腓尼基城市，供奉海神希德（ṣid），西顿的鼎盛（apogee）出现在铁器时代最早期。因此，“西顿人”经常在荷马史诗和《圣经》的前几卷中被用来指称腓尼基人。公元前 9 世纪时，它的霸权被推罗摧毁。

石柱（stele）：

带有雕刻图案或铭文的立石。

词干（stem）：

源自词根的文字形式，通过对词根进行元音化或添加前缀、中缀和后缀来完成。

塞音（stop）：

完全辅音，发音时呼吸阻断，例如 /b/、/p/、/d/、/t/、/g/ 和 /k/ 所代表的发音。

闪米特人（Sumerian）：

公元前 5 千纪和公元前 4 千纪居住在美索不达米亚部分地区的民族。他们的语言既不是亚非语也不是印度-赫梯语，在语音逐渐消失后的千年之中，该语言成为书写用途和地位标志。

音节文字（syllabary）：

表现音节而非单个字母的文字体系。它们通常遵循辅音-元音模式。最著名的当代音节文字表是日本的平假名和片假名。

语法（syntax）：

字词的顺序。

神谱（theogony）：

诸神的世系或诞生。它是若干诗歌的名称和主题，其中以赫西俄德所著《神谱》最为著名。

锡拉岛（Thera）：

克里特岛北部 70 公里处的火山岛。在公元前 17 世纪中期，它经历过一次火山大爆发。

吐火罗语（Tokharian）：

印欧语系的分支，其中的三种语言在 1 千纪时仍然被居住在今天的中国新疆维吾尔自治区内的族群使用。吐火罗语和欧洲的印欧语带有许多共同特征，而在印度–雅利安语中不存在。因此，吐火罗语为认识早期印欧语的特征提供了关键信息。

推罗（Tyre）：

古代腓尼基城市。虽然建立在公元前 2 千纪前，但其财富和荣誉的鼎盛时期出现在公元前 10 世纪到公元前 8 世纪期间。即使在公元前 333 年被亚历山大大帝摧毁后，它仍然是重要的经济政治文化中心。

乌加里特（Ugarit）：

叙利亚海岸的主要港口。据 20 世纪中期发掘出的档案记载，它始于公元前 2 千纪末期，该档案还提供了大量的社会、经济、政治、宗教和文化信息。

乌加里特语（Ugaritic）：

在乌加里特使用的西闪米特语言。它以字母铭文的形式被记载在该城市中发现的许多碑上。

乌拉尔图（Urartu）：

公元前 1 千纪前半期位于南部高加索的一个王国。其语言与胡里安语和现代东北部高加索语相关联。

软腭音（velars）：

舌头置于口腔后部形成的塞音，例如 /g/ 和 /k/。

元音化（vocalization）：

往辅音结构中添加元音。

带有亚非语词源的希腊语词汇和名称

（所附页码为原书页码，即本书边码）

Key

Roman numerals indicate volumes I or II of *Black Athena*. Unmarke numbers refer to pages in this volume.

2001 refers to *Black Athena Writes Back*.

Numbers in round brackets ( ) refer to items in Chantraine, *Dictionnai étymologique de la langue Grecque*.

Words and names in italics are not loans but calques.

字母对照表

ꜣ-	=-α-	3bḏw	Ἄβυδος	Er
ꜣ-	=-ιη-	3bw	Ἰηβ	Er
ꜣ-	=-e-	3byn	ⲉⲃⲓⲉ̅ⲛ	Č
ꜣ-	=-l-	3ḥw	ⲗⲉⲏ	Č
-ꜣ-	=-α-	Ḥr mꜣḫ.t	Ἁρμαχις	Er
-ꜣ-	=--ε-	kꜣ.w	-χε-	Er
-ꜣ-	=--ι-	sꜣ qd	σικετ	Er
-ꜣ-	=--ε-	Pꜣ di -n	Πετε	Er
-ꜣ-	=-o-	Hr pꜣ ẖrd	Ἁρποκρατης	Er
-ꜣ-	=-υ-	ḥꜣk	ὑκ	Er
-ꜣ-	=--ρ-	ʿsꜣ	άιρα	Č?
-ꜣ	=-αι	bꜣ	βαι	Er
-ꜣ	=-ø	ḥqꜣ	ὑκ	Er
-ꜣ	=-o	kꜣ	κο	Er
ỉ-	=α-	ỉmn	Ἀμουν	Er
ỉ-	=ε-	ỉpip	Επιφι	Er
ỉ-	=ι-	ỉr.t	ἶρι	Er
ỉ-	=o-	ỉn-ḥr.t	Ὀνουρις	Er
ỉ- +	=oi-	ỉpt	ⲟⲓϫⲫ(ⲉ)ⲓϣ	Č
ỉ-	=oυ-	ỉr.t	οὐραῖος	Er
ỉ-	=-ω-	ỉqr.t	-ωκρις	Er

ỉ-	=ø-	ỉsmꜣ.t	σματ	Er
-ỉ-	=--e-	Pꜣ dỉ -	Πετε	Er
ỉ	=-εη-	Pꜣ dỉ St	Πετεησις	Er
-ỉ-	=--ου-	qỉs	Κοῦσαι	Er
ỉw	=au-	ỉwn	ⲁⲅⲁⲛ-	Č
ʿ-	=α-	ʿnnq.t	Ἀνουκις	Er
ʿ-	=e-	ʿnpsꜣy	ⲉⲡϣⲉ	Č
ʿ-	=ei-	ʿnnt	ⲉⲓⲛⲉ	Č
ʿ-	=o-	ʿnn	ⲟⲛ	Č
		ʿns	ὀς	Plut. 10?
-ʿ-	=-o-	ṯsʿrq	θοσολκ	Er
-ʿ-	=-α-	Rʿ-	ʿΡα-	Er
-ʿ	=-α	(m)r-msʿ	λεμειοα	Er
-ʿ	=-η	Rʿ-	ʿΡη-	Er
-ʿ	=-ι	Rʿ-	ʿΡι-	Er
w -	=ø-	ws ỉr ḥp	Εαραπις	Er
w -	=eio-	wpwt	ⲉⲓⲟⲡⲉ	Č
w -	=o-	Wnn nfr	ʼΟννωφρις	Er
w -	=ου-	Wsr mꜣ.t-Rj-	ʼΟυσιμαρης	Er
w-	=ω-	Wsr.t	ʼΩστρις	Er
-w-	=ευ	Ḏhwty	Θέυθ-	Er
-w-	=-η-	Kꜣ mwt.f	Καμηφις	Er
-w-	=-αυ-	nw.t	Ναυκρατης	Er
-w-	=-οε-	wr.t	-οερ	Er
-w-	=-οη-	wr	-οηρ	Er
-w-	=-υη-	Swnw	Συηνη	Er
-w-	=-ου-	Mw.t	Μουθ	Er
-w-	=-ουη	tꜣ wr.t	Θουηρις	Er
-w-	=-ευ	Ḏhwty	Θέυθ-	Pl.
-w-	=ωου	ḫꜣ.w	χωου	Er
-w	=--ø	ꜣbw	ʼΙηβ	Er
-w	=-ⲉⲓⲟ	wpwt	ⲉⲓⲟⲡⲉ	Č
-w	=-η	-nw	-νη	Er
-w	=--o-	ꜣbḏw	ʼʼΑβυδος	Er

-w	=-ω	Šw	Σως	Er
wꜣ-	=-ου-	Pr wꜣd.t	Βουτω	Er
-wꜣ-	=-οϊ-	Ḫʿ m wꜣst	Χαμοϊς	Gd
wꜣw	=-οὐαιε-	wꜣw	οὐαιε	Er
-wꜣw-	=ʾο-	Wp wꜣw.t	ʾΟφωϊς	Er
whꜣ-	=οα-	wḥꜣ.t-	οασις	Er
wꜣh-i-	=α-	wꜣḥ -ib Rʿ-	ʾΑπριης	Er
whꜣ-	≐αυα-	wḥꜣ.t	ʾαυασις	Er
b-	=ø-	bn	ⲛ	Čand V
b-	=eu	bnyt	ⲉⲩⲛⲓ	Č not V
b-	=ouw	b(i)nt	ⲟⲩⲱⲓⲛⲓ	Č
-b-	=β-	bꜣ	Βαι	Er
-b-	=φ-	bnw	φοίιξ	Er
-b-	=m-	bꜣlot	ⲙⲉⲗⲱⲧⲏϣ	Č Gk>Cpt.
-b-	=-β-	ꜣbḏw	῎Αβυδος	Er
-b-	=-π-	wꜣḥ -ỉb Rʿ	ʾΑπριης	Er
-b-	=-φ-	wꜣḥ -ỉb Rʿ	Ουαφρης	Er
-b-	=-μ-	-sbnbdd-	Σμενδης	Er
-b-	=-μμ-	ꜣḫ b-ỉ,tn	χεμμις	Er
-b-	=-μπ-	tbn	τύμπανον	Er
-b-	=-w/ø-	Sbk	Σουχος Σοκ- Σεκ-	Er
-b	=-β	gbb	κηβ	Er
-bs	=-ψ	pr nbs	πνουψ	Er
-b	=-m	nb	ⲛⲓⲙ	Č
-b	=-ιου	sbꜣ	σιου	Er IV.82
-b	=-w/ø	Ḥrw ỉb	Εριευς	Er
p-	=π-	Pꜣ dỉ -	Πετε	Er
p-	=β-	Pr wꜣyt	Βουτω	Er
p-	=φ-	Pth	Φθα	Er?
-p-	=-π-	R-pʿt	Ορπαις	Er
-p-	=-β-	ỉnpw	ʾΑνουβις	Er
-p-	=-φ-	tꜣ rprpy.t	Τριφις	Er
-p	=-π	ḥp	ʾΑπις	Er
-p	=-φ	ʿꜣpp	ʾΑπωφος	Er
-p	=-ø	nfr ḥtp	Νεφωτης	Er

p3	=ψ-	p3 š3i	Ψαϊς	Er
p3	=πχ-	p3 ẖnsw	παχων	Er
p3	=πε-	p3 di St	Πετεησις	Er
p3	=πι-	p3 rmṯ	πίρωμις	L&S
-p3--	=-πο-	Ḥr p3 ẖrd	ʿΑρποκρατη"	Er
p3-h	.=φι-	p3 ḥby	Φιβι	L &S
-p3-	=-π-	-s p3 mdw	ʿΕσπμητις	Er
pr	=π-	Pr nbs	Πνουψ	Er
pr	=πα-	Pr itm	Πατουμος	Er
pr	=β-	Pr w3dyt	Βουτω	Er
pr	=φαρ-	Pr Ḥr mrty	Φάρβαιθος	Č
-f-	=-φ-	Mn nfr	Μέμφις	Er
-f	=-β-	rnpt nfrt	Ρενπαναβρε	Sp
-f	=̂-π-	gf	Κῆπος	Er
m-	=μ-	Mn nfr	Μέμφις	Er
m-	=b-	mnt	ⲃⲉ̄ⲛⲉ	Č
m-	=n-	mtw	ⲛⲧⲉ	Č
m-	=ø-	(m)r sn	λεσωνις	Er
-m-	=-μ-	imn	ʾΑμουν	Er
-m-	=-n-	p3 sẖmty	ψεντ	Er
-m-	=-β-	ẖnm.w	Χνουβις	Er
-μ-	=-π-	rms	ρωψ	Er
-m-	=-m-	ẖnm.w	Χνουμ	Er
-m	=-ø	šm	ϣⲉ	Č
n-	=ø-	Ns p3 mdw	ʿΕσπμητις	Er
n-	=ν-	Nt	Νηϊθ	Er
n-	=λ-	nṯr	λίτρον	MA 63.4
n-	=m-	nsq	ⲙⲟⲕⲥ	Er.C
n-	=-l-	nqʿwt	ελκω	Č
n-	=l-	nḥm	ⲗⲏⲉ̄ⲙ	Č
n-	= r-	nmḥw	ⲣⲙⲏⲉ	Č
-n-	=-λ-	hnby	ἔβελος	MA 108
-n-	=-μ-	t3 rnn,wtt	Θερμουθις	Er

-n-	=-ν-	Nwnw	Νουν	Er
-n-	=-r-	p(3)-n-ỉmnḥtp	ⲡⲁⲣⲙⲏⲟⲩⲧⲉ	Č
-n-	=-ø-	S n Wsrt	Σεσωστρις	Er
-n	=-ν	Mry ỉmn	Μιαμμουν	Er
r-	= a-	rmnỉ	ⲁⲙⲟⲛⲓ	Č
r-	= ρ-	Rʿ	Ῥα-	Er
r-	= λ-	(m)r šn	λεσωνις	Er
r-	=-ø-	Mry imn	Μιαμμουν	Er
-r-	= -ρ-	t3 rpy.t	Τριφις	Er
-r-	= -λ-	srk.t	Σελχις	Er
-r-	= -ν-	Mr Wr	Μνευις	Er
-r-	= -λλ-	kršt	Κυλληστις	Er
-r-	= -νδ-	Mr wr	Μανδουλις	Er-
-r-	= -φρ-	p3 dydy Rʿ	Πετεφρης	Er-
-r-	=-ρ	wr	-οηρ	Er
-r-	=-l	ʿr	ⲁⲗ	Č
h-	=ø-	hnby	ἐβενος	Er
ḥ-	=ø-	ḥp	ʼΑπις	Er
ḥ-	=ʿ-	ḥq3	ʿυκ	Er
ḥ-	= χ-	ḥms.t	χαμψαι	Er
-ḥ-	=-ø-	innḥr.t	ʼΟνουρις	Er
-ḥ-	=-σ-	wḥ3.t	ὄασις	Er
-ḥ-	=-φ-	-Sḥ Rʿ	Σεφρής	Mn
-ḥ-	=-χ-	K3 iḥ,,w	Καιεχως	Er
		smḥ,	ἄσμαχ	F
---ḥ	=-ø	Ptḥ	Πθα	Er
ḥr-	=ʼαρ-	Ḥr m 3ẖ.t	ʼΑρμαχις	Er
ḥr-	=ʿΑρ-	Ḥr p3 ẖrd	ʿΑρποκρατης	Er
ḥr-	=ʼωρ-	Ḥr	ʼΩρος	Er
ḥr-	=ʿερ-	Ḥr dšr	ʿΕρτωσι	Er
ḥt-	=ʼα-	Ḥt wʿr t	ʼΑυαρις	Er
ḥt-	=ʼαι-	Ḥt k3 Ptḥ	ʼΑιγυπτος	Er
ḥt-ḥ-	=ʼαθ	Ḥt Ḥr	ʼΑθυρ	Er

ḫ-	=χ-	ḫnty	χαντ	Er
ḫ-	=k-	ḫnt ẖty	Κεντεχθαι	Er
ḫ-	=σ-	ḫwfwy	Συφος	Mn
-ḫ-	=-ø-	Ḥqꜣ.w ḫꜣs.t	’Υκσως	Er
-ḫ-	=-χ-	Ḥr m ꜣḫt	’Αρμαχις	Er
-ḫ-	=-k-	-ẖr ḫpd knm.t	Χαπκενουμις	Er
-ḫ-	=-σ-	-bḫn	Βασανιτης	Er
ẖ-	=χ-	H̱nm	χνουμ	Er
-ẖ-	=-χ-	ḫnt ẖty	Κεντεχθαι	Er
-ẖ-	=-κ-	Ḥr p ẖrd	‘Αρποκρατης	Er
-ẖ	=-χ	Bẖ	Βουχις	Er
s-	=σ-	Swnw	Συηνη	Er
s-	=z-	see Crum 65a for reverse in Coptic		
s-	=ξ-	sf.t	ξίφος	Er
s-	=ισ-	St	Ισις	Er
-s-	=-ø-	Pꜣ ḫnsw	Παχων	Er
-s-	=-s-	Ḥr sꜣ s.t	’Αρσιησις	Er
-s-	=-v-	ỉmsk	ⲉⲙⲉϣⲭⲉ	C
-s	=-ς	Bs	Βησας	Er
š-	=s-	šnḏn.t	σινδων	Er
-š-	=-s-	sšm	σεσμε	Er
-š-	=-ξ-	mšwš	Μαξυες	Er
-š	=-ς	mšwš	Μαξυες	Er
q-	=κ-	qmy.t	κόμμι	Er
-q-	=-κ-	Ḥqꜣ.w ḫꜣs.t	’Υκσως	Er
-q-	=-χ-	Srq.t	Σελχις	Er
-q-	=-κ	ṯ sʿrq	θοσολκ	Er
k-	=κ-	kꜣkꜣ	κικι	Er
k-	=χ-	kmt	Χημία	Plu
-k-	=-κ-	kꜣkꜣ	κικι	Er
-k-	=-χ-	kꜣ	-χε-	Er
-k-	=-θ-	Wsrkwn	Οσορθών	Mn

-k	=-κ	kꜣ Ḥr kꜣ	Χοιακ	Er
-k-	=-χ	kkw	Χουχ	Er
g-	=κ-	Gb	κῆβ	Er
-g-	=-κ-	grg.t	Κερκε	Er
g-	=-t-	bgs	ⲃⲱⲧⲥ	Č
t-	=t-	tꜣ Rpy.t	Τριφις	Er
t-	=θ-	tꜣ wr.t	Θουερις	Er
-t-	=-t-	pꜣ ỉtm	Πατουμος	Er
-t-	=-θ-	Srpt.mꜣy sryw	Σερφουθ-	Er
-t-	=-ø-	ʿt-n-sbỉ	ⲁⲛⲥⲉ̅ⲃⲉ	Č
-t	=-τ	N.t	Νιτ	Er
-t	=-θ	N.t	Νηϊθ	Er
-t	=-ις	tꜣ Rpy.t	Τριφις	Er
-t	=-ø	nw.t	νη	Er
tꜣ -	=τ-	tꜣ Rpy.t	Τπιφις	Er
tꜣ -	=τε-	tꜣ nṯr.t	Τεντυρα	Er
tꜣ -	=θ-	tꜣ wr.t	Θουηρις	Er
tꜣ -	=θα(η)-	tꜣ S.t	Θαησιος	Sp
ṯ-	=τ-	ṯmꜣ.t	Τωμ	Er
ṯ-	=θ-	ṯny	θις	Er
ṯ-	=σ-	ṯb nṯr	Σεβέννυτος	Er
-ṯ-	=-τ-	sṯ.t	Σητις	Er
-ṯ-	=-θ-	imn Rʿ nsw,t-nṯrwbw	ʼΑμονρασωνθηρ	Er
d-	=τ	dmy	ⲧⲱⲱⲙⲉ	Č
-d-	=-ø-	ẖr-ḫpd knm.t	Χαρκνουμις-	Er
-d-	=-τ-	pꜣ dy-	πετε-	Er
-d-	=-n-	mdt rmṯ nmḥ	ⲙⲛⲧⲣⲙⲏⲉ	Č
-d-	=-θ-	spd.t	σωθις	Er
-d	=-τ	Hr pꜣ ẖrd	ʼΑρποκρατης	Er
Ḏḥ-	=θ-	Ḏḥwty	Θωθ-	Er
-dḥ-	=-θ-	nꜣ ỉdḥ.w	-ναθω-	Er

ḏ-	=τ-	ḏꜥnt	Τάνις	Er
ḏ-	=s-	ḏꜣ ḏꜣ	σισοη	LSJ
-ḏ-	=-τ-	r-ḏbꜣ	ⲉⲧⲃⲉ	Č
-ḏ-	=-δ-	ꜣbḏw	῎Αβυδος	Er
-ḏ-	=-θ-	Bḏw	Βοηθος	Gd
-ḏ-	=-τ-	wꜣḏ.t	Βουτω	Er
-ḏ	=-t	rwḏw	ⲣⲉ̄ⲧ	Č

缩略语

Č: Černy, 1976
Er: "Verzeichnis der in den Hauptbänden angegeführten griechischen Wörter," Erman and Grapow, 1982, Vol. VII, 245–250.
Gd: Gardiner, 1957.
LSJ: Liddell, Scott and Jones, *Greek English Lexicon*
M-A Muss-Arnolt, 1892
Mn. Manetho, 1940.
Pl. Plato *Phaedrus*
Plu: Plutarch. *De Iside et Osiride,*
Sp. Spiegelberg, 1907.
V. Vycichl, 1983.

希伯来语对照表

马索拉本 / 七十士本（Astour，1967b.293）

	摩擦音		
ב	β,π, φ	β,ββ,φ	+sibl ψ
ג	γ,κ,	γ,κ,χ	
ד	δ,τ,	δ,θ	
ז	ζ, σ,	σ	
ח =ḫ	χ, κ,	χ, κ,	
ט	τ,θ,δ	τ,θ,δ	
כ	κ,χ,κχ,γκ,	κ,χ,κχ	
פ	π,φ	π,φ	+sibl ψ
ק	κ, γ	κ, χ	
שׁ	σ,ζ,		germinated
ת	τ,θ,	τ,θ, τθ,	ττ, θθ,

E. 马森（1967 年）M-A

ָ ;	-ω	קִדָּה	κιττώ
ָ -;-	-α-	יָשְׁפֶה	ἴασπις
-ב-	-υ-	נבל	ναύλας M-A128
-דּ-	-ττ-	קִדָּה	κιττώ
ד	-τ-	יד	ἰώτα
-ֶ,-	-α	מָנֶה	μάς
-רֵ-	-αρ-	נֵרְדְּ	νάρδος
-וֹ-	-ω-	עַרָבֹן	άρραβών
-וּ-	-υ-	בּוּ ץ	βύσσος
-ֻ-	-αυ-	גֻּלָּה	γαυλός
הֲ-	ἀ-	ḫariṣu	ἄριζος
י-	ι-	ישְׁפֶה	ἴασπις
כַּ-	σκ-	כַּמֹּן	σκαμμωνία Chantraine
-ל-	-λ-	daltu	δέλτος
-לּ-	-λ-	גֻּלָּה	γαυλός
מ-	μ-	מָנֶה	μνας
נ-	ν-	נֵרְדְּ	νάρδος
נ-	μ-	נָתָף	μέτωπον Chantraine
-נ-	-ν-	מָנֶה	μνας
-נ-	νν	קָנֶה	κάννα
ס-	σ-	סַף	σιπύη
עַ-	ἀ-	עַרָבֹן	αρραβών
-צ-	-ζ-	ḫariṣu	ἄριζος
-צ-	-σ-	קְצִיעָה	κασία
-ץ	-σσ-	בּוּ ץ	βύσσος
ק-	-ζ	קבעת	ζάβατος
-ק-	-κκ	שַׂק	σάκκος
-ר-	-ρρ-	עַרָבֹן	ἀρραβών
שׂ-	σ-	שַׂק	σάκκος
שׁ-	σ-	ššmn	σήσαμον
-שׁ-	σ-	ššmn	σήσαμον
-שׂ-	-d-	כַּשּׁוּא(ת)	καδύτας M-A 104

参考文献

Aarsleff, H. (1988) "Introduction" von Humboldt, *On Language: The Diversity of Human Language-Structure and its Influence on the Mental Developments of Mankind.* Trans. Peter Heath. Cambridge: Cambridge University Press.

Aboul Nasr, I. (1993) *Les substrats Arabes dans les mots Français et Latin: Essai de liguistique comparée.* Le Caire: Librairie Franco-Egyptienne.

Adams, W. Y. (1977) *Nubia: Corridor to Africa.* Princeton: Princeton University Press.

Ahl, F., and Roisman, H. (1996) *The Odyssey Re-Formed.* Ithaca, NY: Cornell University Press.

Albright, W. (1923) "The Principles of Egyptian Phonological Development," *Recueils de Travaux* 40: 64–70.

——— (1929) "The American Excavations at Tell Beit Mirsim," *Zeitschrift für alttestamentisches Wissenschaft* 47: 1–18. NF.6

——— (1934) *The Vocalization of the Egyptian Syllabic Orthography.* American Oriental Society New Series, vol. 5.

——— (1950) "Some Oriental Glosses on the Homeric Problem," *American Journal of Archaeology* 54: 162–76.

——— (1957) "High Places in Ancient Palestine," *Vetus Testamentum.* Supplement.

——— (1965) "Some Remarks about the Archaeological Chronology of Palestine before about 1500 BC" in R. W. Ehrich, ed. *Chronologies in Old World Archaeology.* Chicago: University of Chicago Press, pp. 54–7.

——— (1968) *Yahweh and the Gods of Canaan: A Historical Analysis of Two Contrasting Faiths.* London: Athlone.

——— (1975) "Syria, the Philistines and Phoenicia," *Cambridge Ancient History.* 3rd edn. Vol II, pt. 2, pp. 507–13.

Alexiou, M. (1974) *The Ritual Lament in Greek Tradition.* Cambridge: Cambridge University Press.

Alford, G. (1991) "Ηλύσιον· A Foreign Eschatological Concept in Homer's Odyssey," *Journal of Indo-European Studies* 19: 151–9.

Algaze, G. (1993) *The Uruk World System: The Dynamics of Early Mesopotamian Civilization.* Chicago: University of Chicago Press.

Allen, J. P. (2000) *Middle Egyptian: An Introduction to the Language and Culture of Hieroglyphs.* Cambridge: Cambridge University Press.

Allen, T. G. tr. (1974) *The Book of the Dead or Going Forth By Day: Ideas of the Ancient Egyptians Concerning the Hereafter as Expressed in Their Own Terms.* Chicago: Oriental Institute of Chicago. *Studies in Ancient Oriental Civilization* 37.

Allen, W. S. (1987) *Vox Graeca: The Pronunciation of Classical Greek.* 3rd ed. Cambridge: Cambridge University Press.

Altenmüller, B. (1975) "Anubis" in W. Helck and E. Otto, *Lexikon der Ägyptologie* I: cols. 327–33.

Altenmüller, H. (1975a) "Bes," in W. Helck and E. Otto, *Lexikon der Ägyptologie* I: cols. 720–4.

——— (1975b) "Drama," in W. Helck and E. Otto, *Lexikon der Ägyptologie* I: cols. 1137–8.

Andersson, L-G, and Janson, T. (1997) *Languages in Botswana: Language Ecology in Southern Africa.* Gaborone: Longman Botswana.

Angel, J. L. (1972) "Biological Relationships of Egyptian and Eastern Mediterranean Populations during Predynastic Times," *Journal of Human Evolution* 1: 307–13.

——— (1983) "Letter to Dr. Shomarka O.Y. Keita," July 22.

Anon. (1991 December) "Among the New Books," *Antiquity* 65: 249, 981.

Anttila, R. (2000) *Greek and Indo-European Etymology in Action: The Proto-Indo-European *ag/.* Amsterdam and Philadelphia: Benjamins.

Appleyard, D. (1999) "Afroasiatic and the Nostratic Hypothesis" in Renfrew and Nettle, eds. *Nostratic,* pp. 289–314.

Apollodoros (1921) *The Library with a translation by Sir James George Frazer.* 2 vols. Cambridge: Harvard University Press; London: William Heinemann.

Apuleius. *The Golden Ass. Metamorphoses.*

Arapoyanni, X. (1996) "A New Linear B Text from Olympia" *Ethnos* 3.27: 6.

Arbeitman, Y. (1981) "Hittite is Thy Mother; An Anatolian Approach to Genesis 23, (ex Indo-Europea Lux)" in Arbeitman and Bomhard, *Bono Homini Donum,* 889–1026.

Arbeitman, Y., and Bomhard, A. R., eds. (1981) *Bono Homini Donum: Essays in Historical Linguistics, in Memory of J. Alexander Kerns.* 2 vols. Amsterdam: Benjamins.

Aristophanes (1927) *The Akharnians.* Trans. B. B. Rogers. Cambridge: Harvard University Press (Loeb).

Aristotle. *The Politics Historia Animalium.*

Arkell, A. J. (1949) *Early Khartoum.* Oxford: Oxford University Press.

——— (1961) *History of the Sudan from the Earliest Times to 1821.* London: Athlone.

——— (1975) *The Prehistory of the Nile Valley.* Leiden: Brill.

Assmann, E. (1908) "Zur Vorgeschichte von Kreta," *Philologus* 67: 163–201.

Assmann, J. (1977) "Gott" in W. Helck and W. Westendorf. II: cols 756–86

——— (1989) "Death and Initiation in the Funerary Religion of Ancient Egypt" in J. P. Allen, ed. *Religion and Philosophy in Ancient Egypt.* New Haven, CT: Yale Egyptological Series 3: pp. 135–59.

——— (1993) "Diskussionen" in K. Raaflaub, ed. *Anfänge politischen Denkens in der Antike: Die nah-östlichen Kulturen und die Griechen.* München: R. Oldenbourg, p. 400.

——— (1997) *Moses the Egyptian: The Memory of Egypt in Western Monotheism.* Cambridge and London: Harvard University Press.

Astour, M. C. (1964a) "The Second Millennium BC Cypriot and Cretan Onomastica Reconsidered," *Journal of the American Oriental Society* 84: 240–54.

——— (1964b) "Greek Names in the Semitic World and Semitic Names in the Greek World," *Journal of Near Eastern Studies* 23: 193–204.

——— (1965) "The Origins of the Terms 'Canaan,' 'Phoenician'and 'Purple,'" *Journal of Near Eastern Studies* 24: 346–50.

——— (1966) "Aegean Place-Names in an Egyptian Inscription," *American Journal of Archaeology* 70: 314–7.

——— (1967a) *Hellenosemitica: An Ethnic and Cultural Study in West Semitic Impact on Mycenaean Greece.* Leiden: Brill.

——— (1967b) "The Problem of Semitic in Ancient Crete," *Journal of the American Oriental Society* 87: 290–5.

——— (1969) "La Triade de déesses de fertilité à ugarit et en grèce," *Ugaritica* 6: 9–23.

——— (1972a) "Some Recent Works on Ancient Syria and the Sea Peoples," *Journal of the American Oriental Society* 92(3): 447–9.

——— (1972b) "The Merchant Class of Ugarit," *Bayerische Akademie der Wissenschaften Abhandlungen* 75: 11–26.

——— (1987) Personal letter 3/5/87.

Attridge, H. W., and Oden, R. A. (1981) *Philo of Byblos the Phoenician History: Introduction, Critical Text, Translation, Notes.* Washington, DC: Catholic Biblical Quarterly Monograph Series 9.

Aubet, M. E. (1993) *The Phoenicians and the West: Politics Colonies and Trade.* Trans. from Spanish by M. Turton. Cambridge: Cambridge University Press.

Austin, N. (1975) *Archery at the Dark of Moon.* Berkeley: University of California Press.

Badawy, A. (1966) *History of Egyptian Architecture: The First Intermediate Period, the Middle Kingdom and the Second Intermediate Period.* Berkeley: University of California Press.

Baines, J. (1990) "Restricted Knowledge, Hierarchy, and Decorum: Modern Perceptions and Ancient Institutions," *Journal of the American Research Center in Egypt* 27: 1–23.

——— (1996) "The Aims and Methods of *Black Athena*," in Lefkowitz and Rogers, eds. *Black Athena Revisited*, pp. 27–48.

Bakker, E. M. Van Zinderen. (1976) "Paleoecological Background in Connection with the Origin of Agriculture in Africa," in Harlan, de Wet and Stemler, eds. *Origins of African Plant Domestication*, pp. 43–63.

Baldi, P. (1999) *The Foundations of Latin.* Berlin, New York: Mouton, de Gruyter

Barb, A. A. (1971) "Mystery, Myth and Magic," in John Harris, ed. *The Legacy of Egypt*, 2nd ed. Oxford: Oxford University Press, pp. 138–69.

Barbujani, G., and Sokal, R. R. (1990) "Zones of Sharp Genetic Change in Europe Are also Linguistic Boundaries," *Proceedings of the National Academy of Science USA* 87: 1816–9.

Bardinet, T. (1995) *Les papyrus médicaux de l'égypte pharaonique.* Paris: Fayard.

Barich, B., and Hassan, F. A. (2000) "Hidden Valley Playa at Farafra and the Archaeology of the Western Desert," paper given at the Cambridge Conference of the Society of Africanist Archaeologists 12–15 July.

Barthélemy, J-J. (1763) "Réflexions générales sur les rapports des langues égyptienne, phénicienne et grecque," *Recueils des Mémoires de l'Académie des Inscriptions* 32: 212–33.

Bass, G. (1991) "Evidence of Trade From Bronze Age Shipwrecks," in N. Gale, ed. *Bronze Age Trade in the Mediterranean*, pp. 69–82.

——— (1997) "Beneath the Wine Dark Sea: Nautical Archaeology and the Phoenicians of the *Odyssey*," in J. Coleman and C. Walz, eds., *Greeks and Barbarians*. Bethesda: CDL Press, pp. 71–101.

Bates, O. (1914) *The Eastern Libyans, an Essay*. London: Macmillan.

Baudessin, W. W. (1911) *Adonis und Esmun. Eine Untersuchung zur Geschichte des Glaubens an Auferstehungsgötter und Heilgötter*. Leipzig: J. C. Hinrichs.

Baumgarten, A. I. (1981) *The Phoenician History of Philo of Byblos: A Commentary*. Leiden: Brill.

Beekes, R. S. B. (1971) "A European Substratum Word. *Orbis* 20: 132–7.

Beeler, M. (1981) "Venetic Revisited," in Arbeitman and Bomhard, *Bono Homini Donum*, pp. 65–72.

Beeston, A. F. L., Ghul, M. A., Müller, W. W. and Ryckmans, J. (1982) *Sabaic Dictionary*. Louvain: Peeters; Beirouth: Librairie du Liban.

Bekele, E. (1983) "A Differential Rate of Regional Distribution of Barley Patterns in Ethiopia, and a View on the Center of Origin of Barley," *Hereditas* 98: 269–80.

Bellwood, P. (1991) "The Austronesian Dispersal and the Origin of Languages," *Scientific American* July, pp. 88–93.

Beloch, J. (1893–1904) *Griechische Geschichte*. 3 vols in 4. Strassbourg: Trübner.

——— (1894) "Die Phoeniker am aegaeischen Meer," *Rheinisches Museum* 49: 111–32.

Bender, L. (1975) *Omotic: A New Afroasiatic Family*. Carbondale: Southern Illinois University Press.

———ed. (1976) *The Non-Semitic Languages of Ethiopia*. East Lansing: African Studies Center, Michigan State University.

——— (1996) *The Nilosaharan Languages: A Comparative Essay*. München: Lincom Europa.

——— (1997a) "Upside-Down Afrasian," *Afikanistische Arbeitspapiere*, 50: 19–34.

——— (1997b) Personal letter, 18 April.

——— (2000) "Nilo-Saharan," in B. Heine and D. Nurse, eds., *African Languages: An Introduction*. Cambridge: Cambridge University Press, pp. 43–73.

Bender, L., and Jungraithmayr, H. (1997) Personal Communications at the *25th Annual Conference of The North American Conference on Afro-asiatic Linguistics*. Miami, March 21–3.

Benfey, T. (1842) *Griechische Grammatik, erste Abteilung: Griechisches Wurzellexikon als Grundlage der griechischen Grammatik*. Berlin

Bengtson, J. D. (1997) "The Riddle of Sumerian: A Dene-Caucasic Language?" *Mother Tongue* 3: 63–74.

Bennet, C. O. (1980) *The Cults of the Ancient Greek Cypriotes*. 2 vols. Ph.D. thesis, University of Pennsylvania.

Bennet, J. (1990) "Knossos in Context: Comparative Perspectives on the Linear B Administration of LMII-III Crete," *American Journal of Archaeology* 94: 193–211.

Benveniste, E. (1932) "Grec ψυχής," *Bulletin de la Société Linguistique de Paris* 33: 165–8.

——— [1935] 1948. *Origines de la formation des noms en indo-européen,* Paris, Klincksieck.
——— [1969] 1973. *Indo-European Language and Society*. Trans. E. Palmer. Coral Gables: University of Florida. From *Le vocabulaire des institutions indo-europaeennes.* 2 vols. Paris: Minuit.
Bérard, J. (1952) "Les Hyksos et la légende d'Io: Recherches sur la période prémycenienne," *Syria* 29: 1–43.
Bérard, V. (1894) *De l'origine des cultes arcadiens: Essai de méthode en mythologie grecque*. Paris: Bibliothèque des Écoles Françaises d'Athènes et de Rome.
——— (1902–3) *Les Phéniciens et l'Odyssée.* 2 vols. Paris: Librairie Armand Colin. [2nd ed., 1927].
——— (1927–9) *Les Navigations d'Ulysse.* 4 vols. Paris: Librairie Armand Colin.
Berlinerblau, J. (1996) "*Black Athena* Redux," *Nation* Oct. 28: 42–6.
——— (1998) *Academic Politics Today: The Case of* Black Athena. New Brunswick, NJ: Rutgers University Press.
Bernal, M. (1981) "A New Proto-Semitic," paper given to the 9th Annual Conference of the North American Conference of Afroasiatic Linguistics, Boston.
——— (1985) "Black Athena: The African and Levantine Roots of Greece," in I. Van Sertima, ed., *African Presence in Early Europe.* New Brunswick, NJ: Transaction Books, pp. 66–82.
——— (1987a) *Black Athena: The Afroasiatic Roots of Classical Civilization. Vol. I, The Fabrication of Ancient Greece 1785–1985.* London: Free Association Books; New Brunswick, NJ: Rutgers University Press. [Vol. I]
——— (1987b) "On the Transmission of the Alphabet into the Aegean before 1400 BC," *Bulletin of the American School of Oriental Research* 267: 1–19.
——— (1988) "How the seeds of language were sown: [Review of] *Archaeology and Languages: The Puzzle of Indo-European* by Colin Renfrew," *Manchester Guardian Weekly* 6 March, p. 27.
——— (1989) "First by Land, Then by Sea: Thoughts about the Social Formation of the Mediterranean and Greece," in E. Genovese and L. Hochberg, eds., *Geography in Historical Perspective.* Oxford: Blackwell, pp. 3–33.
——— (1990) *Cadmean Letters: The Transmission of the Alphabet to the Aegean and Further West before 1400 BC.* Winona Lake: Eisenbrauns.
——— (1991) *Black Athena: The Afroasiatic Roots of Classical Civilization. Vol. 2, The Archaeological and Documentary Evidence.* London: Free Association Books; New Brunswick, NJ: Rutgers University Press. [Vol II]
——— (1992) "Animadversions on the Origins of Western Science," in special section, "The Cultures of Ancient Science," *Isis* 83, 4 (December): 596–607.
——— (1993) "Phoenician Politics and Egyptian Justice in Ancient Greece," in K. Raaflaub, ed., *Anfänge politischen Denkens in der Antike: Die nah-östlichen Kulturen und die Griechen.* Munich: R. Oldenbourg, pp. 241–61.
——— (1994) "Response to Robert Palter," *History of Science* 32(4): 445–64.
——— (1995) "Review of Sarah P. Morris: *Daidalos and the Origins of Greek Art," Arethusa,* 28(1): 113–35.
——— (1997a) "Responses to *Black Athena*: General and Linguistic Issues," *Talanta* 27: 63–98.
——— (1997b) "Response to Arno Egberts,"*Talanta* 27: 165–71.

——— (1997c) "Black from the Oases," in M. Chavalas, ed. *Festschrift for Michael Astour*. Bethesda: CDL Press, pp. 148–71.
——— (2001) *Black Athena Writes Back*. Durham, NC, and London: Duke University Press.
Bernal, M. and Moore, D. C. (Forthcoming) *Debating Black Athena*. Durham, NC: Duke University Press.
Betancourt, P. P. (1977) *The Aeolic Style in Architecture: A Survey of its Development in Palestine, The Halikarnassos Peninsula, and Greece, 1000–500 BC*. Princeton: Princeton University Press.
Biel, J. (1985) "Der Keltenfürst von Hochdorf," Stuttgart: Thiess.
Bietak, M. (1979) *Avaris and Piraess: Archaeological Exploration in the Eastern Nile Delta*. From the Proceedings of the British Academy XV. Oxford: Oxford University Press.
——— (1992) "Minoan Wall-Paintings Unearthed at Ancient Avaris," *Egyptian Archaeology: Bulletin of the Egyptian Archaeological Society* 2: 26–8.
——— (1995) "Connections between Egypt and the Minoan World: New Results from Tell el-Daba'a/Avaris," in W. V. Davies and L. Schofield, eds., *Egypt, the Aegean and the Levant*, pp. 19–28.
Billigmeier, J. C. (1975) "The Origin of the Greek Word ΛΕΩΝ," *Talanta* 6: 1–6
——— (1976) *Kadmos and the Possibility of a Semitic Presence in Helladic Greece*. Ph.D. thesis, University of California, Santa Barbara.
Bilolo, M. (2001) "Isolement géo-culturel de l'Égypte par rapport à la Nubie: Mensonge délibéré ou vérité historique" in Cervelló, ed. *Africa Antigua*, pp. 48–70.
Binder, D. (2002) "Stones Making Sense: What Obsidian Could Tell about the Origins of Central Anatolian Neolithic," in L. Thissen and F. Gérard, eds. *Central Anatolian Neolithic e-Workshop*, pp. 79–92.
Bing, P. (1988) *The Well-Read Muse: Present and Past in Callimachus and the Hellenistic Poets. Hypomnemata* 90. Göttingen: Vandenhoeck & Ruprecht.
Birch, S. (1853) "The Annals of Thothmes III, as Derived from the Hieroglyphic Inscriptions," *Archaeologia* 35: 116–66.
Black, P. (1974) *Lowland East Cushitic*. Ph.D. thesis. Yale University, New Haven, CT.
Blažek, V. (1992) "Kartvelian Materials in the Nostratic Lexikon: New Etymologies II," in V. Shevoroshkin, ed. *Nostratic, Dene-Caucasian, Austric and Amerind*. Bochum: Brockmeyer.
——— (2002) "Elam: A Bridge between the Ancient Near East and Dravidian India?" *Mother Tongue* 7: 123–43.
Blegen, C. W., and Haley, J. (1927) "The Coming of the Greeks: The Geographical Distribution of Prehistoric Remains in Greece," *American Journal of Archaeology* 32: 141–52.
Blench, R. (1993a) "Recent Developments in African Language Classification and Their Implications for Prehistory," in T. Shaw, P. Sinclair, B. Andah, and A. Okpoko, eds. *Archaeology of Africa*, pp. 126–37.
——— (1993b) "Ethnographic and Linguistic Evidence for the Prehistory of African Ruminant Livestock, Horses and Ponies," in T. Shaw, P. Sinclair, B. Andah and A. Okpoko, eds., *Archaeology of Africa*. 71–103.
——— (1994) "The Language Phyla of Africa: Recent Developments in Classification

and Implications for Archaeological Interpretation," Major Theme 3: Language, Anthropology and Archaeology. World Archaeological Congress 3.

——— (1995) "Is Niger-Congo Simply a Branch of Nilo-Saharan?" in R. Nicolaï and F. Rottland, eds., *Actes du cinquième colloque Nilosaharienne*. Proceedings of the Fifth Nilo-Saharan Linguistics Conference, Nice, 25–29 August 1992. Köln: Rüdiger Köppe, pp. 83–130.

——— (1997) "Crabs, Turtles and Frogs: Linguistic Keys to Early African Subsistence Systems" in R. Blench and M. Spriggs, eds. *Archaeology and Language* I, pp. 166–83.

——— (1999a) "Why is Africa so Linguistically Undiverse Compared with Papua and Australia?" revised paper first presented at ANU, Canberra, July 30.

——— (1999b) "The Westward Wanderings of Cushitic Pastoralists," in C. Baroin and J. Boutrais, eds., *L'homme et l'animale dans le Bassin du Lac Tchad*. Paris: IRD, pp. 39–80.

——— (1999c) "The Languages of Africa: Macrophyla Proposals and Implications for Archaeological Interpretation" in R. Blench and M. Spriggs, eds. *Archaeology and Language IV*.

——— (2000) "The Classification of Nilo-Saharan" [Review of Bender 1996a and Ehret 2000.] *Afrika und Übersee* 83: 293–307.

——— (2001a) "Types of Language Spread and Their Archaeological Correlates: The Example of Berber," *Origini: Preistoria e proto istoria delle civiltà antiche* 23: 169–90.

——— (2001) Personal communication, Cambridge, January.

——— (2002a) "*Enset* Culture and its History in Highland Ethiopia," in A. Negash and G. Rossel, eds. *Ensete: Wild, Useful and Cultivated*. Leiden.

——— (2002b) "Archaeology and Language: Methods and Issues" in J. Bintliffe, ed. *Blackwell's Companion to Archaeology*. London: Blackwell.

——— (2002c) Email to MGB, 13/11.

——— (2002d) "Besprechungsartikel: The Classification of Nilo-Saharan" *Afrika und Übersee* 83 293–307.

——— (2003) "The Movement of Cultivated Plants between Africa and India in Prehistory" in K. Neumann, A. Butler and S. Kahlhaber, eds. *Food, Fuel and Fields: Progress in African Archaeobotany*. Köln: Heinrich Barth-Institut, pp. 273–92

——— (in press, a) "Further Evidence for Niger-Saharan and the Problem of pan-African Roots" in Proceedings of the VIIth Nilo-Saharan Conference in Vienna, 2–6th September, 1998. ed. N. Cyffer. Köln: Rudiger Köppe.

——— (in press, b) "Niger-Saharan III," in M. Reh and D. Payne, eds. Proceedings of the VIIth Nilo-Saharan Conference in Hamburg, 2–6th September 2001. Köln: Rudiger Köppe.

——— (in press, c) "*Enset* Culture and its History in Highland Ethiopia" in M. Mous and G. Sava, eds., Proceedings of the IVth Cushitic-Omotic Conference, Leiden, April 10–12, 2003. Köln: Rudiger Köppe.

——— (in press, d) *Archaeology, Language and the African Past*. Walnut Creek, London, New Dehli: Altamira.

——— (in press, e) *Archaeology Language and the African Past*. Altamira Press.

——— and Spriggs, M. eds. (1999) *Archaeology and Language I: Theoretical and Methodological Orientations*. London and New York: Routledge.

Blench and Williamson. See Williamson and Blench.
Blok, J. (1996) "Proof and Persuasion in *Black Athena*: The Case of K. O. Müller," *Journal of the History of Ideas* 57.4: 705–24. [="Proof and Persuasion in *Black Athena*: The Case of K. O. Müller," *Talanta* 27: 173–208.]
Boardman, J. (1963) "Artemis Orthia and Chronology," *Annual of the British School at Athens* 58: 1–7.
——— (1990) "Al Mina and History," *Oxford Journal of Archaeology* 9: 169–90.
Bobrova, L., and Militarev, A. (1993) "From Mesopotamia to Greece: To the Origin of Semitic and Greek Star Names" in H. D. Galter, ed. *Die Rolle der Astronomie in den Kulturen Mesopotamiens*. Beiträge zum 3. Grazer morgenländischen Symposium (23–27 September 1991), pp. 307–29.
Bochart, S. (1646) *Geographia Sacræ Pars Prior: Phaleg seu de Dispersione Gentium et Terrarum Divisione Facta in Ædificatione Turis Babel etc. Pars Altera: Chanaan, seu de Coloniis et Sermone Phœnicum*. München.
——— (1674) *Geographia Sacra: I Phaleg: De Dispersone Gentium & terrarum: divisione facta in aedifactione turris Babel etc. II Chanaan: De coloniis & Sermone Phoenicum*. Frankfurt a.M.: Zunneri.
Boisacq, E. (1950) *Dictionnnaire étymologique de la langue grecque*, 4th ed. Heidelberg: Winter; Paris: Klincksieck.
Bolinger, D. L. (1950) "Rime, Assonance and Morpheme Analysis," *Word* 6: 117–36, repr. in I. Abe and T. Kanekiyo, eds. (1968) *Forms of English, Accent Morpheme, Order*. Cambridge: Harvard University Press, pp. 203–26.
Bolling, G. M. (1944) *The Athetized Lines of the Iliad*. Baltimore: The Linguistic Society of America.
Bomhard, A. (1976) "The Placing of the Anatolian Languages," *Orbis* 25(2): 199–239.
——— (1981) "Indo-European and Afroasiatic: New Evidence for the Connection," in Arbeitman and Bomhard, eds. *Bono Hamini Donum*, pp. 351–474.
———(1984) *Toward Proto-Nostratic: A New Approach to the Comparison of Proto-Indo-European and Proto-Afroasiatic*. Amsterdam and Philadelphia: Benjamins.
——— (1997) "On the Origin of Sumerian," *Mother Tongue* 3: 75–92.
——— (1999) "Review of Dolgopolsky's *The Nostratic Macrofamily and Linguistic Palaeontology*," in C. Renfrew and D. Nettle, eds. *Nostratic*, pp. 47–74.
——— (2002) "Reflections on Greenberg's *Indo-European and Its Closest Relatives*." *Mother Tongue* 7: 85–114.
Bomhard, A., and Kerns, J. C. (1994) *The Nostratic Macrofamily: A Study of Distant Family Relationship*. New York and Berlin: Mouton de Gruyter.
Bonfante, G., and Bonfante, L. (1983) *The Etruscan Language*. Manchester: Manchester University Press.
Bonnet, C. (1988) *Melqart: Cultes et mythes de l'Heracles tyrien en Méditerranée. Studia Phoenicia* 8.
Bonnet, H. (1952) *Reallexikon der ägyptischen Religionsgeschichte*. Berlin: Walter de Gruyter.
Book of Enoch, or, Enoch 1, see Charles.
Bothmer, B.V. et al. (1960) *Egyptian Sculpture of the Late Period 700 BC to AD 100*. Brooklyn, NY: Brooklyn Museum.
Boyce, M. (1975) *History of Zoroastrianism*. Leiden: Brill.
Breasted, J. H. (1908) *A History of the Ancient Egyptians*. New York: Scribner.

Brooks, A. S. (2002) Personal Communication Buffalo, NY, April.
Brooks, A. S., and Smith, C. C. (1987) "Ishango Revisited: New Age Determinations and Cultural Interpretations," *African Archaeological Review* 5: 65–78.
Brooks, A. S.; Yellen, J. E.; et al. (1995) "Dating and Context of Three Middle Stone Age Sites with Bone Points in the Upper Semliki Zaire," *Science* 268: 548–53.
Brosman, P. W. (1982) "The Development of the PIE Feminine," *Journal of Indo-European Studies* 10(3–4): 253–72.
Brown, J. P. (1965) "Kothar, Kinyras and Kytheria," *Journal of Semitic Studies* 10: 197–219.
——— (1968a) "Literary Contexts of the Common Hebrew Greek Vocabulary," *Journal of Semitic Studies* 13: 163–91.
——— (1968b) "Cosmological Myth and the Tuna of Gibraltar," *Transactions of the American Philological Association* 99: 37–62.
——— (1969) "The Mediterranean Vocabulary of the Vine," *Vetus Testamentum* 19: 146–70.
——— (1971) "Peace Symbolism in Ancient Military Vocabulary," *Vetus Testamentum* 21: 1–23.
——— (1979–80) "The Sacrificial Cult and its Critique in Greek and Hebrew, pt. 1," *Journal of Semitic Studies* 24: 159–74, and "pt. 2," *Journal of Semitic Studies* 25: 1–21.
——— (1995) *Israel and Hellas*. New York and Berlin: de Gruyter.
——— (2000) *Israel and Hellas*, vol. II. New York and Berlin: de Gruyter.
——— (2001) *Israel and Hellas*, vol. III. New York and Berlin: de Gruyter.
Brown, J. P., and Levin, S. (1986) "The Ethnic Paradigm as a Pattern for Nominal Forms in Greek and Hebrew," *General Linguistics* 26(2): 71–105.
Brown, R. L. (1967) *Wilhelm von Humboldt's Conception of Linguistic Relativity*. The Hague: Mouton.
Brown, T. S. (1958) *Timaeus of Tauromenium*. Berkeley: University of California Press.
Brugmann, K. (1897) *The Nature and Origin of the Noun Genders in the Indo-European Languages; A Lecture Delivered on the Occasion of the Sesquicentennial Celebration of Princeton University*. Trans. E. Y. Robbins. New York: Scribners.
——— (1903–4) "Etymologisches Miszellen," *Indogermanischen Forschungen* 16: 499–510.
——— (1906–11) *Grundriss der vergleichigen Grammatik der indogermanischen Sprachen*. 2 vols. Stassburg: Trübner.
——— (1911–12) "Verdunkelte Präpositional Komposita im Griechischen," *Indogermansche Forschungen* 29: 229–43.
——— (1913) *Griechische Grammatik*. 4th ed. München.
Brugsch, H. (1885–8) *Religion und Mythologie der alter Ägypter*. Leipzig: Hinrichs.
Bruneau, P., and Ducat, J. (1965) *Guide de Délos*. École Française d'Athènes, Paris; Boccard.
Bryce, T. (1976) "The Lycian ~e Variant a Dating Criterion for Lycian Texts," *Kadmos* 15: 168–70.
——— (1980) "Sacrifices to the Dead in Lycia," *Kadmos* 19: 41–53.
Buccellati, G. (1997) "Akkadian" in R. Hetzron, ed. *The Semitic Languages*, pp. 69–99.
Budge, E. A. W. (1898) *The Chapters of Coming Forth by Day*. 3 vols. London: K. Paul, Trench, Trübner and Co.
——— (1904) *The Gods of the Egyptians: or Studies in Egyptian Mythology*. 2 vols. London: Methuen; Chicago: Open Court.

Bulloch, A. (1989) "Hellenistic Poetry" in P. E. Easterling and E. J. Kenney, eds. *The Hellenistic Period and the Empire*. Vol. I, pt. 4, *The Cambridge History of Classical Literature*, pp. 1–81

Bunnens, G. (1979) *L'expansion Phénicienne en Méditerrranée: Essay d'interpretation fondé sur une analyse des traditions littéraires*. Brussels and Rome: Institut historique Belge de Rome.

Bunsen, C. (1848–60) *Egypt's Place in Universal History*. 5 vols. Trans. R. Cotrell. London: Longman.

Burkert, W. (1975) "Resep Figuren, Apollon von Amyklai und die 'Erfindung' des Opfers auf Cypern," *Grazer Beiträge* 4: 51–79.

——— (1983) *Homo Necans: The Anthropology of Ancient Greek Sacrificial Ritual and Myth*. Trans. Peter Bing. Berkeley: University of California Press.

——— (1984) *Die orientaliserende Epoche in der griechischen Religion und Literatur*. Heidelberg: Winter.

——— ([1977] 1985). *Greek Religion: Archaic and Classical*. Oxford: Blackwell; Cambridge: Harvard University Press. [translation of *Griechische Religion der archaischen und klassischen Epoche*.]

——— (1987) *Ancient Mystery Cults*. Cambridge: Harvard University Press.

——— ([1984] 1992). *The Orientalizing Revolution: Near Eastern Influence on Greek Culture in the Early Archaic Age*. Trans. M. E. Pinder and W. Burkert. Cambridge: Harvard University Press.

——— (1993) "Lescha-Liskah: Sakrale Gastlichkeit zwischen Palästina und Griechenland," in B. Janowski et al., eds. *Religionsgeschichtliche Beziehungen zwischen Kleinasien, Nordsyrian und dem alten Testament*. Göttingen: Orbis Biblicus et Orientalis, pp. 19–38.

Burrow, I. (1973) "The Proto Indoaryans," *Journal of the Royal Asiatic Society*, pp. 123–40.

Burton, A. (1972) *Diodorus Siculus Book I: A Commentary*. Leiden: Brill.

Burton, R. (1898) *Personal Narrative of a Pilgrimage to Al-Madinah & Meccah*. London: Bell.

Bury, J. (1900) *A History of Greece to the Death of Alexander the Great*. London: Macmillan.

——— (1932) *The Idea of Progress*. New York: Macmillan.

——— (1950) *A History of Greece to the Death of Alexander the Great*. 3rd ed., rev. R. Meiggs. London: Macmillan.

Butterworth, W., see Clement of Alexandria.

Butzer, K. (1976) *Early Hydraulic Civilization in Egypt: A Study in Cultural Ecology*. Chicago: Chicago University Press.

Bynon, J., ed. (1984) *Current Progress in Afro-Asiatic Languages: Papers of the 3rd International Congress of Hamito-Semitic Linguistics in London*. Amsterdam and Philadelphia: Benjamins.

Bynon, J., and Bynon, T., eds. (1975) *Hamito-Semitica. Proceedings of a Colloquium Held by the Historical Section of the Linguistic Association at the School of Oriental and African Studies, University of London the 18th, 19th and 20th of March 1970*. The Hague: Mouton.

Bynon, T. (1983) *Historical Linguistics. Cambridge Textbooks in Linguistics,* with corrections and an additional bibliography. Cambridge: Cambridge University Press.

Cagni, L., ed. (1980) *La Lingua di Ebla: Atti del Convegno Internazionale*. (Napoli, 21–23 aprile 1980) Naples: Istituto Universitario orientale, vol. 14.

Callender, J. B. (1975) *Middle Egyptian*. Malibu, CA: Undena.

Camps, G. (1974) *Les civilisations prehistoriques de l'Afrique du nord et du Sahara*. Paris: Doin.

——— (1982) "Beginnings of Pastoralism and Cultivation in North-West Africa and the Sahara: Origins of the Berbers," in J. D. Clark, ed., *Cambridge History of Africa: Volume I. From the Earliest Times to c. 500 BC*. Cambridge: Cambridge University Press, pp. 548–623.

Caquot, A. (1958) "Le dieu 'Athtar et les textes de Rasshamra," *Syria* 35: 45–60.

Carlyle (1904) *The Letters and Speeches of Oliver Cromwell*. 3 vols. London: Metheun.

Carpenter, R. (1958) "The Phoenicians and the West," *American Journal of Archaeology* 62: 25–53.

Cartledge, P. (1979) *Sparta and Laconia: A Regional History 1300–62 BC*. London: Routledge and Kegan Paul.

Cartledge, P., and Spawforth, A. (1989) *Hellenistic and Roman Sparta: A Tale of Two Cities*. New York: Routledge.

Caskey, J. L. (1973) "Greece and the Aegean Islands in the Middle Bronze Age," in *The Cambridge Ancient History II, Part 1, The Middle East and the Aegean Region* c.*1800–1380 B.C.* Cambridge: Cambridge University Press, pp. 117–40.

Caskey, M. E. (1980) "Dionysos in the Temple of Agia Irini, Keos," *American Journal of Archaeology* 84: 200.

Cassuto, U. (1971) *The Goddess Anath: Canaanite Epics from the Patriarchal Age*. Trans. from the Hebrew by I. Abrahams. Jerusalem: Magnes Press, Hebrew University.

Catling, H. F.; Cherry, J. F.; Jones, R. E.; and Killen, J. T. (1980) "The Linear B inscribed Jars and West Crete," *Bulletin of the British School in Athens* 75: 49–113.

Cauville, S. (1997) *Le temple de Dendera: Les chapelles osiriennes*. 3 vols. Cairo: Institut français d'archéologie orientale.

Cavalli-Sforza, L. L.; Piazza, A.; Menozzi, P.; and Mountain, J. (1988) "Reconstruction of human evolution: Bringing together genetic archaeological and linguistic data," *Proceedings of the National Academy of Science USA* 85: 6002–6.

Cavalli-Sforza, L. L., and Cavalli-Sforza, F. (1995) *The Great Human Diasporas*. Weston, MA: Addison-Wesley.

Celenko, T., ed. (1996) *Egypt in Africa*. Bloomington: Indiana University Press.

Černy, J. (1943) "The Origin of the Name of the Month Tybi," *Annales du Service des Antiquités del'Égypte* 43: 173–81.

——— (1976) *Coptic Etymological Dictionary*. Cambridge: Cambridge University Press.

———, and Groll, S. (1978) *A Late Egyptian Grammar*. Studia Pohl, Series maior 4. Rome: Bibilical Institute Press.

Cervelló Autuori, J. C. (1996) *Egipto y Africa. Origen de la civilización y la monarquía faraonicas en su contexto africano. Aula Orientalis-Supplementa, 13* Sabadell.

———, ed. (2001a) *Africa Antigua. El Antiguo Egipto, una civilación Africana: Actas de la IX semana de estudios africanos del Centre d'estudis Africans de Barcelona (18–22 de Marzo de 1996)*. Barcelona: Aula Aegyptia-Studia I.

——— (2001b) "Africanista, egiptologia, difusionismo y sustrato," in A. Cervelló Autuori, eds. *Africa Antigua*, pp. 81–97.

Chadwick, J. (1969) "Linear B Tablets from Thebes," *Minos* 10: 115–37.

——— (1970) "Non-Greek Elements in the Linear B Tablets," *Indogermanische Forschungen* 73: 97–104.

——— (1973) "The Linear B Tablets as Historical Documents," in *The Cambridge Ancient History*. 3rd edn. Vol. II, pt. 1, pp. 609–26.

——— (1975) "The Prehistory of the Greek Language" in *The Cambridge Ancient History*. 3rd edn. Vol. II, pt. 2, pp. 805–19.
——— (1976) *The Mycenaean World*. Cambridge: Cambridge University Press.
——— (1976b) "Who were the Dorians?" *La Parola del Passato* 31: 103–17.
Chamla, M-C. (1968) *Les populations anciennes du Sahara et des régions limitrophes: Étude des restes osseux humains néolithiques et protohistoriques*. Algiers: Publications du centre de récherches anthropologiques, prehistoriques et ethnographiques.
Chamoux, F. (1953) *Cyrène sous la monarchie des Battiades*. Paris: Klineksieck.
Chang, T-Tz. (1983) "Origins of Cereal Grains and Legumes" in D. Keightley, ed. *The Origins of Chinese Civilization*. Berkeley: University of California Press, pp. 65–94.
——— (1988) *Indo-European Vocabulary in Old Chinese. Sino-Platonic Papers* 7.
Chantraine, P. (1928) "Sur le vocabulaire maritime des grecs," in *Étrennes de Linguistique: Offertes par quelques amis à Émile Benveniste*. Paris: Guethner, pp. 1–25.
——— ([1948] 1973) *Grammaire homérique*. 2 vols, 5th imp., vol. 1. Paris: Klincksieck.
——— (1956) *Études sur le vocabulaire Grec*. Paris: Klincksieck.
——— (1961) *Morphologie historique du grec*. Paris: Klincksieck.
——— (1966) "Grec γλαυκός Γλαῦκος" et mycénien 'karauko'," in *Mélanges d'archéologie, d'épigraphie et d'histoire offerts à Jérome Carcopino*. Paris: Hachette, pp. 193–203.
——— (1968–75) *Dictionnaire etymologique de la langue grecque*. 4 vols. Paris: Klincksieck.
Charles, R. H., trans. (1912) *Book of Enoch, or, Enoch 1*. 2nd edn. Oxford: Clarendon Press.
Chassinat, E. (1966–68) *Le Mystère d'Osiris au mois de Khoïak*. 2 vols. Cairo: Imprimerie de l'Institute français d'archéologie orientale.
Chaudhuri, N. C. (1974) *Scholar Extraordinary: The Life of Professor the Right Honourable Max Müller P.C.* London: Chatto and Windus.
Chen, Y. (2000) "Israelian Hebrew in the Book of Proverbs," Ph.D. dissertation, Cornell University, Ithaca, NY.
Childe, G. F. (1980) "Final Letter," in Daniel, "Editorial," *Antiquity* 54 (210): 2–3.
Chowdhury, K. A. (1971) "Cotton Seeds from the Neolithic in Egyptian Nubia and the Origin of Old World Cotton," *Biological Journal of the Linnaean Society* 3,4 (Dec.): 303–12.
Christy, C. (1983) *Uniformitarianism in Linguistics*, Vol. 31. *Studies in the History of Linguistics*. Amsterdam: Benjamins.
Cicero (1945) *Tusculanae Disputationes*. Ed. and trans. J. E. King. Cambridge: Harvard University Press (Loeb).
——— (1985–89) *De natura deorum*. Ed. and trans. A. E. Douglas. Warminster: Aris and Phillips.
Cintas, P. (1948) "Un sanctuaire précarthaginois sur la grève de Salammbô," *Revue Tunisienne*, pp. 10–31.
Clackson, J. (1994) *The Linguistic Relationship between Armenian and Greek*. Oxford: Blackwell.
Clapham, L. R. (1969) *Sanchuniaton: The First Two Cycles*. Ph.D. Thesis. Harvard University, Cambridge.
Clark, J. D. (1978) "The Legacy of Prehistory: An Essay on the Background to the Individuality of African Cultures," in J. D. Fage, ed. *The Cambridge History of Africa*, II *from* circa *500 BC to AD 1050*. Cambridge: Cambridge University Press, pp. 11–86.
——— (1980) "Human populations and Cultural Adaptations in the Sahara and Nile

during Prehistoric Times," in M. A. J. Williams and H. Faure, eds., *The Sahara and the Nile: Quaternary environments and prehistoric occupation in Northern Africa*. Rotterdam: Balkema, pp. 527–82.

Clement of Alexandria. (1869) *Stromateis*, in Wm. Dindorf, ed., *Elementis Alexandrini Opera*. Oxford.

——— (1968) *Clement of Alexandria with an English Translation*, trans. W. Butterworth. Cambridge: Harvard University Press (Loeb).

Cline, E. (1994) *Sailing the Wine Dark Sea: Foreign Trade and Contact in the Late Bronze Age Aegean*. Oxford: Biblical Archaeological Review Press.

——— (1996) Personal communication (Spring).

——— (2001) "Amenhotep III: Aegean and Anatolia" in D. O'Connor and E. Cline, eds. Amenhotep III, pp. 237–50.

Clinton, Kevin (1988) Personal communication (Autumn).

Cohen, D. (1970–76) *Dictionnaires des racines Sémitiques: ou attestées dans les langues sémitiques*. 2 fascicules. Paris/the Hague: Mouton.

Cohen, D.; Bron, F.; and Lonnet A. (1993–) *Dictionnaires des racines Sémitiques: Ou attestées dans les langues sémitiques*. fascicules 3–. Paris/the Hague: Peeters.

Cohen, G. L., and Wallfield, J. (1985) "Etymology of Greek *agap* Love," *Indogermanische Forschungen* 90: 99–103.

Cohen, M. (1933) "gy>, ge, etc. 'vallée, pays," *Comptes rendus du groupe linguistiques Chamito-Semitique* 1: 34–5.

Coldstream, J. N. (1977) *Geometric Greece*. New York: St. Martin's.

Cole, S. (1963) *The Prehistory of East Africa*. New York: Macmillan.

Collinge, N. E. (1985) *The Laws of Indo-European*. Amsterdam and Philadelphia: Benjamins.

Collins, P. (2000) *The Uruk Phenomenon: The Role of Social Ideology in the Expansion of the Uruk Culture During the Fourth Millennium BC*. Oxford: Archeopress.

Cook, A. B. (1914–40) *Zeus: A Study in Ancient Religion*. 3 vols., 5 pts. Cambridge: Cambridge University Press.

Cook, E. (1992) "The Ferrymen of Elyseum and the Homeric Phaeacians," *Journal of Indo-European Studies* 20: 2–4: 239–67.

Cooper, J. (1973) "Sumerian and Akkadian in Sumer and Akkad," *Orientalia* 42: 239–46.

Corbett, G. (1991) *Gender*. Cambridge: Cambridge University Press.

Cornell, T. (1995) *The Beginnings of Rome*. London: Routledge.

Creissels, D. (2000) "Typology" in B. Heine and D. Nurse, eds. *African Languages: An Introduction*. Cambridge: Cambridge University Press, pp. 231–58.

Cross, F. (1979) "The Early Alphabetic Scripts" in Cross, ed. *Symposia, Celebrating the Seventy-Fifth Anniversary of the American Schools of Oriental Research (1900–1975)*. Cambridge: American Schools of Oriental Research, pp. 97–123.

Crossland, R. A. and Birchall, A. (1973) *Bronze Age Migrations in the Aegean: Archaeological and Linguistic Problems of Greek Prehistory*. London: Duckworth.

Crowley, J. L. (1989) *The Aegean and the East: An Investigation into the Transference of Artistic Motifs between the Aegean, Egypt and the Near East in the Bronze Age*. Jonsered: Paul Åströms.

Crowley, T. (1992) *An Introduction to Historical Linguistics*. Auckland: Oxford University Press.

Crum, W. (1939) *A Coptic Dictionary*. Oxford: Clarendon Press.

Culican, W. (1966) *The First Merchant Venturers: The Ancient Levant in History and Commerce.* London: Thames and Hudson.

——— (1991) "Phoenicia and Phoenician Colonization," in *The Cambridge Ancient History*. 2nd edn. vol. III, pt. 2. pp. 461–546.

Cuny, A. (1910) "Les mots du fonds préhellenique en grec, latin et sémitique occidental," *Revue des Études Anciennes* 12: 154–64.

——— (1937) "Chamito-sémitique et indo-européen: Histoire des récherches," in *Mélanges de linguistique et de philologie offerts à Jacq. van Ginneken.* Paris: Klincksieck, pp. 141–7.

Curtius, G. (1879) Grundzüge der griechischen Etymologie. Leipzig: Teubner.

Dahood, M. (1968) "The Phoenician Contribution to Biblical Wisdom Literature," in W. Ward, ed. *The Role of the Phoenicians in the Interaction of Mediterranean Civilization.* Beirut: American University of Beirut, pp. 123–52.

——— (1981a) "The Linguistic Classification of Eblaite" in L. Cagni, ed. *La Lingua di Ebla,* pp. 177–89.

——— (1981b) "Afterward: Ebla, Ugarit and the Bible," in G. Pettinato *The Archives of Ebla.* Garden City, NY: Doubleday, pp. 271–321.

Daniel, C. (1962) "Des emprunts égyptiens dans le grec ancien," *Studia et Acta Orientalia* [Bucharest] 4: 13–23.

——— (1967) "Les noms Égyptiens de certains types de vases Grec," *Studia et Acta Orientalia* [Bucharest] 6: 379–87.

——— (1968) "Review of Ion Banu, *Sensuri universale si diferente specifice in filozofia Orientului antic.* Vol. I: *Mesopotamia, Egipt, China,*" *Studia et Acta Orientalia* [Bucharest] 7: 305–8.

——— (1971) "Trois noms égyptiens en grec: BASILEUS, HRWS et TITAX," *Studia et Acta Orientalia* [Bucharest] 8: 59–69.

Daniel, G. (1980) "Editorial," *Antiquity* 54 (210): 1–6.

Daniel, G., and Evans, J. (1975) "The Western Mediterranean," in *The Cambridge Ancient History.* 3rd ed. Vol. II, pt. 2, pp. 713–72.

Daniels, P. T. (1997) "Scripts of Semitic Languages," in R. Hetzron, ed., *The Semitic Languages.* London: Routledge, pp. 16–45.

Darden, W. J. (2001) "On the Question of the Anatolian Origin of Indo-Hittite," in Drews, ed., *Greater Anatolia and the Indo-Hittite Language,* pp. 184–228.

Dasen, V. (1993) *Dwarfs in Ancient Greece and Egypt.* Oxford: Clarendon Press.

Daumer, F. (1977) "Geburtshaus" in W. Helck and E. Otto, eds. *Lexikon der Ägyptologie* II: cols. 462–75.

David, N. (1976) "History of Crops and Peoples in North Cameroon to AD 1900," in J. R. Harlan, J. M. J. de Wet and A. B. L. Stemler, eds. *Origins of African Plant Domestication.* pp. 223–68.

Davies, N. M., and Gardiner, A. (1936) *Ancient Egyptian Paintings.* Chicago: University of Chicago Press.

Davies, W. V., and Schofield, L. (1995) *Egypt, the Aegean and the Levant: Interconnections in the Second Millennium BC.* London: British Museum Press.

Davis, D. B. (1984) *Slavery and Human Progress.* New York: Oxford University Press.

Davis, V. L. (1985) "Identifying Ancient Egyptian Constellations," *Archaeoastronomy* 9 (*Journal for the History of Astronomy* 16): 102–4.

Davis, W. (1989) *The Canonical Tradition in Ancient Egyptian Art*. Cambridge: Cambridge University Press.

Davison, J. A. (1958) "Notes on the Panatheneia," *Journal of Hellenic Studies* 78: 23–44.

De Vaux, R. (1965) *Ancient Israel*. 2 vols. New York: McGraw Hill.

Decker, W. (1984) "Ringen," in W. Helck and W. Westendorf, eds. *Lexikon der Ägyptologie*. V: col. 266.

Delia, D. (1992) "The Refreshing Water of Osiris," *Journal of the American Research Center in Egypt* 29: 181–90.

Delia, R. (1980) *A Study in the Reign of Senwosret III*. Ph.D. dissertation, Columbia University, New York, NY.

Denning, K., and Kemmer, S. (1990) *On Language: Selected Writings of Joseph H. Greenberg*. Stanford: Stanford University Press.

Dennis, G. (1848) *The Cities and Cemeteries of Etruria*. 2 vols. London: John Murray.

Derchain, P. (1962) "L'authenticité de l'inspiration égyptienne dans le 'Corpus Hermeticum,'" *Revue de l'histoire des religions* 161: 175–98.

Deroi, L. (1974) "Le yod en Mycenien," *Kadmos* 13: 9–26.

Dévaud, E. (1923) "Notes de Lexicologie Copte," *Museon* 36:83–99.

Dhorme, E. (1946–8) "Les inscriptions pseudo-hieroglyphiques de Byblos," *Syria* 25: 1–35.

Diakonoff, I. M. (1965) *Semito-Hamitic Languages: An Essay in Classification*. Moscow: Nauka.

——— (1970) "Problems of Root Structure in Proto-Semitic," *Archiv Orientální* 38: 453–80.

——— (1981) "The Earliest Semites in Asia," *Altorientalische Forschungen* 8: 23–74.

——— (1985) "On the Original Home of the Speakers of Indo-European," *Journal of Indo-European Studies* 13: 92–174.

——— (1991) "General Outline of the First Period of the History of the Ancient World and the Problem of the Ways of Development," in I. M. Diakonoff, ed., Alexander Kirjanov, trans. *Early Antiquity*. Chicago and London: University of Chicago Press, pp. 27–66.

——— (1995) "Review of Bomhard and Kerns, *The Nostratic Macrofamily: A Study of Distant Family Relationship*," *Mother Tongue*, 1 (December): 219–22.

——— (1996) "Some Reflections on the Afrasian Linguistic Macrofamily," *Journal of Near Eastern Studies* 55(4): 293–4.

——— (1997) "External Connections of the Sumerian Language," *Mother Tongue* 3: 54–62.

Diakonoff, I. M., and Starostin, S. A. (1986) *Hurro-Urartian as an East Caucasian Language*. München: Kitzinger.

Dietrich, B. C. (1973) "The Dorian Hyacinthia," paper given to the *Third International Colloquium on Aegean Prehistory*, Sheffield.

——— (1974) *The Origins of Greek Religion*. New York and Berlin: De Gruyter.

——— (1975) "The Dorian Hyacinthia: A Survival from the Bronze Age," *Kadmos* 14: 133–42.

——— (1978) "Some Evidence from Cyprus of the Apolline Cult in the Bronze Age," *Rheinische Museum* 121: 1–18.

Dietrich, R. (1990) "Egyptian Influence on the North-West Semitic Languages," graduate paper given for course NES 485, on "The Ancient East Mediterranean," Cornell University, Ithaca, N.Y.

Dillard, J. L. (1973) *Black English: Its History and Usage in the United States*. New York: Vintage.

Dillmann, A. ([1899] 1959) *Grammatik der äthiopischen Sprache*. Graz: Akademsche Druck.

———, and Bezold (1907) *Ethiopic Grammar*. Trans. J. A. Crighton. London: Williams and Norgate.

Diodorus of Sicily (1933) *The Library of History*. Vol. I. Trans. C. H. Oldfather. Cambridge: Harvard University Press (Loeb).

——— (1967) *The Library of History*. Vol. XII. Trans. F. R. Walton and R. M. Green. Cambridge: Harvard University Press (Loeb).

Diogenes Laertius (1980) *Lives of Eminent Philosophers*. 2 vols. Trans. R. D. Hicks. Cambridge: Harvard University Press (Loeb); London: Heinemann.

Dodds, E. R. (1951) *The Greeks and the Irrational*. Berkeley: University of California Press.

Dogget, H. (1991) "Sorghum History in Relation to Ethiopia," in J. M. M. Engels, J. G. Hawkes and Melaku Wored, eds. *Plant Genetic Resources of Ethiopia*. Cambridge: Cambridge University Press, pp. 140–59.

Dolgopolsky, A. B. (1987) "Cultural Contacts of Proto-Indo-European and Proto-Indo-Iranian with Neighbouring Languages," *Folia Linguistica Historica* 8(2): 3–36.

——— (1998) *The Nostratic Macrofamily and Linguistic Palaeontology*. Cambridge: The Macdonald Institute for Archaeological Research.

——— (1999) "The Nostratic Macrofamily: A Short Introduction," in C. Renfrew and D. Nettle, eds. pp. 19–46.

Donner, H., and Röllig W. (1966) *Kanaanäische und aramäische Inschriften. Mit einem Beitrag von O. Rössler.* Wiesbaden: Harrasowitz.

Dossin, G. (1976) "L'origine sumérienne du mot gr. ἄναξ," *Orientalia Lovanensia Periodica* 6–7: 209–13.

Doumas, C. (1992) *The Wall Paintings of Thera*. Trans. A. Doumas. Athens: The Thera Foundation.

Drews, R. (1979) "Carthage and the Spartan Eunomia," *American Journal of Philology* 101: 45–59.

——— (2001) "Greater Anatolia: Proto-Anatolian, Proto-Indo-Hittite and Beyond" in R. Drews, ed. *Greater Anatolia and the Indo-Hittite Language Family: Papers Presented at a Colloquium Hosted by the University of Richmond, March 18–19 2000. Journal of Indo-European Monograph Number* 38. Washington, DC: Institute for the Study of Man, pp. 248–83.

Driem, G., van (2001) *Languages of the Himalayas, an Ethnographic Handbook of the Greater Himalayan Region: Containing an Introduction to the Symbiotic Theory of Language*. Leiden: Brill.

Driessen, J. (1997) "Le palais de Cnossos au MRII-III: combien de destructions" in J. Driessen and A. Farnoux, eds. *La Crète Mycénienne. Bulletin de Correspondence Héllenique. Supplement* 30, pp. 113–34.

Driver, G. R. (1976) *Semitic Writing: From Pictograph to Alphabet*. New rev. edn. S. A. Hopkins, ed. London: Oxford University Press.

Du Boulay, J. (1982) "The Greek Vampire: A Study in Cyclic Symbolism in Marriage and Death," *Man* NS 13: 219–39.

Dumézil, G. (1958) *L'idéologie tripartie des Indo-Européens.* Bruxelles: Latomus.
Dunand, F. (1973) *Le culte d'isis dans le bassin de la méditerranée.* 3 vols. Vol. II: *Le culte d'isis en grèce.* Leiden: Brill.
Dunkel, G. (1981) "Mycenaean and Central Greek," *Kadmos* 20: 132–41.
——— (1981b) "Typology versus Reconstruction," in Y. Arbeitman and A. R. Bomhard, eds. *Bono Homini Donum*, pp. 559–69.
Dussaud, R. (1921) *Les origines canaanéennes du sacrifice israelite.* Paris: Leroux.
Edel, E. (1966) *Die Ortsnamenlisten aus dem Totentempel Amenophis III. Bonner biblische Beiträge* 25. Bonn: Hanstein.
——— (1978) "Der Brief des ägyptischen Wesirs Pasiyara an den Hethiterkönig Ḫattusili und verwandte Keilschriftbriefe," *Nachrichten der Akademie der Wissenschaften in Göttingen, I Philologisch-historische Klasse* No. 4: 117–58 [Göttingen].
Edwards, R. B. (1979) *Kadmos the Phoenician: A Study in Greek Legend and the Mycenaean Age.* Amsterdam: Adolf M. Hakkert.
Egberts, A. (1997) "Consonants in Collision: Neith and Athena Reconsidered," in W. Van Binsbergen, ed. *Black Athena: Ten Years After*, pp. 149–64.
Ehret, C. (1967) "Cattle Keeping in Eastern and Southern African History," *Journal of African History* 8: 1–17.
——— (1968) "Sheep and Central Sudanic Peoples in Southern Africa," *Journal of African History* 9(2): 213–21.
——— (1972) *Southern Nilotic History: Linguistic Approaches to the Study of the Past.* Evanston, IL: Northwestern University Press.
——— (1978) "Cushitic Prehistory," in M. L. Bender, ed., *The Non-Semitic Languages of Ethiopia.* East Lansing: Michigan State University Press, pp. 85–96.
——— (1995) *Reconstructing Proto-Afroasiatic (Proto-Afrasian): Vowels, Tone, Consonants, and Vocabulary, Linguistics.* Vol. 126. Berkeley and Los Angeles: University of California Press.
——— (1996) "Ancient Egyptian as an African Language, Egypt as an African Culture," in T. Celenko, ed. *Egypt in Africa.* Bloomington: Indiana University Press, pp. 25–7.
——— (1999) "Nostratic—or proto-human?" in C. Renfrew and D. Nettle, eds. *Nostratic*, pp. 93–112.
——— (2000) "Language and History," in B. Heine and D. Nurse, eds. *African Languages: An Introduction.* Cambridge: Cambridge University Press, pp. 272–97.
——— (2001a) *A Historical-Comparative Reconstruction of Nilo-Saharan.* Köln: Köppe.
——— (2001b) "African Sources of Egyptian Culture and Language," in A. Cervelló, ed. *Africa Antigua*, pp. 121–8.
——— (2002a) *The Civilizations of Africa: A History to 1800.* Charlottesville: University Press of Virginia.
——— (2002b) Personal communication. Buffalo, NY. April.
Eissfeldt, O. (1952) *Taautos und Sanchunjaton* Berlin: Akademie-Verlag.
——— (1960) "Phönikische und Griechische Kosmogonie," in O. Eissfeldt et al. eds. *Elements orientaux dans la religion grecque ancienne, Colloque de Strasbourg, 22–4 Mai 1958.* Strasburg and Paris: Presses Universitaires de France, pp. 1–15.
Elderkin, D. (1976) "Southern Cushitic" in L. Bender, ed. *The Non-Semitic Languages of Ethiopia*, pp. 279–97.

El Sayed, R. (1982) *La Déesse Neith de Sais*. 2 vols. Cairo: Institut français de Caire. Bibliothèque d'étude, 86.

Eliade, M. (1994) *Rites and Symbols* of *Initiation: The Mysteries of Birth and Rebirth*. Trans. W. R. Trask. Dallas: Spring.

Ellenbogen, M. (1962) *Foreign Words in the Old Testament: Their Origin and Etymology*. London: Luzac.

Elukin, J. (2002) "Maimoides and the Rise and Fall of the Sabaians: Explaining Mosaic Laws and the Limits of Scholarship." *Journal of the History of Ideas* 63(4): 619–37.

Embleton, S. (2000) "Lexicostatistics/Glottochronology: From Swadesh to Sankoff to Starostin to Future Horizons," in C. Renfrew, A. McMahon and L. Trask, eds. *Time Depth in Historical Linguistics*, pp. 143–66.

Emery, W. B. (1961) *Archaic Egypt: Culture and Civilization in Egypt Five Thousand Years Ago*. London: Penguin.

Empedocles. *Peri Phuseōs*.

Engels, J. M. M. (1991) "A Diversity Study in Ethiopian Barley," in J. M. M. Engels, J. G. Hawkes and Melaku Worede, eds. *Plant Genetic Resources of Ethiopia*. Cambridge: Cambridge University Press, pp. 131–40.

Engels, J. M. M., and Hawkes, J. G. (1991) "The Ethiopian gene centre and its genetic diversity" in J. M. M Engels, J. G. Hawkes and Melaku Worede, eds. *Plant Genetic Resources*, pp. 23–41.

English, P. T. (1959) "Cushites, Colchians and Khazars," *Journal of Near Eastern Studies* 18: 49–53.

Erman, A. (1933) *Neuägyptische Grammatic*. 2nd edn. Leipzig: W. Engelmann.

Erman, A., and Grapow, H. ([1926–53] 1982) *Wörterbuch der ägyptischen Sprache*. 7 vols. Berlin: Akademie.

Ernout, A., and Meillet, A. (1985) *Dictionnaire étymologique de la langue latine*. 4th edn., by Jacques André. Paris: Klincksieck.

Eusebius. *Praeperatio Evangelica*.

Evans, A. (1921–35) *The Palace of Minos*. 4 vols. in 6. London: Macmillan.

——— (1925) *The Early Nilotic, Libyan and Egyptian Relations with Minoan Crete* (The Huxley Memorial Lecture for 1925). London: Royal Anthropological Institute.

Faber, A. (1997) "Genetic Subrouping of the Semitic Languages," in R. Hetzron, ed. *The Semitic Languages*, pp. 3–15.

Faraone, C. A. (1987) "Hephaestus the Magician and Near Eastern Parallels for Alcinous' Watchdogs," *Greek, Roman and Byzantine Studies* 28(3): 257–80.

Farnell, L. R. (1895–1909) *The Cults of the Greek States*. 5 vols. Oxford: Clarendon Press.

——— (1921) *Greek Hero Cults and Ideas of Immortality*. Oxford: Clarendon Press.

Faulkner, R. O., trans. (1969) *The Ancient Egyptian Pyramid Texts*. Warminster: Aris and Phillips.

———, trans. (1972) *The Ancient Egyptian Book of the Dead*. London: British Museum.

———, trans. (1973–78) *The Ancient Egyptian Coffin Texts*. 3 vols. Warminster: Aris and Phillips.

——— (1976) *A Concise Dictionary of Middle Egyptian*. Oxford: Oxford University Press.

Faure, P. (1968) "Toponymes créto-mycéniens dans une listed'Amenophis III," *Kadmos* 7: 138–49.

Fecht, G. (1960) *Wortakzent und Silbenstruktur: Untersuchungen zur Geschichte dera ägyptischen Sprache. Ägyptilogische Forschungen* Heft 21. Glückstadt-Hamburg, New York.

Fehling, D. (1980) "The Origins of European Syntax," *Folia Linguistica Historica* 1(2): 359–61.
Fick, A. (1891) "Die Laute der griehische Sprache I" *Beiträge zur Kunde der indogermanischen Sprachen* 16: 279–94.
——— (1905) *Vorgriechischer Ortsnamen als Quelle für die vorgeschichte Griechenlands*. Göttingen: Vandenhoeck und Ruprecht.
Finkelberg, M. (2001) "Language of Linear A: Greek, Semitic, or Anatolian?" in R. Drews, ed. *Greater Anatolia and the Indo-Hittite Language*, pp. 81–105.
Finley, M. I. (1970) *Early Greece: The Bronze and Archaic Ages*. New York: Norton.
Fischer, W. (1997) "Classical Arabic" in R. Hetzron, ed. *The Semitic Languages*, pp. 187–219.
Flemming, H. (1965) *Age-Grading Cultures of East Africa: An Historical Inquiry*. Ph.D. thesis, University of Pittsburgh, Pittsburgh, Pennsylvania.
——— (1976) "Omotic Overview," in L. Bender, ed., *The Non-Semitic Languages of Ethiopia*, pp. 298–323.
——— (2001) "Joseph Greenberg: A Tribute and an Appraisal," *Mother Tongue* 6: 9–27.
Fodor, A., and L. Fóti (1976) "*HARAM* and Hermes: The Origin of the Arabic Word *HARAM* meaning Pyramid," *Studia Aegyptiaca* II, pp. 157–67.
Fodor, I. (1959) "The Origin of Grammatical Gender," *Lingua* 8: 1–41 and 186–214.
Fontenrose, J. ([1959]1980) *Python: A Study in Delphic Myth and its Origins*. Berkeley: University of California Press.
Forrest, W. G. (1968) *A History of Sparta 950–192 BC*. New York: Norton.
Foster, J. L. (1974) *Love Songs of the New Kingdom*. Austin: University of Texas Press.
Foucart, P. (1904) *Le culte de Dionysos en Attique*. Paris: Klincksieck.
——— (1914) *Les mystères d'Eleusis*. Paris: A. Picard.
Fournet, J.-L. (1989) "Les emprunts du grec a l'égyptien," *Bulletin de la société de linguistique de Paris* 84: 55–80.
Fowden, G. (1986) *The Egyptian Hermes: A Historical Approach to the Late Antique Pagan Mind*. Cambridge: Cambridge University Press.
Fox, J. (1996) "A Sequence of Vowel Shifts in Phoenician and Other Languages," *Journal of Near Eastern Studies* 55(1): 37–47.
Frankfort, H. (1933) *The Cenotaph of Seti I at Abydos*. London: Egypt Exploration Society, no. 39.
Frazer, J. (1890–1915) *The Golden Bough: A Study in Magic and Religion*. 9 vols. London: Macmillan.
——— (1898) *Pausanias's Description of Greece*. 6 vols. London: Macmillan.
——— (1913) *The Scapegoat, (Golden Bough IX)*. 3rd edn.
——— (1914) *Adonis Attis Osiris: Studies in the History of Oriental Religion (Golden Bough IV)*. 3rd edn., 2 vols. London: Macmillan.
——— (1921) *Apollodorus; The Library*. 2 vols. Cambridge: Harvard University Press (Loeb). See also Apollodoros.
Freyer-Schauenburg, B. (1970) "ΚΥΩΝ ΛΑΚΩΝΟΣ-ΚΥΩΝ ΛΑΚΑΙΝΑ" *Antike Kunst* 13: 95–9 and pls. 46–7.
Friedrich, J. (1933) "Einführung ins Urartäische," *Mitteilungen der vorderasiatisch-ägyptischen Gesellschaft* 37: Heft 3.
Frisk, H. (1955–72) *Griechisches etymologisches Wörterbuch*. 3 vols. Heidelberg: Winter.

Froidefond, C. (1971) *Le mirage Égyptien dans la littérature Grecque d'Homère à Aristote*. Aix-en-Provence: Publications universitaires des lettres et sciences humaines.
Fronzaroli, P. (1959) "I rapporti fra la grecia e l'oriente in alcuni studi recenti," *Athene e Roma* ser. IV(2): 65–79.
——— (1975) "On the Common Semitic Lexicon and its Ecological and Cultural Background," in J. and T. Bynon, eds., *Hamito-Semitica*, pp. 43–54.
Fulco, W. J. (1976) *The Canaanite God Resef*. New Haven: Yale University Press.
Gale, N., ed. (1991) *Bronze Age Trade in the Mediterranean*. Goteborg: P. Åström.
Gamkrelidze, T. V., and Ivanov, V. V. (1995) *Indo-European and the Indo-Europeans: A Reconstruction and Historical Analysis of a Proto-Language and a Proto-Culture* Part I, *Trends in Linguistics: Studies and Monographs* 80. English version by Johanna Nichols. Berlin and New York: Mouton de Gruyter.
Garbini, G. (1981) "Considerations on the Language of Ebla," in L. Cagni, ed., *La Lingua di Ebla*, pp. 75–82.
Gardiner, A. H. (1932) *Late Egyptian Stories*. Bruxelles: Fondation Égyptologique.
——— (1938) "The House of Life," *Journal of Egyptian Archaeology* 24: 157–79.
——— (1941) "Writing and Literature," in S. Glanville, ed. *The Legacy of Egypt*. Oxford: Clarendon Press, pp. 53–79.
——— (1945) "The Supposed Athribis in Upper Egypt," *Journal of Egyptian Archaeology* 31: 108–11.
——— ([1945–55] 1986) *My Early Years*. Reprint. Andreas, Isle of Man: privately printed.
——— (1947) *Ancient Egyptian Onomastica*. 3 vols. Oxford: Oxford University Press.
——— (1957) *Egyptian Grammar*. 3rd edn. Oxford: Oxford University Press.
——— (1961) *Egypt of the Pharaohs*. Oxford: Oxford University Press.
——— (1962) *My Working Years*. London: Coronet.
Gardiner, E. (1893) "Palladia from Mycenae," *Journal of Hellenic Studies* 13: 21–8.
Gardner, J., and Maier, J. (1985) *Gilgamesh: Translated from the Sîn-Leqi-Unninni Version*. New York: Vintage.
Gaster, T. (1961) *Thespis, Ritual, Myth and Drama in the Ancient Near East*. 2nd edn. New York: Harper and Row.
Gauthier, H. (1925–31) *Dictionnaire des noms géographiques contenus dans les textes hiéroglyphiques*. 5 vols. Cairo: L'institut français d'archéologie orientale.
——— (1931) *Les Fêtes du dieu Min*. Cairo: L'institut français d'archéologie orientale.
Gelb, I. J. (1957) *A Glossary of Old Akkadian*. Chicago: University of Chicago Press.
——— (1977) "Thoughts about Ibla: A Preliminary Evaluation," *Syro-Mesopotamian Studies* 1 (March): 1–26.
——— (1981) "Ebla and the Kish Civilization," in L. Cagni, ed. *La Lingua di Ebla*, pp. 9–73.
Gelb, I. J.; Jacobsen, T.; Landsberger, B.; Oppenheimer, A. L. (1956–) *The Assyrian Dictionary of the Oriental Institute of Chicago*. Glückstadt: Augustin.
Gell, W. (1810) *The Itinerary of Greece with a Commentary on Pausanias and an Account of the Monuments of Antiquity still Existing in that Country in the Years DCCCI:II:V:VI*. London: T. Payne.
Georgacas, D. J. (1957) "A Contribution to Greek Word History, Derivation and Etymology," *Glotta* 36: 100–22, 161–93.

——— (1969) "The Name *Asia* for the Continent: Its History and Origin," *Names* 17(1): 1–90.
Georgiev, V. (1966) *Introduzione alla storia delle lingue indeuropee*. Rome:Edizione dell' Ateneo.
——— (1972) "Die ethnischen Verhältnisse im alten Nordwestkleinasien," *Balkansko Ezikoznanie/Linguistique Balkanique* 16(2): 5–34.
——— (1973) "The Arrival of the Greeks in Greece: The Linguistic Evidence," in R. A. Crossland and A. Birchall, eds. *Bronze Age Migrations*, pp. 243–54.
——— (1979) *La Lingua e le origini degli Etruschi*. Roma: Nagard.
Gesenius, F. H. W. (1953) *A Hebrew and English Lexicon of the Old Testament*. Trans. E. Robinson; ed. F. Brown, S. R. Driver and C. A. Briggs. Oxford: Clarendon Press.
Gimbutas, M. (1970) "Proto-Indo-European Culture: The Kurgan Culture During the Fifth, Fourth and Third Millennia," in G. Cardona, H. M. Hoenigswald and A. Senn, eds. *Indo-European and Indo-Europeans: Papers Presented at the Third Indo-European Conference at the University of Pennsylvania*. Philadelphia: University of Pennsylvania Press, pp. 155–97.
——— (1973) "The Beginning of the Bronze Age in Europe and the Indo-Europeans." *Journal of Indo-European Studies* 1: 163–214.
Godart, L. (1968) "*Kupirijo* dans les textes mycéniens," *Studi Miceni ed Egeo-Anatolici* 5: 64–70.
——— (1983) "Le Linéaire A et son environnement," *Studi Miceni ed Egeo-Anatolici* 20: 30–3.
——— (1984) "Le Linéaire A au Linéaire B," in *Aux origines de l'Hellénisme. La Crète et la Grèce. Hommages à Henri van Effenterre*. Paris: Publications de la Sorbonne, pp. 121–8.
Godart, L., and Sacconi, A. (1978) "Les Tablettes en Linéaire B de Thèbes," *Incunabula Graeca* 71. Rome: dell'Ateneo & Bizzarri.
Godley, A. D., trans. (1920–4) *Herodotos, The History*. Cambridge: Harvard University Press (Loeb); London: Heinemann.
Goedicke, H. (1969) "Ägäische Namen in ägyptischen Inschriften," *Wiener Zeitschrift für die Kunde des Morgenlandes* 62: 7–10.
Goerwitz, R. I. (1996) "The Jewish Scripts," in P. T. Daniels and W. Bright, eds. *The World's Writing Systems*. New York and Oxford: Oxford University Press, pp. 487–98.
Good, I. (1995) "On the Question of Silk in pre-Han Eurasia," *Antiquity*. 69: 959–68
Goodenough, W. H. (1970) "The Evolution of Pastoralism and Indo-European Origins," in G. Cardona et al., eds. *Indo-European and Indo-Europeans: Papers Presented at the Third Indo-European Conference at the University of Pennsylvania*. Philadelphia: University of Pennsylvania Press, pp. 253–65.
Gordon, C. H. (1953) *Introduction to Old Testament Times*. Ventnor, NJ: Ventnor Publishers.
——— (1955) "Homer and Bible," *Hebrew Union Annual* 26: 1–66.
——— (1957) "Egypto-Semitica," *Rivista degli studi orientali (Scritti in onore di Giussepe Furlani)* 32: 269–77.
——— (1962a) *Before the Bible: The Common Background of Greek and Hebrew Civilizations*. New York: Harper and Row.
——— (1962b) "Eteocretan," *Journal of Near Eastern Studies* 21: 211–4.
——— (1965a) *Ugaritic Textbook: Grammar, Texts in Transliteration, Cuneiform Selections, Glossary, Indices*. (*Analecta Orientalia* 38) Rome: Pontificium Institutum Biblicum.

——— (1965b) *The Common Background of Greek and Hebrew Civilizations*. New York: Norton.
——— (1966) *Evidence for the Minoan Language*. Ventnor NJ: Ventnor Publishers.
——— (1968) *Forgotten Scripts: The Story of Their Decipherment*. London: Pelican, pp. 157–71.
——— (1981) "ˀIn' of Predication or Equivalence," *Journal of Biblical Literature* 100(4): 612–3.
——— (1988) "West Semitic Factors in Eblaite," in Y. L. Arbeitman, ed. *FUCUS: A Semitic Afrasian Gathering in Remembrance of Albert Ehrman*. Amsterdam and Philadelphia: Benjamins, pp. 261–6.
——— (1997) "Amorite and Eblaite," in R. Hetzron, ed., *The Semitic Languages*, pp. 100–13.
Gordon, C. H., and Rendsburg, G. (1997) *The Bible and the Ancient Near East*. New York: Norton.
Gragg, G. (1997) "Geʿez (Ethiopic)," in R. Hetzron, ed. *The Semitic Languages*, pp. 242–60.
——— (2001) "Kuschitisch: Cushitic Languages: Some Comparative/Contrastative Data," in B. Kienast, *Historische semitische Sprachwissenschaft*, pp. 574–617.
Grapow, H. (1944) "Ägyptisch. Vom Lebensverlauf einer afrikanischen Sprache," in H. H. Schaeder, ed. *Der Orient in deutscher Forschung*. Leipzig: Harrassowitz, pp. 205–16.
Graves, R. (1955) *Greek Myths*. 2 vols. London: Penguin.
Gray, R. D., and Atkinson, Q. D. (2003) "Language-tree Divergences Support the Anatolian Theory of Indo-European Origin," *Nature* (27 November): 435–9.
Green, A. R. W. (1975) *The Role of Human Sacrifice in the Ancient Near East*. Missoula, MT: Scholars Press for the American Schools of Oriental Research.
Green, P. (1990) *Alexander to Actium: The Historical Evolution of the Hellenistic Age*. Berkeley: University of California Press.
Greenberg, J. H. (1955) *Studies in African Linguistic Classification*. New Haven, CT: Compass.
——— ([1958] 1990) "Labial Consonants in Proto-Afroasiatic" *Word* 14: 295–302. Reprinted in K. Denning and S. Kemmer, eds. *On Language: Selected Writings of Joseph H. Greenberg*. Stanford: Stanford University Press, pp. 405–18.
——— (1962) "The Interpretation of the Coptic Vowel System," *Journal of African Languages* 1: 22–9.
——— (1963) *The Languages of Africa*. Bloomington: Indiana University Press; The Hague: Mouton.
——— (1965) "Evidence for */mb/ as a Proto-Afroasiatic Phoneme," in A. Heinz et al., eds. *Symbolae Linguisticae in honorem Georgii Kurylowitz*. Wroclaw, Warsaw, Krakow: Polish National Academy.
——— (1972) "Linguistic Evidence Regarding Bantu Origins," *Journal of African History* 13: 189–216.
——— ([1978] 1990). "How Does a Language Acquire Gender Markers," in J. H. Greenberg, C. A. Ferguson, and E. A. Moravcsik, eds. *Universals of Human Language*. Vol. III. Stanford University Press, pp. 47–82. Rep. in K. Denning and S. Kemmer, eds. *On Language*, pp. 241–70.
——— ([1986] 1990). "Were There Egyptian Koines?" in J. H. Fishman et al., eds. *The Fergusonian Impact: In Honor of Charles A Ferguson on the Occasion of His 65th Birthday*. Vol.

I. *From Phonology to Society*. Berlin, New York and Amsterdam: Mouton de Gruyter, pp. 271–90. Rep. in K. Denning and S. Kemmer, *On Language*, pp. 502–19.
——— (1987) *Language in the Americas*. Stanford: Stanford University Press.
——— (2000) *Indo-European and its Closest Relatives: The Eurasiatic Language Family*. Vol. I: *Grammar*. Stanford: Stanford University Press.
——— (2002) *Indo-European and its Closest Relatives: The Eurasiatic Language Family*. Vol. II: *Lexicon*. Stanford: Stanford University Press.
Greenberg, M. (1955) *The Ḥab/piru*. New Haven, CT: American Oriental Series, vol. 39.
Gregersen, E. A. (1972) "Kongo-Saharan," *Journal of African Languages* 11(1): 69–89.
Grelot, P. (1972) *Documents araméenes d'Égypte*. Paris: Éditions du Cerf.
Griffin, J. ([1986] 2001) "Introduction," Boardman, Griffin and Murray, eds. *Oxford Illustrated History of Greece and the Hellenistic World*. Oxford: Oxford University Press, pp. 1–12.
Griffith, F. L. (1909) "Herodotos II.90: Apotheosis by Drowning," *Zeitschrift für ägyptische Sprache und Altertumskunde* 46: 132–4.
——— (1927) "The Abydos Decree of Seti I at Nauri," *Journal of Egyptian Archaeology* 13: 193–208.
Griffith, R. D. (1993) "Homer's Rosy-fingered Dawn and the Rayed Sun-Disk of Amenhotep IV" *Sileno* 19: 91–100.
——— (1996) "Homer's Black Earth and the Land of Egypt," *Athenaeum: Studi di letteratura e Storia dell' Antichità* NS 84(1): 251–4.
——— (1997a) "Criteria for Evaluating Hypothetical Egyptian Loanwords in Greek: The Case of Αἴγυπτος" *Illinois Classical Studies* 22: 1–6.
——— (1997b) "Homeric διιπετέος ποτομοίο and the Celestial Nile," *American Journal of Philology* 118(3): 353–62.
——— (1997c) "The Voice of the Dead in Homer's *Odyssey* and in Egyptian Funerary Texts," *Studi Micenei ed Egeo-Anatolici*. 39(2): 219–40.
Griffiths, J. G. (1955) "The Orders of Gods in Greece and Egypt," *Journal of Hellenic Studies* 75: 21–3.
——— (1960) *The Conflict of Horus and Seth: From Egyptian and Classical Sources: A Study in Ancient Mythology*. Liverpool: Liverpool University Press.
——— (1970) *Plutarch's De Iside et Osiride*. Cambridge: Cambridge University Press.
——— (1975) *Apuleius of Madauros, The Isis Book (Metamorphosis, Book XI)*. Leiden: Brill.
——— (1980a) "Horusmythe" in W. Helck and E. Otto, eds. *Lexikon der Ägyptologie*. III: cols. 54–9.
——— (1980b) "Horusspeer" in W. Helck and E. Otto, eds. *Lexikon der Ägyptologie*. III: col. 60.
——— (1980c) "Interpretatio Graeca" in W. Helck and E. Otto, eds. *Lexikon der Ägyptologie*. III: cols. 167–72.
——— (1980d) *The Origins of Osiris and his Cult*. Leiden: Brill.
——— (1982a) "Mysterien" in W. Helck and E. Otto, eds. *Lexikon der Ägyptologie*. IV: cols. 276–7.
——— (1982b) "Osiris" in W. Helck and E. Otto, eds. *Lexikon der Ägyptologie*. IV: cols. 623–33.
——— (1982c) "Plutarch" in W. Helck and E. Otto, eds. *Lexikon der Ägyptologie*. IV: cols. 1065–7.

——— (1991) *Atlantis and Egypt, with Other Selected Essays*. Cardiff: University of Wales Press.
Grigson, C. (1991) "An African origin for some African Cattle?—Some Archaeological Evidence," *African Archaeological Review* 9: 119–44.
Grimal, N. (1992) *A History of Ancient Egypt*. Trans. I. Shaw. Oxford, UK, and Cambridge: Blackwell.
Grimme, H. (1925) "Hethitisches im griechischen Wortschatze," *Glotta* 14: 13–25.
Grzymski, K. (1980) "Greatest Diversity Concept in African History," *Current Anthropology* 212(4): 506–8.
Guilmot, M. (1977) *Les initiés et les rites initiatiques en Égypte ancienne*. Paris: Lafont.
Güldemann, T., and Vossen, R. (2000) "Khoisan," in B. Heine and D. Nurse, eds. *African Languages: An Introduction*. Cambridge: Cambridge University Press, pp. 99–112.
Gusmani, R. (1964) *Lydisches Wörterbuch: Mit grammatischer Skizze und Inschriften Sammlung*. Heidelberg: Winter.
Guthrie, M. (1967) *Comparative Bantu: An Introduction to the Comparative Linguistics and Prehistory of the Bantu Languages*. London: Gregg.
Guthrie, W. K. C. (1962) *A History of Greek Philosophy I: The Earlier Presocratics and the Pythagorians*. Cambridge: Cambridge University Press.
——— (1966) *Orpheus and Greek Religion: A Study of the Orphic Movement*. Rev. edn. New York: Norton.
Hagman, R. S. (1977) *Nama Hottentot Grammar*. Bloomington: Indiana Publications.
Haider, P. W. (1988) *Griechenland-Nordafrika: Ihre Beziehungen zwischen 1500 und 600 v. Chr.* Darmstadt: Wissenschaft Buchsgesellschaft, pp. 1–82.
Haley, C. W., and Blegen, C. (1927) "The Coming of the Greeks: The Geographical Distribution of Prehistoric Remains in Greece," *The American Journal of Archaeology* 32: 141–52.
Hammond, N. G. L., and Scullard, H. H. (1970) *The Oxford Classical Dictionary*. Oxford: Clarendon.
Hamp, E. (1996) "Remarks from the Conference on the Prehistory and Ethnology of East Turkestan (Sinkiang)," Philadelphia (April). Reported in *Mother Tongue* 26: 10–2.
Hampe, R., and Simon, E. (1981) *The Birth of Greek Art from the Mycenaean to Archaic Period*. New York: Oxford University Press.
Hani, J. (1976) *La Religion Égyptienne dans la pensée de Plutarque*. Paris: Belles Lettres.
Hankey, V. (1993) "Egypt, the Aegean and the Levant," *Egyptian Archaeology* 3: 27–9.
Harden, D. (1971) *The Phoenicians*. London: Penguin.
Harlan, J. R. (1982) "The Origins of Indigenous African Agriculture," in J. D. Clark, ed., *Cambridge History of Africa:* Volume I. *From the Earliest Times to* c. *500 BC*. Cambridge: Cambridge University Press, pp. 624–57.
———, de Wet, J. M. J.; and Stemler, A. B. L., eds. (1976) *Origins of African Plant Domestication*. The Hague: Mouton.
Harris, J. R. (1971) *The Legacy of Egypt*. Oxford: Oxford University Press.
Harris, Z. S. (1936) *A Grammar of the Phoenician Language*. New Haven, CT: American Oriental Society.
——— (1939) *The Development of the Canaanite Dialects: An Investigation in Linguistic History*. New Haven, CT: American Oriental Society.

Harrison, J. ([1903] 1923) *Prolegomena to the Study of Greek Religion.* 3rd ed. Cambridge: Cambridge University Press.

——— ([1921] 1927) *Themis: A Study of the Social Origins of Greek Religion.* 2nd rev. edn. Cambridge: Cambridge University Press.

Hartleben, H. (1909) *Lettres de Champollion le Jeune recueillis et annotées.* 2 vols. Paris: Bibliotèque Égyptologique.

——— (1983) *Jean-François Champollion: Sa vie et son oeuvre 1790–1832.* Trans from German by Denise Meunier. Paris: Pygmalion.

Hassan, F. A. (1980) "Prehistoric Settlements along the Main Nile" in M. A. J. Williams, ed. *The Sahara and the Nile: Quaternary Environments and Prehistoric Occupation in Northern Africa.* Rotterdam: Balkema, pp. 421–50.

——— (1988) "The Predynastic of Egypt," *Journal of World Prehistory* 2: 135–85.

——— (2000); see Barich and Hassan.

Hayes, W. C. (1973) "Egypt from the Death of Ammenemes III to Seqenenre II," in *The Cambridge Ancient History.* 3rd edn. Vol. II, pt. 1, pp. 42–76.

Helck, W. (1962) *Die Beziehungen Aegyptens zu Vorderasien im 3. und 2. Jahrtausend v. Chr.* Wiesbaden: Harrasowitz.

——— (1979) *Die Beziehungen Ägyptens und Vorderasiens zur Ägâis bis ins 7. Jahrhundert v. Chr.* Darmstadt: Wissenschaftliche Buchgesellschaft.

——— (1989) "Ein Ausgreifen des mittleren Reiches in den Zypriotischen Raum?" *Göttinger Miszellen: Beiträge zur ägyptische Diskussion* 109: 27–30.

Helck, W., and Otto, E. [later Westendorf, W.], eds. (1975–88) *Lexikon der Ägyptologie.* 8 vols. Wiesbaden: Harrassowitz.

Heliodoros (1957) *Aithiopika: An Ethiopian Romance.* Trans. with an introduction by M. Hadas. Ann Arbor: University of Michigan Press.

Helm, P. R. (1980) *"Greeks" in the Neo-Syrian Levant and "Assyria" in Early Greek Writers.* Ph.D. thesis, University of Pennsylvania, Philadelphia.

Hemberg, B. (1955) ANAX, ANASSA, *und* ANAKEΣ *als Götternamen unter besonderer Berücksichtigung der attischen Kulte.* Uppsala: Lundesquitska Bokhandeln.

Hemmerdinger, B. (1966) "Trois notes. I. Kadmos. II. Emprunts du grec mycénien à l'Akkadien. III. L'infiltration phénicienne en Béotie," *Revue des Études Grecques* 79: 698–703.

——— (1967) "La colonie babylonienne de la Kadmée," *Helikon* 7: 232–40.

——— (1968) "Noms communs grecs d'origine égyptienne," *Glotta* 46: 238–47.

——— (1970) "De la Méconnaissance de quelques etymologies Greques," *Glotta* 48: 40–66.

Henrici, A. (1973) "Numerical Classification of Bantu Languages," *African Language Studies* 14: 80–102.

Henshilwood, C.; d'Errico, F.; Marean, C. W.; Milo, R. C.; and Yates, R. (2001) "Early bone tool technology from the Middle Stone Age at Blombos Cave, South Africa: Implications for the Origins of Modern Human Behavior, Symbolism, and Language," *Journal of Human Evolution* 41: 631–78.

Herington, C. J. (1955) *Athena Parthenos and Athena Polias: A study in the Religion of Periclean Athens.* Manchester: Manchester University Press.

Herodotus (1974) *The Histories.* Trans. Aubrey de Selincourt. Harmondsworth: Penguin.

——— (1985) *The History*. Trans. David Grene. Chicago: University of Chicago Press.
Hesiod (1914) *Hesiod: The Homeric Hymns and Homerica*. Trans. H. G. Evelyn-White. Cambridge: Harvard University Press (Loeb).
Hester, D. A. (1965) "Pelasgian: A New Indo-European Language?"*Lingua* 13: 335–84.
Hetzron, R. (1978) "The Limits of Cushitic," *Abbay* 9: 57–72.
——— (1997) "Outer South Ethiopic," in R. Hetzron ed. *The Semitic Languages*. London: Routledge, pp. 535–49.
Heubeck, A. (1958) "Mykinisch *qi-si-po* = ξίφος," *Minos* 6: 55–60.
Hicks, R. I. (1962) "Egyptian Elements in Greek Mythology," *Proceedings of the American Philological Society* 93: 90–108.
Hill, G. (1940) *A History of Cyprus*. Cambridge: Cambridge University Press.
Ho, P-t. (1975) *The Cradle of the East: An Inquiry into the Indigenous Origins of Techniques and Ideas in Neolithic and Early Historic China*. Hong Kong: Chinese University of Hong Kong; Chicago: University of Chicago Press.
Hoberman, R. (1975) "Typological Comparisons between the Indo-European and the Afro-Asiatic Root." Indo-European Seminar, Professor Paul Friedrich, University of Chicago.
Hoch, J. (1994) *Semitic Words in Egyptian Texts of the New Kingdom and Third Intermediate Period*. Princeton: Princeton University Press.
——— (1996) Personal orrespondence, July.
——— (1997) *Middle Egyptian Grammar*. Mississauga, ON: Benben.
Hockett, C. F. (1958) *A Course in Modern Linguistics*. New York: Macmillan.
Hodge, C. T. (1971) "Afroasiatic: an Overview," in Hodge, ed. *Afroasiatic a Survey*. The Hague: Mouton, pp. 9–26.
——— (1976a) "Lisramic (Afroasiatic): An Overview," in M. L. Bender, ed., *The Non-Semitic Languages of Ethiopia*, pp. 43–65.
——— (1976b) "An Egypto-Semitic Comparison," *Folia Orientalia* 17: 5–28.
——— (1977) "Review of J. B. Callender, *Middle Egyptian*, Malibu: Undena 1975," *Language* 53(4): 930–40.
——— (1978) "Lislakh," in *The Fourth LACUS Forum*. Columbia, SC: Hornbeam Press, pp. 414–22.
——— (1981a) "Lislakh Labials," *Anthropological Linguistics* 23(8): 368–82.
——— (1981b) "Some Implications of Lislakh," *The Seventh LACUS Forum*. Columbia, SC: Hornbeam Press, pp. 308–15.
——— (1984) "Lislakh: Progress and Prospects," in J. Bynon, ed. *Current Progress in Afro-Asiatic Linguistics*, pp. 413–21.
——— (1987) "The Status of Lisramic (Hamito-Semitic) Sound Correspondences," in H. Jungraithmayr and W. W. Müller, eds. *Proceedings of the Fourth International Hamito-Semitic Congress*, pp. 11–24.
——— (1989) "Thoth and the Oral Tradition," in M. R. Key and H. M. Hoenigswald, eds. *General and Amerindian Ethnolinguistics: In Remembrance of Stanley Newman*. Berlin and New York: Mouton de Gruyter, pp. 408–16.
——— (1991) "Prothetic Alif in Egypto-Coptic," in D. Mendel and U. Claudi, eds. *Ägypten im afro-orientalischen Kontext: Aufsätze zur Archäologie, Geschichte und Sprache eines unbegrenzten Raumes. Gedenkschrift Peter Behrens. Afrikanistiche Arbeitspapiere*. Sondernummer 1991. Köln: Universität zu Köln, pp. 171–6.

——— (1992) "Tooth and Claw," *Anthropological Linguistics* 34: 202–34.
——— (1994) "Some Proto Affixes," in V. Becker Makkai, ed., *The Twentieth LACUS Forum 1993*. Chapel Hill: North Carolina University Press.
——— (1995) "The Etymology of ꜥnḫ-Prolegomena," unpublished paper.
——— (1997) "Egyptian Vulture, Reedleaf and Now," included with *Mother Tongue* 28.
Hoffman, M. A. (1988) "Prelude to Civilization in Egypt: The Predynastic Period in Egypt," in *The First Egyptians*. Columbia: University of South Carolina Press, pp. 47–58.
——— (1991) *Egypt before the Pharaohs*. Rev. updated edn. Austin: University of Texas Press.
Hoffmeier, J. K. (1985) *Sacred in the Vocabulary of Ancient Egypt: The Term DSR, with Special Reference to Dynasties I–XX*. Freiburg: Universitäts Verlag; Freiburg, Schweitz.
Holladay, J. S. (1982) *The Wadi Tumilat Project: The Excavations at Tell el-Mashkuta*. Malibu, CA: Undena.
Hollis, S. T. (1987a) "Nut in the Pyramid Texts," paper given to the Annual Meeting of the American Research Centre in Egypt, April, Memphis, TN.
——— (1987b) "The Goddess Neith in Ancient Egypt through the End of the Third Millennium BC," American Academy of Religion Annual Meeting.
——— (1987c) "Women of Ancient Egypt and the Sky Goddess Nut," *Journal of American Folklore* 100: 496–503.
——— (1988) "Neith: Bees, Beetles and the Red Crown in the Third Millennium BC," paper given to the Annual Meeting of the American Research Centre in Egypt, Chicago.
——— (1990) *The Ancient Egyptian "Tale of Two Brothers": The Oldest Fairy Tale in the World*. Norman: University of Oklahoma Press.
Holst-Warhaft, G. (2000) *Cue for Passion: Grief and Its Political Uses*. Cambridge: Harvard University Press.
Homeric Hymns. To the Delian Apollo. To Demeter. To Hermes, in *Hesiod: The Homeric Hymns and Homerica* (1914), pp. 287–463. Trans. H. G. Evelyn-White. Cambridge: Loeb.
Hooker, J. T. (1976) *Mycenaean Greece*. London: Routledge & Kegan Paul.
——— (1979) "⌐γέφυρα· a Semitic Loan-word?" in B. Brogyanyi, ed. *Studies in Diachronic, Synchronic, and Typological Linguistics: Festschrift for Oswald Szemerényi on the Occasion of his 65th Birthday*. Pt 1. Amsterdam: Benjamins, pp. 387–98.
Hope-Simpson, R. (1965) *Gazetteer and Atlas of Mycenaean Sites*. University of London, Institute of Classical Studies. Bulletin Supplement 16.
Hopkins, S. A. (1976) "Additions and Corrections," to G. R. Driver, *Semitic Writing: From Pictograph to Alphabet*. 3rd ed. Oxford: Oxford University Press for the British Academy, pp. 224–76.
Hopper, P. J. (1973) "Glottalized and Murmured Occlusives," *Glossa* 7: 141–66.
Horace. (1934) *Horace: Odes and Epodes*. Ed. C. E. Bennet. New York and Boston: Allyn and Bacon.
Hornung, E. ([1971] 1982) *Conceptions of God in Ancient Egypt: The One and the Many*. Trans. John Baines. Ithaca, NY: Cornell University Press.
——— (1999) *Das esoterische Ægypten: Das geheime Wissen der Ägypter und sein Einfluß auf das Abendland*. München: Beck.
Hudson, G. (1976) "Highland East Cushitic" in L. Bender, ed. *The Non-Semitic Languages of Ethiopia*, pp. 232–77.

——— (1977) "Language Classification and the Semitic Prehistory of Ethiopia," *Folia Orientalia* 18: 119–66.

——— (1978) "Geolinguistic Evidence for Ethiopian Semitic Prehistory," *Abbay* 9: 71–85.

——— (1997) "Amharic and Argobba," R. Hetzron ed. *The Semitic Languages*, pp. 457–85.

——— (2000) "Ethiopian Semitic Archaic Heterogeneity," paper given at the 14th International Conference of Ethiopian Studies, Addis Ababa, 6–11 November 2000.

Hudson, G. F. (1931) *Europe and China: A Survey of Their Relations from the Earliest Times to 1800*. London: Arnold.

Hudson, R. A. (1976) "Beja" in L. Bender, ed. *The Non-Semitic Languages of Ethiopia*, pp. 97–132.

Huyge, D.; Watchman, A.; de Dapper, M.; and Marchi, E. (2001) "Dating Egypt's Oldest 'Art': AMS ^{14}C age determinations of rock varnishes covering petroglyphs at El-Hosh (Upper Egypt)," *Antiquity* 75: 69–72.

Hvidberg-Hansen, F. O. (1979) *La Déesse TNT: Une étude sur la religion Canaaneo-punique*. 2 vols. Copenhagen: Gad.

Iamblikhos (1996) *De Mysteriis Aegyptorum*. Trans. E. Des Places, as *Jamblique: Les Mystères d'Égypte*. Paris: Belles Lettres.

Illic-Svitic, V. (1964) "Drevneyschie indoevropeysko Semitiskie Yazygkovye Kontakty" [The most ancient contacts between Indo-European and Semitic], *Problemy Indoevropeyskogo yazykoznaniya* 6.

Imhoof-Blumer, F., and Gardiner, P. (1885, 1886, 1887) *A Numismatic Commentary on Pausanias*. Rep. from *The Journal of Hellenic Studies* 6: 50–101; 7: 57–113; 8: 6–63.

Ivanov, V. V. (2001) "Southern Anatolian and Northern Anatolian: As Separate Indo-European Dialects and Anatolian as a Late Linguistic Zone" in R. Drews, ed., *Greater Anatolia and the Indo-Hittite Language Family*, pp. 131–83.

Iversen, E. (1984) *Egyptian and Hermetic Doctrine. Opuscula Graecolatina*. Supplement *Musei Tusculani* 27.

Jablonsky, P. E. (1804) *Opuscula, quibus lingua et antiquitas aegyptiorum difficilia librorum sacrorum loca et historiae ecclesiaticae capita illustrantur*. Ed. J. W. te Walter. Leiden: Lugduni Batavorum, Apud A. et I. Honkoop.

Jackson-Knight (1958) see Virgil.

Jacoby, F. (1904) *Das Marmor Parium*. Ed. and ann. Berlin: Weidmann.

——— (1923–58) *Fragmente der grieschischen Historiker*. 3 vols. in 13 pts. Berlin: Weidmann; Leiden: Brill.

Jairazbhoy, R. A. (1985) "Egyptian Civilization in Colchis on the Black Sea," in R. Rashidi and I. van Sertima, eds. *African Presence in Early Asia*, special issue of *Journal of African Civilizations*, pp. 58–63.

Jakobson, R., and Waugh, L. R. (1990) "The Spell of the Speech Sound" in Jakobson, R.; Waugh, L. R.; and Monville-Burston, M., eds. *On Language*. Cambridge: Harvard University Press, pp. 422–47.

James, T. G. H. (1971) "Aegean Place-Names in the Mortuary Temple of Amenophis III at Thebes," *Bulletin of the Institute of Classical Studies of the University of London* 18: 144–5.

Jameson, M. (1960) "A Decree of Themistocles from Troizen," *Hesperia* 29: 198–223.

Jankowsky, K. R. (1968) *The Neogrammarians: A Re-evaluation of their place in the Development of Linguistic Science*. Washington, DC: Georgetown University.
Jasanoff, J. (1989) "Review," *Language* 65: 623–8.
——— (1997) "Stolen Legacy? The Evidence from Language," in A. Ross and A. Lea, eds. *Were the Achievements of Ancient Greece Borrowed . . . ?* pp. 57–68.
Jasanoff, J. and Nussbaum, A. (1996) "Word Games," in M. Lefkowitz and G. M. Rogers, eds. *Black Athens Revisited*, pp. 177–205.
Jasnow, R. and Zausich, K.-Th. (1995) "A Book of Thoth?" in C. J. Eyre, ed. *Proceedings of the 7th International Congress of Egyptologists*. Cambridge, 3–9 September 1995, pp. 607–19.
Jeffery, L. H. (1976) *Archaic Greece: The City-States c. 700–500 BC*. London and New York: St. Martin's.
Jensen, H. (1969) *Sign, Symbol and Script: An Account of Man's Efforts to Write*. Trans. G. Unner. New York: Putnam.
Jernstedt, P. V. (1953) *Egiptskie Zaimstvovaniia vgrechskom iazyke*. Moscow and Leningrad: Akademij Nauk.
——— (1954) "Iz oblasti drevnejshikh egiptizmov grechskogo Yazyka," *Palestinskij Sbornik* 83: 29–40.
Jones, H. L., trans. (1967) *The Geography of Strabo*. London: William Heinemann. VIII: 83, 85 [Bk. 17.1.29].
Jones, W. (1807) "The Second Anniversary Discourse. Delivered 24th of February 1785," *The Works of Sir William Jones with the Life of the Author by Lord Teignmouth*. 13 vols. London: John Stockdale. I: 10–23.
Josephus (1926) *Against Apion*. Trans. H. St. J. Thackeray, in *The Life, Against Apion*. Vol. I in *Josephus in Nine Volume*. Cambridge: Harvard University Press (Loeb); London: Heinemann.
——— (1930) *Antiquities of the Jews*, vols. IV-IX of *Josephus in Nine Volumes*. Cambridge: Harvard University Press (Loeb); London: Heinemann.
Joüon, P. (1923) *Grammaire de l'Hebreu biblique*. Rome: Pontificial Institute.
Joüon, P., and Muraoka, T. (1991) *A Grammar of Biblical Hebrew*. Rome: Pontificial Institute.
Junge, F., and Luft, U. (1973) "Memphite Theology" Mitteilungen des deutschen archäologischen Instituts, Abteilung Kairo.
Jungraithmayr, H., and Müller, W. W., eds. (1987) Proceedings of the Fourth International Hamito-Semitic Congress, Hamburg 20–22 September 1983. Amsterdam and Philadelphia: Benjamins.
Junker, H. (1917) *Die Onurislegende*. Wien: Kommission bei A. Hölder.
Justin(us), M. J. [4th CE] *Epitome* of Pompeius Trogus' *Historiae Philippicae*.
Kadish, G. (1993) "Some Egyptian concepts of space and time," paper given at *The 12th Annual Conference of the Society for the Study of Islamic Philosophy and Science and the Society for Ancient Greek Philosophy etc.*, at Binghamton, NY, October.
Kagan, D. (1965) *The Great Dialogue: History of Greek Political Thought from Homer to Polybius*. New York: Free Press.
Kakosy, L. (1975) "Atum" in W. Helck and E. Otto, eds. *Lexikon der Ägyptologie*. I: cols. 550–1.
——— (1982) "Mnevis" in W. Helck and E. Otto, eds. *Lexikon der Ägyptologie*. IV: cols. 165–7.

——— (1982b) "*Phönix*" in W. Helck and E. Otto, eds. *Lexikon der Ägyptologie*. IV: cols. 1030–9.

Kammerzell, F. (1994a) *Zur Umschreibung und Lautung des Ägyptischen*. Göttingen: Seminar für Ägyptologie und Koptologie.

——— (1994b) *Panther, Löwe und Sprachentwicklung im Neolithicum: Bemerkungen zur Etymologie des ägyptischen Theonyms M3fd., zur Bilfung einiger Raubtiernamen im Ägyptischen und zu einzelnen Großkatzenbeichnungen indoeuropäischer Sprachen*. Göttingen: Seminar für Ägyptologie und Koptologie.

Kaplony, P. (1980a) "Horusname" in W. Helck and E. Otto, *Lexicon der Ägyptologie*. III: cols. 59–60.

——— (1980b) "ka (*k3*)" in W. Helck and E. Otto, *Lexicon der Ägyptologie*. III: cols. 275–81.

Karenga, M. (1994) *Maat, The Moral Ideal in Ancient Egypt: A Study in Classical African Ethics*. Ph.D. dissertation, University of Southern California, Los Angeles.

Karlgren, B. (1964) *Grammata Serica Recensa*. Stockholm: Museum of Far Eastern Antiquities.

Katzenstein, H. J. (1973) *The History of Tyre: From the Beginning of the Second Millennium BCE until the Fall of the Neo-Babylonian Empire in 538 BCE*. Jerusalem: The Schocken Institute for Jewish Research.

Kaufman, S. (1997) "Aramaic" in R. Hetzron, ed., *The Semitic Languages*, pp. 114–30.

Kees, H. (1923) "Anubis Herr von Sepa und der 18 oberägyptische Gau," *Zeitschrift für ägyptische Sprache und Altertumskunde* 58: 79–101.

Keimer, L. (1931) "Pendeloques en forme d'insecte," *Annales de Service* 31: 145–82.

Keita, S. O. Y. (1990) "Studies of Ancient Crania from Northern Africa," *American Journal of Physical Anthropology* 83: 35–48.

——— (1992) "Further Studies of Crania from Ancient Northern Africa: An Analysis of Crania from First Dynasty Egyptian Tombs, Using Multiple Discriminant Functions," *American Journal of Physical Anthropology* 87: 445–54.

——— (1994?) "Ancient Egyptian Biocultural Origins." Unpublished paper.

Keller, O. (1887) *Thiere des klassischen Alterthums in culturgeschichtlicher Beziehung*. Innsbruck: Wagner.

Kemp, B. J. ([1989] 1991) *Ancient Egypt: Anatomy of a Civilization*. London: Routledge.

——— and Merrilees, R. S. (1980) *Minoan Pottery in Second Millennium Egypt*. Mainz: Ph. von Zabern.

Keramopoullos, A. (1917) "Θηβαικά," *Archaiologikon Deltion* 3: 1–503.

Kerns, J. C. (1994) "The Pre-Neolithic Background," in Bomhard and Kerns, *The Nostratic Macrofamily*, pp. 141–90.

Kienast, B. (1981) "Die Sprache von Ebla und das Altsemitische," in Cagni, ed. *La Lingua di Ebla*, pp. 83–98.

——— (2001) *Historische semitische Sprachwissenschaft*. Wiesbaden: Harrasowitz.

Kindermann, K. (2000) "New Investigations into the Neolithic Settlement System of Djara (Abu Muharic Plateau, Western Desert)," paper given at the Poznan Symposium on the Western Desert, Predynastic Egypt and the Sudan.

Kingsley, P. (1990) "The Greek Origin of the Sixth-Century Dating of Zoroaster," *Bulletin of the School of Oriental and African Studies* 53: 245–65.

Kinkel, G. (1877) *Epicorum Graecorum Fragmenta, Collegit, Disposuit Commentarium Criticum.* Leipzig: Teubner.
Kittles, R., and Keita, S. (1999) "Interpreting African Genetic Diversity," *African Archaeological Review* 16(2): 87–91.
Kitto, H. D. F. (1951) *The Greeks.* London: Penguin.
Klausner, J. (1976) "The First Hasmonean Rulers: Jonathan and Simeon" in A. Schalit, ed. *World History of the Jewish People: VI The Hellenistic Age.* London: W.H. Allen, pp. 183–210.
Klein, E. (1987) *A Comprehensive Etymological Dictionary of the Hebrew Language: For Readers of English.* London: Macmillan.
Koerner, K. (1989) *Practicing Linguistic Historiography.* Studies in the History of Language Sciences 50. Amsterdam: Benjamins.
Kogan, L. E. (1997) "Tigrinya" in R. Hetzron, ed., *The Semitic Languages,* pp. 424–45.
Kogan, L. E., and Korotayev, A. V. (1997) "Sayhadic (Epigraphic South Arabian)" in R. Hetzron, ed., *The Semitic Languages,* pp. 220–41.
Koutoulas, D. (2001) "The Pyramids of Ancient Greece," *Eleniki Agogi* pp. 18–23 [Trans. "Staff"].
Kourouniotes, K., and Thompson, H. A. (1932) "The Pnyx in Athens," *Hesperia* 1: 90–217.
Kraeling, E., ed. (1953) *The Brooklyn Museum Aramaic Papyri.* New Haven, CT: Yale University Press.
Krappe, A. H. (1940) "MAKAR" *revue de Philologie* 66: 245–6.
Kretschmer, P. (1896) *Einleitung in die Geschichte der griechischen Sprache.* Göttingen: Vandenhoeck & Ruprecht.
——— (1909) "Zur griechischen und lateinischen Wortforschung," *Glotta* I: 323–33.
——— (1913) "Mythische Namen," *Glotta* 4: 305–9.
——— (1924) "Das nt-suffix," *Glotta* 13: 84–106.
——— (1927) "Mythische Namen," *Glotta* 16: 74–8.
——— (1936) "Nochmals die Hypachäer und Aleksandus," *Glotta* 25: 203–51.
Kretschmer, P., and Wahrmann, P. (1929) "Literaturbereicht für das Jahr 1926," *Glotta* 17: 191–305.
Kristeller, P. (1995) "Comment on *Black Athena,*" *Journal of the History of Ideas* 56 (no. 1): 125–7.
Kuhn, T. S. (1970) *The Structure of Scientific Revolutions. International Encyclopaedia of Unified Science.* Chicago: University of Chicago Press. 2nd edn. [first edn. 1962].
——— (1977) "Second thoughts on paradigms," in F. Suppe, ed. *The Structure of Scientific Theories.* Chicago: University of Illinois Press, pp. 459–82.
Kuniholm, P. I. (2001) "Dendrochronological Perspectives on Greater Anatolia and the Indo-Hittite Language Family" in R. Drews, ed. *Greater Anatolia and the Indo-Hittite Language Family,* pp. 28–30.
Lacy, P. D., and Einarson, B. (1954) *Plutarch's Moralia* VII. Cambridge: Harvard University Press (Loeb); London: Heinemann.
Lagarde, P. (1866) *Gesammelte Abhandlungen.* Leipzig: Brockhaus.
Laidlaw, W. A. (1933) *A History of Delos.* Oxford: Blackwell.
Lamdin, T. O. (1983) *Introduction to Sahidic Coptic.* Macon, GA: Mercer University Press.

Lambropoulou, A. (1988) "Erechtheus, Boutes, Itys and Xouthos: Notes on Egyptian Presence in Early Athens," *The Ancient World* 18: 77–86.
Lambrou-Phillipson, C. (1987) "A Model for the Identification of Enclave Colonies," paper delivered at the Sixth International Colloquium on Aegean Prehistory, Athens, 30 August through 5 September.
——— (1990) *Hellenorientalia: The Near Eastern Presence in the Bronze Age Aegean, ca. 3000–1100 BC.* Göterborg: Paul Åströms.
Landau, O. (1958) *Mykinisch-Griechische Personennamen. Studia Graeca et Latina Gotheburgensia* 7. Göterborg.
Laroche, E. (1949) *Histoire de la racine* NEM- *en Grec Ancien.* Paris: Klincksieck.
——— (1958) "Comparison du Louvite et du Lycien," *Bulletin de la societé de linguistique* 53: 159–97.
——— (1959) *Dictionnaire de la langue Louvite.* Paris: Maisonneuve.
——— (1960) "Comparison du Louvite et du Lycien, II," *Bulletin de la societé de linguistique* 55: 155–8.
——— (1965) "Sur le nom grec de l'ivoire," *Revue de philologie* 39: 56–60.
——— (1976–77) *Glossaire de la langue hourrite.* 2 pts. *Revue Hittite et Asianique* 34 and 35.
Lattimore, R. (1939) "Herodotus and the Names of the Egyptian Gods," *Classical Philology* 34: 357–65.
Lazos, C. D. (1995) *Pyramides Stin Hellada.* Athens: Aiolos.
Leake, W. M. (1830) *Travels in the Morea.* 3 vols. London: J. Murray.
Lee, D. (1960) "Homeric kér and Others," *Glotta* 39: 191–207.
Lefkowitz, M.R. (1992a) "Afrocentrism Poses a Threat to the Rationalist Tradition," *Chronicle of Higher Education*, 6 May, p. A52.
——— (1992b) "Not Out of Africa," *New Republic*, 10 February, pp. 29–36. [= Lefkowitz in Lefkowitz and Rogers].
——— (1996) *Not Out of Africa: How Afrocentrism Became an Excuse to Treat Myth as History.* New York: New Republic and Basic Books [2nd. ppr. ed, 1997].
——— and Rogers, G. M., eds. (1996) *Black Athena Revisited.* Chapel Hill and London: University of North Carolina Press.
Lehmann, W. P. (1993) *Theoretical Bases of Indo-European Linguistics.* London and New York: Routledge.
——— (1997) "Ex Oriente Nox" in H. H. Hock, ed. *Historical Indo-European and Lexicographical Studies: A Festschrift for Ladislav Zgusta on the Occasion of his 70th Birthday.* Berlin and New York: Mouton de Gruyter, pp. 117–28.
Leigh-Fermor, P. (1958) *Mani: Travels in the Southern Peloponnese.* London: Murray.
Lejeune, M. (1965) "Le Δᾱμος dans la société mycénienne." *Revue des Études Grecques* 78: 1–22.
——— ([1972] 1987) *Phonétique historique du mycénien et du grec ancien.* Paris: Klincksieck.
Lesko, L. H., and Switalski-Lesko, B. (1982–90) *A Dictionary of Late Egyptian.* 5 vols. Berkeley: Scribe Publications.
Leslau, W. (1950) *Ethiopic Documents: Gurage.* New York: Viking Fund.
——— (1979) *Etymological Dictionary of Gurage (Ethiopic).* 3 vols. Wiesbaden: Harrassowitz.
Levi, D. (1947) *Antioch, Mosaic Pavements.* 2 vols. Princeton: Princeton University Press.
Levi, P. (1971) *Pausanias: Guide to Greece.* 2 vols. Harmondsworth: Penguin.

Levin, S. (1971a) *The Indo-European and Semitic Languages*. Albany: State University of New York Press.

——— (1971b) "The Etymology of νέκταρ Exotic Scents in Early Greece," *Studi Micenei ed Egeo-Anatolici* 13: 31–50.

——— (1992) "Studies in Comparative Grammar: 1. The Definite Article, an Egyptian/Semitic Indo-European Etymology," *General Linguistics* 32(1): 1–15.

——— (1995) *Semitic and Indo-European: The Principal Etymologies: With Observations on Afro-Asiatic*. Amsterdam and Philadelphia: Benjamins.

——— (1998) "Studies in Comparative Grammer: IV. Egyptian {Ónty} 'in front of': Hittite {Ḫanti}; Latin ANTQVEI: Hebrew/Aramaic {ʿatti^{Y}qe^{Y}} 'old'," *General Linguistics* 36(3): 167–77.

Levine, M. M. (1989) "The Challenge of *Black Athena* to Classics Today," in M. M. Levine and J. Peradotto, *Challenge of Black Athena*, pp. 7–15.

——— (1990) "Classical Scholarship—Anti-Black and Anti-Semitic?" *Bible Review* 6 (no. 3): 32–6, 40–1.

——— (1992a) "Multiculturalism and the Classics," *Arethusa* 25: 215–20.

——— (1992b) "The Use and Abuse of *Black Athena*," *American Historical Review* 97 (no. 2): 440–64.

——— (1998) "The Marginalization of Martin Bernal: Review Essay on *Black Athena Revisited* by M. Lefkowitz and G. Rogers...." *Classical Philology* 93(4): 345–63.

——— and Peradotto, J., eds. (1989) *The Challenge of Black Athena*. Special issue, *Arethusa* 22 (no. 1, Fall).

Levy, J. (1866) *Chaldäisches Wörterbuch über die Targumim und einen grosseb Theil des rabbinischen Schriffthums*. Leipzig: G. Engel.

Levy, R. G. (1934) "The Oriental Origin of Herakles," *Journal of Hellenic Studies* 54: 40–53.

Lewy, H. (1895) *Die semitischen Fremdwörter im Greichischen*. Berlin: Gaertner.

——— (1928) "Griechische Etymologien," *Zeitschrift für vergleichende Sprachforschung auf dem Gebiete der indogermanischen Sprachen* 55: 24–32.

Li, H-I (1983) "The Domestication of Plants in China" in D. Keightley, ed. *The Origins of Chinese Civilization*. Berkeley: University of California Press. pp. 21–63.

Lichtheim, M. (1973–80) *Ancient Egyptian Literature*, Vols. I–III. Berkeley and Los Angeles: University of California Press.

——— (1983) *Late Egyptian Wisdom Literature in the International Context: A Study of Demotic Instructions*. Göttingen: Vandehoek & Ruprecht.

——— (1992) *Maat in Egyptian Autobiographies and Related Studies*. Göttingen: Vandehoek & Ruprecht.

Liddell, H. G., and Scott, R. (1925–40) *A Greek-English Lexicon*. Oxford: Clarendon Press [9th edn., rev. by H. Stuart Jones and R. McKenzie].

Linforth, J. M. (1926) "Greek Gods and Foreign Gods in Herodotos," *University of California Publications in Classical Philology* 9: 1–25.

——— (1940) "Greek and Egyptian Gods (Herodotus II, 50, 52)," *Classical Philology* 35: 300–1.

Lloyd, A. B. (1970) "The Egyptian Labyrinth," *Journal of Egyptian Archaeology* 56: 81–100.

——— (1976) *Herodotos Book II.* Vol. 2: *Commentary 1–98.* Leiden: Brill.

——— (1978) "Strabo and the Memphite Tauromachy" in M. de Boer and I. A. Edridge, eds. *Hommages à Maarten J. Vermaseren: Recueil d'études offerts par les auteurs de la série 'Études prliminaires aux religions orientales dans l'empire romain à Maarten J. Vermaseren: À l'occasion de son soixantième aniversaire le 7 Avril 1978.* 3 vols. Leiden: Brill, pp. 609–26.

——— (1988) *Herodotus Book II.* Vol. 3: *Commentary 99–182.* Leiden and New York: Brill.

Loewe, B. ([1936] 1980) *Griechische Theophore Ortsnamen.* Repr. Chicago: Ares.

Loewe, R. (1994) "Hebrew Linguistics," in G. Lepschy, ed. *History of Linguistics:* Vol. I: *The Eastern Traditions of Linguistics.* London and New York: Longman, pp. 97–163.

Loprieno, A. (1995) *Ancient Egyptian: A Linguistic Introduction.* Cambridge: Cambridge University Press.

Loraux, N. (1986) *The Invention of Athens: The Funeral Oration in the Classical City.* Trans. Allan Sheridan. Cambridge: Harvard University Press.

Loret, V. ([1945] 1949) *Le resin de térébinthe (sonter) chez les anciens égyptiens.* Cairo: Imprimerie de l'institut français d'archéologie orientale.

Lorimer, H. L. (1950) *Homer and the Monuments.* London: Macmillan.

Lubec, G.; Holaubek, J.; Feldl C.; Lubec, B.; and Strouhal, E. (1993) "Use of Silk in Ancient Egypt" *Nature* 4/3/.

Lubetski, M. (1979) "The Early Bronze Age Origin of the Greek and Hebrew Limen 'harbor'," *Jewish Quarterly Review* 69(3): 158–80.

Lumpkin, B. (1996) "An Ancient Egyptian Concept of Zero and the Egyptian Symbol for Zero: A Note on a Little Known African Achievement," *International Study Group on Ethnomathematics Newsletter* 11(2, June). [http://web.nmsu.edu/~pscott/isgem112.htm].

——— (2002) "Mathematics Used in Egyptian Construction and Bookkeeping," *The Mathematical Intelligencer* 24(2): 20–5.

Macalister, R. A. S. (1912) *The Excavation of Gezer.* 2 vols. London: John Murray.

Maccarrone, N. (1938) "Contatti lessicali mediterranei, pt. 1," *Archivio glottologico italiano* 30: 120–31.

——— (1939) "Contatti lessicali mediterranei, pt. 2," *Archivio glottologico italiano* 31: 102–13.

Macqueen, J. G. (1975) *The Hittites and Their Contemporaries in Asia Minor.* Boulder: Westview.

Mainz, R. (1993) *Die Thiniten. Eine altägyptische Eroberungszeit und Karl August Wittfogels Theorie der orientalischen Despotie.* Münster/Hamburg: Lit Varlag.

Malkiel, Y. (1990) *Diachronic Problems in Phonosymbolism: Edita and Inedita, 1979–1988 Volume I.* Amsterdam and Philadalphia: Benjamins.

Mallet, D. (1888) *Le Culte de Neïth à Saïs.* Paris: Leroux.

Mallory, J. P. (1989) *In Search of the Indo-Europeans: Language, Archaeology and Myth.* London: Thames and Hudson.

——— and Mair, V. H. (2000) *The Tarim Mummies: Ancient China and the Mystery of the Earliest Peoples from the West.* London: Thames and Hudson.

Malten, L. (1924) "Κήρ," *Pauly Wissowa.* Supplement 4: cols. 884–97.

Manetho (1940) *Manetho: With an English Translation,* by W. G. Waddell. Cambridge: Harvard University Press (Loeb); London: Heinemann.

Marinatos, S. (1974) "Discussion on 'Migration in Explanation of Culture Change,'" in R. A. Crossland and A. Birchall, eds. *Bronze Age Migrations,* pp. 315–9.

Marmor Parium See Jacoby.
Martin, G. T. (1971) *Egyptian Administrative and Private Name-Seals, Principally of the Middle Kingdom and Second Intermediate Period.* Oxford: Griffith Institute.
——— (1991) *The Hidden Tombs of Memphis: New Discoveries from the Time of Tutankhamun and Rameses the Great.* London: Thames and Hudson.
Martin, K. (1986) "Urhügel" in W. Helck and W. Westendorf, eds. *Lexikon der Ägyptologie.* VI: cols. 873–4.
Masica, C. P. (1978) *Defining a Linguistic Area: South Asia.* Chicago: University of Chicago Press.
Masson, E. (1967) *Recherches sur les plus anciens emprunts sémitiques en grec.* Paris: Klincksieck.
Masson, M. (1986a) "A propos des critères permettant d'établir l'origine semititque de certains mots grecs," *Comptes rendus du groupe linguistiques Chamito-Semitique* 24: 199–229.
——— (1986b) "*Sphaira, Sphairōtēr:* Problème d'étymologie grecque," *Bulletin de la Societé de linguistique de Paris* 81: 231–52.
Maxwell-Stewart, P. G. (1981) *GLAUKOS, Studies in Greek Colour Terminology.* Vol. I. Leiden: Brill [=*Mnemosyne Supplement* 65].
Mayassis, S. (1957) *Mystères et initiations de l'égypte ancienne: compléments à la religion égyptienne.* Athens: B. A. O. A.
Mayer, M. (1887) *Die Giganten und Titanen in der antiken Sage und Kunst.* Berlin: Weidmann
Mayer, M. L. (1960a) "Ricerche sul problema dei rapporti fra lingue indoeuropei e lingue semitiché," *Acme* 13: 77–100.
——— (1960b) "Gli imprestiti semitici in Greco,"*Istituto Lombardo (Rendiconti Lettere)* 94: 311–51.
——— (1964) "Note etimologhiché III," *Acme* 17: 223–9.
——— (1967) "Note etimologiché IV," *Acme* 20: 287–91.
Mayrhofer, M. (1953–80) *Kurzegefaßtes etymologisches Wörterbuch des Altindischen.* 4 vols. Heidelberg: Winter.
——— (1974) *Die Arier im Vorderen Orient—ein Mythos?—Mit einem biographischen Supplement.* Vienna: Östereichishe Akademie der Wissenschaften-Philosophisch-historische Klasse-Sitzungberichte 294 Abhandlung 3.
——— (1983) "Sanskrit und die Sprachen Alt-Europas," in *Nachrichten (usw.) der Akademie der Wissenschaften in Göttingen (Phil.-Hist. Klasse).* Göttingen, pp. 121–54.
McAlpin, D. W. (1974) "Toward Proto-Elamite-Dravidian," *Language* 1: 89–101.
——— (1975) "Elamite and Dravidian: The Morphological Evidence," *International Journal of Dravidian Linguistics* 3: 343–5.
McCall, D. F. (1998) "The Afroasiatic Language Phylum: African in Origin or Asian," *Current Anthropology* 19(1): 139–43.
McGready, A. G. (1968) "Egyptian Words in the Greek Vocabulary," *Glotta* 46: 247–54.
Meeks, D. (1990) "Les oiseaux marqueurs du temps" *Cercle Lyonnais d'Égyptologie Victor Loret, Bulletin* no. 4: 37–52.
Meillet, A. (1936) *Ésquisse d'une grammaire comparée de l'armenien classique.* 2nd edn. Wien: Impr. des Pp. mékhitharistes.
——— (1964) *Introduction à l'étude comparative des langues indo-européenes.* Reprint of 8th edn. with preface. Tuscaloosa: University of Alabama Press.
——— (1965) *Aperçu d'une histoire de la langue grecque.* 7th ed. Paris: Klincksieck.

Meinhoff, C. (1915) *An Introduction to the Study of African Languages*. Trans. A. Werner. London and Toronto: Dent; New York: Dutton.

Mellaart, J. (1958) "The End of the Early Bronze Age in Anatolia and the Aegean," *American Journal of Archaeology* 62: 9–33.

——— (1965) *Earliest Civilizations in the Near East*. New York: McGraw Hill.

——— (1975) *The Neolithic of the Near East*. London: Thames and Hudson.

Mercer, S. A. B. (1949) *The Religion of Ancient Egypt*. London: Luzac.

Merkelbach, R. (1987) "Die Unschuldserklärungen und Beichten im ägyptischen Totenbuch," *Der römischen Elegie und im antiken Roman. Giessener Papyrus-Sammlungen* 43. Gießen, pp. 5–34.

——— and West, M. L. (1983) "Fragmenta Selecta," in F. Solmsen, ed. *Hesiodi: Theogonia Opera et Dies, Scutum*. Oxford: Clarendon Press.

Meshel, Z. (1979) "Did Yahweh have a Consort?" *Biblical Archaeology Review* 5(2): 24–36.

Meyer, E. (1921) *Ursprung und Anfange des Christentums II: Die Entwicklung des Judentums und Jesus von Nazareth*. Stuttgart and Berlin: Cotta.

——— (1925) "Die Volkstämme Kleinasiens, das erste Auftreten der Indogermanen in der Geschichte und die Probleme ihrer Ausbreitung," *Sitzungberichte der Preußischen Akademie der Wissenschaften* 34: 244–60.

——— (1928–36) *Geschichte des Altertums*. 3rd. edn., 4 vols. Stuttgart and Berlin: Cotta.

Meyer, L. de (1962) *Antiqua Classica*. 31: 148–52

Meyer, M. W., ed. (1987) *The Ancient Mysteries: A Source Book: Sacred Texts of the Ancient Mediterranean World*. San Francisco: Harper.

Militarev, A. (1996) "Home for Afrasian: African or Asian? Areal linguistic arguments," in C. Griefenow-Mewis et al., eds. *Cushitic and Omotic Languages: Proceedings of the Third International Symposium, Berlin, March 17–17, 1994*. Köln: Rüdiger Köppe, pp. 13–32.

——— (2000) "Towards a Chronology of Afrasian (Afroasiatic) and its Daughter Families," in C. Renfrew, A. McMahon and L. Trask, eds. *Time Depth in Historical Linguistics*, pp. 267–310.

Militarev, A., and Shnirelman, V. (1988) "The Problem of Proto-Afrasian Home and Culture (An Essay in Linguo Archaeological Reconstruction)," paper read at the 12th International Congress of Anthropological Sciences, Zagreb, Yugoslavia, 1988. Moscow: Nauka.

Miller-Ockhuizen, A. L. (2003) *The Phonetics and Phonology of Gutterals: A Case Study from Ju|'hoansi*. New York and London: Routledge.

Mineur, W. H. (1984) *Callimachus: Hymn to Delos*. Leiden: Brill.

Miranda, R. V. (1975) "Indo-European Gender: A Study in Syntactic Change," *Journal of Indo-European Studies* 3: 199–215.

Mohammed-Ali, A. S., and Khabir, A-R. M. (2003) "The Wavy Line and the Dotted Wavy Line Pottery of the Central Nile Band the Sahara-Sahel Belt," *African Archaeology Review* 20(1): 25–58.

Möller, H. (1906) *Semitisch und Indogermanisch. Erster Teil: Konsonanten*. Kopenhagen: Hagerup.

——— (1911) *Vergleichendes indo-germanisches-semitisches Wörterbuch*. Repr. Göttingen: Vandehoek & Ruprecht.

Momigliano, A. (1968) *Prime linee di storia della tradizione maccabaica*. Amsterdam: Hakkert.

Montes, A. (2001) "La Circoncisión en el antiguo Egipto," in A. Cervelló, ed. *Africa Antigua*, pp.195–204.

Montet, P. (1946) *La vie quotidien en Égypte au temps des Ramsès*. Paris: Hachette.
——— (1957) *Géographie de l'Égypte ancienne pt. 1: To-Mehou; La Basse Égypte*. Paris: Klincksieck.
Moran, W. L. (1961) "The Hebrew Language in its Northwest Semitic Background," in G. E. Wright, ed. *The Bible and the Ancient Near East: Essays in Honour of William Foxwell Albright*. Garden City, NY: Doubleday, pp. 54–72.
Morenz, S. (1973) *Egyptian Religion*. Trans. A. E. Keep. London: Methuen.
Morgan, (Brown) L. (1988) *The Miniature Wall Paintings of Thera: A Study in Aegean Culture and Iconography*. Cambridge: Cambridge University Press.
——— (1990) "Island Iconography: Thera, Kea, Milos," in D. A. Hardy, C. G. Doumas, J. A. Sakellarakis and P. M. Warren, eds. *Thera and the Aegean World III; Volume 1: Archaeaology Proceedings of the Third International Congress Santorini Greece 3–9 September 1989*. London: Thera Foundation, pp. 252–66.
——— (1995) "Minoan Painting and Egypt: The Case of Tell el-Dab'a," in W. V. Davies and L. Schofield, eds. *Egypt, the Aegean and the Levant*, pp. 29–53.
Morpurgo-Davis, A. (1986) "The Linguistic Evidence," in G. Cadogan, ed. *The End of the Early Bronze Age in the Aegean*. Leiden: Brill, pp. 93–123.
——— (1998) *Nineteenth Century Linguistics*. Vol. IV of G. Lepschy, ed. *History of Linguistics*. London and New York: Longman.
Morris, S. P. (1992) *Daidalos and the Origins of Greek Art*. Princeton: Princeton University Press.
Moscati, S. (1973) *The World of the Phoenicians*. Trans. A. Hamilton. London: Weidenfeld & Nicolson.
———; Spitaler, A.; Ullendorf, E.; and v. Soden, W. (1969) *An Introduction to the Comparative Grammar of the Semitic Languages: Phonology and Morphology*. Wiesbaden: Harrassowitz.
Movers, F. C. (1841–50) *Die Phönizier*. 2 vols., 4 books. Bonn and Berlin: Weber.
Müller, C. (1841–70) *Fragmenta Historicorum Graecorum . . . Apollodori Bibliotheca cum Fragmentis Auxerunt notis et prolegomenis illustrarunt*. . . . 5 vols. Paris: Didot.
Müller, K. O. (1820–24) *Geschichten hellenischer Stämme und Städte*. 3 vols. Vol. I: *Orchomenos und die Minyer*. Vols. II and III *Die Dorier*. Breslau: Max. [Vols. II and III: Trans. H. Tufnell and G. C. Lewis, *The History and Antiquities of the Doric Race*. 2 vols. London, 1830.]
——— (1825) *Prolegomena zu einer wissenschaftlichen Mythologie*. Göttingen: Vandenhoek & Ruprecht.[Trans. J. Leitch as *Introduction to a Scientific System of Mythology*. London: Longman, Brown, Green and Longman's, 1844.]
———(1848) "Uber den angeblichen ägyptischen Ursprung der griechischen Kunst," *Kunstblatt, Beiblatt zum Morgenblatt* no. 79. Printed in Karl Otfried Müller's *Kleine deutsche Schriften*, Eduard Müller, ed. Vol. II. Breslau, pp. 523–7.
Muller, J-C. (1986) "Early Stages of Language Comparison from Sassetti to Sir William Jones (1786)," *Kratylos* 31: 1–31.
Munson, P. (1976) "Archaeological Data on the Origins of Cultivation in the Southwestern Sahara and Their Implications for West Africa," in J. R. Harlan, J. M. J. de Wet and A. B. L. Stemler, eds. *Origins of African Plant Domestication*, pp. 187–210.
——— (1986) "Africa's Prehistoric Past," in P. M. Martin and P. O'Meara, eds. *Africa*, 2nd edn. Bloomington: Indiana University Press, pp. 43–63.

Murray, A. T., trans. (1919) *The Odyssey,* 2 vols. Cambridge, MA: Harvard University Press (Loeb); London: Heinemann.

Murray, G. (1934) *The Rise of the Greek Epic*. London: Oxford University Press.

Murray, M. (1949) *Egyptian Religious Poetry*. London: J. Murray.

Muss-Arnolt, W. (1892) "Semitic Words in Greek and Latin," *Transactions of the American Philological Association* 23: 35–157.

Muzzolini, A. (1986) *L'art rupestre préhistorique des massifs centraux sahariens*. Oxford: B. A. R.

——— (2001) "Les relations entre l'Égypte et le Sahara aux temps néolithiques," A. Cervelló, ed. *Africa Antigua*, pp. 205–18.

Nagy, G. (1970) *Greek Dialects and the Transformation of an Indo-European Process*. Cambridge: Harvard University Press.

Naville, E. (1888) *The Store-City of Pithom and the Route of the Exodus*. 3rd ed. London: Trübner.

Ndigi, O. (1993) "Le Basa, l'égyptien pharonique et le copte: Premiers jalons révélateurs d'une parenté insoupçonnée," *Ankh* 2: 85–123.

——— (1997) *Les Basa du cameroun et l'antiquité pharaonique égypto-nubienne*. Lyon: Université Lumiere II.

——— (2001) "*Gb/Kb/Gbgb/ kòbá /kòbá kòbá* ou le nom identique du dieu de la terre et de l'oiseau créateur mythologique chez les Égyptiens et les Basa du cameroun: un cas typique de parenté cosmogonique," in A. Cervelló, ed. *Africa Antigua*, pp. 219–36.

Negassa, M. (1985) "Patterns of Phenotypic Diversity in an Ethiopian Barley Collection, and the Arussi-Bale Highland as a Center of Origin of Barley," *Hereditas* 102: 139–50.

Neumann, G. (1970) "Kyprisch pi-lo-pa-wo-se," *Zeitschrift für vergleichende Sprachforschung auf dem Gebiete der indogermanischen Sprachen* 84: 76–9.

Newberry, P. E. (1906) "To What Race Did the Founders of Sais Belong?" *Proceedings of the Society of Biblical Archaeology* 28: 71–3.

Newman, P., and Ma, P. (1966) "Comparative Chadic: Phonology and Lexicon" *Journal of African Languages* 5: 342–409.

Ngo, B. N. (1999) *Elementary Vietnamese*. Boston and Rutland, Vermont: Tuttle.

Nilsson, M. (1927) *The Minoan Mycenaean Religion and its Survival in Greek Religion*. Lund: Gleerup.

——— ([1941] 1967) *Geschichte der griechische Religion*. Vol I. München: Beck.

——— ([1932] 1972). *The Mycenean Origin of Greek Mythology*. Berkeley and Los Angeles: University of California Press.

Noegel, S. (1990) "Ogygos of Boiotia and the Biblical Og of Bashan: Reflections on the Same Myth," graduate student paper, Government 454. Cornell University, Spring.

Nonnos (1940) *Dionysiaca*. 3 vols. Trans. W. H. D. Rouse; notes, H. J. Rose and L. R. Lind. Cambridge: Harvard University Press (Loeb); London: Heinemann.

Nougayrol, J. (1955) "Les rapports haruspicines étrusque et assyro-babylonienne, et le foie d'argile de *falerii veteres* (Villa Giulia 3786)," *Comptes-rendus de l'Academie des Inscriptions et Belles Lettres* 16 (December): 509–18.

Nunn, J. F. (1996) *Ancient Egyptian Medicine*. London: British Museum Press.

Nurse, G. T.; Weiner, J. S.; and Jenkins, T. (1985) *The Peoples of Southern Africa and Their Affinities*. Oxford: Clarendon Press.

Nussbaum, A. J. (1976) *Caland's "law" and the Caland System*. Ph.D. dissertation, Harvard University.

——— (1986) *Head and Horn in Indo-European*. Berlin and New York: Mouton de Gruyter.

Obenga, T. (1992) *Ancient Egypt and Black Africa*. Ed. A. S. Sakana, trans. S. Martinon and A. Sheikh. London: Karnak.

——— (1993) *Origine commune de l'égyptien ancien, du copte et des langues négro-africaines modernes*. Paris: Harmattan.

O'Bryhim, S. (1996) "A New Interpretation of Hesiod, 'Theogony' 35. *Hermes* 124 (2,2): 131–9.

O'Connor, D., and Cline, E., eds. (2001) *Amenhotep III: Perspectives on his Reign*. Ann Arbor: University of Michigan Press.

Olender, M. (1992) *The Languages of Paradise: Race, Religion, and Philology in the Nineteenth Century*. Trans. A. Goldhammer. Cambridge: Harvard University Press.

Oliver, R., and Fagan, B. M. (1978) "The Emergence of Bantu Africa," in J. D. Fage, ed. *The Cambridge History of Africa*. II: *From* c. *500 BC to AD 1050*. Cambridge: Cambridge University Press, pp. 342–409.

Onians, R. B. ([1951] 1988) *The Origins of European Thought: About the Body, the Mind, the Soul, the World, Time and Fate*. Cambridge: Cambridge University Press.

Orel, V., and Stolbova, O. (1995) *Hamito-Semitic Etymological Dictionary*. Leiden: Brill.

Osing, J. (1976) *Die Nominalbildung des Ägyptischen*. 2 vols. Mainz am Rhein: von Zabern.

Otto, E. (1975a) "Ägypten im Selbstbewußtsein des Ägypters" in W. Helck and E. Otto, eds. *Lexikon der Ägyptologie*. Vol. I: cols. 76–8.

——— (1975b) "Amun" in W. Helck and E. Otto, eds. *Lexikon der Ägyptologie*. Vol. I: cols. 243–6.

——— (1975c) "Anuket" in W. Helck and E. Otto, eds. *Lexikon der Ägyptologie*. Vol. I: cols. 333–4.

——— (1975d) "Augensagen" in W. Helck and E. Otto, eds. *Lexikon der Ägyptologie*. Vol. I: cols. 562–6.

——— (1975e) "Bastet," in W. Helck and E. Otto, eds. *Lexikon der Ägyptologie*. Vol. I: cols. 627–30.

Owens, G. (1999) "The Structure of the Minoan Language," *Journal of Indo-European Studies* 27: 15–55.

Pallottino, M. (1956) *The Etruscans*. London: Penguin.

———(1963) "Les relations entre les étrusques et carthage du VIIe au IIe siècle avant J.-C. Nouvelles données de periodisation," *Cahiers de Tunisie* 11: 23–9.

Palmer, L. R. (1956) "Military Arrangements for the Defence of Pylos," *Minos* 4: 120–45.

——— (1980) *The Greek Language*. London: Faber.

——— ([1954] 1988) *The Latin Language*. Norman and London: University of Oklahoma Press.

Pardee, D. (1997) "Ugaritic" in R. Hetzron, ed. *The Semitic Languages*, pp. 131–44.

Parke, H. W. (1967) *The Oracles of Zeus: Dō Dōna, Olympia and Ammon*. Oxford: Oxford University Press.

——— (1977) *Festivals of the Athenians*. London: Thames and Hudson; Ithaca, NY: Cornell University.

Parkinson, R., and Schofield, L. (1993) "Akhenaton's Army?" *Egyptian Archaeology* 3: 34–5.

Parsons, F. W. (1975) "Hausa and Chadic" in J. Bynon and T. Bynon, eds. *Hamito-Semitica*, pp. 421–58.
Parvelescu, A. (1968) "L'homérique KHP étude sémantique," *Helikon* 8: 277–310.
Pausanias, see Frazer and Levi.
Pedersen, H. (1931) *Linguistic Science in the Nineteenth Century*. Cambridge: Harvard University Press.
Pendlebury, J. D. S. (1930) *Aegyptiaca*. Cambridge: Cambridge University Press.
——— (1930b) "Egypt and the Aegean in the Late Bronze Age," *Journal of Egyptian Archaeology* 16: 75–92.
Pennacchietti, F. A. (1981) "Indicazioni preliminari: Sul sistema proposizionale dell' eblaita" in L. Cagni, ed. *La Lingua di Ebla*, pp. 291–319.
Perpillou, J. L. (1973) *Les substantifs grecs en —eus*. Paris: Klincksieck.
Perrot, G., and Chipiez, C. (1883) *A History of Art in Ancient Egypt*. Trans. W. Armstrong. 2 vols. London: Chapman and Hall.
Petrie, W. M. F. (1892) *Medum*. London: D. Nutt.
Pettinato, G. (1979) *Ebla: Un Impero inciso nell' argilla*. Milan: Mondori.
——— (1981) *Ebla: un impero inciso nell' argilla*. Trans. as *The Archives of Ebla: An Empire Inscribed in Clay, with an Afterword by Mitchell Dahood S. J.* Garden City, NY: Doubleday.
Pharaklas, N. (1972) *Troizenia, Kalauria, Methana*. Athenai: Athenaikokentro Oikistes.
Phillips, J. (1991) *The Impact and Implications of the Egyptian and Egyptianizing Objects Found in Bronze Age Crete ca. 3000–1100 BC*. Ph.D. dissertation, University of Toronto.
Phillipson, D. W. (1993) *African Archaeology*. 2nd ed. Cambridge: Cambridge University Press.
Philo of Byblos. *The Phoenician History;* see Baumgarten.
Philostratos. (1969) *Life of Apollonius of Tyana: The Epistles of Apollonius and the Treatise of Eusebius*. 2 vols. Trans. F. C. Conybeare. London: Heinemann; Cambridge: Harvard University Press.
Picard, C. (1927) "Sur la patrie et les pérégrinations de Demeter," *Revue des Etudes Grecques* 40: 330–69.
——— (1937) "Homère et les religions de l'egypte," *Revue archéologique* ser. 6(10): 110–3.
Picard, G. (1948) *Les religions préhelleniques*. Paris: Presses Universitaires de France.
Picard, M. Th. (1957) "La Thorakē d'Amasis," in *Hommages à Waldemar Deonna*. Bruxelles: Latomus, pp. 363–70.
Pierce, R. (1971) "Egyptian Loan Words in Ancient Greek?" *Symbolae Osloenses* 46: 96–107.
Pisani, V. (1950) "gr. αρτος" *Ricerci Linguistiche* 1: 141.
Plato (1919) *The Dialogues of Plato*. Vol. II: *The Republic*. Trans. B. Jowett. New York: Bigelow, Brown.
——— (1929) *Plato IX: Timaeus, Critias, Cleitophron, Menexenus, Epistles*. Trans R. G. Bury. Cambridge: Harvard University Press (Loeb); London: Heinemann.
Pliny, *Natural History*.
Plutarch (1914) *Lives*. 10 vols. Cambridge: Harvard University Press (Loeb); London: Heinemann.
——— (c. 1934–5) *De genio Socratis*. Trans. P. de Lacy and B. Einarsen in *Plutarch's Moralia*, 16 vols. Cambridge: Harvard University Press (Loeb); London: Heinemann. VII: pp. 362–434.

——— (1934–5) *De Iside et Osiride*. Trans. F. C. Babbit in *Plutarch's Moralia*. 16 vols. Cambridge: Harvard University Press (Loeb); London: Heinemann. V: pp. 7–191.

Pokorny, J. (1959) *Indogermanisches Etymologisches Wörterbuch*. 2 vols. Bern und München: Francke.

Polomé, E. C. (1981) "Can Graphemic Change Cause Phonemic Change?" in Y. Arbeitman and A. R. Bomhard, eds., *Bono Homini Donum*, pp. 881–8.

Pope, M. (1973) *Job: A New Translation with Introduction and Commentary*. 3rd edn. Garden City, NY: Anchor.

Porphyry. *On the Cave of the Nymphs*.

Posener, G. (1940) *Princes et pays d'asie et de nubie*. Bruxells: Fondation Égyptologique Reine Élizabeth.

——— (1960) "La divinité du pharaon," *Cahiers de la Societé Asiatique* 15.

——— (1982) "A New Royal Inscription of the XIIth Dynasty," *Journal of the Society for the Study of Egyptian Antiquities* 12: 7–8.

Posnansky, M., and McIntosh, R. (1976) "New Radiocarbon Dates from Northern and Western Africa," *Journal of African History* 17: 161–95.

Praetorius, F. ([1890] 1967) *Die amharische Sprache*. Repr. Hildesheim.

Prellwitz, W. (1905) *Etymologisches Wörterbuch der griechischen Sprache*. Göttingen: Vandenhoeck & Ruprecht.

Prendergast, G. L. (1983) *Complete Concordance to the Illiad of Homer*. Rev. and enlg. by B. Marzullo. New York and Hildesheim: G. Olms.

Preus, A. (1992–3) "Greek Philosophy: Egyptian Origins," *Research Papers on the Humanities and Social Sciences III*. Binghamton, NY: Institute of Global Cultural Studies.

Prins, A. (1997) *Hittite Neuter Singular-Neuter Plural: Some Evidence for the Connection*. Leiden: School of Asian, African and Amerindian Studies.

Proklos. *Platonis Timaeum Commentarii* 30.

Puhvel, J. (1980) "The Indo-European Strain in Greek Myth" in S. M. Burstein and L. A. Okin, eds. *Panhellenica: Essays in Ancient History and Historiography in Honor of Truesdell S. Brown*. Lawrence, KS: Coronado Press, pp. 25–30.

Pulleyblank, E. G. (1983) "The Chinese and Their Neighbors" in Prehistoric and Early Historic Times" in D. N. Keightley, ed. *The Origins of Chinese Civilization*. Berkeley: University of California Press, pp. 411–66.

Pyramid Texts. See Faulkner.

Quasimodo, S. (1983) *Sofocle: Edipo Re*. Oscar Classici ed. Milano: Mondadori.

Quattordio, A. M. (1977) "Per l'interpretazione di miceneo O-pa," *Studi e saggi linguistici* NS 17: 31–66.

——— (1979a) "Denominativi in-εύω nomi comuni in-εύς," *Studi e saggi linguistici* NS 19: 109–65.

——— (1979b) "HPA ed HPΩΣ: un tentativo di esegesi etimologica," *Studi e saggi linguistici* NS 19: 167–98.

Quibell, J. E. (1907) *Excavations at Saqqara, 1905–1906*. 2 vols. Cairo: Imprimerie de l'Institute français d'archéologie orientale.

Rabin, C. (1974) "The Origin of the Hebrew Word *pīlageš*, *Journal of Jewish Studies* 25: 353–64.

Raison, J., and Pope, M. (1971) *Index du linéaire A*. Rome: Edizione dell'Ateneo.

——— (1978) "Le vocabulaire du linéaire A en translittération," *Études minoennes* 1: 131–90. [See also Pope and Raison.]
Ranke, H. (1935–52) *Die ägyptischen Personennamen*. 3 vols. Glückstadt: Augustin.
Rapallo, U. (1970) "Note" *Annali Istituto Universitario Orientali di Napoli*, N.S.30: 388–95.
Rawson, E. (1969) *The Spartan Tradition in European Thought*. Oxford: Clarendon Press.
Ray, J. D. (1988) "Are Egyptian and Hittite Related?" Typescript, New Haven (CT) and Cambridge.
——— (1990) "An Egyptian Perspective," *Journal of Mediterranean Archaeology* 3(1): 77–81.
Rebuffat, R. (1966) "Les Phéniciens à Rome," *Melanges de l'École française de Rome* 78: 7–48.
Redford, D. B. (1963) "The Pronounciation of PR in Late Toponyms," *Journal of Near Eastern Studies*, 22: 119–22.
——— (1982) "Pithom" in W. Helck and E. Otto, eds. *Lexikon der Ägyptologie*. IV: cols.1054–8.
——— (1992) *Egypt, Canaan, and Israel in Ancient Times*. Princeton: Princeton University Press.
Rendsburg, G. A. (1981a) "Diglossia in Ancient Hebrew," in Y. Arbeitman and A. R. Bomhard, eds., *Bono Homini Donum*, pp. 665–77.
——— (1981b) "Orientation in Egypt and Palestine," *Biblical Archaeologist* 44: 198.
——— (1989) "*Black Athena*: An Etymological Response," in M. M. Levine and J. Peradotto, eds. *Challenge of Black Athena*, pp. 67–82.
——— (Forthcoming) "Monophthongization of AW/AY > A," in *Eblaite* and in *Northwest Semitic*.
Renfrew, C. (1972) *The Emergence of Civilisation: The Cyclades and the Aegean in the Third Millennium BC*. London: Methuen & Co.
——— (1987) *Archaeology and Language: The Puzzle of Indo-European Origins*. New York: Cambridge University Press.
——— (1991) "Before Babel: Speculations on the Origins of Linguistic Diversity," *Cambridge Archaeological Journal* 1: 3–23.
——— (1992) "Archaeology, Genetics and Linguistic Diversity," *Man* 27(3): 445–78.
——— (1998a) "Word of Minos: The Minoan Contribution to Mycenaean Greek and the Linguistic Geography of the Bronze Age Aegean," *Cambridge Archaeological Journal* 9: 239–64.
——— (1998b) "Introduction" to Dolgopolsky, *The Nostratic Macrofamily*, pp. vii–xxii.
——— (1999a) "Time Depth, Convergence Theory, and Innovation in PIE," *Journal of Indo-European Studies* 27(3–4): 258–93.
——— (1999b) "Nostratic as a Linguistic Macrofamily," in C. Renfrew and D. Nettle, eds. *Nostratic*, pp. 3–19.
——— (2001) "The Anatolian Origins of Proto-Indo-European and the Autochthony of the Hittites," in R. Drews, ed. *Greater Anatolia and the Indo-Hittite Language*, pp. 36–63.
Renfrew C., and Nettle, D., eds. (1999). *Nostratic: Examining a Linguistic Macrofamily*. Cambridge: The McDonald Institute for Archaeological Research.
Renfrew C.; McMahon, A.; and Trask, L., eds. (2000) *Time Depth in Historical Linguistics*. 2 vols. Cambridge: The McDonald Institute for Archaeological Research.
Riefenstahl, L. (1974) *The Last of the Nuba*. New York: Harper and Row.

Ringe, D. (1977) "The Accent of Adverb in -θεν: A Historical Analysis," *Glotta* 55: 64–79.
——— (1995) "'Nostratic' and the Factor of Chance," *Diachronica* 12(1): 55–74.
——— (1996) "Remarks from the Conference on the Prehistory and Ethnology of East Turkestan (Sinkiang)," Philadelphia, April. Reported in *Mother Tongue* 26: 10–12.
Ringe, D.; Warnow, T.; and Taylor, A. (2002) "Indo-European and Computational Cladistics," *Transactions of the Philological Society* 100(1): 59–129.
Risch, E. (1961) "Die indogermanichen Verwandten von griechisch σάρξ," *Sprache* 7: 94–8.
Roberts, J. M. (2002) *The New History of the World*. 4th rev. ed. Oxford: Oxford University Press.
Robertson, J. (1788) *The Parian Chronicle or the Chronicle of the Arundelain Marbles: With a Dissertation Concerning its Authenticity*. London: J. Walter.
Robertson Smith, W. ([1894] 1972) *The Religion of the Semites: The Fundamental Institutions*. Cambridge: Cambridge University Press. Rep. New York: Schocken.
Ross, A., and Lea, A., eds. (1997) *Were the Achievements of Ancient Greece Borrowed from Africa? Proceedings from a Seminar Sponsored by the Society for the Preservation of the Greek Heritage and Co-sponsored by Georgetown University and Held at the Intercultural Center, Georgetown University Washington DC on November 16, 1996*. Society for the Preservation of Greek Heritage.
Ross, P. (1991) "Hard Words," *Scientific American* April: 138–47.
Rössler, O. (1964) "Lybische-Hamitische-Semitische," *Oriens* 17: 199–216.
——— (1981) "The Structure and Inflexion of the Verb in the Semito-Hamitic Languages." Trans. Y. Arbeitman in Y. Arbeitman and A. R. Bomhard, eds. *Bono Homini Donum*, pp. 679–748.
Roth, C. (1970) *A History of the Jews: From Earliest Times through the Six Day War*. New York: Schocken.
Rothman, M. S. (2001) *Uruk Mesopotamia and its Neighbors: Cross Cultural Interactions in the Era of State Formation*. Santa Fe, NM: School of American Research Press.
Ruhlen, M. (1987) *A Guide to the World's Languages*. Vol. I: *Classification*. Stanford: Stanford University Press.
——— (1994) *On the Origin of Languages: Studies in Linguistic Taxonomy*. Stanford: Stanford University Press.
Rundle Clark, R. T. (1959) *Myth and Symbol in Ancient Egypt*. London: Thames and Hudson.
Rusch, A. (1922) *Die Entwicklung der Himmelsgottin Nut zu einen Totengottheit*. Leipzig: Hinrichs.
Ryckmans, G. (1960) *Grammaire Accadien*. 4th edn. Louvain: Publications Universitaires.
Rydström, K. T. (1994) "Ḥry sšt3 'In Charge of Secrets' The 3000-Year Evolution of a Title," *Discussions in Egyptology* 28: 53–85.
Saggs, H. W. F. (1962) *The Greatness that was Babylon*. New York: Hawthorn.
Saintyves, P. (1936) *St. Christoph, successeur d'Anubis, d'Hérmes et d'Héracles*. Paris: Imprimerie Jouve.
Saldit-Trappmann, R. (1970) *Tempel der ägyptischen Götter in Griechenland und an der westküste Kleinasiens*. Leiden: Brill.
Sandars, N. K. (1985) *The Sea Peoples: Warriors of the Ancient Mediterranean*. Rev. edn. London: Thames and Hudson.
Sanders, E. (1969) "The Hamitic Hypothesis: Its Origins and Function in Time Perspective," *Journal of African History* 10: 521–32.

Sands, B. (1998) *Eastern and Southern African Khoisan: Evaluating Claims of Distant Linguistic Relationships. Quellen zur Khoisan-Forschung.* Köln: Rüdiger Köppe.
Sandys, J. E. (1903–8) *A History of Classical Scholarship.* 3 vols. Cambridge: Cambridge University Press.
Santillana, G. de (1963) "On Forgotten Sources in the History of Science" in A. C. Crombie, ed. *Scientific Change: Historical Studies in the Intellectual, Social and Technical Conditions for Scientific Discovery and Technical Invention, from Antiquity to the Present.* New York: Basic Books; London: Heinemann, pp. 813–28.
———, and Dechen, H. von (1969) *Hamlet's Mill: An Essay on Myth and the Frame of Time.* Boston: Gambit.
Sasse, H.-J. (1993) "Ein weltweites Hundewort" in Frank Heidermanns, Helmut Rix and Elmar Seebold, eds. *Sprachen und Schriften des antiken Mittelmeerraums. Festschrift für Jürgen Untermann zum 65. Geburtstag,* Innsbrucker Beiträge zur Sprachwissenschaft 78: 349–66. Innsbruck Institut für Sprachwissenschaft.
Satzinger, H. (2001) Ancient Egyptian in the Context of African Languages," in A. Cervelló, ed. *Africa Antigua,* pp. 257–65.
Saussure, F. de. (1879) *Mémoire sur le système primitif des voyelles dans les langues indo-européennes.* Leipzig: B. G. Teubner.
——— (1916) *Cours de linguistique générale.* Lausanne: Payot.
Säve-Söderbergh, T. (1953) "On Egyptian Representations of Hippopotamus Hunting as a Religious Motif," *Horae Soederblomianae* 3.
Sayed, e. R. (1982) *La Déese Neith de Saïs. I: Importance et rayonnement de son culte. II: Documentation.* Cairo: Bibliothèque d'Étude. T.86.1.
Scharfe, H. (1985) "The Vedic Word for King," *Journal of the American Oriental Society* 105: 543–8.
Schafer, (1902) "Ḥr(y) Tm," *Zeitschrift für ägyptische Sprache und Altertumskunde* 40: 96.
Schenkel, W. (1980) "Horus" in W. Helck and W. Westendorf, eds. *Lexikon der Ägyptologie.* III: cols 14–25.
Schindler, J. (1976) "On the Greek Type—εύς," in A. Morpurgo Davis, ed. *Studies in Greek, Italic and Indo-European Linguistics Offered to Leonard R. Palmer.* Innsbruck: Institut für Sprachwissenschaft, Universität Innsbruck, pp. 349–52.
Schlögl, H. A. (1980) "Der Gott Tatenen: Nach Texten und Bildern des neuern Reiches," *Orbis Biblicus et Orientalis* 29: 110–7.
Schot, R. (1982) "Nith" in W. Helck and W. Westendorf, eds. *Lexikon der Ägyptologie.* IV: cols. 392–4.
Schultze, W. (1892) *Quaestiones Epicae.* Gütersloh.
Schwabe, C. W.; Adams, J.; and Hodge, C. T. (1982) "Egyptian Beliefs about the Bull's Spine: An Anatomical Origin for the Ankh," *Anthropological Linguistics* Winter: 445–79.
Schwyzer, E. (1912) "Zur griechischen Etymologie," *Indogermanische Forschungen* 30: 430–48.
——— (1939) *Griechische Grammatik* I. München: C. H. Beck.
Scott, T. M. (1991) *Egyptian Elements in Hermetic Literature.* Th.D. Thesis, Harvard University.
Segert, S. (1983) " The Last Sign in the Ugaritic Alphabet," *Ugarit-Forschungen* 15: 201–18.
——— (1997) "Phoenician and the Eastern Canaanite Languages," in R. Hetzron, ed. *Semitic Languages,* pp. 174–86.

Seltman, C. (1933) *Greek Coins: A History of Metallic Currency and Coinage Down to the Fall of the Hellenistic Kingdoms*. London: Methuen.

Semino, O. A.; Santachiara-Benerecetti, S.; Falaschi, F.; Cavalli-Svorza, L. L.; and Underhill, P. A. (2002) "Ethiopians and Khoisan Share the Deepest Clades of the Human Y-Chromosome Phylogeny," *American Journal of Human Genetics* 70: 265–8.

Seneca (1971) *Naturales Quaestiones*. Trans. T. H. Corcoran. Cambridge: Harvard University Press (Loeb); London: Heinemann.

Sethe, K. (1893) *De Aleph Prosthetico in Lingua Aegyptiaca Verbis Formis praeposito*. Berlin: Gustavus Schade.

——— (1899) *Das aegyptische Verbum im Altaegyptischen, Neuaegyptischen und Koptischen*. Vol. I. Leipzig: Hinrichs.

——— (1900) "Sesostris," in *Untersuchenen zur alten Geschichte* II. Leipzig: Hinrichs, pp. 3–24.

——— (1902) "Das wort für 'der andere.'" *Zeitschrift für ägyptische Sprache und Altertumskunde* 40: 92–5.

——— (1904a) "Der Name Sesostris," *Zeitschrift für ägyptische Sprache und Altertumskunde* 41: 43–57.

——— (1904b) *Hieroglyphische Urkunden der griechisch-römischen Zeit*. Vol. I. Leipzig: Hinrichs.

——— (1908b) "Der Name des Phönix" *Zeitschrift für ägyptische Sprache und Altertumskunde* 45: 84–5.

——— (1910a) "Osiris und die Zeder von Byblos," *Zeitschrift für ägyptische Sprache und Altertumskunde* 47: 71–8.

——— (1910b) "Neue Spuren der Hyksos im Inschriften der 18 Dynastie," *Zeitschrift für ägyptische Sprache und Altertumskunde* 48: 73–86.

——— (1917–8) "Der Name der Phönizier bei Griechen und Ägyptern," in *Orientalische Studien, Fritz Hommel zum sechsigsten Geburtstag. am 31 Juli 1914: Gewidmet von Freunden, Kollegen und Schülern*. 2 vols. Leipzig: Hinrichs, I: 305–32.

——— (1925a) "Die Vokalisation des Ägyptischen," *Zeitschrift der deutschen morgenlandische Gesellschaft* 77: 145–207.

———(1925b) "Das Verhältnis zwischen Demotisch und Koptisch und seine Lehren für die Geschichte der ägyptischen Sprache," *Zeitschrift der deutschen morgenländischen Gesellschaft* 79: 290–316.

——— (1929) *Amun und die acht Urgötter von Hermopolis*. Berlin: Mouton de Gruyter.

——— (1937) *Übersetzung und Komentar zu den altägyptischen Pyramidtexten*. 6 vols. Glückstadt, Hamburg and New York: Augustin.

——— and Helck, W. (1906–9) *Urkunden der 18 Dynastie, historisch-biographische Urkunden*. 4 vols. Leipzig: Hinrichs.

Sextus Empiricus (1933) *Outlines of Pyrrhonism*. Trans. R. G. Bury. 3 vols. Cambridge: Harvard University Press (Loeb).

Shack, W. A., and Habte, M. M. (1974) *Gods and Heroes: Oral Tradition of the Gurage of Ethiopia*. Oxford: Clarendon.

Shavit, Y. (2001) *History in Black: African-Americans in Search of an Ancient Past*. London: Frank Cass.

Shaw, J. W. (1981) "Excavations at Kommos (Crete) during 1980," *Hesperia* 50: 211–51.

Shaw, M. C. (1995) "Bull Leaping Frescoes at Knossos and their Influence on the Tell el-Dab'a Murals," *Ägypten und Levante* 5: 91–120.

Shaw, T.; Sinclair, P.; Andah, B.; and Okpoko, A., eds. (1993) *The Archaeology of Africa: Food, Metals and Towns.* New York: Routledge.

Sherrat, A., and Sherrat, S. (1988) "The Archaeology of Indo-European: An Alternative View," *Antiquity* 62: 584–95.

Shevoroshkin, V. (1999) "Nostratic Languages: Internal and External Relationship," in C. Renfrew and D. Nettle, *Nostratic*, pp. 75–92.

Siegert, H. (1941–2) "Zur Geschichte der Begriffe 'Arische' und 'arisch'," *Wörter und Sachen* 4: 73–99.

Silius Italicus (1934) *Punica.* Trans. J. D. Duff. 2 vols. Cambridge: Harvard University Press (Loeb).

Silverman, D. P. (1991) "Divinities and Deities in Ancient Egypt," in B. E. Shafer, ed. *Religion in Ancient Egypt: Gods, Myths, and Personal Practice.* Ithaca, NY: Cornell University Press, pp. 7–87.

Simeone-Senelle, M-C. (1997) "The Modern South Arabian Languages" in R. Hetzron, ed. *The Semitic Languages*, pp. 378–423.

Skeat, W. W. (1887–91) *Principles of English Etymology.* 2nd Series. Oxford: Clarendon Press.

——— (1897) "Introduction" to the First Edition (1881) of the *Etymological Dictionary of the English Language,* 3rd ed. Oxford: Clarendon Press.

Smith, A. B. (1980) "The Neolithic Tradition in the Sahara," in M. A. J. Williams and H. Faure, eds. *The Sahara and the Nile: Quaternary Environments and Prehistoric Occupation in Northern Africa.* Rotterdam: Balkema, pp. 451–65.

Smith, P. E. L. (1982) "The Late Paleolithic and Epipaleolithic of Northern Africa," in J. D. Fage, ed. *The Cambridge History of Africa,* II *from* c. *500 BC to AD 1050.* Cambridge: Cambridge University Press, pp. 342–409.

Smyth, H. W. (1956) *Greek Grammar.* Rev. edn. Cambridge: Harvard University Press.

Snodgrass, A. (1971) *The Dark Age of Greece: An Archaeological Survey of the Eleventh to the Eighth Centuries BC.* Edinburgh: Edinburgh University Press.

——— (1980) *Archaic Greece: The Age of Experiment.* Berkeley and Los Angeles: University of California Press.

Sobania, N. W. (1978) "The Problem of Origins: Linguistics, Hypotheses and Oral Tradition," *Abbay* 9: 87–100.

Spiegel, S. (1967) *The Last Trial: On the Legends and Lore of the Command by Abraham to Offer Isaac as a Sacrifice, The Akedah.* Trans. J. Goldin, New York: Pantheon.

Spiegelberg, W. (1907) "Ägyptische Lehnwörter in der älteren griechischen Sprache," *Zeitschrift für vergleichende prachforschung auf dem Gebiete der indogermanischen Sprachen* 41: 127–32.

——— (1909) "Ein Vertrag über eine Probeehe" *Zeitschrift für ägyptische Sprache und Altertumskunde* 46: 124–8.

Spyropoulos, T. (1972a) "Aigyptiakos Epoikismos en Boiotiai," *Archaiologika Analekta ex Athenôn* 27(2): 307–26.

——— (1972b) "Archaiotetes kai Mnemeia Boiotias-Phthiotidos," *Archaiologikon Deltion* 27(2): 307–26.

——— (1973a) "Eisagoge eis tên Meleten tou Kopaikou Chorou," *Archaiologika Analekta ex Athenôn* 6: 201–14.

——— (1973b) "Archaiotetes kai Mnemeia Boiotias-Phthiotidos,"*Archaiologikon Deltion* 28 (no. 2): 247–81.

——— (1981) *Ampheion Ereuna kai meletai tou mnemeiou tou Ampheiou Thebôn*. Sparta: [s. n.].
Stalin, J. V. (1972) *Marxism and Problems of Linguistics*. Peking: Foreign Languages Press.
Starostin, G. (2003) "A Lexicostatistical Approach towards Reconstructing Proto-Khoisan," *Mother Tongue* 7: 83–128.
Starostin, S. A. (1990) "A Statistic Evaluation of the Nostratic Macrofamily" in R. Dawkins and J. Diamond, eds. *Evolution, from Molecules to Culture*. Cold Spring Harbor: Cold Spring Harbor Laboratory, p. 33.
——— (1999a) "Subgrouping of Nostratic: Comments on Aharon Dolgopolsky's *The Nostratic Macrofamily and Linguistic Palaeontology*," in C. Renfrew and D. Nettle, eds. *Nostratic*, pp. 137–56.
——— (1999b) "Indo-European among Other Language Families: Problems of Dating, Contacts and Genetic Relationships," paper given at the congress, Le Radice prime dell' Europa: Stratificazioni, processi diffusivi, scontri e incontri di culture. Milan 27–28 October.
——— (2000) "Comparative-historical linguistics and lexicostatistics," in C. Renfrew, A. McMahon, and L. Trask, eds. *Time Depth*, pp. 233–66.
Starr, C. G. (1961) *The Origins of Greek Civilization 1100–650 BC*. New York: Knopf.
Stephanus Byzantinus (1825) S.T. cum annotionibus L. Holsten, A. Berkel and Th de Pinedo. Leipsig: Kuhn.
Steinberg, R. (1981) *Modern Shadows on Ancient Greece: Aegean-Levantine Connections in the Late Bronze Age*. M.A. thesis, Cornell University, Ithaca, NY.
Steiner, R. C. (1977) *The Case for Fricative-Laterals in Proto-Semitic*. New Haven, CT: American Oriental Society. Vol. 59.
——— (1982) *Affricated Sade in the Semitic Languages*. New York: American Academy for Jewish Research.
Stemmler, A. B. L. (1980) "Origins of Plant Domestification [*sic*] in the Sahara and Nile Valley," in M. A. J. Williams and H. Faure, *The Sahara and the Nile: Quaternary Environments and Prehistoric Occupation in Northern Africa*. Rotterdam: A. A. Balkema, pp. 503–26.
———; Harlan, J. R.; and Dewet, J. M. J. (1975) "Caudatum Sorghums and Speakers of Chari-Nile Languages in Africa," *Journal of African History* 16(2): 161–83.
Stock, H. (1955) *Studien zur Geschichte und Archäologie der 13. bis 17. Dynastie Ägyptens: Unter besonderer Berücksichtigung der Skarabaen dieser Zwischenzeit*. Glückstadt: Augustin.
Störk, L. (1982) "Nilpferd" in W. Helck and E. Otto, eds. *Lexikon der Ägyptologie*. II: cols. 501–6.
Stos-Gale, Z. A. (1984) "Comment on Poursat 'Une Thalassocratie minoenne à Minoen Moyen II'" in R. Hägg and N. Marinatos, eds. *The Minoan Thalassocracy: Myth and Reality: Proceedings of the 3rd International Symposium at the Swedish Institute in Athens 31 May–5 June 1982. Skrifter Utgivna av Svenska Institutet i Athen* 4, pp. 85–7.
———, Gale, N. and Houghton, J. (1995) "The Origin of Egyptian Copper: Lead Isotope Analysis of Metals from El Amarna," in W. V. Davies and L. Schofield, eds. *Egypt, the Aegean and the Levant: Interconnections in the Second Millennium BC*. London: British Museum, pp. 127–55.
Strabo. *Geography*. 16 vols.
Stracmans, M. (1985) "Les fêtes de la circoncision chez les anciens Égyptiens," *Chronique d'Égypte* 60: 292–7.

Stricker, B. H. (1937) "Trois études de phonetique et de morphologie Coptes, pt. 2. Les Voyelles *u* et *e* en égyptien," *Acta Orientalia* 15: 6–14.
——— (1950 and 1953) *De egyptische Mysteriën Pap. Leyden T. 32 Oudheidkundige Mededelingen uit het Rÿksmuseum van Oudheden te Leyden.* Vols. 31 and 34.
——— (1955) "The Origin of the Greek Theatre," *Journal of Egyptian Archaeology* 61: 34–57.
Stubbings, F. (1975) "The Expansion of Mycenaean Civilization," *The Cambridge Ancient History*. 3rd ed. II, pt. 2: 165–87.
Sturtevant, E. H. (1940) *The Pronounciation of Greek and Latin.* Philadelphia: Linguistic Society of America.
——— (1942) *Indo-Hittite Laryngeals.* Baltimore: Linguistic Society of America.
Sutton, J. E. G. (1974) "The Aquatic Civilization of Middle Africa," *Journal of African History* 15(5): 527–46.
Swadesh, M. (1971) *The Origin and Diversification of Language*. Chicago: University of Chicago Press.
Swerdlow, N. M. (1999) "The Derivation of the Parameters of Babylonian Planetry Theory with Time as the Principal Independent Variable," in N. W. Swerdlow, ed. *Ancient Astronomy and Celestial Divination.* Cambridge: MIT Press, pp. 255–98.
Szemerényi, O. (1937) "Kiserlet a görög μόσχος megfejtésére" [Greek μόσχος and its family]. *Egyetemes Philologiai Közlöny (Archivum Philologicum Hungaricum.* 61: 1–23 [German résumé: 23–4].
——— (1951) "Greek μέλλω. A Historical and Comparative Study." *American Journal of Philology* 72: 346–68.
——— (1954) "Latin *Promulgare," Emerita* 22: 159–74.
——— (1958) "The Greek nouns in-εύς," ΜΝΗΜΙΣ ΧΑΡΙΝ, *Gedenkschrift P. Kretschmer*, II. Wien, pp. 159–81.
——— (1960a) "The Origin of the Name Lakedaimon," *Glotta* 38: 4–17.
——— (1960b) *Studies in the Indo-European System of Numerals.* Heidelberg: Winter.
——— (1964a) "Structuralism and Substratum: Indo-Europeans and Aryans in the Ancient Near East," *Lingua* 13: 1–29.
——— (1964b) *Syncope in Greek and Indo-European and the Nature of Indo-European Accent.* Naples: Instituto Universitario Orientale di Napoli.
——— (1966a) "Etyma Graeca I," *Sprache* 11: 1–24.
——— (1966b) "The Labiovelars in Mycenaean and Historical Greek," *Studi miceni ed egeo-anatolici* 2: 29–52.
——— (1967a) "Iranica II," *Die Sprache* 12: 190–226.
——— (1967b) "The New Look of Indo-European—Reconstruction and Typology," *Inaugural Lecture Given at the University of Freiburg i Br. on 25th of November, 1966. Phonetica* 17: 65–99.
——— (1968a) "The Development of *s* > *h* in Indo-European Languages," *Sprache* 14: 161–3.
——— (1968b) "Mycenaean: A Milestone between Indo-European and Historical Greek," *Atti e memorie del 1. Congresso Internazionale di Micenologia* 1, pp. 715–25.
——— (1968c) "Review of E. Masson, *Les plus anciens emprunts sémitiques en grec,*" *Indogermanische Forschungen* 73: 192–7.
——— (1968d) "The Attic 'Rückverwandlung,' or Atomism and Structuralism in Ac-

tion," in M. Mayrhofer, ed. *Studien zur Sprachwissenschaft und Kulturkunde, Gedenkschrift für Wilhelm Brandenstein. 1898–1967*. Innsbruck: Innsbrucker Beiträge zur Kulturwissenschaft, pp. 139–52.
——— (1969) "Etyma Graeca II," *Studia classica et orientalia Antonio Pagliaro oblata* III, pp. 233–50.
——— (1971a) "Iranica IV," *Orbis* 19: 500–19.
——— (1971b) "Review of P. Chantraine, *Dictionnaire étymologique de la langue grecque*, Paris 1968–1980," I. *Gnomon* 43: 641–75.
——— (1972a) "Etyma Graeca III," *Mélanges de linguistique et de philologie grecques offerts à Pierre Chantraine*. Paris: Klincksieck, pp. 243–53.
——— (1972b) "Review of G. Nagy, *Greek Dialects and the Transformation of an Indo-European Process*, Harvard University Press, 1970," *Kratylos* 14: 157–65.
——— (1973a) "La théorie des laryngales de Saussure à Kurylowitz et à Benveniste. Essai de réévaluation," *Bulletin de la Société de linguistique* 68: 1–25.
——— (1973b) "Review of Saul Levin *The Indo-European and Semitic Languages* N.Y. 1971," *General Linguistics* 13: 101–9.
——— (1973c) "Review of W. F. Wyatt, *The Greek Prothetic Vowel," Phoenix* 17: 180–7.
——— (1974a) "The Origins of the Greek Lexicon: Ex oriente lux," *Journal of Hellenic Studies* 94: 144–57.
——— (1974b) "Review J.-L. Perpillou, Les substantifs grecs en -εύς, Paris 1972," *Kratylos* 18: 43–53.
——— (1975) "Iranica V," *Monumentum H. S. Nyberg*, II. *Acta Iranica* 5: 313–94.
——— (1977) "Review of P. Chantraine, *Dictionnaire étymologique de la langue grecque*, Paris 1968–1980," II. *Gnomon* 49: 1–10.
——— (1978) "Studies in the Kinship Terminology of Indo-European Languages," *Acta Iranica* 16: 1–240.
——— (1979) "Etyma Graeca IV," *Studi miceni ed egeo-anatolici* 20: 207–26.
——— (1981)"Review of P. Chantraine, *Dictionnaire étymologique de la langue grecque*, Paris 1968–1980," III. *Gnomon* 53: 113–6.
——— (1982) "The Origin of the Name of the Dorians," *Glossologia* 1: 73–82.
——— (1985a) "Armenian between Iran and Greece," in *Studia linguistica diachronica et synchronica, Werner Winter sexagenario oblata*. Berlin: Mouton de Gruyter, pp. 783–99.
——— (1985b) "Recent Developments in Indo-European Linguistics," *Transactions of the Philological Society* (Oxford) 83: 1–71.
——— (1986) "Etyma Graeca V: Vocabula maritima tria," in *Festschrift Ernst Risch*, pp. 425–50.
——— (1987) *Scripta Minora: Selected Essays in Indo-European, Greek and Latin*. Ed. P. Considine and J. T. Hooker. 3 vols. Innsbruck: Institut für Sprachwissenschaft der Universität Innsbruck.
Sznycer, M. (1979) "L'inscription phénicienne de Tekké près de Cnossos," *Kadmos* 18: 89–93.
Takács, G. (1994) "Nominal Lexical Categories in Egyptian," *Mother Tongue* 23: 67–69.
——— (1999) *Etymological Dictionary of Egyptian*. I: *A Phonological Introduction*. Leiden: Brill.
——— (2001) *Etymological Dictionary of Egyptian*. II: *b-, p-, f-*. Leiden: Brill.
Tardieu, M. (1986) "Ṣabiens Coraniques et Ṣabiens . . . de Harran," *Journal Asiatique* 274: 1–44.

Teixidor, J. (1970) "Bulletin d'épigraphie sémitique: 1970," *Syria* 47: 357–89.
Ten Cate, H. J. Houwink (1973) "Anatolian Evidence for Relations with the West in the Late Bronze Age," in R. A. Crossland and A. Birchall, eds. *Bronze Age Migrations in the Aegean*. pp. 141–61.
te Velde, H. (1980) "Horus imi-schenut" in W. Helck and W. Westendorf, eds. *Lexikon der Ägyptologie*. III: col. 47.
——— (1982) "Ptah" in W. Helck and W. Westendorf, eds. *Lexikon der Ägyptologie*. IV: cols. 1177–80.
Theophrastos. *Historia Plantarum*.
Thissen, H.-J. (1980) "Manetho" in W. Helck and E. Otto, eds. *Lexikon der Ägyptologie*. III: cols. 1179–81.
Thissen, L. (2002) "Time Trajectories for the Neolithic in Central Anatolia," in L. Thissen and F. Gérard, eds. *Central Anatolian Neolithic e-Workshop: The Neolithic of Central Anatolia: Internal Developments and External Relations During the 9th–6th Millennia Cal B.C.* pp. 13–26. [http://www.canew.org]
Thomason, S. G., and Kaufman, T. (1988) *Language Contact, Creolization and Genetic Linguistics*. Berkeley: University of California Press.
Thompson, D. W. (1947) *A Glossary of Greek Fishes*. London: University of Oxford Press.
——— (1966) *A Glossary of Greek Birds*. Rep. Hildesheim: Olms.
Thompson, H. O. (1970) *MEKAL: The God of Beth-Shean*. Leiden: Brill.
Thomson, G. W. (1966) *The Greek Language*. Cambridge: Heffers.
Thucydides (1928) *History of the Peloponnesian War*. Trans. C. F. Smith. 2 vols. Cambridge: Harvard University Press.
Thurneysen, R. ([1949] 1993) *A Grammar of Old Irish*. Trans. from German by D. A. Binchy and O. Bergin. Dublin: School of Celtic Studies.
Toynbee, A. J. (1973) *Constantine Porphyrogenitus and his World*. London, New York: Oxford University Press.
Trask, R. L. (1996) *Historical Linguistics*. London: Arnold.
——— (1999) Why should a language have any relatives?" in C. Renfrew and D. Nettle, eds. *Nostratic*, pp. 157–78.
Trigger, B. G. (1980) *Gordon Childe: Revolutions in Archaeology*. London: Thames and Hudson.
Tritsch, F. J. (1976) "The Lycian Bilingual in Stoichedon from Korydalla," *Kadmos* 15: 158–67.
Trypanis, C. A. (1958) *Aetia, Iambi, lyric poems, Hecale, minor epic and elegiac poems, fragments of epigrams, fragments of uncertain location*. Texts, translations and notes. Cambridge: Harvard University Press.
Tucker, A. N. (1967) "Fringe Cushitic: An Experiment in Typological Comparison," *Bulletin of the School of Oriental and African Studies* 30: 655–84.
Turnbull, C. (1972) *The Mountain People*. New York: Simon and Schuster.
Tylor, E. B. (1879) "The Game of *Patolli* in Ancient Mexico and its Probable Asiatic Origin," *Journal of the Royal Anthropological Institute* 8: 116–31.
——— (1896) "On American Lot-Games as Evidence of Asiatic Intercourse before the Time of Columbus," *International Archives of Ethnography*, Supplement to 9, pp. 57–67.
Ullendorff, E. (1971) "Comparative Semitics," in C. Hodge, ed., *Afroasiatic: A Survey*, pp. 27–39.

Uphill, E. (1984) "User and his Place in Egypto-Minoan History," *Bulletin of the Institute of Classical Studies of the University of London* 31: 213–5.

Van Berchem, D. (1959–60) "Hercule Melqart à l'Ara Maxima," *Rendiconti della Pontificia Accademia Romana di Archaeologia*. 3rd series, 32: 61–8.

——— (1967) "Sanctuaires d'Hercule—Melqart: Contribution à l'étude de l'expansion Phenicienne en Mediteranée," *Syria* 44: 73–109, 307–38.

Van Binsbergen, W. M. J. (1997) "*Black Athena* Ten Years After: Towards a Constructive Reassessment," in W. Van Binsbergen ed., *Talanta* 28–9, *Black Athena: Ten Years After*: 11–64.

Van Coetsem, F. (1988) *Loan Phonology and Two Transfer Types in Language Contact*. Dordrecht and Providence, RI: Foris.

——— (1994) *The Vocalism of the Germanic Parent Language: Systemic Evolution and Sociohistorical Context*. Heidelberg: Winter.

Vandersleyen, C. (1986) "Traum" in W. Helck and E. Otto, *Lexikon der Ägyptologie*. VI: cols. 745–9.

——— (1995) "Le Delta et les guerres de Meréneptah et de Ramsès III contre les peuples de l'ouest," paper given at *The Seventh International Congress of Egyptologists*, Cambridge, 3–9 September.

Van Windekens, A. J. (1986) *Dictionnaire étymologique complémentaire de la langue grecque*. Louvain and Paris: Peeters.

Varille, A. (1954) "Stèle de Baki: Turin no 156," *Bulletin de l'institut français d'archéologie orientale* 54: 131–2.

Varro. *De Lingua Latina*.

Vasunia, P. (2001) *The Gift of the Nile: Hellenizing Egypt from Aeschylus to Alexander*. Berkeley: University of California Press.

Vaughan, P. H. (1974) *The Meaning of Bama in the Old Testament*. SOTS Monograph Series 3. Cambridge: Cambridge University Press.

Vellacott, P., trans. (1972) *Orestes and Other Plays: The Children of Heracles: Andromache: The Suppliant Women: The Phoenician Women: Orestes: Iphigenia in Aulis*. London: Penguin.

Ventris, M., and Chadwick, J. (1973) *Documents in Mycenaean Greek*. 2nd ed. Cambridge: Cambridge Univerity Press.

Vercoutter, J. ([1948] 1956) *L'Égypte et le monde égéen préhellénique. Institut français d'archéologie orientale, bibliothèque d'étude* 22. Cairo: Imprimérie de l'Institut Français d'Archéologie Orientale.

Vergote, J. (1959) "Où en est la vocalisation de l'Égyptien," *Bulletin de l'institut français d'archéologie orientale* 58: 1–19.

——— (1971) "Egyptian," in C. T. Hodge, ed. *Afroasiatic: A Survey*. The Hague: Mouton, pp. 40–66.

Vermeule, E. T. (1964) *Greece in the Bronze Age*. Chicago: University of Chicago Press.

——— (1979) *Aspects of Death in Early Greek Art and Poetry*. Berkeley, Los Angeles and London: University of California Press.

Vernus, P. (1982) "Name" in W. Helck and W. Westendorf, eds. *Lexikon der Ägyptologie*. IV: cols. 320–6.

Vickers, M. (1990) "The Impoverishment of the Past: The Case of Classical Greece." *Antiquity* 64: 455–63.

Vincent, A. (1937) *La Religion des judeo-araméens d'Élephantine*. Bruges: Sainte-Catherine; Paris: Paul Genthner.

Virgil (1958) *Aeneid*. Trans. W. F. Jackson-Knight. Harmondsworth: Penguin.

Vitali, L. (1932) *Fonti per la storia della religioni Cyranaica*. Padua [n.p.].

Vitruvius. *De Architectura*.

Von Beckerath, J. (1965) *Untersuchungen zur politischen Geschichte der zweiten Zwischenzeit in Ägypten. Ägyptische Forschungen* Heft 23. Glückstadt and New York: Augustin.

——— (1980) "Horusgeleit," in W. Helck and W. Westendorf, eds. *Lexikon der Ägyptologie*. III: col. 51.

Von Deines, H. and Grapow, H. (1959) *Wörterbuch der Ägyptischen Drogennamen*. Berlin: Akademie.

——— and Westendorf, W. (1961–2) *Wörterbuch der medizinischen Texte*. 2 vols. Berlin: Akademie.

Von der Osten, H. H. (1927) "The Ancient Settlement at Kürigin Kaleh in Asia Minor," *American Journal of Semitic Languages and Literatures* 43(4): 288–94.

Von Humboldt, W. (1793) "Über das Studium des Altertums und des Griechischen insbesondre" in *Wilhelm von HumboldsGesammelte Schriften*. 17 vols. Berlin: Leitzmann and Gebhardt (1903–35). I: pp. 255–81.

——— (1988) *On Language: The Diversity of Human Language-Structure and its Influence on the Mental Developments of Mankind*, trans. Peter Heath. Cambridge: Cambridge University Press.

Von Staden, H. (1989) *Herophilus: The Art of Medicine in Early Alexandria*. Cambridge: Cambridge University Press.

Vrouyr, N. E. (1948) *Répertoire étymologique de l'arménien: Dans ses relations avec les langues des pays voisins, premiére partie: accadien, sumérien, ourartéen, hittite, araméen, hébreu, syriaque, arabe*. Anvers: T. Vrouyr.

Vycichl, W. (1959) "Studien der ägyptischen-semitischen Wortvergleichen," *Zeitschrift für ägyptischen Sprache und 8iAltertumskunde* 84: 70–4.

———(1983) *Dictionnaire étymologique de la langue copte*. Louvain and Paris: Peeters.

Waddell, W. G. (1940) *Manetho*, with an English translation. Cambridge, MA: Harvard University Press (Loeb).

Waetzoldt, H. (1981) "Terminologie der Metalle" in L. Cagni ed., *La Lingua di Ebla*, pp. 364–78.

Walcot, P. (1966) *Hesiod and the Near East*. Cardiff: University of Wales Press.

Ward, W. A. (1960) "Some Effects of Varying Phonetic Conditions on Semitic Loan Words in Egyptian," *Journal of the American Oriental Society* 80: 322–7.

Warren, P. (1980–1) "Stratigraphical Museum Excavations, 1978–1980, Part I," *Archaeological Reports for 1980–1981*. 1980: 73–92, and 1981: 155–67.

——— (1995) "Minoan Crete and Pharaonic Egypt," in W. V. Davies and L. Schofield, eds. *Egypt, the Aegean and the Levant*, pp. 1–18.

——— and Hankey, V. (1989) *Aegean Bronze Age Chronology*. Bristol: Bristol Classical Press.

Watkins, C. (1986) "The Language of the Trojans," in M. J. Mellink, ed. *Troy and the Trojan War: A Symposium Held at Bryn Mawr College October 1984*. Bryn Mawr, PA: Bryn Mawr College, pp. 45–62.

Watson-Williams, E. (1954) "ΓΛΑΥΚΩΠΙΣ ΑΘΗΝΗ," *Greece and Rome NS* 1.

Webster, T. B. L. (1958) *From Mycenae to Homer*. London: Methuen.
Wehr, H. (1976) *Arabic-English Dictionary: The Hans Wehr Dictionary of Modern Written Arabic*. ed. J. M. Cowan. Ithaca, NY: Spoken Language Services.
Weingarten, J. (1991) *The Transformation of Egyptian Tawaret into the Minoan Genius: A Study of Cultural Transmission in the Middle Bronze Age. Studies in Mediterranean Archaeology* 88. Göterborg: Paul Åströms.
Weinold, G. (1967) *Genus und Semantik*. Meisenheim am Glan: Hain.
Weinstein, J. (1973) *Foundation Deposits in Ancient Egypt*. Ph.D. thesis, University of Pennsylvania, Philadelphia.
——— (1992) "Review of *Black Athena II*," *American Journal of Archaeology* 96(2): 381–3.
Welmers, W. E. (1973) *African Language Structures*. Berkeley and Los Angeles: University of California Press.
Wendorf, F., and Hassan, F. (1980) "Holocene Ecology and Prehistory in the Egyptian Sahara," in M. A. J. Williams and H. Faure, eds. *The Sahara and the Nile: Quaternary Environments and Prehistoric Occupation in Northern Africa*. Rotterdam: Balkema, pp. 407–19.
Wendorf, F., and Schild, R. (1976a) *Prehistory of the Nile Valley*. New York: Academic Press.
——— (1976b) "The Use of Ground Grain during the Late Paleolithic of the Lower Nile Valley," in J. R. Harlan, J. M. J. de Wet and A. B. L. Stemler, eds. *Origins of African Plant Domestication*, pp. 269–90.
———, eds. (1989) *Loaves and Fishes: Prehistory of the Wadi Kubbaniya*. Dallas: Southern Methodist University.
Wendorf, F.; Malville, M.; Mazar A. A.; and Schild, R. (1998) "Megaliths and Neolithic Astronomy in Southern Egypt. *Nature* 392 (2/4/98): cols. 488–91.
West, M. L. (1971) *Early Greek Philosophy and the Orient*. Oxford: Oxford University Press.
——— (1978) *Hesiod Works and Days*. Oxford: Oxford University Press.
——— (1983) *The Orphic Poems*. Oxford: Oxford University Press.
——— (1985) *The Hesiodic Catalog of Women*. Oxford: Oxford University Press.
——— (1994) "Orpheus, Sanchuniaton, and the Origins of the Ionian World Model," *Classical Quarterly* 44: 289–307.
——— (1997) *The East Face of Helicon: West Asiatic Elements in Greek Poetry and Myth*. Oxford: Clarendon Press.
Westbrook, R. (1988) "The Nature and the Origin of the Twelve Tables," *Zeitschrift der Savigny Stiftung für Rechtsgeschichte* 105: 72–114.
——— (1999) "Vitae Necisque Potestas," *Historia* 98(2): 203–33.
Westendorf, W. (1962) *Grammatik der medizinischen Texte*. Berlin: Akademie.
——— (1980) "Horusauge" in W. Helck and W. Westendorf, eds. *Lexikon der Ägyptologie*. III: cols. 48–51.
Westphal, E. O. J. (1971) "The Click Languages of Southern and Eastern Africa" in J. Berry and J. H. Greenberg, eds. *Current Trends in Linguistics. Vol. 7: Sub-Saharan Africa*. The Hague: Mouton, pp. 367–420.
Whiston, W. ([1737] 1957) *Concerning God's Command to Abraham to Offer up Isaac, his Son, for a Sacrifice* Dissertation II, added to *The Life and Works of Flavius Josephus*. Philadelphia: Thomas Nelson, pp. 914–21.

Whittle, A. (1985) *Neolithic Europe: A Survey*. Cambridge: Cambridge University Press.
Wide, S. (1891) "Bemerkungen zur spartanischen Lykurlegende," *Skand. Archiv*. I: 90–117.
Wiedemann, A. (1883) *Sammlung altägyptischen Wörter welche von klassischen Autoren umschreiben oder übersetz werden sind*. Leipzig: Ambrosius Barth.
Wilamowitz-Moellendorff, U. v. (1927) *Die Heimkehr des Odysseus: neue homerische Untersuchungen*. Berlin: Weidmann.
——— (1931–2) *Der Glaube der Hellenen*. 2 vols. Berlin: Wiedmann.
Wildung, D.W. (1975) "Asklepius" in W. Helck and E. Otto, eds. *Lexikon der Ägyptologie*. I: cols. 472–3
——— (1980) "Imhotep" in W. Helck and E. Otto, eds. *Lexikon der Ägyptologie*. III: cols. 146–7.
Williams, B. (1980) "The Lost Pharaohs of Nubia," *Archaeology* 33(5): 14–21.
——— (1986) *The A-Group Royal Cemetery at Qustul: Cemetery L*. University of Chicago Oriental Institute Nubian Expedition III. Chicago: University of Chicago.
——— (1987) "Forebears of Menes in Nubia: Myth of Reality," *Journal of Near Eastern Studies* 46: 15–26.
Williamson, K. (1988) "Niger-Congo Overview" in J. Bendor-Samuel, ed. *The Niger-Congo Languages: A Classification and Description of Africa's Largest Language Family*. Lanham, MD; New York; London: University Press of America, pp. 3–45.
——— and Blench, R. (2000) "Niger-Congo," in B. Heine and D. Nurse, eds. *African Languages: An Introduction*. Cambridge: Cambridge University Press, pp. 11–42.
Wilson, J. A. (1949) "The Oath in Ancient Egypt," *Journal of Near Eastern Studies* 7: 129–56.
Winlock, H. E. (1921) "Black Granite Statuette of Sitenefrw Found in Adana," *Bulletin of the Metropolitan Museum of Art* 16: 208–10.
Witt, R. E. (1971) *Isis in the Graeco-Roman World*. Ithaca, NY: Cornell University Press.
Witzel, M. (1999) "Early Sources for South Asian Substrate Languages," *Mother Tongue*, Special Issue, October: 1–71.
Worrel, W. H. (1934) *Coptic Sounds*. Ann Arbor: University of Michigan Press.
Wright, R. (1991) "The Quest for the Mother Tongue," *The Atlantic* 267 (April): 39–68.
Wright, R. M. (1990) "Minoan Linear A as Northwest Semitic," paper written for a seminar on the "Ancient East Mediteranean," Dept. of Near Eastern Studies, Cornell University.
Wright, William Cave, trans. (1922) *Philostratus and Eunapius: Lives of the Sophists*. London: Heinemann.
Wyatt, W. F. (1968) "Greek Names in -σσος/-ττος," *Glotta* 46: 6–14.
——— (1970) "The Indo-Europeanization of Greece," in G. Cardona, H. M. Hoenigswald and A. Senn, eds. *Indo-European and Indo-Europeans. Papers Presented at the Third Indo-European Conference at the University of Pennsylvania*. Philadelphia: University of Pennsylvania Press, pp. 89–111.
——— (1972a) "Greek Dialectology and Greek Prehistory," *Acta of the Second Colloquium on Aegean Prehistory: The First Arrival of Indo-European Elements in Greece*. Athens: Ministry of Culture and Science, pp. 18–22.
——— (1972b) *The Greek Prothetic Vowel*. Cleveland, OH: Case Western Reserve Press.

Xenophon. "Anabasis."
Yadin, Y. (1963) *The Art of Warfare in Biblical Lands*. Trans. M. Pearlman. New York: McGraw Hill.
Yellen, J. E. (1998) "Barbed Bone Points: Tradition and Continuity in the Sahara and Subsaharan Africa," *African Archaeological Review* 15(3): 173–98.
———, Brooks, A. et al. (1995) "A Middle Stone Age Worked Bone from Katanda, Upper Semliki Valley, Zaire," *Science* 268: 553–6.
Young, G. Douglas (1953) "The Origin of the Waw Conversive," *Journal of Near Eastern Studies* 12: 248–52.
Zabkar, L. V. (1968) *A Study of the Ba Concept in Ancient Egyptian Texts. Studies in Ancient Oriental Civilization* 34. Chicago: University of Chicago Press.
Zimansky, P. (2001) "Archaeological Inquiries into Ethno-Linguistic Diversity in Urartu," in R. Drews, ed. *Greater Anatolia and the Indo-Hittite Language Family*, pp. 15–27.

索 引

Muss-Arnolt，W.，玛斯–阿诺特，169，173，332，344，351，367，378，391，396，510
Mylonas，G. E.，米洛纳斯，566

Nabta Playa，纳布塔沙漠盆地，66-7，83
Nadene，纳得内语，46-7，50，52，57，87
Nama，纳玛语，78
Natufian，纳图夫人 / 语，52，57，71，74
Naville，Eduard，爱德华·纳维尔，468
Neit(h)，奈斯（埃及女神），453，540-2，544-51，554，560-3，575-8
Neo-Grammarians，新语法学家，31-5，115，123，126
Neolithic，新石器时代的，64-5，70，92-3
Nephthys，奈芙蒂斯，523，545
Neptune，尼普顿，181-2
Nestor，涅斯托尔，483-4
Neumann，G.，纽曼，211
Newberry，Percy，珀西·纽伯瑞，544，577
New Guinea，Papua，新几内亚（巴布亚），14，61
Niebuhr，Bartholdt，巴托尔德·尼布尔，181
Niemeier，W. -D.，尼迈尔，221
Niger，尼日尔，59，61，63，69
Niger-Congo（Kordofanian），尼日尔–刚果语（科尔多凡语），15，58-60，100，104，432
Niger-Saharan，尼日尔–撒哈拉语，59-61，82
Nile Delta，尼罗河三角洲，341，378，404
Nilo-Saharan，尼罗–撒哈拉语，15，58-60，66，68，83，104，304，432
Nilsson，Martin，马丁·尼尔松，266，361，545
nisba，尼斯巴，108
Nitokris，奈托克里斯，541，560-1
Nonnos，农诺斯，442，525，527-8
Norman Conquest，诺曼征服，420，486
Norn，诺恩，118
Norse，挪威语，202
Nostratic， 诺 斯 特 拉 语，10，13，15-6，39-44，46，48-50，56-7，80，88-9，92，97-9，101-2，142，308，325，432
Nougayrol，Jean，珍·诺该洛尔，180
Nuba，努巴语，60
Nubia，努比亚，89，281
Nubian，努比亚语，59，68，83
Nussbaum，Alan， 阿 兰 · 努 斯 鲍 姆，107，119，171-2，195，220-3，243，246-7，257，318，323，327，330，335-7，384-5，486，499-501，504，507，510，517-8，582
Nuer，努尔人，59
nymphs，宁芙，20，230，286-7 290，292-4，298

Obenga，Théophile，泰奥菲勒·奥本加，104，231
Oita，俄伊塔，250
Olympus，奥林匹斯（山），361